高等学校会计学专业系列教材

银行会计学

龙海明　主编
周再清　钟林超　副主编

高等教育出版社·北京

内容简介

《银行会计学》是为适应新形势下金融学专业教学改革需要而编写的一本通用教材。全书内容共分十二章，紧紧围绕银行会计业务脉络而展开，着重阐述了银行会计核算的基本原理和基本方法，并将会计制度变革的最新内容融入其中。为了更好地反映银行资产业务核算的全貌，突出贷款类金融资产和投资类金融资产的核算内容，本书打破惯例分三章对资产业务进行具体介绍；为了全面展现现行银行支付结算业务的实际状况和改革情况，在支付结算业务的核算一章中将商业银行行内支付系统和中央银行大、小额支付系统及其关联性进行了详细阐释；为了系统勾勒银行中间业务的全貌及其业务创新，在中间业务的核算一章中，分八个部分并着重对银行理财业务和基金托管业务进行了阐述。从而增强了教材的可读性，提升了教材的应用价值。

本教材既适用于普通高等学校本科学生学习使用，也适合在银行和相关金融机构从事会计和管理工作的人员学习参考。

图书在版编目（CIP）数据

银行会计学／龙海明主编. --北京：高等教育出版社，2019.11

ISBN 978-7-04-052883-1

Ⅰ.①银… Ⅱ.①龙… Ⅲ.①银行会计-高等学校-教材 Ⅳ.①F830.42

中国版本图书馆CIP数据核字（2019）第227125号

策划编辑 雷 雪　责任编辑 曾飞华　封面设计 张志奇　版式设计 杨 树
插图绘制 李沛蓉　责任校对 陈 杨　责任印制 刘思涵

出版发行 高等教育出版社
社　　址 北京市西城区德外大街4号
邮政编码 100120
印　　刷 河北鹏盛贤印刷有限公司
开　　本 787mm×1092mm 1/16
印　　张 19.5
字　　数 430千字
购书热线 010-58581118
咨询电话 400-810-0598
网　　址 http://www.hep.edu.cn
　　　　 http://www.hep.com.cn
网上订购 http://www.hepmall.com.cn
　　　　 http://www.hepmall.com
　　　　 http://www.hepmall.cn
版　　次 2019年11月第1版
印　　次 2019年11月第1次印刷
定　　价 43.00元

物 料 号 52883-00

前　　言

随着金融科技的进步和移动互联网金融的快速发展，商业银行正面临着前所未有的变革压力，银行会计核算工作也面临新的考验。为了反映银行会计核算工作的革新和变化，满足经管类及相关专业本科教学需要，我们组织编写了这本《银行会计学》教材。

教材的编写，是集体智慧的结晶，结合了我们长期从事银行会计教学实践积累的经验，吸收和借鉴了同类教材的长处和优点。在编写过程中，作者以《企业会计准则——基本准则》以及相关的具体准则为依据，充分领会其中的精髓和要点，同时，还先后多次到中国银行湖南省分行、中国建设银行湖南省分行及长沙银行进行调研座谈，获取了银行会计核算业务的最新信息，并融入教材的相关章节之中。教材共分十二章内容，主要包括银行会计基本核算方法，以及负债类业务、贷款类资产业务和投资类资产业务、中间业务、外汇业务、支付结算业务等的具体核算方法，力求体系完整、内容丰富、重点突出。

本教材由龙海明教授担任主编并负责组织和统稿，周再清副教授、钟林超副教授担任副主编。具体分工如下：第一、二、三、六、九章由龙海明、刘文婷、陈园、翟佳茹编写；第四、五、八章由周再清编写；第七、十一章由钟林超编写；第十章由何婧编写；第十二章由易传和编写。在编写过程中，得到了中国银行湖南省分行邓银芝副行长、中国建设银行湖南省分行李白宁行长助理及其他相关领导的大力支持和帮助，在此表示衷心感谢！

由于编写水平有限，加之时间紧迫，难免有错漏及不足之处，敬请读者批评指正。

编　者

2019 年 10 月

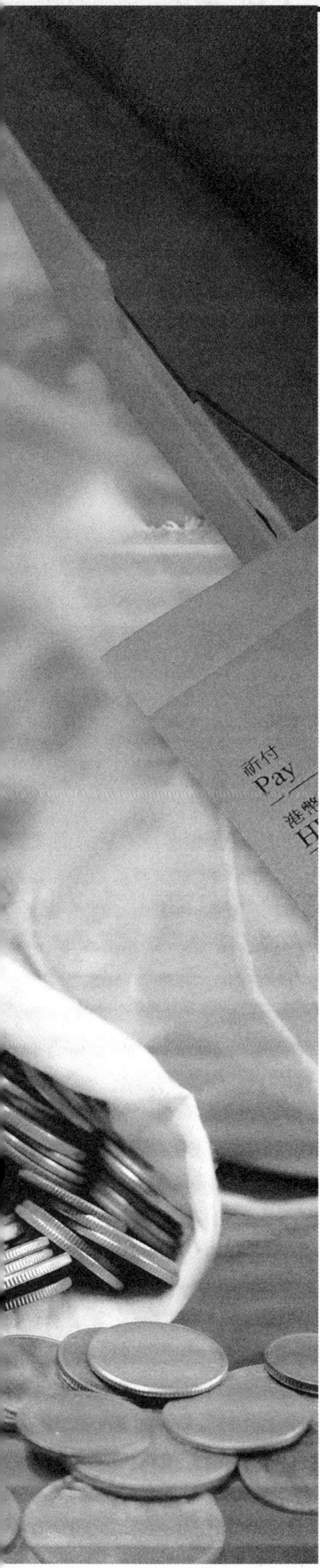

目　录

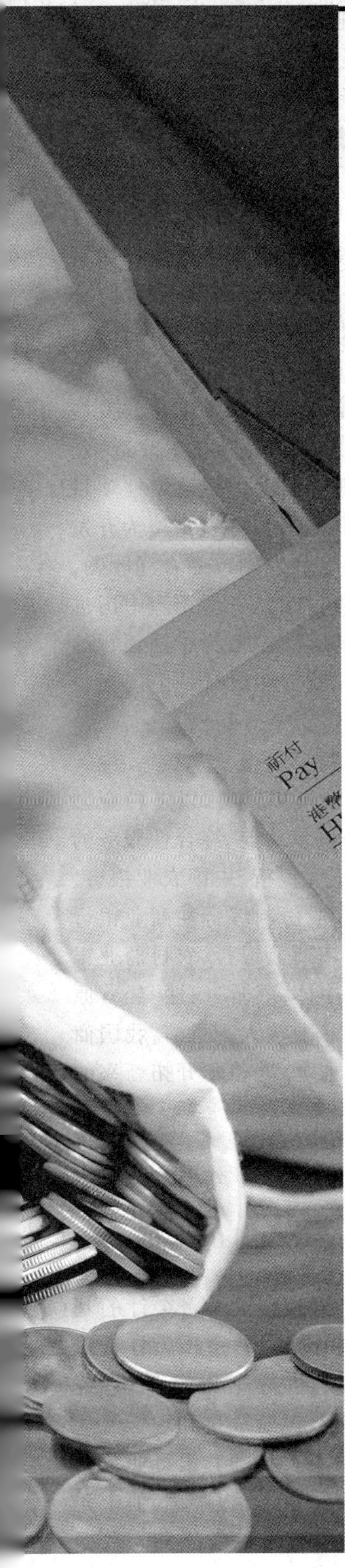

第一章　总论

本章导读

银行会计是银行中具有很强综合性特征的一项基础性核算工作，也是银行经营管理工作的重要组成部分。强化银行会计核算，准确把握银行会计的内涵和基本特点，全面认识银行会计研究对象，系统了解银行会计核算基本理论，科学定位银行会计的工作组织，对推动银行会计的理论学习和实践应用都尤为重要。

第一节　银行会计及其研究对象

一、金融体系简介

金融体系是一个经济体中资金流动的基本框架，它是资金流动工具（金融资产）、市场参与者（中介机构）和交易方式（市场）等各金融要素构成的综合体。金融体系包括金融调控体系、金融企业体系（组织体系）、金融监管体系、金融市场体系、金融环境体系五个方面。其中，金融企业体系也称金融机构体系，是指银行、非银行金融机构的体系结构，以及构成这一体系的各类金融机构的职责分工和相互关系。

我国现行金融机构主要包括银行体系和非银行金融机构体系。其中非银行金融机构体系是指除银行以外的所有金融机构。主要包括公募基金、私募基金、证券公司、保险公司、信托投资公司、资产管理公司、财务公司、融资担保公司、小额贷款公司、融资租赁公司等机构。而银行体系主要包括中央银行（中国人民银行）、政策性银行、商业银行。以下主要阐述银行体系的基本构成。

（一）中国人民银行

中国人民银行是中国的中央银行，也是中国金融体系中的核心，是“银行的银行”。根据《中华人民共和国中国人民银行法》规定，中国人民银行的职责包括：依法制定和执行货币政策；发行人民币，管理人民币流通；持有、管理、经营国家外汇储备、黄金储备;经理国库,维护支付、清算系统的正常运行;负责金融业的统计、调查、分析和预测;从事有关国际金融活动。随着中国银行保险监督管理委员会的成立,原隶属于中国人民银行的监督管理职能被分离了出来,使中国人民银行在制定和执行货币政策、防范和化解金融风险、维护金融稳定方面成为更加专业的金融机构。

(二)政策性银行

政策性银行是执行国家政策性金融的专门机构,是不以营利为目的,专门为贯彻、配合政府社会经济政策或意图,在特定业务领域内直接或间接从事政策性融资活动,专注政府宏观经济管理的金融机构。政策性银行具有以下五个基本特征:一是经营方向的政策性;二是经营目标的非营利性;三是组织方式上的政府控制性;四是业务领域的专业性;五是不参与金融竞争。1994 年,中国先后建立起国家开发银行、中国农业发展银行和中国进出口银行,标志着中国政策性金融步入了新的发展阶段。国家开发银行主要承担政策性国家重点建设(包括基本建设和技术改造)贷款及贴息业务,包括对国家基础设施、基础产业和支柱产业中的大中型政策性项目及其配套工程提供融资服务。2015 年 3 月,国务院明确将国家开发银行定位为开发性金融机构。中国农业发展银行主要办理国家粮、棉、油储备和农副产品合同收购,农业开发等业务中的政策性贷款,代理财政、支农资金的拨付及监督使用。中国进出口银行主要为大型成套机电设备进出口提供买方信贷和卖方信贷,为中国银行的成套机电产品出口信贷办理贴现及出口信用担保等业务。政策性银行是中国银行体系的重要组成部分。

(三)商业银行

商业银行是以追求最大化利润为目标,以多种金融负债筹集资金,以多种金融资产为其经营对象,能利用负债进行信用创造,并向客户提供多功能、综合性服务的金融企业。中国的商业银行体系包括国有商业银行(中国工商银行、中国农业银行、中国建设银行、中国银行、中国邮政储蓄银行和交通银行)、股份制综合性商业银行(中信银行、光大银行、招商银行等)、地方性(或区域性)城市商业银行、农村商业银行(农村信用社)及村镇银行。商业银行是中国银行体系的主体,遵循"三性"经营原则,自主经营、自负盈亏、自担风险,是独立承担民事责任的企业法人。目前,我国商业银行实行分业经营、分业管理,主要从事传统的存、放、汇业务,并稳步开拓新兴的中间(表外)业务。

本教材主要以商业银行为对象,反映其会计核算业务。

二、银行会计的概念与特点

(一)银行会计的概念

银行会计是会计学的重要分支,是一门特殊的行业性专门会计,是将会计的基本理论和管理实践应用于银行业的应用经济科学。银行会计是以货币作为计量单位,运用会计的基本原理和基本方法,对银行的经营活动过程进行连续、全面、系统记录、核算与监督控制,为相关关系人提供有关银行财务状况、经营成果和现金流量等方面信息的重要管理系统。银行会计伴随着银行的出现而产生,随着银行业务的拓展而不断发展,为银行的经营管理者和社会各有关方面提供财务信息及其他中介信息,为设计、制定金融发展计划和政策提供依据。随着数字金融的发展和大数据分析技术的进步,银行会计必将迎来新的更大的发展空间。银行会计概念包含以下几个方面的内涵。

1. 银行会计具有特定的核算范围

银行作为金融机构,不同于其他工商企业,其经营的是货币资金,无论是传统的存款业务、贷款业务、结算业务还是新兴的其他业务,都涉及货币资金的周转和运行。这一业务特点决定了银行会计必须以银行的各项业务活动为核算范围,以货币资金运行为具体核算对象,阐释会计处理的原则、方法和要求。

2. 银行会计具有独特的专门方法

由于银行业务的特殊性,决定了银行的会计业务处理具有专门的方法:采用单式记账凭证,并多以客户递交的原始凭证代替记账凭证;采用特殊的凭证传递制度,包括特定凭证的填制,联行往来的章、押、证分管制度以及双线核算、双线核对、换人复核、内外对账、当日轧平账务等。这与其他企业会计核算显著不同,这些独特的方法从源头上保证了银行会计核算的准确性、及时性和安全性。

3. 银行会计应遵循会计核算的一般原则

会计核算的一般原则是会计工作的规范和基本要求,银行会计虽然具有与一般工商企业会计不同的特点,但在遵循会计一般原则方面是一致和相通的。实际上,会计核算一般原则是所有企业会计核算所必须遵循的规则和准绳,银行会计也不例外,否则,将会出现难以预料的结果。

(二) 银行会计的特点

银行会计作为反映银行经济业务的一门专业会计,与其他企业会计相比,具有明显的特点。

一是核算内容具有广泛的社会性。这是由银行的性质所决定的。银行是重要的社会经济部门之一,其业务活动是国民经济中由商品生产和商品交换以及其他经济活动引起的,银行和社会经济各单位之间通过投资、融资等活动而保持密切的信用关系。从社会再生产过程的角度来考察,银行会计反映和监督的内容是社会再生产过程的综合情况。也就是说,银行会计核算直接面向社会,面向国民经济的各部门、各企业、各单位。所以,银行会计一方面反映和监督自身的业务活动和财务收支情况,另一方面也反映国民经济各部门、各单位的综合情况,具有很强的宏观性和广泛的社会性。

二是会计核算及业务处理具有严格的统一性。银行是经营货币资金的特殊企业,银行的各项业务都是通过货币资金收付来进行的,而一切资金的收付及增减变化都要通过会计来具体办理核算。可以说,银行会计核算过程就是银行业务处理过程,银行的业务处理和会计核算具有统一性。

三是核算方法具有一定的特殊性。银行会计向外传输的信息资料,是国家了解国民经济活动情况,制定政策、进行决策的依据,故要求其核算必须准确、及时、完整、安全,其核算方法必须建立在规范的内部控制制度、严密的账务组织程序基础之上,因而具有特殊性。

三、银行会计研究对象

(一) 会计一般研究对象及特点

会计的研究对象是指会计所核算和监督的内容,即会计工作的客体。研究会计对象的目的,是为了明确会计在经济管理中的活动范围,从而确定会计的任务并进而建立和发展会计的方法体系。因此,正确认识会计核算、反映和监督的对象,是会计理论研究和会计实务应用中不可回避的重要问题。由于会计需要以货币作为主要计量单位,对一定会计主体的经济活动进行核算和监督,因而凡是特定主体在社会再生产过程中能用货币计量和具体表现的经济活动,都是会计核算和监督的内容,也就是会计的一般对象。

以货币表现的经济活动通常又被称为价值运动或资金运动。由于不同性质单位的组织形式和经济活动的内容不同,所以资金运动形式也会存在差异,由此决定了会计对象的不同特点。以制造业企业为观察对象,其资金运动形式为:货币资金—储备资金—生产资金—产品资金—货币资金;以商品流通企业为观察对象,其资金运动形式为:货币资金—商品资金—货币资金。由此可见,制造业企业和商品流通企业资金运行的流程和复杂程度存在显著差异,对其资金运行的核算和监督的手段和方法也必然不同。为了对会计核算对象的经济活动进行准确确认、计量、记录和报告,客观上要求对不同性质经济主体的不同经济业务进行细分并用会计语言进行描述,这就形成了会计要素,按照中国《企业会计准则》的规定,会计要素分为资产、负债、所有者权益、收入、费用、利润六项,可以根据需要从这六要素维度对企业的经济活动进行静态和动态方面的客观描述和记录。

(二)银行会计研究对象及特点

银行会计研究对象是银行会计核算和监督的内容,是以货币计量的银行的经济活动,即银行资金运动。现代银行业的发展及业务的不断创新,使银行日益成为国民经济运行的核心,并且发挥着其他金融机构难以替代的作用。银行的资金运动形式有其特殊性,表现为:社会货币资金—银行运行资金—社会货币资金。中央银行实施的货币政策需要商业银行作为桥梁,社会货币资金运行需要商业银行发挥中介作用。可以说,银行资金运动是社会再生产过程中资金运动的综合反映,通过吸收社会闲置资金形成银行的存款负债,聚集足够的资金量,成为全社会的资金池;通过向社会机构投放资金形成银行的贷款资产,为社会扩大再生产和商品流通提供服务。可以毫不夸张地说,现代银行为社会提供了源源不断的血液——资金流,使社会再生产得以顺利完成。

银行资金运动不仅表现为聚集和运用货币资金的增减变化,同时,也表现为银行自身收支及财务成果的形成。也就是说,银行在经营业务活动中,不但会产生自己的经营业务收入与支出,还会同时对整个社会资金的流向进行记录和监督。这些都是银行会计核算的对象。按照《企业会计准则》和《金融企业会计制度》的相关规定,银行会计研究对象的具体内容也分为资产、负债、所有者权益、收入、费用、利润六大会计要素。银行会计作为特殊的专业会计,也须遵循规律,按六大会计要素的增减变动进行会计核算,为各类社会经济主体和相关关系人提供有效会计信息,推动社会经济的良性循环和有效运行。

第二节　银行会计基本理论

银行会计工作具有很强的操作性,必须加强理论指导,明确银行会计基本假设、会计要素及其计量属性，把握银行会计信息质量要求，熟练掌握银行会计法规制度。

一、银行会计基本假设

银行会计基本假设，也称为会计前提，是对银行会计核算所处的时间、空间环境所做出的合理假定。会计假设对银行会计实务具有直接的指导意义，是会计计量、记录和报告的前提条件。在确定会计核算对象、选择会计核算方法、收集会计数据时都离不开这些会计假设。

（一）会计主体假设

会计主体是指会计为之服务的特定单位或组织。会计主体假设实际上是对会计对象以及会计工作的空间范围所作的限定。明确会计主体也就是明确会计人员进行核算应采取什么样的立场，解决的是为谁记账、算账、报账的问题。《企业会计准则——基本准则》第五条规定：企业应当对其本身发生的交易或者事项进行会计确认、计量和报告。银行作为一个会计主体，应该站在本位立场反映其业务经营活动及其成果。需要说明的是，银行会计主体不能等同于法律主体，一般来说，法律主体必然是银行会计主体，但银行会计主体不一定是法律主体。

（二）持续经营假设

持续经营假设是假定银行作为会计主体在可以预见的将来其业务经营会正常地、连续不断地进行下去，不会出现破产倒闭。《企业会计准则——基本准则》第六条规定：企业会计确认以会计主体持续、正常的经营活动为前提。根据这一规定，银行所采取的会计原则、会计方法和会计程序才得以保持稳定，并按正常情况反映会计信息，为决策者提供服务。对银行会计核算而言，银行是否持续经营，在会计原则、会计方法的选择上有很大的差别。例如，对固定资产的核算方法，如果判断银行会持续经营，即按当前的规模和状态继续经营下去不会停业，也不会大规模削减业务，就可以假定其固定资产在正常寿命期内发挥作用，并服务于整个经营过程，从而可以根据历史成本进行记录、入账，并采用特定的折旧方法，将其成本分摊到不同的会计期间。

应该指出的是，持续经营假设是根据银行业发展的一般情况所作的设定，但从客观实际来考察，每一个银行都面临着千差万别的经营环境和经营条件，在经营过程中遭遇困难，出现亏损、缩减规模甚至破产倒闭的可能性总是客观存在的。因此，要定期对银行持续经营的现实状况进行分析和判断。一旦确定银行不符合持续经营前提，就应当改变会计核算的原则和方法。

（三）会计分期假设

会计分期，是指银行的会计核算应当划分会计期间，分期结算账目和编制财务会计报告。《企业会计准则——基本准则》第七条规定：企业应当划分会计期间，分期结算账目和编制财务会计报告。一般而言，会计期间分为年度、半年度、季度和月度，中国按公历起讫日期确定，即以日历年度作为银行会计年度，公历 1 月 1 日起至 12 月 31 日止，是一个完整的会计分期。银行可以根据内部需要自己决定会计分期，决定按什么期间编制内部报告，但对外报告时，仍应按准则规定披露。

银行会计分期的目的在于通过会计期间的划分，将银行的连续经营活动划分成连续、相等的期间，据以结算盈亏，按期编报财务会计报告，从而为各相关关系人及时提供银行财务状况、经营成果和现金流量信息。由于会计分期，才产生不同会计期间的差别，从而出现权责发生制和收付实现制的区别，形成不同类型会计主体的记账基准，进而出现了应收、应付、预提、待摊等会计处理方法。

（四）货币计量假设

货币计量是指银行会计主体在会计核算过程中应以货币为计量单位记录、反映和报告其业务经营活动。《企业会计准则——基本准则》第八条规定：企业会计应当以货币计量。

货币计量假设明确了银行会计核算的计量尺度。银行会计业务的核算以货币计量为前提，只有能以货币计量的经济业务才能成为银行会计核算的对象。货币计量包含记账本位币的选择和币值稳定的假设。根据有关会计法规规定，我国银行会计核算以人民币为记账本位币。业务收支以人民币以外的货币为主的银行，可以选择其中一种货币作为记账本位币，但编报的财务会计报告应当将其折算为人民币。

我国银行会计以人民币作为记账本位币，是对货币计量这一会计假设的具体化，它有利于全面反映银行的业务经营和业务收支等情况。随着经济生活的日益复杂，影响银行财务状况和经营成果的因素也日益细化，有一些是决策所需而又不能以货币来计量的，如银行在客户中的信誉度、银行的地理位置等，这些都要求以非货币指标予以披露。

二、银行会计要素与计量属性

（一）银行会计要素

银行会计要素是根据交易或事项的经济特征所确定的银行会计对象的基本分类，是银行会计对象的具体化。银行与其他企业一样，也可以将会计要素划分为资产、负债、所有者权益以及收入、费用和利润六个方面。其中，资产、负债、所有者权益为银行资金运动的静态表现形式，构成了资产负债表的内容，又称为资产负债表要素；收入、费用、利润为银行资金运动的动态表现形式，构成了利润表的内容，又称为利润表要素。

1. 资产

资产是指由过去的交易或事项形成并由银行拥有或者控制，能以货币计量的经济资源。该资源预期会给银行带来经济效益。它是银行开展经营活动的物质基础。

资产具有以下特征：一是由过去的交易或事项所形成，是现实资源；二是为银行所拥有或控制，是银行享有所有权的某项资源，或者虽然不享有所有权，但该资源为银行所控制；三是会给银行带来经济利益。预期不能带来经济利益的，就不能确认为银行资产。

银行的资产按流动性可以分为流动资产和非流动资产。流动资产是指在1年内（含1年）变现或耗用的资产，主要包括库存现金、存放中央银行款项、存放和拆放同业款项、贵金属、各种短期贷款、应收款项等。非流动资产是指在1年以上变现或耗用的资产，主要包括各种中长期贷款、长期投资、固定资产、无形资产等。

2. 负债

负债是指由银行过去的交易或事项形成的现时义务。履行该义务预期会导致经济利益流出银行。

银行负债具有以下特征:一是负债为银行基于过去的交易或事项而产生、由银行承担的现时义务;二是负债这一现时义务的履行通常使银行放弃含有经济利益的资产,以满足对方的要求;三是负债通常体现为在未来某一时日通过交付资产或提供劳务来实现清偿。

银行的负债按其流动性大小分为流动负债和长期负债。流动负债是指将在1年(含1年)内偿还的债务。银行的流动负债主要包括1年(含1年)以下的各项存款、各项借入资金、金融机构往来资金、各种应付预收款项以及发行短期债券和其他短期负债。长期负债是指偿还期在1年以上(不含1年)的负债,银行的长期负债主要包括1年以上的单位定期存款、定期储蓄存款、长期借款、发行的长期债券等。

3. 所有者权益

所有者权益是指所有者在银行资产中享有的经济利益。其金额为资产减去负债后的余额。它是银行投资者对银行净资产的所有权,包括所有者投入的资金及留存收益等。

银行的所有者权益主要包括实收资本(或股本)、资本公积、盈余公积、一般风险准备和未分配利润等。

4. 收入

收入是指银行在日常活动中形成的经济利益的总流入。收入的形成会导致所有者权益的增加,也是银行现金流量增加的重要源泉。

收入具有以下特征:首先,收入是在银行日常活动中形成的,而不是从偶发的交易或者事项中产生的;其次,收入所形成的经济利益的流入,可能表现为银行资产的增加或负债的减少,或者同时引起资产的增加和负债的减少;再次,收入只包括银行利益的总流入,不包括为第三方或者客户代收的款项。

银行通过提供金融商品服务、提供劳务以及让渡资产使用权等获得收入。一般而言,银行收入包括利息收入、手续费及佣金收入、投资收益、汇兑收益、公允价值变动收益和其他业务收入等。

5. 费用

费用是指银行在日常活动中发生的经济利益的流出。一般而言,银行费用是与向所有者分配利润无关的经济利益的总流出,会导致银行所有者权益的减少。银行费用主要包括:利息支出、手续费及佣金支出、投资损失、公允价值变动损失、汇兑损失、税金及附加、业务管理费、资产减值损失等。

费用具有以下特征:其一,费用是在银行日常活动中产生,而不是从偶发的交易或事项中产生;其二,费用所导致的经济利益的流出,可能表现为银行资产的减少或负债的增加,或者同时引起资产的减少和负债的增加。

银行为生产产品、提供劳务等发生的可归属产品或劳务成本的费用,应当在确认产品销售收入或劳务收入时,将已销售产品或已提供劳务的当期费用等计入当期损失。

6. 利润

利润是指银行在一定会计期间的经营成果。利润在数量上等于收入减去费用后的净额,包括营业利润、利润总额和净利润等。

营业利润是指营业收入减去营业成本和税金及附加,加上其他业务利润,减去营业费用后的净额。

利润总额是指营业利润加上投资收益、营业外收入,减去营业外支出后的余额。

净利润是指利润总额减去所得税后的金额。

(二)银行会计计量属性

会计计量是指用货币或其他度量单位对银行会计要素进行量化描述的过程。银行会计计量属性是依据会计的相关规则对计量对象价值属性的具体反映。通常包括五个方面的内容。

1. 现值计量

现值计量是指资产按照预计从其持续使用和最终处置中所产生的未来净现金流入量的折现金额计量,负债按照预计期限内需要偿还的未来净现金流出量的折现金额计量。

现值计量的理论基础是资金的时间价值,即资产或负债导致的预期未来经济利益的流入和流出,与预期现值流入和流出的时间差异有关。在资金使用权与所有权分离的情况下,资金时间价值的导入尤为重要,也客观表明在不同时间点上的等量资金其价值是不相等的。所以,现值计量方法符合相关信息使用者的诉求,所提供的银行会计信息具有较高的合理性。

2. 历史成本

历史成本计量法是假定以货币为主要计量尺度且币值基本不变。在历史成本计量法下,资产按照购买时支付的现金或现金等价物的金额,或按照购置资产时所付出的对价的公允价值计量;负债按照因承担现时义务而实际收到的款项或资产的金额,或者承担现时义务的合同金额,或者按照日常活动中为偿还负债预期需要支付的现金及现金等价物的金额计量。

历史成本计量法提供了银行会计要素最初的客观计量信息,为其他会计计量属性的反映奠定基础,从而也奠定了自身在会计计量中的主导地位。

3. 重置成本

重置成本也称现行成本,是指按照当前市场条件,重新取得同样一项资产所需支付的现金或现金等价物金额。采用重置成本计量法,资产按照现在购买相同或者相似资产所需支付的现金或者现金等价物的金额计量;负债按照现在偿付该项债务所需支付的现金或现金等价物的金额计量。

相比而言,重置成本计量法所提供的银行会计信息更具有相关性、及时性和信息的预测价值,可以真实反映银行的经营业绩。

4. 可变现净值

可变现净值是指在日常经营活动中,以预计售价减去进一步加工成本和预计销售费用以及相关税费后的净值。在可变现净值计量下,资产按照其正常对外销售所能收到现金或者现金等价物的金额扣减该资产至完工时估计将要发生的成本、估计的销售费用以及相关税费后的金额计量。

可变现净值计量法适用于预期未来销售价格确定的资产或未来清偿数额已定的负债。但由于其收益是在资产预期变现价值之上取得的,是不现实的收益信息,所以,在操作上易受主观因素的影响。

5. 公允价值

公允价值亦称公允市价、公允价格，是指熟悉市场情况的交易双方在公平交易和自愿情况下所确定的价格，或在公平交易条件下一项资产可以被无关联的双方买卖或者一项负债可以被清偿的成交价格。在公允价值计量下，资产和负债按照在公平交易中，熟悉市场情况的交易双方自愿进行资产交换或者债务清偿的金额计量。

在对会计要素进行计量时，银行无论采取历史成本计量法、重置成本计量法、现值计量法还是采用可变现净值计量法或公允价值计量法，都应该保证所确定的会计要素金额的计量真实可靠。

三、银行会计信息质量要求

银行会计信息质量要求是对银行会计报告中所提供会计信息的基本规范，主要包括可靠性、相关性、明晰性、可比性、实质重于形式、重要性、谨慎性和及时性。

（一）可靠性

可靠性是指银行会计应当以实际发生的交易或事项为依据进行确认、计量和报告，如实反映符合确认和计量要求的各项会计要素及其他相关信息，保证所提供的会计信息真实可靠，内容规范完整。

银行提供会计信息的目的是满足相关关系人的经营决策需要，而这种需要既包括银行自身，也包括外在相关机构和个人。银行会计核算内容的特殊性决定了其具有国民经济“总会计师”的特殊地位，银行会计所反映的会计资料是国民经济中最重要的信息资料，是国家经济、金融信息的重要来源和组成部分。因此，必须做到内容真实、数字准确、资料可靠。这是银行会计核算工作必须坚持的质量标准。

（二）相关性

相关性是指银行会计信息应当符合国家宏观经济管理的要求，满足有关各方了解银行财务状况和经营成果的需要，满足银行加强内部经营管理的需要。也就是说，银行会计信息应当与会计报告使用者的经济决策相关，有助于决策者对银行过去的全面了解、现在的客观把握和未来的科学预测。这是银行会计信息的价值所在，为此，要求在收集、整理和提供银行会计信息的过程中，充分考虑会计信息使用者的信息需求。

（三）明晰性

明晰性是指银行会计记录和会计报表应当清晰明了，便于理解和应用。要使用银行会计信息，首先必须了解会计信息的内涵，弄懂会计信息的内容，这就要求会计核算和财务会计报告清晰明了。

基于明晰性要求，银行会计核算工作必须做到会计记录准确、清晰，填制会计凭证、登记会计账簿依规合法，账户勾稽关系清晰明了，文字摘要表述精确、完整。

（四）可比性

可比性是指银行会计核算应该按照规定的会计处理方法进行，会计信息口径一致，相互可比。

比较是进行经济分析和决策的重要方法之一，对于不同的银行以及同一银行在不同时点发生的相同或相似经济业务和交易事项，应当采用规定的会计政策和相同的会计处理方法，以保证会计信息能够满足决策需要。

(五) 实质重于形式

实质重于形式是指银行应当按照交易或事项的经济实质进行会计核算，而不应仅按照它的法律形式作为会计核算的依据。“实质”是指交易或事项的经济性质；而“形式”是指交易或事项的外在法律关系。在实际工作中，交易或事项的法律形式或表现形式往往并不总能揭示其实质内容，所以，会计信息要想反映其意在反映的交易或事项，就必须根据交易或事项的实质和经济现实进行会计确认、计量和报告，而不能仅仅根据它的法律形式进行核算和反映。否则，其最终结果不仅不利于会计信息使用者的决策，反而会误导会计信息使用者的决策。

(六) 重要性

重要性是指财务报告应当全面反映银行的财务状况、经营成果和现金流量等方面的交易或事项。对重要的经济业务，应当单独反映。

重要性要求的核心在于选择会计方法和程序时，要考虑经济业务本身的性质和规模，根据特定的经济业务对经济决策影响的大小来选择合适的会计方法和程序。如果一笔经济业务的性质较特殊，不单独反映就有可能遗漏一个重要事实，不利于所有者以及其他利益相关者全面掌握这个银行的情况，就应当严格核算，单独反映；否则，就不需要单独反映和提示。

(七) 谨慎性

谨慎性是指银行会计核算应当保持谨慎，合理核算可能发生的损失和费用。

在银行会计核算工作中坚持谨慎性，要求银行在面临不确定因素的情况下作出职业判断时，应当保持必要的谨慎，既不高估资产或收益，也不低估负债或费用。银行经营活动充满各种不确定性，坚持谨慎性原则可以确保银行经营建立在稳妥可靠的基础之上，有利于银行提高应变能力、防范经营风险，有利于保护所有者和债权人的利益。但需注意的是，坚持谨慎性原则并不意味着银行可以任意设置各种秘密准备，否则就属于滥用谨慎性原则。

(八) 及时性

及时性是指会计核算应当及时进行，不得延后或提前。银行会计信息的价值在于帮助所有者或其他有关方面做出经济决策，具有时效性。在会计核算过程中，就是要求及时收集会计信息，即在经济业务发生后，及时收集整理各种原始单据；及时处理会计信息，即在国家统一的会计制度规定的时限内，及时编制出财务会计报告；及时传递会计信息，即在国家统一的会计制度规定的时限内，及时将编制出的财务会计报告传递给会计报告的使用者。

四、银行会计法规制度

银行会计活动贯穿于业务经营的全过程，渗透到业务工作的各个方面和每一具体细节，因此，银行会计工作的规范化就显得尤为重要。必须依据国家有关法律法规的规定，建立、健全各项会计规章制度，并在这一框架体系下，推动银行会计工作顺利进行。目前，我国银行会计核算法规制度体系由《中华人民共和国会计法》（以下简称《会计法》）、会计准则体系、《金融企业财务规则》三个层次构成。

(一)《会计法》

《会计法》是银行会计工作必须遵循的基本法规，在银行会计法规制度中居于最高层次。《会计法》是一切会计工作的根本大法，是我国会计法规制度体系的基本法。1985年1月，第六届全国人民代表大会常务委员会第九次会议通过《会计法》，同年5月开始实施；1993年12月，根据第八届全国人民代表大会常务委员会第五次会议《关于修改〈中华人民共和国会计法〉的决定》第一次修正；1999年10月，第九届全国人民代表大会常务委员会第十二次会议修订；2017年11月，根据第十二届全国人民代表大会常务委员会第三十次会议《关于修改〈中华人民共和国会计法〉等十一部法律的决定》第二次修正。修正后的新《会计法》共分7章52条，是指导银行会计工作的根本大法。

（二）会计准则体系

会计准则是会计核算工作的基本规范，其对会计核算的基本原则、会计处理方法及程序做出了规定，为银行会计制度的制定提供了依据。

中国的会计准则由财政部负责制定和解释，报国务院批准后颁布施行。1992年11月，财政部以部长令形式正式发布了新中国成立以来中国第1号会计准则《企业会计准则》，并决定自1993年7月1日起在全国正式实施，由此开启了中国会计工作新的征程；2006年2月，中国新会计准则体系由财政部发布，自2007年1月1日起在上市公司范围内实施，鼓励其他企业执行。该体系充分借鉴了国际会计惯例，在一定程度上满足了中国加入WTO后企业参与国际竞争对会计信息质量的要求。该体系由1个基本准则、38项具体准则和《企业会计准则——应用指南》构成。其中，基本准则规定了整个会计准则体系的目的、前提条件、会计要素及其确认与计量、会计报表的总体要求等内容，体现了会计核算的基本规律，是对会计核算要求所做的原则性规定。具体准则分为一般业务准则、特殊行业的特定业务准则和报告准则三类，它是根据基本准则制定，用来指导企业各类经济业务确认、计量、记录和报告的规范。《企业会计准则——应用指南》是根据基本准则和具体准则制定的用于指导企业会计实务的操作性指南，包括32项具体准则应用指南和1个附录——会计科目和主要账务处理，其对各项准则的重点、难点、关键点进行了具体解释和说明，有助于企业完整而准确地理解和掌握新准则。

新会计准则的制定颁布和实施，规范了中国会计实务的核算，大大改善了中国上市公司的会计信息质量和企业财务状况的透明度，有利于进一步规范中国资本市场，为企业经营机制的转换和证券市场的发展、国际经济技术的交流起到了积极的推动作用。2014年1月至7月，财政部陆续发布、新增了八项企业会计准则，并于2014年7月1日开始实施。其中新增《企业会计准则第39号——公允价值计量》《企业会计准则第40号——合营安排》《企业会计准则第41号——在其他主体中权益的披露》。这些都标志着中国会计准则体系日益完善并与国际更加完整地对接。

（三）《金融企业财务规则》

2006年12月，国家财政部颁布第42号令《金融企业财务规则》（以下简称《规则》），决定自2007年1月1日起施行。《规则》根据有关法律、行政法规和国务院相关规定制定，内容包含11章共66条。《规则》的颁布实施，对加强金融企业财务管理，规范金融企业财务行为，完善金融企业法人治理都具有十分重要的意义。

第三节 银行会计的工作组织

银行会计的工作组织,就是银行根据统一的法规制度,在系统内部设置负责会计工作的职能机构,配备一定数量高素质的会计工作人员,建立健全有关制度,并按照会计管理的客观规律,把会计工作科学地组织起来,去完成银行会计的任务,发挥银行会计的作用。

一、完善会计机构

银行会计机构是由银行专职会计人员组成,负责组织、领导和直接从事会计工作的职能部门,是银行内部管理机构的重要组成部分,是组织会计工作的必备条件,是完成会计任务的可靠保证。经验表明,在银行内部设置健全的会计机构,对加强银行会计工作的组织领导,保证会计工作顺利进行,具有十分重要的意义。

银行会计机构的设置应与其管理体制相适应,同时,还要考虑业务发展规模的需要和现有条件的可能,本着精干的原则,合理地建立会计机构。会计机构一般有两种类型:一种是不直接办理对外业务的领导、管理机构,如总行会计司(部)、分行会计处、地(市)分行会计科(处)等会计机构;另一种是直接办理对外业务的基层行处的会计机构,如县(市)支行(城市办事处)会计股(科)。县支行以下的银行机构一般是非独立核算单位,没有单独的会计机构,而是附属会计核算单位,配备专职会计人员,负责办理会计事务。作为领导、管理机构的会计部门是组织和监督会计工作的行政机构,主要负责组织领导下级会计机构的工作,制定有关会计核算的具体规章制度,并组织实施执行,监督检查所属行处的会计核算与财务管理。同时,它还办理银行内部财务收支和有关账务处理,以及报表的汇总等工作。县(市)支行(城市办事处)的会计股(科)是实际办理金融业务的营业机构,具体负责执行货币政策,落实完成各项计划,以发挥银行会计的职能与作用。

二、配备会计人员

银行各级会计机构都是由一定的专业会计人员组成的,而会计工作任务也都是通过会计人员的努力工作来实现和完成的。因此,配备足够数量和具有一定政策业务水平的会计人员是做好银行会计工作,充分发挥会计职能作用的决定性因素。《会计法》明确规定了会计人员应负的职责和履行职责所行使的权限。

由于银行会计工作的特殊要求,会计人员应具有较高的政治素养、拔尖的业务水平和良好的工作态度。为此,银行会计人员应加强自我修养,刻苦学习,不断进取,忠于职责,廉洁奉公,严格履行会计人员的职责和权限,以圆满地完成会计工作的任务。

为了不断促进会计人员提高专业水平,较好地完成会计工作任务,国家施行了衡量会计人员专业水平的职称制度,设立了会计员、助理会计师、会计师和高级会计师职称。一切会计人员都应当在实践中努力学习,积极工作,善于总结,不断提高,以争取达到任职条件,较好地完成本职工作任务。

三、健全会计制度

银行会计制度是银行会计机构和会计人员组织和从事会计工作的行动规范和准则,它在整个会计工作中起着推动和约束的作用。没有规矩,难成方圆。会计工作是一项群众性工作,为了让广大会计人员在预定的统一目标下步调一致、有条不紊地进行工作,银行有必要不断总结会计工作实践经验,制定和健全有关会计制度。

会计制度可分为基本制度和专业处理程序的制度。其基本目标是及时准确地提供管理所需要的资料和保证工作协调进行。基本制度包括:会计科目的设置和作用、凭证的设置和处理、账簿设置、账务组织、记账方法、记账规则、成本计算、财产清查、会计分析以及会计人员职责权限等。专业处理程序的制度有联行往来制度、结算核算手续等。

银行会计内部管理体现在制度层面,关键是建立会计岗位责任制,明晰分工,责任到人;建立规范化的会计操作程序并严格组织执行,如必须取得有效会计凭证方能记账,现金付出业务先记账后付款等;建立重要岗位定期轮换和离任交接制度,对联行岗位、记账岗位等重要会计岗位的人员要定期轮换,会计人员离职和换岗必须与接管人员办理交接手续,实行监交;建立重大会计事项授权制,凡涉及重大会计事项,须经会计主管或主管副行长审批、授权后方能处理;建立会计业务事后监督机制,会计部门设置事后监督岗,对每天处理的会计业务于次日进行全面检查,按月进行全面核查,纠正错误,堵塞漏洞。

银行会计制度遵循“统一领导、分级管理”的原则。全国银行统一会计基本制度的管理权集中于中国人民银行总行和分行(中心支行)两级。属于全国银行的会计基本制度、办法,则由财政部和中国人民银行总行统一制定。中国人民银行各分行对总行统一制定的制度办法可做必要的补充规定,但不得与总行的有关规定相抵触,并须报总行核准备案。另外中国人民银行和商业银行系统内的制度、办法,可由各总行根据全国银行统一会计基本制度的精神自行制定,但要报经中国人民银行总行核准备案。各商业银行分行对各自总行的制度、办法也可作必要的补充规定,但在报送各自总行核准备案时,须抄送当地中国人民银行。

四、推动会计核算

(一) 组织办理银行业务,反映国民经济活动情况

银行会计处于银行业务的第一线,银行的各项业务经营都必须经会计部门组织核算和处理才能最终实现。由于银行是货币信用的中介,与国民经济各部门和各单位有着直接、广泛和密切的货币信用关系,国民经济各部门、各单位的经济活动都会以各种形式在银行会计的账表上直接或间接地反映。从某种程度上说,银行会计可以称为国民经济的总会计,在银行会计的核算资料中,几乎可以提供整个国民经济活动情况的准确信息。

(二) 贯彻国家政策法令,监督经济活动合理收付

银行会计具有严密的规程,银行会计活动始终应遵循和贯彻国家的政策法令,对各项经济活动的合理性、合法性进行分析和监督。从微观上来看,银行会计要监督银行的各项收、支业务符合财务会计制度和国家有关法律、法规的规定要求,控制不合理的开支,抵制一切违法、违规行为。如不合理的费用摊销,违规的费用、开支,虚假收益、偷

税漏税等。从宏观上而言，银行会计要通过自身职能的发挥，督促银行及国民经济各部门、各单位贯彻国家政策。如货币政策、信贷政策、产业发展政策等。总之，银行会计监督是多方面的，形式也是多样化的，体现在经办的各项业务活动中，具体通过柜台业务操作、凭证编制与审核、登记账簿、报送报表等各个环节，对各项经济活动进行全面的监督。凡符合国家方针、政策和法律规定的经济活动银行会计都积极支持，及时办理资金收付；凡违反国家方针、政策和法律规定的经济活动，银行会计都要予以制止、严格把关。

（三）综合提供经济信息，据以做出宏观调控决策

银行会计核算可以全面、动态地反映各开户单位的收支、节余情况，以及各类业务的增减变化，为宏观决策、宏观调控提供综合性信息。银行会计利用银行的网络优势和在国民经济中的特殊地位，通过特定的方法，反映银行资产负债的动态与规模、货币流通状况、银根松紧程度等。在此基础上，根据现象的发展规律，对各项业务的未来发展变化情况以及国家的宏观经济、金融形势做出必要的分析和预测，从而为宏观货币政策、信贷政策等的制定奠定坚实的基础。

本章小结

总论作为本书的开篇部分，主要阐述了银行会计的内涵、特征和研究对象，重点介绍了银行会计核算的理论基础和方法论基础，客观分析了银行会计的工作组织系统，为后续相关内容的学习奠定基础。

第一，银行会计是一门特殊的行业性专门会计。银行作为特殊的金融企业，是社会资金融通的核心，银行会计所提供的会计信息无论对银行自身的经营管理还是对宏观经济、金融决策都发挥着至关重要、无可替代的作用。第二，银行会计研究对象是以货币计量的银行的经济活动，即银行资金运动。由于银行的资金运动形式有其特殊性，能综合反映社会再生产过程中的资金运行轨迹，从而使得银行会计研究对象更能引起并成为社会聚焦点。第三，银行会计基本假设是对银行会计核算所处的时间、空间环境所做出的合理假定。会计假设对银行会计实务具有直接的指导意义，是会计计量、记录和报告的前提条件。第四，银行会计要素是银行会计对象的具体化。银行与其他企业一样，也可以将会计要素划分为资产、负债、所有者权益以及收入、费用和利润六个方面。第五，会计计量是指用货币或其他度量单位对银行会计要素进行量化描述的过程。银行会计计量属性是依据会计的相关规则对计量对象价值属性的具体反映。第六，银行会计信息质量要求是对银行会计报告中所提供会计信息的基本规范。主要包括可靠性、相关性、明晰性、可比性、实质重于形式、重要性、谨慎性和及时性等。第七，银行会计工作的规范化具有重要的现实意义。必须依据国家有关法律法规的规定，建立、健全各项会计规章制度，并在这一框架体系下，推动银行会计工作的顺利进行。

重要概念

银行会计　商业银行　银行会计要素　重置成本　公允价值　银行会计制度　会计准则体系

基础训练

1. 试述银行会计的概念与特点。
2. 银行会计计量属性包括哪些具体内容？
3. 银行会计信息质量要求的具体规定是什么？
4. 如何理解银行会计信息质量的可靠性要求？
5. 我国银行会计核算法规制度体系由哪三个层次构成？如何理解？

拓展阅读

1.《中华人民共和国会计法》（2017 年 11 月，根据第十二届全国人民代表大会常务委员会第三十次会议《关于修改〈中华人民共和国会计法〉等十一部法律的决定》第二次修正）

2.《金融企业财务规则》（2006 年 12 月，中华人民共和国财政部，第 42 号令）

即测即评

请扫描二维码进行在线测试。

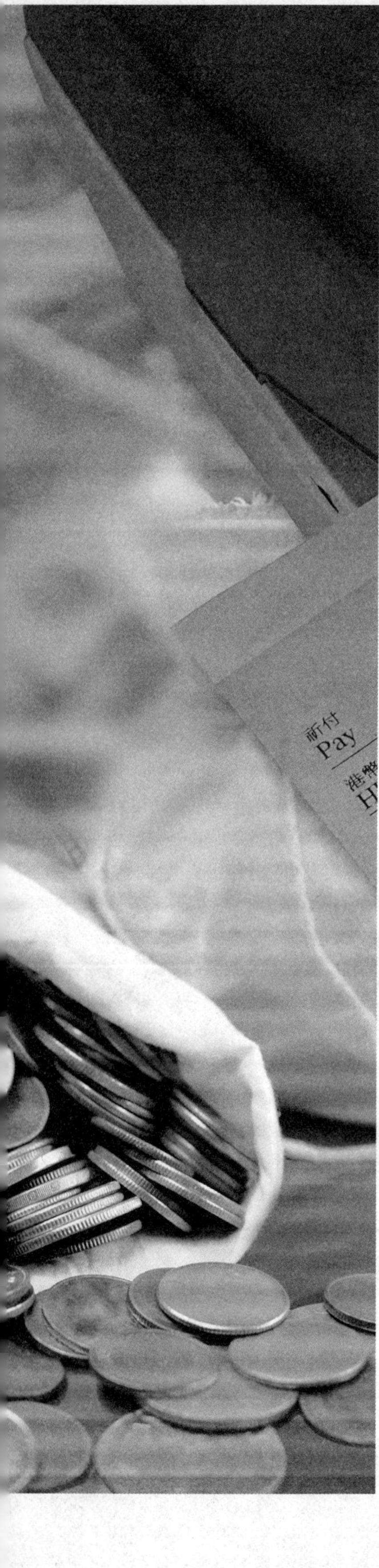

第二章　银行会计基本核算方法

本章导读

银行会计基本核算方法是银行会计核算方法的基本原理及账务处理的一般程序，它概括了各项业务的具体核算方法，规范并指导银行各项具体经济业务的核算。其主要内容包括：银行会计科目的设置和分类；银行会计的记账方法及运用技术；银行会计凭证的填制、传递和整理；银行账务组织及账务处理等内容。通过学习银行会计基本核算方法，基本了解商业银行的会计核算的循环过程，掌握会计核算的记账方法、账务处理手续等内容。

第一节　会计科目

一、会计科目的概念及作用

（一）会计科目的概念

会计科目是指对会计要素的不同内容，将其按不同的性质和管理要求进行系统分类的项目。它将会计要素的具体核算内容根据会计核算要求划分为若干类别，并对其进行定义。银行会计科目根据我国企业会计准则中确认和计量的规定，结合银行会计核算要求、银行业务发展情况以及会计核算和管理的需要设置而成。它是设置账户、填制记账凭证、登记账簿和编制会计报表的重要依据。

（二）会计科目的作用

银行会计科目是银行会计核算的基础，它在会计核算过程中起着重要作用。其作用有如下几点。

1. 银行会计科目是会计核算联结的纽带

在运用复式记账原理填制凭证，登记账簿、编制会计报表等一系列账务处理时，会计科目的作用是不可忽视的。会计科目将各种业务的账务核算内容联结起来，使其成为一个有机的整体。

2. 银行会计科目是取得系统信息资料的工具和手段

在日常的业务与会计核算中，各种经济与金融信息资料错综复杂,多种多样。以会计科目作为区分会计要素具体内容的标志,起到了组织和归类的作用,从而将全部信息资料囊括进预定的系统和控制程序。

3. 银行会计科目是统一核算口径的必然要求

银行会计科目的设置,体现了按银行会计要素的要求来划分的特点。所以,根据会计信息可比性的要求,各银行必须通过统一会计科目进行反映和核算,使会计信息经过汇总和分析后能够统一反映一个地区乃至全国的经济与金融情况,从而保证全国银行系统核算口径的统一,也便于决策层和有关方面掌握情况,进行决策与指导工作。因此每一会计科目都必须规定特定的名称和核算内容,使会计核算处理和会计报表的反映有统一的口径。

二、会计科目的分类

银行会计科目数量众多,不同的会计科目,其性质和反映的经济内容不同,但各个会计科目之间并非彼此孤立,而是相互联系、相辅相成,可以构成一个完整的体系。对其进行分类有助于增加对每个会计科目的了解和掌握,促进会计科目的正确使用。

(一)按与会计报表的关系分类

会计科目按其与会计报表的关系,分为表内和表外两大类型。

1. 表内科目

表内科目是反映银行会计要素实际增减变化,且其增减变动及结果能够在会计报表上得以反映的会计科目。按会计要素性质可分为资产类、负债类、共同类、所有者权益类和损益类科目,一般采用复式记账法下的借贷记账法进行核算。

(1) 资产类科目是反映银行过去的交易或者事项形成的、由银行拥有或者控制的、预期会给银行带来经济利益的资源的科目。其主要包括库存现金、存放中央银行款项、贷款、固定资产和无形资产等科目。在账户中反映时,增加记借方,减少记贷方,科目余额反映在借方。

(2) 负债类科目是反映银行过去的交易或者事项形成的、预期会导致经济利益流出银行的现时义务的科目。其主要包括吸收存款、向中央银行借款等科目。在账户中反映时,增加记贷方,减少记借方,科目余额反映在贷方。

(3) 共同类科目是用来反映和核算银行发生的资金往来业务的科目。主要包括清算资金往来等。在账户中反映时,属于负债的记贷方,属于资产的记借方,余额轧差反映。经过借贷方轧差后,可根据差额方向归并于资产负债表内科目,参加试算平衡。

(4) 所有者权益类科目是反映银行的投资者对银行净资产所有权的科目。主要包括实收资本、资本公积、盈余公积和本年利润等科目。在账户中反映时,增加记贷方,减少记借方,余额一般反映在贷方,但本年利润、利润分配等科目既可能是贷方余额,也可能是借方余额。

(5) 损益类科目是反映银行在经营过程中收入、成本和费用的科目。其中收入类科目包括利息收入、手续费及佣金收入、其他业务收入和营业外收入科目,成本和费用类科目包括利息支出、手续费及佣金支出、其他业务成本和营业外支出等科目。在账户中反映时,收入类科目,增加记贷方,减少记借方,期末结转于“本年利润”的贷方;成本和费用类科目,增加记借方,减少记贷方,期末结转于"本年利润"的借方。

2. 表外科目

表外科目是不反映银行会计要素实际增减变化而又发生了实际权责关系的会计科目,可以反映各项登记备查事项,不纳入会计报表。例如,或有资产、或有负债、有价单证、空白重要凭证以及实物管理的核算内容就是用表外科目来登记和反映的,一般采用单式记账法进行核算。

(二)按提供信息详细程度分类

会计科目按其提供信息的详细程度不同,分为总分类科目和明细分类科目。

1. 总分类科目

总分类科目是对会计要素具体内容进行总括分类、提供总括信息的会计科目,亦称总账科目或一级科目。在我国,总分类科目一般由财政部统一制定。根据《企业会计准则——应用指南》的规定,会计科目和主要账务的处理应依据企业会计准则中确认和计量的规定设置和实施,涵盖各类企业的交易或者事项。企业在不违反会计准则中确认、计量和报告规定的前提下,可以根据本单位的实际情况自行增设、分拆、合并会计科目。企业不存在的交易或者事项,可不设置相关会计科目。

2. 明细分类科目

明细分类科目是对总分类科目做进一步分类、提供明细核算指标的科目,也称明细科目或细目。对于明细科目,银行可以比照《企业会计准则——应用指南》附录中的规定自行设置。如"应收账款"科目按债务人名称或姓名设置明细科目,反映应收账款的具体对象;"应付账款"科目按债权人名称或姓名设置明细科目,反映应付账款的具体对象等。

三、会计科目的设置

银行设置会计科目的主要依据是《企业会计准则》及《企业会计准则——应用指南》。在不违反统一规定的前提下,各商业银行可以根据本行业务的实际情况和需要在银行业统一会计科目下设置本系统内会计科目,用于日常业务的核算。但在编制报表时,必须严格按照银行业会计科目的归属关系填报有关数据,确保核算口径一致、指标可比。商业银行一般设置的会计科目见表 2-1。

表 2-1 银行业主要会计科目名称和编号

一、资产类					
顺序号	编号	会计科目名称	顺序号	编号	会计科目名称
1	1001	库存现金	9	1121	应收票据
2	1003	存放中央银行款项	10	1122	应收账款
3	1011	存放同业	11	1123	预付账款
4	1015	其他货币基金	12	1131	应收股利
5	1031	存出保证金	13	1132	应收利息
6	1051	拆出资金	14	1231	其他应收款
7	1101	交易性金融资产	15	1241	坏账准备
8	1111	买入返售金融资产	16	1251	贴现资产

续表

一、资产类

顺序号	编号	会计科目名称	顺序号	编号	会计科目名称
17	1301	贷款	30	1602	累计折旧
18	1302	贷款损失准备	31	1603	固定资产减值准备
19	1311	代理兑付证券	32	1604	在建工程
20	1321	代理业务资产	33	1605	工程物资
21	1441	贵金属	34	1606	固定资产清理
22	1442	抵债资产	35	1701	无形资产
23	1501	待摊费用	36	1702	累计摊销
24	1524	长期股权投资	37	1703	无形资产减值准备
25	1525	长期股权投资减值准备	38	1711	商誉
26	1526	投资性房地产	39	1801	长期待摊费用
27	1531	长期应收款	40	1811	递延所得税资产
28	1541	未实现融资收益	41	1901	待处理财产损溢
29	1601	固定资产			

二、负债类

顺序号	编号	会计科目名称	顺序号	编号	会计科目名称
42	2001	短期借款	57	2232	应付利息
43	2002	存入保证金	58	2241	其他应付款
44	2003	拆入资金	59	2312	代理承销证券款
45	2004	向中央银行借款	60	2313	代理兑付证券款
46	2011	同业存放	61	2314	代理业务负债
47	2012	吸收存款	62	2401	预提费用
48	2021	贴现负债	63	2411	预计负债
49	2101	交易性金融负债	64	2501	递延收益
50	2111	卖出回购金融资产款	65	2601	长期借款
51	2201	应付票据	66	2602	长期债券
52	2202	应付账款	67	2801	长期应付款
53	2205	预收账款	68	2802	未确认融资费用
54	2211	应付职工薪酬	69	2811	专项应付款
55	2221	应交税费	70	2901	递延所得税负债
56	2231	应付股利			

三、共同类

顺序号	编号	会计科目名称	顺序号	编号	会计科目名称
71	3001	清算资金往来	73	3201	套期工具
72	3002	外汇买卖	74	3202	被套期项目

四、所有者权益类					
顺序号	编号	会计科目名称	顺序号	编号	会计科目名称
75	4001	实收资本	79	4103	本年利润
76	4002	资本公积	80	4104	利润分配
77	4101	盈余公积	81	4201	库存股
78	4102	一般风险准备			
五、损益类					
顺序号	编号	会计科目名称	顺序号	编号	会计科目名称
82	6001	主营业务收入	92	6411	利息支出
83	6011	利息收入	93	6421	手续费及佣金支出
84	6021	手续费及佣金收入	94	6601	销售费用
85	6051	其他业务收入	95	6602	管理费用
86	6061	汇兑损益	96	6603	财务费用
87	6101	公允价值变动损益	97	6701	资产减值损失
88	6111	投资收益	98	6711	营业外支出
89	6301	营业外收入	99	6801	所得税费用
90	6401	主营业务成本	100	6901	以前年度损益调整
91	6402	其他业务成本			

根据《金融企业会计制度》的规范,银行应按规定对会计科目编号。会计科目的编号就是会计科目的代号。科目代号的长度如下:一级科目代号为四位数字,二级科目代号可以再加两位。科目代号的编排具有规律性,一般一级科目代号的前两位为规则号,后两位为顺序号。科目代号的第一位代表科目的大类,如1代表资产类科目,2代表负债类科目等。银行会计科目编号不得随意改变,便于编制会计凭证、登记账簿、查阅账目、实行会计电算化。

第二节　记账方法

一、记账方法的种类

为了对会计要素进行核算与监督,需要采用一定的记账方法将会计要素的增减变动登记在账户中。记账方法是根据确定的原理、记账符号、记账规则,采用一定的计量单位,利用文字和数字在账簿中登记经济业务的方法。记账方法在会计的产生和发展过程中,经历了从单式记账法过渡到复式记账法的漫长过程。

(一)单式记账法

单式记账法是指对每一项经济业务的发生只在一个账户中进行登记的一种记账方法。该方法记账手续简便,但只单方面反映自身增减变化,不涉及其他科目,不存在平衡关系,因此无法全面、系统地反映银行的经营情况。

目前我国表外科目采用单式记账法，以收和付作为记账符号，账簿设“收”“付”“余额”三栏。当业务发生或增加时记收，当业务注销或减少时记付，余额表示结存或未结清的会计事项。

（二）复式记账法

复式记账法由单式记账法演变而来，是指对每一项经济业务，都要以相等的金额同时在两个或两个以上相互联系的账户中进行登记的一种记账方法。它能够清楚地反映业务的来龙去脉，同时便于运用试算平衡原理来检查账户记录是否正确。但相较单式记账法，手续较为烦琐复杂。

复式记账原理下的记账方法多种多样，包括资金收付记账法、借贷记账法和增减记账法等。各种复式记账法基本上都是根据使用的记账符号来命名的。以“借”“贷”作为记账符号的，称之为借贷记账法；而以“收”“付”作为记账符号的，则叫作收付记账法，按照记账的内容不同，又分为财产收付记账法、资金收付记账法和现金收付记账法；以“增”“减”两字作为记账符号的，就是增减记账法。目前世界各国基本上都采用借贷记账法，中国的《企业会计准则》也明确规定“会计记账采用借贷记账法”。

复式记账法与单式记账法相比较，其显著的优点在于：一是采用复式记录方式（即双重记录方式），由于对每项经济业务都要在两个或两个以上相互联系的账户中同时进行记录，不仅可以了解每一项经济业务的来龙去脉，而且当全部经济业务都相互联系地登记入账之后，通过账户记录，能够完整、系统地反映出经济活动的过程和结果。二是由于对每项经济业务都要以相等的金额分类登记入账，因而它使全部账户增减的发生额和余额的合计数存在一定的平衡关系。利用这种平衡关系可以对账户记录的结果进行试算平衡，以检查账户记录是否正确和完整。

二、借贷记账法

借贷记账法，即以“资产=负债+所有者权益”的会计平衡公式作为理论基础，用“借”“贷”两字作为记账符号，采取“有借必有贷，借贷必相等”的记账规则，按照科学的账户体系和账户结构进行记录的一种复式记账方法。

借贷记账法是目前世界上使用最为广泛的记账方法，关于借贷记账法定义的基本要素有四个：一是借贷记账法的属性。它从属于复式记账法，是复式记账法中的一种。二是借贷记账法的理论依据。由于不同的记账方法其会计等式是不一样的，因此借贷记账法是以“资产=负债+所有者权益”这个会计等式作为理论基础的。三是借贷记账法的记账符号。明确借贷记账法是以“借”“贷”两字作为记账符号。四是借贷记账法的记账规则。指出借贷记账法的记账规则是“有借必有贷，借贷必相等”。

（一）借贷记账法的规则

1. 记账符号及记账方向

借贷记账法是以“借”“贷”作为记账符号，并把每个账户分为左右两方，左方为借方，右方为贷方。根据账户性质和经济业务的内容确定哪一方记增加，哪一方记减少，具体关系如表2-2所示。

表 2-2　科目与记账符号的关系

借方	贷方
资产增加	资产减少
负债减少	负债增加
所有者权益减少	所有者权益增加
收入减少	收入增加
费用增加	费用减少

期末,资产类科目余额反映在借方;负债类和所有者权益类科目的余额反映在贷方;共同类科目的余额,以其最终余额在借方或贷方来判明其归类到资产类还是负债类;损益类中的收益类科目余额反映在贷方;费用类科目余额反映在借方。

2. 记账规则

借贷记账法以"有借必有贷,借贷必相等"作为记账规则。借贷记账法以"资产=负债+所有者权益"的会计恒等式作为理论依据,而费用和收入的变化也会引起等式两端的变化。因此在借贷记账法中,每一笔经济业务的发生,必须同时在两个或两个以上的存在对应关系的账户中进行登记,计入某账户的借方和其对应账户的贷方,且计入借方的金额和计入贷方的金额必须相等,任何情况下借贷相等的平衡关系都不能被破坏。

3. 试算平衡法

试算平衡法是指在借贷记账法下,以"资产=负债+所有者权益"的恒等式为理论依据,利用借贷发生额和期末余额(或期初余额)的平衡原理,检查账户记录是否正确的一种方法。在借贷记账法下,按其"有借必有贷,借贷必相等"的记账规则记录经济业务,借贷双方客观上存在着平衡关系。因为每笔经济业务都以相等的金额按借贷相反的方向在对应账户中进行记录,这就使每一笔经济业务反映在账户中的借方发生额与贷方发生额必然相等。在某一会计期内全部经济业务在账户中的记录,其所有账户借方发生额合计也必然等于所有账户贷方发生额合计。由于账户期末余额是以其本期发生额为基础累计计算的,因此,也存在所有账户期末借方余额合计等于所有账户期末贷方余额合计的平衡关系。

综上所述,试算平衡表的基本平衡关系如下:

(1) 期初借方余额(贷方)+(-)本期借方发生额-(+)本期贷方发生额=本期借方余额(贷方)。

(2) 期初借方余额合计=期初贷方余额合计。

(3) 本期借方发生额合计=本期贷方发生额合计。

(4) 期末借方余额合计=期末贷方余额合计。

试算平衡表的格式如表 2-3 所示。

表 2-3　试算平衡表

单位:元

会计账户	期初余额		本期发生额		期末余额	
	借方	贷方	借方	贷方	借方	贷方
合计						

试算平衡表的编制方法是：首先，期末要结出各账户的本期发生额及期末余额；其次，根据各账户的期初余额、本期发生额和期末余额分别填入试算平衡表中的“期初余额”“本期发生额”和“期末余额”栏；再次，计算试算平衡表的期初余额、本期发生额和期末余额的各栏合计数；最后，验证期初余额的借方合计与贷方合计、本期发生额的借方合计与贷方合计、期末余额的借方合计与贷方合计各自是否平衡。

在进行试算平衡时，应注意以下几点：

第一，必须保证所有账户的余额均已记入试算表。因为会计等式是对会计要素整体而言的，缺少任何一个账户的余额，都会造成期初或期末借方余额合计与贷方余额合计不相等。

第二，如果试算表借贷不平衡，那么账务处理肯定有错误，应认真查找，直到实现平衡为止。

第三，如果试算平衡表实现了有关三栏的借贷平衡关系，一般说明记账是正确的，没有违反借贷记账法的记账规则，但并不能说明账户记录绝对没有错误，因为有些错误并不影响借贷双方的平衡关系，因而不能仅凭试算平衡表来检查。具体有如下几种情况：① 漏记某项经济业务，将使本期借贷双方的发生额等额减少，借贷仍然平衡；② 重记某项经济业务，将使本期借贷双方的发生额等额虚增，借贷仍然平衡；③ 某项经济业务记错有关账户，借贷仍然平衡；④ 某项经济业务在账户记录中，颠倒了记账方向，借贷仍然平衡；⑤ 借方或贷方发生额中，偶然发生多记少记并相互抵销，借贷仍然平衡。因此，在编制试算平衡表前，应通过其他方法认真核对有关账户记录，以消除上述错误。

（二）借贷记账法的应用

假定中国建设银行长沙市渫湾支行发生如下经济业务，现具体说明借贷记账法在银行会计核算中的应用。

【例 2-1】 中国建设银行长沙市渫湾支行对开户单位甲企业支付流动资金贷款 120 000 元。

该项业务涉及“吸收存款”和“贷款”两个账户。“吸收存款”是负债类账户，增加应记贷方；“贷款”是资产类账户，增加应记借方。其会计分录为：

借：贷款——短期贷款——甲企业贷款户　　　　120 000

　　贷：吸收存款——活期存款——甲企业存款户　　　　120 000

【例 2-2】 中国建设银行长沙市渫湾支行的开户单位甲企业以存款户 120 000 元，归还流动资金贷款本金。

该项业务涉及“吸收存款”和“贷款”两个账户。“吸收存款”是负债类账户，减少应记借方；“贷款”是资产类账户，减少应记贷方。其会计分录为：

借：吸收存款——活期存款——甲企业存款户　　　　120 000

　　贷：贷款——短期贷款——甲企业贷款户　　　　120 000

【例 2-3】 中国建设银行长沙市渫湾支行的开户单位乙企业签发现金支票从其账户支取备用现金 10 000 元。

该项业务涉及“吸收存款”和“库存现金”两个账户。“吸收存款”是负债类账户，减少应记借方；“库存现金”是资产类账户，减少应记贷方。其会计分录为：

借:吸收存款——活期存款——乙企业存款户　　　　10 000

　　贷:库存现金　　　　　　　　　　　　　　　　　　10 000

【例 2-4】 中国建设银行长沙市溁湾支行向其开户的中国人民银行长沙市中心支行发行库领取现金 50 000 元。

该项业务涉及“库存现金”和“存放中央银行款项”两个账户。“库存现金”是资产类账户,增加应记借方;“存放中央银行款项”是资产类账户,减少应记贷方。其会计分录为:

借:库存现金　　　　　　　　　　　　　　　　　50 000

　　贷:存放中央银行款项——市人行存款户　　　　　　50 000

根据上述 4 项经济业务编制的发生额试算平衡表见表 2-4。当试算平衡表中各会计科目的借方发生额与贷方发生额相等时,可以说明上述编制的会计分录正确。

表 2-4　发生额试算平衡表　　单位:元

科目代号	会计科目	借方发生额	贷方发生额
1001	库存现金	50 000	10 000
1003	存放中央银行款项		50 000
1301	贷款	120 000	120 000
2012	吸收存款	130 000	120 000
	合计	300 000	300 000

第三节　会计凭证

一、会计凭证的概念及作用

(一) 会计凭证的概念

会计凭证是记录各项经济业务活动与财务活动的书面证明,也是办理资金收付和账务处理的重要依据。为了保证会计信息真实、可靠,任何单位对于发生的每一项经济业务,都必须由该经济业务的有关经办单位或个人以书面形式记录相关经济业务的性质、时间、金额等信息,形成会计凭证,并在凭证上签字或盖章。在凭证上签章的单位或个人,对该经济业务的真实性、正确性负责。会计人员对会计凭证的真实性、合法性进行严格审核后,以此作为登记会计账簿的依据。

(二) 会计凭证的作用

填制和审核会计凭证,是会计核算的基本方法之一,也是会计核算工作的起点。做好这项工作,对银行的经济活动实施会计监督,提高其会计核算质量,具有十分重要的意义。会计凭证在会计核算中的重要作用主要体现在几个方面:

(1) 反映经济信息,提供记账依据。商业银行对发生的每一项经济业务,都要由经办人员按规定的程序和要求及时填制或取得会计凭证,以书面形式反映该项经济业务的发生和完成情况。会计凭证所记录的信息是否真实、可靠、及时,对会计信息质量有重大的影响。

(2) 明确经济责任,强化内部控制。每项经济业务都由经办单位或个人填制会计凭证并签字盖章,可反映经济业务的办理流程,也便于分清职责,促使相关单位或个人按规定的程序和要求办事,强化内部控制。

(3) 加强会计监督,控制经济运行。通过审核会计凭证,可以查明一项经济业务是否符合国家的有关规定,是否符合单位的规章制度,是否符合经济效益原则,从而发挥会计的监督作用,实现对经济活动的事中控制,确保经济活动健康有序地运行。

二、会计凭证的种类及编制

(一) 原始凭证

原始凭证是指在经济业务发生时直接取得或填制的凭证。它是用来证明经济业务发生或完成情况、明确经济责任并据以编制记账凭证的原始根据。原始凭证是会计核算的重要原始资料,原始凭证的质量决定了会计信息的真实性和可靠性。因此,商业银行应该使经济业务的经办人员都充分认识到原始凭证在经营管理和会计核算上的重要作用,同时明确经济责任,使经办人员能明确本职工作,严格遵守制度,认真负责地办理各项手续。

原始凭证按其来源不同,可以分为外来原始凭证和自制原始凭证。外来原始凭证是经济业务发生时从外部取得的凭证。比如,单位提交的各种结算凭证,火车、轮船及市内交通工具的票据等。自制原始凭证是由本单位经办业务的部门或人员来完成某项经济业务时自行填制的凭证,如银行的出入库单等。

由于经济业务事项种类繁多,来源广泛,所涉及的财物、资金形式多种多样,因此,原始凭证的所载内容和格式也千差万别。但无论哪种原始凭证,都必须清晰记录经济业务内容,明确经办人员责任。一般而言,原始凭证都应具备以下基本内容(也称原始凭证要素):① 原始凭证的名称;② 填制凭证的日期及编号;③ 接受凭证的单位名称;④ 经济业务内容(数量、金额等);⑤ 填制凭证的单位名称或填制人姓名;⑥ 经办人员的签名或签章。

在实际工作中,根据经营管理和特殊业务的需要,除了上述基本内容,还可以增加必要的内容。例如,有关部门可以针对不同单位经常发生的共性经济业务制定统一的凭证格式,如中国人民银行统一制定的银行转账结算凭证,标明了结算双方单位名称、账号等内容。

(二) 记账凭证

记账凭证是根据审核合格的原始凭证编制,或是原始凭证经过业务处理以后产生的凭证。记账凭证既可以根据原始凭证直接或汇总填制,也可以在一定情况下用原始凭证直接替代记账凭证记账以减少重复劳动、提高效率。

记账凭证虽多种多样,但主要作用都是对原始凭证进行归类、整理,确定应借、应贷的会计科目和金额,并据以登记会计账簿。为满足记账的要求,记账凭证应具备下列基本内容:记账凭证的名称、填制日期及编号;经济业务事项的内容摘要;会计分录,包括会计科目(含总账科目和明细科目)、借贷方向和金额;记账标记;所附原始凭证张数;制单、审核、会计主管、记账等有关人员的签章。

记账凭证的种类繁多,用途各异,为了增强对记账凭证的理解,应对记账凭证进行科学而合理的分类。常见的记账凭证的分类方法主要有按凭证形式分类、按凭证使用范围分类。

1. 按凭证形式分类

会计凭证按形式分类可分为单式记账凭证和复式记账凭证。

单式记账凭证是指每张记账凭证上只填列涉及的会计科目中的一个,每笔会计分录至少要填制两张单式记账凭证以完整反映一笔经济业务。其优点是传递方便,便于分工记账,整理保管。复式记账凭证是将一笔业务涉及的两个以上的会计科目填列在一张凭证上,可以清晰地综合反映业务的来龙去脉,但除了不具有单式记账凭证的优点外,还容易导致错记漏记。

2. 按凭证使用范围分类

会计凭证按使用范围分为基本凭证和特定凭证两种。

(1) 基本凭证。基本凭证是根据有关原始凭证及业务事项自行填制的通用记账凭证。由于这些记账凭证在银行内部经办业务的各个柜组之间传递,因而银行习惯上称之为"传票"。传票一般有10种,在使用时可以分为四种情况。

第一种情况:主要用于银行内部资金和财务收支的业务处理和核算,一般不对外使用,分别是现金传票和转账传票。其中现金传票包括现金收入传票和现金付出传票;转账传票包括转账借方传票和转账贷方传票。

现金传票只记载现金的对方科目,对现金科目本身的传票则可以省略。由于现金收入(付出)传票本身代表的就是"借"或"贷"现金科目,因而不再编制现金科目传票。现金收入传票基本格式见表2-5,现金付出传票基本格式见表2-6。

表2-5 现金收入传票

(贷) 现金收入传票 总字第 号

(借)现金 年 月 日 字第 号

户名或账号	摘 要	金 额								
		百	十	万	千	百	十	元	角	分
合 计										

会计 出纳 复核 记账

表2-6 现金付出传票

(借) 现金付出传票 总字第 号

(贷)现金 年 月 日 字第 号

户名或账号	摘 要	金 额								
		百	十	万	千	百	十	元	角	分
合 计										

会计 出纳 复核 记账

转账传票由于每笔业务至少涉及两个科目，所以对所发生的每笔转账业务，要分别编制转账借方传票和转账贷方传票。一个科目填制一张传票，以借方科目与贷方科目对转。同笔经济业务涉及的一套转账传票，应互相填写对方科目及编制传票号码，以防散失和便于事后查考。如第一套传票共三张，分别在各张传票上编列$1\frac{1}{3}$、$1\frac{2}{3}$、$1\frac{3}{3}$的分号，以便需要时凑齐。转账借方传票基本格式见表 2-7，转账贷方传票基本格式见表 2-8。

表 2-7　转账借方传票

转账借方传票

年　　月　　日

总字第　　号
字第　　号

科目(借)		对方科目(贷)								
户名或账号	摘　要	金　额								
		百	十	万	千	百	十	元	角	分
合　　计										

附件　张

会计　　　　　　复核　　　　　　记账

表 2-8　转账贷方传票

转账贷方传票

年　　月　　日

总字第　　号
字第　　号

科目(贷)		对方科目(借)								
户名或账号	摘　要	金　额								
		百	十	万	千	百	十	元	角	分
合　　计										

附件　张

会计　　　　　　复核　　　　　　记账

第二种情况：主要针对涉及外单位的转账业务，由银行主动代为收款进账或扣款，由特种转账传票进行记录，包括特种转账借方传票（见表 2-9）和特种转账贷方传票（见表 2-10）。

第三种情况：适用于表外业务，采用单式记账法进行核算。表外业务增加时，编制表外科目收入传票（见表 2-11）；表外业务减少时，编制表外科目付出传票（见表 2-12）。

第四种情况：涉及外汇、外币兑换的转账业务时使用外汇买（卖）借方传票（见表 2-13）和外汇买（卖）贷方传票（见表 2-14）。

表 2-9 特种转账借方传票

特种转账借方传票

年 月 日

总字第 号
字第 号

<table>
<tr><td rowspan="3">付款单位</td><td>全称</td><td colspan="3"></td><td rowspan="3">收款单位</td><td>全称</td><td colspan="3"></td></tr>
<tr><td>账号或地址</td><td colspan="3"></td><td>账号或地址</td><td colspan="3"></td></tr>
<tr><td>开户银行</td><td></td><td>行号</td><td></td><td>开户银行</td><td></td><td>行号</td><td></td></tr>
<tr><td rowspan="2">金额</td><td colspan="6" rowspan="2">人民币
（大写）</td><td colspan="3">百 十 万 千 百 十 元 角 分</td></tr>
<tr><td colspan="3"></td></tr>
<tr><td colspan="2">原凭证金额</td><td>赔偿金</td><td></td><td colspan="6" rowspan="4">科目（借）
对方科目（贷）

会计　　复核　　记账</td></tr>
<tr><td colspan="2">原凭证名称</td><td>号码</td><td></td></tr>
<tr><td colspan="4">合　计</td></tr>
<tr><td>转账原因</td><td colspan="3">银行盖章</td></tr>
</table>

附件 张

表 2-10 特种转账贷方传票

特种转账贷方传票

年 月 日

总字第 号
字第 号

<table>
<tr><td rowspan="3">付款单位</td><td>全称</td><td colspan="3"></td><td rowspan="3">收款单位</td><td>全称</td><td colspan="3"></td></tr>
<tr><td>账号或地址</td><td colspan="3"></td><td>账号或地址</td><td colspan="3"></td></tr>
<tr><td>开户银行</td><td></td><td>行号</td><td></td><td>开户银行</td><td></td><td>行号</td><td></td></tr>
<tr><td rowspan="2">金额</td><td colspan="6" rowspan="2">人民币
（大写）</td><td colspan="3">百 十 万 千 百 十 元 角 分</td></tr>
<tr><td colspan="3"></td></tr>
<tr><td colspan="2">原凭证金额</td><td>赔偿金</td><td></td><td colspan="6" rowspan="4">科目（贷）
对方科目（借）

会计　　复核　　记账</td></tr>
<tr><td colspan="2">原凭证名称</td><td>号码</td><td></td></tr>
<tr><td colspan="4">合　计</td></tr>
<tr><td>转账原因</td><td colspan="3">银行盖章</td></tr>
</table>

附件 张

表 2-11　表外科目收入传票

表外科目(收)

表外科目收入传票

年　　月　　日

总字第　　号
字第　　号

户　名	摘　要	人民币金额										
		亿	千	百	十	万	千	百	十	元	角	分

附件　　张

会计　　　　出纳　　　　复核　　　　记账

表 2-12　表外科目付出传票

表外科目(付)

表外科目付出传票

年　　月　　日

总字第　　号
字第　　号

户　名	摘　要	人民币金额										
		亿	千	百	十	万	千	百	十	元	角	分

附件　　张

会计　　　　出纳　　　　复核　　　　记账

表 2-13　外汇买(卖)借方传票

(借)货币兑换

外汇买(卖)借方传票

年　　月　　日

总字第　　号
字第　　号

<table>
<tr><td colspan="12">户名：</td><td colspan="11">账号：</td></tr>
<tr><td colspan="11">外币金额</td><td rowspan="2">牌价</td><td colspan="11">人民币金额</td></tr>
<tr><td>亿</td><td>千</td><td>百</td><td>十</td><td>万</td><td>千</td><td>百</td><td>十</td><td>元</td><td>角</td><td>分</td><td>亿</td><td>千</td><td>百</td><td>十</td><td>万</td><td>千</td><td>百</td><td>十</td><td>元</td><td>角</td><td>分</td></tr>
<tr><td></td><td></td><td></td><td></td><td></td><td></td><td></td><td></td><td></td><td></td><td></td><td></td><td></td><td></td><td></td><td></td><td></td><td></td><td></td><td></td><td></td><td></td><td></td></tr>
<tr><td colspan="6">摘　要</td><td colspan="6"></td><td colspan="11">会计
复核
记账
制票</td></tr>
</table>

附件　　张

表 2-14 外汇买(卖)贷方传票

(贷)货币兑换　　外汇买(卖)贷方传票　　总字第　号
　　　　　　　　年　月　日　　　　　　字第　号

<table>
<tr><td colspan="12">户名:</td><td colspan="11">账号:</td><td rowspan="5">附件

张</td></tr>
<tr><td colspan="11">外币金额</td><td>牌价</td><td colspan="11">人民币金额</td></tr>
<tr><td>亿</td><td>千</td><td>百</td><td>十</td><td>万</td><td>千</td><td>百</td><td>十</td><td>元</td><td>角</td><td>分</td><td rowspan="2"></td><td>亿</td><td>千</td><td>百</td><td>十</td><td>万</td><td>千</td><td>百</td><td>十</td><td>元</td><td>角</td><td>分</td></tr>
<tr><td></td><td></td><td></td><td></td><td></td><td></td><td></td><td></td><td></td><td></td><td></td><td></td><td></td><td></td><td></td><td></td><td></td><td></td><td></td><td></td><td></td><td></td></tr>
<tr><td colspan="6">摘　　要</td><td colspan="6"></td><td colspan="11">会计
复核
记账
制票</td></tr>
</table>

(2) 特定凭证。特定凭证是指根据某项业务的特殊需要,由银行统一专门印制的具有特定格式用途的专用凭证,如银行各种结算凭证和借款凭证等。银行在收到或取得这些特定凭证后,经审核无误便以其中一联或几联代替记账凭证,并据以办理业务和登记账簿。

三、会计凭证的填制和审核

(一) 会计凭证的填制

(1) 会计凭证是登记账簿的依据,正确填制会计凭证,是保证账簿记录正确的基础。填制会计凭证应符合的要求包括审核无误、内容完整、要素齐全、数字准确、字迹清晰、及时有效。

(2) 人民币的大写金额数字要符合规范。中文大写金额数字一律用正楷或行书填写。大写金额之前应注明"人民币"字样,紧接着其后书写金额,不得留有空白;大写金额到"元"的,在"元"之后一定要写"整(或正)"字。大写金额到"角"的,在"角"之后,可以写也可以不写"整(或正)"字;大写金额到"分"的,在"分"之后不写"整(或正)"字。按规定要求用大写金额填写的凭证,必须填写大写金额,大小写金额必须一致。

(3) 人民币小写金额前面应注明人民币符号"¥",数字不得连写,金额数字应写到角分,无角分的应在角分处写"00",有角无分的,应在分处写"0"。

(4) 单联式凭证应用蓝黑墨水钢笔书写,多联套写凭证可用圆珠笔双面复写套写,不得分张单写。

(5) 凭证种类与业务内容一致,对外业务用对外业务凭证,内部财务收支用内部凭证,不得混淆。

(6) 柜员填写和客户填写必须区分。未经授权,柜员不得帮客户填写。

(二) 会计凭证的审核

会计凭证的审核是行使会计监督职能的重要手段之一。银行在审核会计凭证时,必须保证符合法规、事实清楚、手续齐全。审核时应确保:

(1) 是本行本岗应该受理的会计凭证。

(2) 凭证种类正确,基本要素、联数和附件齐全。

(3) 账号、户名相符,在有效期内。
(4) 大小写金额一致,字迹无涂改。
(5) 印鉴、密押真实齐全。
(6) 支付金额不超过存款限额。
(7) 计息、收费及罚金正确。
(8) 会计科目名称及代号确认无误。

四、会计凭证的传递

凭证传递是指从收到外来凭证或自制凭证开始,到装订保管为止的会计核算处理的全部过程。凭证传递必须有科学、合理且符合会计核算的程序,要求手续严密,准确及时,先外后内,先急后缓,防止挤压、丢失等错、乱、慢现象发生。

会计凭证的传递,必须能够满足内部控制制度的要求,既要保证有关部门和人员对会计凭证进行审核和处理,又要尽可能减少传递中不必要的环节和手续,节约传递时间。合理有效地组织会计凭证的传递,对于帮助有关部门和人员及时了解、处理经济业务,加强企业管理,实现会计监督职能具有十分重要的意义。

银行的会计凭证传递过程中,一方面,关于现金业务、转账业务与代收他行的凭证传递必须遵循以下原则:对于现金业务的凭证传递,必须坚持现金收入"先收款,后记账",现金付出"先记账,后付款";对于转账业务的凭证传递,必须"先付后收",也就是先记付款单位账户,后记收款单位账户;对于代收他行的票据,坚持收妥入账原则,以贯彻银行不垫款的原则。另一方面,采用电子计算机进行联网处理业务的银行,凭证应该回归原开户行保管,并与代理收付清单勾对相符。

五、会计凭证的整理与保管

会计凭证是记账的依据,是重要的会计档案和经济资料。单位负责人、税务人员和审计人员等有关单位和个人可能因各种需要查阅会计凭证,因此会计凭证必须妥善整理与保管,必须按规定正确处理,严防损毁、散失,更不得随意销毁。

为保证会计凭证完整齐全,便于事后查考,银行应每日按规定对会计凭证进行整理装订。具体要求如下:

(1) 装订前应先检查科目的日结单张数、凭证张数、凭证附件张数及有关戳记是否完整齐全,发现不符或手续不全的,必须由有关人员更正补齐。

(2) 装订的顺序应是:先表内科目,后表外科目,以科目排列先后顺序为准。表内科目按现金收入、现金付出、转账借方、转账贷方顺序排列。表外科目按收入、付出顺序排列。原始凭证附于记账凭证后,并加盖"附件"戳记。

(3) 已装订的凭证要编列凭证顺序号,并应与科目日结汇总表的凭证总张数相符。科目日结单装订在会计凭证的前面。

(4) 装订成册后,在绳结处用纸加封,由装订人员和会计主管在加封处盖章,以明确责任。

(5) 装订并盖章后的凭证,应按日期编列凭证总号和分号,并在凭证封面有关栏内注明日期,登记"会计凭证、账簿、报表保管登记簿"后入库妥善保管。

(6) 在保存期内如需调阅凭证,须经会计主管人员批准,并要注明理由及调阅日期。凭证保管期满,需要销毁时,必须开列清单,经领导批准并报上级同意方能执行。

第四节　账务组织

一、账务组织的概念

会计凭证数量繁多、信息分散,缺乏系统性,难以全面、完整地了解银行的财务状况,不便于会计信息的整理与报告。因此,银行应当按照国家统一的会计法规制度的规定和会计业务的需要设置账务组织,以便系统归纳会计信息,全面、系统、连续地核算和监督银行的经济活动及财务收支情况。账务组织,又称会计核算形式,是指账簿设置、记账程序和核对方法的有机结合。会计账簿是由一定格式且相互联系的账页组成,用于系统地、连续地反映经济业务的各种簿籍的总称。

银行的账务组织包括明细核算和综合核算两大系统。

二、明细核算及其核算程序

明细核算是指在每个会计科目下,按具体对象和单位,设立分户账,进行详细记录和核算,是综合核算的补充和具体化。明细核算由各种分户账、登记簿、余额表、现金收付日记簿组成,用来反映每一会计科目下各账户资金增减变化的详细情况。

其核算程序是先根据会计凭证,登记现金收付日记簿、分户账或登记簿;然后根据分户账,编制余额表;最后同总账进行核对。具体流程如图 2-1 所示。

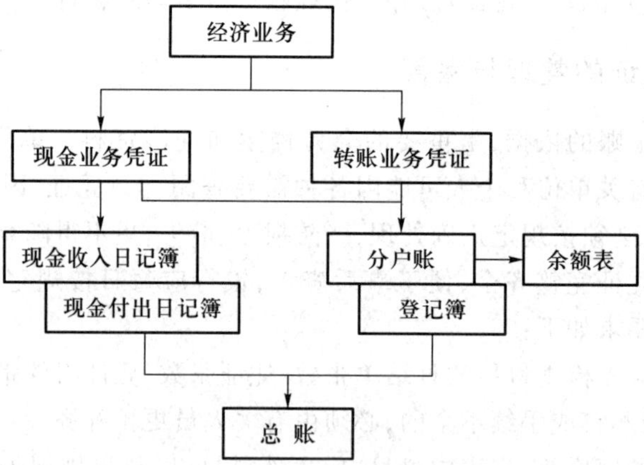

图 2-1　明细核算程序

(一) 分户账

分户账是明细核算的主要账簿,按年度更新账页,按户立账,根据凭证逐笔、序时连续记载,具体反映每个账户的资金活动情况。分户账中又分别设置甲、乙、丙、丁四种账簿格式。

甲种账适用于不计息或余额表计息的账户以及银行内部财务核算的账户,分设借方、贷方和余额三栏,具体格式如表 2-15 所示。

乙种账适用于账页上加计积数并计息的账户,分设借方、贷方、余额和积数四栏,具体格式如表 2-16 所示。

表 2-15　甲　种　账

账户名：　　账号：　　领用凭证记录：

本账总页数
本户页数

年		摘要	凭证号码	对方科目代号	借方	贷方	借或贷	余额	复核盖章
月	日				（位数）	（位数）		（位数）	

会计　　记账

表 2-16　乙　种　账

账户名：　　账号：　　领用凭证记录：

本账总页数
本户页数

年		摘要	凭证号码	对方科目代号	借方	贷方	借或贷	余额	日数	积数	复核盖章
月	日				（位数）	（位数）		（位数）		（位数）	

会计　　记账

丙种账适用于借贷双方反映余额的存贷往来账户，分设借方、贷方发生额和借方、贷方余额四栏，具体格式如表 2-17 所示。

表 2-17 丙 种 账

账户名：　　账号：　　领用凭证记录：　　利率：

本账总页数
本户页数

年		摘要	凭证号码	对方科目代号	发生额		余额		复核盖章
					借方	贷方	借方	贷方	
月	日				（位数）	（位数）	（位数）	（位数）	

会计　　记账

丁种账适用于逐笔销账的一次性业务，也可以用于分户核算，分设借方、贷方、余额和销账四栏，具体格式如表 2-18 所示。

表 2-18 丁 种 账

账户名：　　账号：　　领用凭证记录：

本账总页数
本户页数

年		账号	户名	摘要	凭证号码	对方科目代号	借方	销账			贷方	借或贷	余额	复核盖章
月	日						（位数）	年	月	日	（位数）		（位数）	

会计　　记账

（二）登记簿（卡）

登记簿是一种辅助性账簿，凡是不必在分户账上记录而又需要进行登记查考的业务，应在登记簿进行登记反映，用以控制重要空白凭证、有价单证和实物，以及统御卡片账，是分户账的补充。

（三）余额表

余额表主要用于核对总账与分户账余额和计算利息，主要包括计息余额表和一般余额表两种。计息余额表针对计息科目使用，在每日营业终了，根据甲种账记载的存贷款业务的余额填列。一般余额表则主要用于不计息科目或与乙种账核对余额。计息余额表如表 2-19 所示，一般余额表如表 2-20 所示。

表 2-19　计息余额表

科目名称：　　　　　　　　　　　　　　　　　　　　　　　　　　共　页
科目代号：　　　利率：　　　　　年　　月　　　　　　　　　　　第　页

账　号					复核盖章
户　名					
日期	余额				
	（位数）	（位数）	（位数）	（位数）	
至上月底累计未计息积数					
日期 1 ⋮ 10 天小计 11 ⋮ 20 天小计 21 ⋮					
本月合计 （本月计息积数）					
应加积数					
应减积数					
本期累计应计息积数					
结息时计算利息数					
备注					

会计　　　　　　　　复核　　　　　　　　记账

表 2-20 一般余额表

年 月 日 第 页 共 页

科目代号	户名	摘要	余额	科目代号	户名	摘要	余额
			(位数)				(位数)

会计 复核 制表

(四) 现金收入(付出)日记簿

现金收入(付出)日记簿是记录现金收入和付出的明细情况的账簿。根据现金收入和现金付出传票分别序时、逐笔记载业务,在每日营业终了,库存现金收付总数应与现金科目的借、贷方发生额进行核对,确保一致。现金收入日记簿如表 2-21 所示。

表 2-21 现金收入日记簿

柜组名称: 年 月 日 第 页 共 页

凭证号数	科目代号	户名或账号	计划项目代号	金额	凭证号数	科目代号	户名或账号	计划项目代号	金额
				(位数)					(位数)

复核 出纳

三、综合核算及其核算程序

综合核算以科目为基础进行核算,可以为各种会计报表的编制提供依据,是轧平当日账务的重要工具。它可以体现部门资金变化的总体情况,有助于银行业务的全面反映和监督,主要由科目日结单、总账、日计表三部分组成。其核算程序如图 2-2 所示。

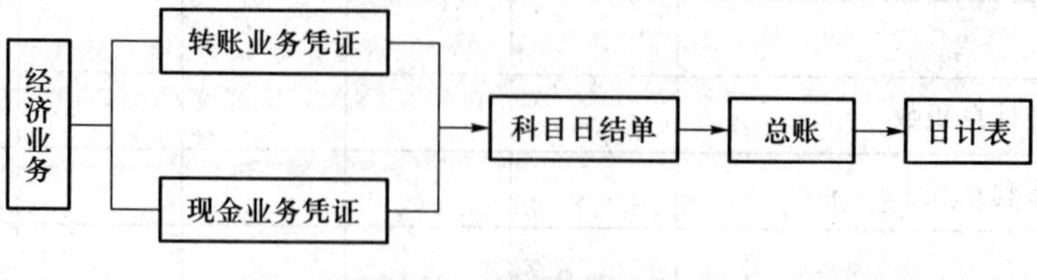

图 2-2 综合核算程序

（一）科目日结单

科目日结单，也称汇总传票，每日营业终了，根据当日各科目的传票分别编制科目日结单，是每一会计科目当日借、贷方发生额和传票张数的汇总记录，同时也是轧平当日账务和登记总账的依据。具体格式、内容如表2-22所示。

表2-22　科目日结单

年　月　日

借　方		贷　方		
传票张数	金额（位数）	传票张数	金额（位数）	附件
现金　张		现金　张		
转账　张		转账　张		张
合计　张		合计　张		

事后监督　　复核　　记账　　制单

（二）总账

总账是各科目的总括记录，是综合核算和明细核算相互核对及统御分户账的主要工具，是定期编制各种会计报表的依据。总账设有借、贷方发生额和借、贷方余额四栏，账页每个科目一张，按月更换一次。每日营业终了，填记各科目日结单发生额的合计数并结出余额。具体格式内容如表2-23所示。

表2-23　总　　账

科目名称：

科目代号：　　年　月　　第　号

年　月	借方（位数）		贷方（位数）		
上年底余额					
本年累计发生额					
上月底余额					
至上月底累计未计息积数					
日期	发生额		余额		复核盖章
	借方（位数）	贷方（位数）	借方（位数）	贷方（位数）	复核员
1					
2					
3					
…					
10天小计					
11					
…					
20天小计					

续表

21					
…					
月计					
自年初累计					
应加应减积数					
本期累计应计息积数					
本月累计未计息积数					

会计　　　　复核　　　　记账

（三）日计表

日计表是银行按日编制的一种会计报表，也是反映当日业务、财务活动和轧平当日全部账务的工具。根据总账各科目的当日借方和贷方发生额和余额，填列表上各科目的本日发生额和余额，如表 2-24 所示。

表 2-24　日　计　表

年　　月　　日

科目代号	科目名称	发生额		余额	
		借方	贷方	借方	贷方
		（位数）	（位数）	（位数）	（位数）

行长（主任）　　　　会计　　　　复核　　　　制表

四、账务处理

账务处理是指从办理业务、编制和审查凭证开始，经过业务记载和账务核对、直到轧平账务、编制日计表的全过程，主要包括记账、结账和对账三个环节。

（一）记账

记账是会计核算的主要内容。业务发生时受理、审核或填制凭证，一方面根据凭证计入分户账，再按分户账余额填余额表；另一方面，根据凭证编制科目日结单后填制总账，然后再根据总账计入日计表。

（二）结账

结账是会计核算的重要环节，指银行在会计期末将各科目余额结清或结转至下期。银行的结账工作可以分为日结、月结和年度结转三种。其中，日结是结账的基础。

（三）对账

对账是保证财务正确无误，保障银行资金安全、完整的重要措施。通过对账，确保银行账账、账款、账据、账实、账表和内外账务六相符。银行的账务核对分为每日核对和定期核对。

1. 每日核对

每日核对包括总分核对和定期核对，要求做到账账和账款两相符。账账相符指的是各科目总账余额与各该科目总账所属分户账(或余额表)的汇总余额核对相符；账款相符指的是现金收入、付出日记簿的总数应与现金科目总账的借、贷方发生额核对相符，现金库存簿的库存数应与现金科目总账的余额和实际库存现金核对相符。

2. 定期核对

定期核对是指按规定日期将未纳入每日核对的账务进行核对的查实工作，以达到账据、账实、账表以及内外账务相符，主要包括：余额表和丁种账页与科目总账的核对；各类储蓄科目、贷款各科目与科目总账的核对；金银、外币、有价单证、房屋、器具等账实核对；银行内外账的核对以及同业往来账户的核对等。

3. 银行每日账务处理程序和核对关系

银行每日账务处理程序和核对关系如图 2-3 所示。

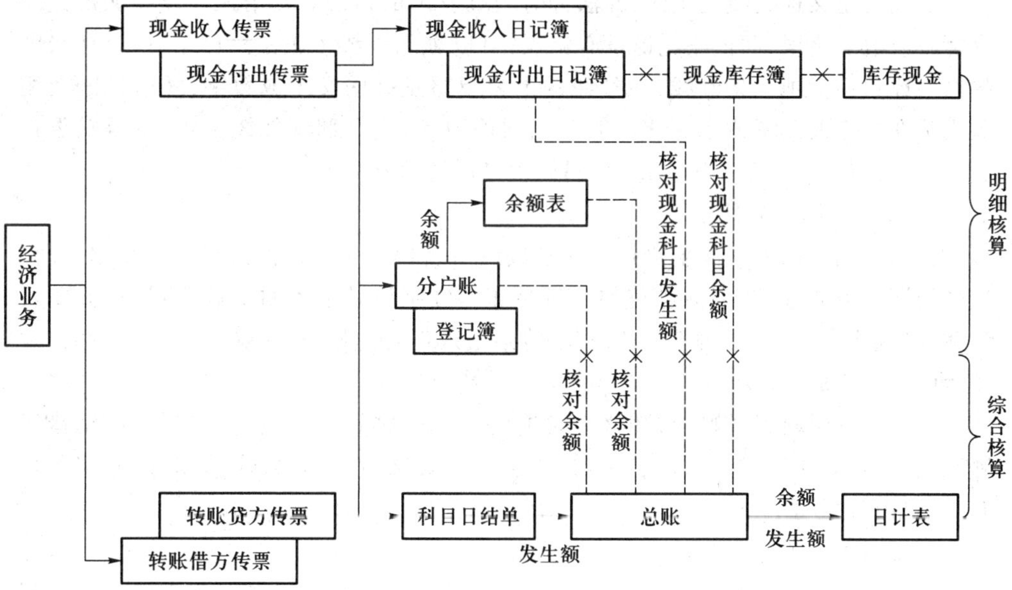

图 2-3 每日账务处理程序和核对关系

注：——→代表账户处理程序 --×--代表账务核对

首先，根据经济业务编制凭证，然后根据凭证登记分户账或现金收付日记簿，并填制科目日结单。接下来一方面将登记后的分户账作为依据，填制余额表，另一方面根据科目日结单编制总账。最后将现金收付日记簿、现金库存簿和库存现金进行核对，总账与现金收入日记簿、现金库存簿、分户账和余额表进行核对，并根据总账编制日计表。

五、记账规则与错账更正

(一) 记账规则

记账规则指记录经济业务时应遵循的规定。严格遵守记账规则，才能保证在编制和汇总记账凭证、登记账簿时的正确性,也才能正确地记录和监督资金运动的变化。应遵循的基本记账规则如下。

(1) 账簿的各项内容,必须根据传票的有关事项逐笔记载,做到内容完整、数字准确、摘要简明、字迹清晰,严禁弄虚作假。

(2) 记账应用蓝黑墨水钢笔书写,复写账页可用圆珠笔及双面复写纸套写。

(3) 账簿上所记载的文字及数字,一般只占全格的二分之一,摘要栏文字如一格写不完时可以在下一格连续填写,但其金额应填在末一行的金额栏内。

(4) 账簿上的一切记载,不得涂改、刀刮、皮擦、挖补和用药水销蚀。

(5) 红色墨水只用于画线和冲账以及按规定用红字批注的有关文字说明。

(二) 错账更正

在记账过程中,可能会发生错误,即出现错账,如漏记、重记、账户记错、借贷方向记反、记错金额等,从而影响账簿记录的准确性,应及时运用合理的方法找出错账并予以更正。一般情况下,如果发生了错账,应采取以下措施更正:

1. 划线更正

划线更正又称红线更正法,此法针对当日发生的错误。在结账前发现账簿记录有文字或数字错误,而记账凭证没有错误,可以采用划线更正法。更正时,可在错误的文字或数字上画一条红线,在红线的上方填写正确的文字或数字,并由记账及相关人员在更正处盖章或者签字。对于错误的数字,应全部画红线更正,不得只更正其中的错误数字,对于文字错误,可只画去错误的部分。

2. 红蓝字同方向冲正

红蓝字同方向冲正法主要针对次日或以后发现本年度内的差错。记账串户时,应填制同一方向红、蓝字冲正传票办理冲正。红字传票记入原错误账户,在摘要栏注明"冲销×年×月×日错误"字样;蓝字传票记入正确的账户,在摘要栏注明"补记冲正×年×月×日账"字样。

若传票填错科目或账户,随之登错账时,应填制同方向红、蓝字传票,冲销错误账户,补记正确账户或科目。若传票正确,科目日结单结错时,应填制红、蓝字科目日结单进行冲正。

3. 蓝字反方向更正

蓝字反方向更正是对错误凭证中的错误科目采用相反的方向与正确科目互相对应进行更正的方法,主要针对本年度发现上年度的差错。更正时不得更改上年度的决算表,而是在本年度账户上,将原记的借改为贷(编制蓝色传票),原记的贷改为借(编制蓝色传票)。

六、计算机操作的基本账户处理

随着计算机技术的发展,原有手工会计信息系统的手工处理方式逐渐转化为由计算机来完成,计算机应用程序对会计凭证、会计账簿、会计报表的本质并没有实质性的改变,但将计算机引入会计信息处理领域,极大地提高了会计信息处理的速度和质量。计算机操作的基本账户处理分别包括记账、对账和错账处理。

(一) 记账

(1) 数据输入,必须由指定操作员进行,非操作人员不得输入数据。

(2) 输入数据的要求同手工记账一样,不合法凭证不得进行操作。

(3) 操作人员不得自制凭证上机处理,更不准无凭证输入,且各项业务应序时输入。

(4) 红字凭证的输入,按同方向负数处理,以"-"表示,并在摘要栏打印冲账代码。

(5) 自助式设备(包括电话银行、网上银行、ATM、POS等),由客户按章程自行输入业务数据。

(6) 计算机自动生成的凭证(如利息凭证),其转账数据必须经有关人员复核,并核对份数、金额及平衡关系,先核对后记账。

(二) 对账

(1) 手工核对科目日结单的发生额与平衡表,相互勾对相符。

(2) 总轧平衡。

(3) 遇有开、销户,调增、调减积数时,除当日按规定核对外,次日复核员必须依据开销户、调增或调减积数通知单,再与计算机打印出的余额表有关内容勾对相符。

(三) 错账处理

(1) 输入数据发生差错,应由经办人员运用计算机功能,将错误数据删除,再输入正确数据。

(2) 因凭证填制错误而发生的错账,应先更正凭证,并按照上述办法更正错账。

第五节 会计报表

一、会计报表及意义

会计报表是商业银行对外提供的反映银行特定时间内的会计信息的重要文件,要求报送及时、数字真实、内容完整。

会计报表综合地反映了商业银行某一特定日期的财务状况信息,某一会计期间的财务成果信息和现金流量信息,是银行会计核算最终形成的结果,也是银行管理的一项重要内容,对实现商业银行目标具有非常重要的意义。

(一) 内部意义

(1) 会计报表可以为银行管理层加强管理提供相关信息。银行管理当局通过阅读、分析、比较会计报表信息,可以更加合理地配置银行各项经济资源,合理地评价各级银行经营业绩,合理地考评各级管理人员的职责履行情况,发现问题,分析原因,提出建议,提高银行经营管理水平。

(2) 会计报表可以为银行职员了解银行、完成银行经营目标提供相关信息。银行职员通过阅读、分析、比较会计报表信息,可以了解银行生产经营状况,关注与自身利益相关的会计信息,做好个人的工作规划,积极、主动地参与银行的各项经营管理工作,并且为银行的未来发展提出意见和建议,形成良好的银行文化,更有利于实现银行目标。

(二) 外部意义

(1) 会计报表可以为投资者、债权人、客户做决策提供相关信息。投资者通过阅读、分析、比较会计报表信息，可以预测投资风险、投资回报，为未来投资决策提供参考；债权人通过阅读、分析、比较会计报表信息，可以了解银行的还债能力、盈利能力、发展能力，为债权人做出有关决策提供参考；客户通过阅读、分析、比较会计报表信息，可以了解银行的金融产品、信息、赊销政策等情况，为客户做出有关决策提供参考。

(2) 会计报表可以为政府部门进行监督、检查提供相关信息。政府部门通过阅读、分析、比较会计报表信息，可以了解银行遵守财经法规制度的情况，监督银行依法纳税，守法经营，并为法规制度的修订提供参考。

(3) 会计报表可以为国家宏观经济管理提供相关信息。国家宏观经济管理部门通过阅读、分析、比较会计报表信息，可以了解国民生产总值、国有资产变动、固定资产投资、社会保障等方面的信息，为国家制定宏观经济政策，进行宏观经济调控提供参考。

(4) 会计报表可以为其他组织部门等提供决策有用的信息。商业银行作为一个会计主体，必然会对其他经济组织、部门、个人等产生影响，也必然会受到其他经济组织、部门、个人等的影响。行业协会、银行所在的社区、竞争对手、财务分析者、新闻评论员等通过阅读、分析、比较银行的会计报表信息，有利于其在分析、决策时进行参考，做出相应决策。

二、会计报表的构成

会计报表由资产负债表、利润表、现金流量表、所有者权益增减变动表和会计报表附注构成。

(一) 资产负债表

资产负债表是反映银行在某一特定日期全部资产、负债和所有者权益情况的会计报表，是银行经营活动的静态体现，根据“资产＝负债＋所有者权益”这一平衡公式，依照一定的分类标准和一定的次序，将某一特定日期的资产、负债、所有者权益的具体项目适当地排列编制而成。

(二) 利润表

利润表是反映银行一定会计期间生产经营成果的会计报表，反映银行经营资金动态表现。它全面揭示了银行在某一特定时期实现的各种收入，发生的各种费用、成本或支出，以及银行实现的利润或发生的亏损情况。

(三) 现金流量表

现金流量表是反映一定时期内银行经营活动、投资活动和筹资活动对现金和现金等价物所产生影响的财务报表，它体现了一家银行在一定时期现金流入和现金流出的动态状况。

(四) 所有者权益增减变动表

所有者权益增减变动表是反映银行在某一特定日期股东权益增减变动情况的报表。它全面体现了银行的股东权益在年度内的变化情况，便于会计信息使用者深入分析银行股东权益的增减变化情况，并进而对银行的资本保值增值情况做出正确判断，从而提供对决策有用的信息。

(五) 会计报表附注

会计报表附注是对会计报表的补充说明，以便报表的使用者全面、正确地理解会计报表。它拓展了银行财务信息的内容,突破了揭示项目必须用货币加以计量的局限性,充分满足了银行财务报告是为其使用者提供有助于其经济决策的信息的要求,增进了会计信息的可理解性。

三、会计报表的种类

(一) 按编制时间划分

会计报表按编制时间分类,可以分为短期财务报告、中期财务报告和年度财务报告。其中,短期财务报告主要为内部管理者及经办人员了解当日业务所用,如日报表。中期财务报告可以是月度、季度或半年度会计报表,至少包括资产负债表、利润表、现金流量表和会计报表附注。年度财务报告除包括中期财务报告的内容外,还应包括所有者权益增减变动表、合并财务报表等内容。

(二) 按信息服务对象划分

会计报表按其信息服务对象划分,可以分为内部会计报表和外部会计报表。

内部会计报表是银行根据自身生产经营活动特点设计的,用来满足银行自身生产经营管理需要的会计报表,其格式、内容、编报时间都比较灵活。外部会计报表则必须按照财政部等部门统一规定的格式、内容、编报时间来编制,并按规定对外公布或者报送会计报表,如资产负债表、利润表等。

(三) 按资金运动状态划分

会计报表按照所反映的资金运动状态不同分为静态报告、动态报告、动静结合报告。

静态报告是反映银行某一特定时日财务状况的会计报表,如资产负债表。动态报告是反映银行一定时期经营成果的会计报表,如利润表。动静结合报告是既反映银行某一特定时日的静态会计信息,又反映银行一定时期的经营成果、现金流量变动这些动态信息的会计报表,如现金流量表。

本章小结

会计基本核算方法是本书的技术基础部分,主要介绍银行会计的基本核算方法和基本核算技能。其主要内容包括会计科目、记账方法、会计凭证、账务组织和会计报表。第一,会计科目基本核算方法处在会计循环系统的第一个环节,其目的是总括反映银行各项业务和财务活动情况。科学设置会计科目、对会计科目合理分类并建立完整的会计科目体系是正确组织会计核算,提高会计核算质量和效率的前提。第二,记账方法是会计基本核算方法的重要内容。它是根据一定规则,运用相关记账符号,按照会计科目对发生的经济业务进行整理、分类和登记账簿的一种专门方法。主要包括单式记账法、复式记账法。其中,复式记账法下的借贷记账法是目前广为流传使用的记账方法。第三,会计凭证是进行账务核算、核对、登账和进行事后稽核的依据。正确填制和审核会计凭证是会计核算的起点和基础,确保会计凭证的传递与整理无误是保证财务处理过程各个环节有序进行的关键环节。第四,银行的账务组织主要包括明细核算和综合核算两大系统。明细核算主要反映每一会计科目下各账户资金增减变化的详细情况,由各种分户账、登记簿、余额表和现金收入(付出）传票组成；综合核算反映每一会计科目资金增减变化的总括情况，由科目日结单、总账、日计表组成。账务处理主要包括记账、结账和对账三个环节。第五，会计报表是银行会计核算的重要环节，是向信息使用者提供相关经营信息的重要途径，主要由资产负债表、利润表、现金流量表、所有者权益增减变动表和会计报表附注构成。

重要概念

会计科目　记账方法　复式记账法　会计凭证　账务组织　账簿　明细核算　综合核算　科目日结单　总账　日计表

基础训练

一、简答题

1. 银行会计科目包括哪些类型？各类型科目有什么特点？
2. 对比复式记账法与单式记账法，简要说明各自优劣势。
3. 什么是分户账？甲、乙、丙、丁四种分户账的主要区别是什么？
4. 银行进行错账处理时，手工操作和计算机操作的区别是什么？
5. 简述并勾画银行每日账务处理和账务核对程序图。

二、业务题

假定商业银行某支行当日发生下列业务，根据下列业务编制会计分录与相应的发生额试算平衡表。

1. 开户单位甲企业缴存现金 200 000 元。
2. 本行向开户单位乙企业发放 6 个月的贷款 500 000 元，转入存款账户。
3. 本行向市中国人民银行缴存现金 300 000 元。
4. 开户单位丙企业以其在本行的活期存款向开户单位甲企业在本行的账户转账 50 000 元。

拓展阅读

《关于修订印发一般企业财务报表格式的通知》（2017 年 12 月，中华人民共和国财政部，财会〔2017〕30 号）。

即测即评

请扫描二维码进行在线测试。

第三章　银行负债业务的核算

本章导读

负债是银行的主要资金来源，负债的规模对资产的规模有着重要影响。银行负债业务是商业银行最基本的业务，是银行进行其他业务的基础与前提条件之一。本章从银行负债业务的概念、分类出发，对银行负债的过程、计价方法以及业务核算等方面进行介绍，包括存款业务的核算、发行债券业务的核算以及其他负债业务的核算。

第一节　银行负债业务概述

一、负债的概念

负债是指由于过去的交易或事项所引起的银行的现有义务，这种义务需要银行将来以转移资产或提供劳务加以清偿。

二、负债的特征

（一）负债是基于过去的交易或事项而产生的

只有源于已经发生的交易和事项产生的负债，会计上才有可能确认为负债。负债应当由银行过去的交易或者事项所形成。银行将在未来发生的承诺、签订的合同等交易或者事项，不形成负债。

（二）负债是银行承担的现时义务

负债必须是银行承担的现时义务，这里的现时义务是指银行在现行条件下已承担的义务。未来发生的交易或者事项形成的义务，不属于现时义务，不应当确认为负债。

（三）现时义务的履行将会导致经济利益流出

预期会导致经济利益流出银行是负债的一个本质特征，只有在履行义务时会导致经济利益流出银行的，才符合负债的定义。在履行现时义务清偿负债时，导致经济利益流出银行的形式多种多样。

（四）负债通过清偿后才能消失

负债通常是在未来某一时日通过一定的清偿手段了结债务。

三、负债的分类

（一）按流动性大小划分

按流动性大小，银行的负债可分为流动负债和非流动负债两种。

1. 流动负债

流动负债是指在一年或者一年以内偿还的债务。流动负债主要包括短期借款、应付票据、应付账款、预收账款、应付职工薪酬、应付股利、应交税费和一年内到期的长期借款等。通过观察分析银行的流动负债与流动资产可以大致了解银行的短期偿债能力和清算能力。

2. 非流动负债

非流动负债是指偿还期在一年或者一年以上的债务。非流动负债主要有长期借款和应付债券。非流动负债主要是银行为筹集长期投资项目所需资金而发生的。

（二）按负债现时是否确定划分

按产生负债的事实是否明确，未来偿付金额、偿付日期和受偿人是否明确或是否可合理确定，银行负债可划分为可确定性负债和或有负债两种。

1. 可确定性负债

可确定性负债是指产生事实已确定，未来偿付金额、偿付日期和受偿人明确，或虽不太明确但可以合理地加以估计的负债。

2. 或有负债

或有负债是指过去的交易或事项形成的潜在义务，其存在须通过未来不确定事项的发生或不发生予以证实。或有负债在当前具有较大的不确定性。

（三）按负债的形式或结构划分

按负债形式或结构，银行负债可分为存款负债、借入负债和其他负债三种。

1. 存款负债

存款负债是商业银行最主要的负债主体。它是指商业银行所吸收的各种活期存款、定期存款和储蓄存款，因此存款负债具有极大的不稳定性。

2. 借入负债

借入负债是指商业银行通过金融市场或直接向中央银行融通资金。借入负债可分为短期借入负债和长期借入负债两种。

3. 其他负债

其他负债主要是商业银行在结算中形成的临时性负债和应付未付款项，主要有应付利息、应付股利、其他应付款等。

（四）按负债是否付息划分

按负债是否付息，银行负债可划分为金融负债和非金融负债两种。

1. 金融负债

金融负债是资金融通活动中形成的负债。金融负债主要有以公允价值计量且其变动计入当期损益的金融负债和以摊余成本计量的金融负债两类。

2. 非金融负债

非金融负债是除金融工具外的其他事项所承担的负债，主要包括应付职工薪酬、应交税费、预提费用等。

四、负债的计价

按照会计准则的规范，负债按照因承担现时义务而实际收到的款项或者资产的金额，或者承担现时义务的合同金额，或者按照日常活动中为偿还负债预期需要支付的现金或者现金等价物的金额计量。通常采用的方法主要有现值法和历史成本法两种计价方法。

银行会计实务中对负债业务多采用历史成本法计价入账。采用历史成本法的初衷是认为资产负债表的目的不在于以市场价格表示银行资产的现状，而在于通过资本投入与资产形成的对比来反映银行的财务状况和经营业绩，这种对比须以历史成本为基础。

第二节　存款业务的核算

一、存款业务管理

存款是商业银行接受存款人（单位、个人）存入的、承诺可以随时或按照约定时间支取本金和利息的信用资金。存款是商业银行负债的重要组成部分，是商业银行筹集资金的主要来源，是发放贷款的基础。客户将闲置资金存入银行，也是银行办理转账结算的前提。银行发展存款业务的意义重大，它可以调节货币流通，也可以为个人投资理财提供渠道。

（一）存款的分类

1. 按资金来源性质分类

银行存款按资金来源性质可分为单位存款（对公存款）、储蓄存款（个人存款）、财政性存款。单位存款是指存款人以机关、团体、部队、企业、事业单位或其他组织的名义在银行开立存款户而存入的款项；储蓄存款是存款人以自然人名义在银行存入的款项；财政性存款主要是各行经办的各级财政拨入的预算资金或应上缴财政的各种款项形成的存款。

2. 按存款期限分类

银行存款按存款期限长短可分为活期存款、定期存款、定活两便存款等。活期存款是指存入时不确定存期，可以随时存取的存款，如企事业单位的活期存款、个人结算存款、财政性存款等；定期存款是指存入时规定存期，到期支取的存款，如整存整取、零存整取、整存零取、存本取息等；定活两便存款是指存入时不规定存期，存款人可随时支取，支取时按同档次定期存款利率的一定比率确定存款利息的一种存款。

3. 按存款货币的记账单位分类

银行存款按其记账单位分类可分为本币存款和外币（原币）存款。中国商业银行目前开设了港币、美元、欧元、日元、英镑、加拿大元、瑞士法郎、澳大利亚元等外币存款业务。如以其他可自由兑换的外币存入，应按存入日的牌价套算成上述货币存入。按规定,存入什么货币就支取什么货币,计付原币利息。

(二)银行存款账户的开立和管理

银行存款是企业存入银行或其他金融机构的款项,企业应在银行开立账户,以办理存款和转账结算等。中国人民银行于 2003 年 4 月 10 日制定颁布了《人民币银行结算账户管理办法》,并于 2003 年 9 月 1 日起施行。

1. 存款账户的设置和开立

存款账户按用途分为基本存款账户、一般存款账户、临时存款账户和专用存款账户。

(1)基本存款账户。基本存款账户是指存款人因办理日常转账结算和现金收付需要开立的银行结算账户,任何单位只能开立一个基本存款账户。一个单位只能选择一家银行的一个营业机构开立一个基本存款账户,不得同时开立多个基本存款账户。存款单位的现金支取,只能通过基本存款账户办理。

(2)一般存款账户。一般存款账户是指存款人因借款或其他结算需要,在基本存款账户开户银行以外的银行营业机构开立的银行结算账户,但须在基本存款账户上登记。根据规定,只要存款人具有借款或其他结算需要,都可以申请开立一般存款账户。要强调的是,一般存款账户不能在存款人基本存款账户的开户银行(指同一营业机构)开立。该账户可以办理现金缴存,但不得办理现金支取。

(3)临时存款账户。临时存款账户是指存款人因临时需要并在规定期限内使用而开立的银行结算账户,临时存款账户最长使用年限不超过两年。存款人为临时机构的,只能在其驻地开立一个临时存款账户,不得开立其他银行结算账户。存款人在异地从事临时活动的,只能在其临时活动地开立一个临时存款账户。

(4)专用存款账户。按照法律、行政法规和规章的规定,存款人具有特定用途须专项管理资金的,要纳入专用存款账户使用和管理。

2. 存款账户的管理

(1)存款人应在注册地或住所地开立银行结算账户。符合规定可以在异地(跨省、市、县)开立银行结算账户的除外。

(2)存款人开立基本存款账户、临时存款账户和预算单位开立专用存款账户实行核准制度,经中国人民银行核准后由开户银行核发开户登记证。但存款人因注册验资需要开立的临时存款账户除外。

(3)存款人可以自主选择银行开立账户。除国家法律、行政法规和国务院规定外,任何单位和个人不得强令存款人到指定银行开立账户。

(4)账户的开立和使用应当遵守法律、行政法规,不得进行偷逃税款、逃废债务、套取现金及其他违法犯罪活动。

(5)银行应依法为存款人的账户信息保密。除国家法律、行政法规另有规定外,银行有权拒绝任何单位或个人查询相关信息。

(三)会计科目的设置

1.“单位活期存款”科目

本科目属负债类科目,用来核算银行各类单位(包括企业、事业单位、机关、社会团体等)存入的活期存款。

银行收到单位存入的活期存款时,贷记本科目;支取款项时,借记本科目;余额反映在贷方。本科目应按存款种类及存款单位进行明细核算。

2.“单位定期存款”科目

本科目属负债类科目,用来核算银行各类单位存入的定期存款,包括单位大额可转让定期存单。

银行收到单位存入的定期存款时,贷记本科目;支取款项时,借记本科目;余额反映在贷方。本科目应按存款种类及存款单位进行明细核算。

3.“活期储蓄存款”科目

本科目属负债类科目,用来核算居民个人在银行存入的活期储蓄存款。储户存入款项时,贷记本科目;储户支取款项时,借记本科目。余额反映在贷方。本科目按储户进行明细核算。

4.“定期储蓄存款”科目

本科目属负债类科目,用来核算银行居民个人在银行存入的定期储蓄存款。包括整存整取、零存整取、整存零取、存本取息、个人大额可转让定期存单等定期储蓄存款。银行吸收的个人通知存款也在本科目核算。

储户存入款项时,贷记本科目;储户支取款项时,借记本科目;余额反映在贷方。本科目应按存款种类及储户进行明细核算。

5.“应付利息”科目

本科目属负债类科目,用来核算银行吸收的存款及各种借款发生的当期应付而未付的利息。

银行计算应付利息时,借记“利息支出”“金融企业往来支出”等科目,贷记本科目。实际支付利息时,借记本科目,贷记“单位活期存款”“单位定期存款”等科目。本科目应按存款、借款的种类进行明细核算。

6.“利息支出”科目

本科目属损益类科目,用来核算银行在吸收存款、发行金融债券等业务中按国家规定的适用利率向债权人支付的利息。银行与金融机构之间发生拆借、存款等业务以及再贴现、转贴现资金的利息支出,在“金融企业往来支出”科目,不在本科目核算。

银行计算应付利息时,借记“利息支出”等科目,贷记“单位活期存款”“活期储蓄存款”等科目。本科目期末结转于本年利润科目的借方。本科目应按存款的种类进行明细核算。

(四)存款基准利率

2004年10月29日,中国人民银行决定放开人民币存款利率的下限,允许金融机构(城乡信用社除外)下浮存款利率。2012年6月8日,中国人民银行进一步扩大存款利率浮动区间,将金融机构存款利率的上限调整为基准利率的1.1倍。金融机构根据中国人民银行规定的存款基准利率,结合自身经营目标,具体制定本机构的存款利率。2014年11月,中国人民银行再次将存款利率浮动区间上限由1.1倍调整为1.2倍。

中国人民银行决定,自2015年3月1日起下调金融机构人民币贷款和存款基准利率。金融机构一年期贷款基准利率下调0.25个百分点至5.35%;一年期存款基准利率下调0.25个百分点至2.5%,同时结合推进利率市场化改革,将金融机构存款利率浮动区间的上限由存款基准利率的1.2倍调整为1.3倍;2015年10月,央行放开存款利率管制上限,市场主体按照市场化原则通过自主协商可以对各类金融产品实施定价,这标志着中国利率管制实现了基本放开。

利率市场化改革对中国商业银行来说既是机遇也是挑战。中国商业银行长期处于严格的政府利率管制之下,国有股份占比较高,风险抵御能力较为薄弱。一方面,利率市场化冲击着商业银行以利差为主要收益来源的传统盈利模式,带来了一系列经营风险,如利率风险、道德风险等,并对银行的风险评估能力造成了一定的挑战,从而影响银行的经营效率。另一方面,利率市场化也促使商业银行主动提高盈利能力,自主转变盈利模式以实现经营效率的提升。

二、单位存款业务的核算

(一)单位活期存款的核算

单位活期存款是指单位类客户在商业银行开立结算账户,办理不规定存期,可随时转账、存取的存款类型。

单位活期存款主要有两种方式,即存取现金和转账存取。其中转账存取款项主要是通过办理各种结算方式和运用支付工具而实现的,本节只叙述存取现金的处理办法。

1. 存入现金的核算

单位存入现金时,应填写一式二联现金缴款单,连同现金交银行出纳部门。出纳部门经审查凭证点收现金,登记现金收入日记簿,并复核签章后,在第一联加盖“现金收讫”章,并作为回单退交存款人。第二联送交会计部门,凭以代现金收入传票登记单位存款分户账。其会计分录为:

借:库存现金

　　贷:单位活期存款——××单位存款户

2. 支取现金的核算

支票户从银行支取现金时,应签发现金支票,并由收款人背书后送交开户行会计部门。会计部门接到现金支票后,应重点审查:支票大小写金额是否相符;是否超过付款;支票上加盖的印鉴与预留印鉴是否相符;出票人账户是否有足够支付的存款;是否背书等。经审查无误后,以现金支票代现金付出传票登记分账户。其会计分录为:

借:单位活期存款——××单位存款户

　　贷:库存现金

会计人员签章、复核,出纳员根据现金支票登记现金付出日记簿,退款复核后,向取款人支付现金。

(二)单位定期存款的核算

单位定期存款是银行为吸收单位长期闲置资金而开办的存款业务。目前,定期存款的存期有3个月、半年、1年、2年、3年、5年共6个档次,由单位根据需要选择。单位定期存款以10万元起存,多存不限,一次存入,到期支取,只能转账,不能支取现金。单位定期存款一般不能流通转让。

1. 存入定期存款的核算

单位存入定期存款时,应按存款金额签发活期存款账户转账支票交开户银行。

银行按规定审查无误后，以支票作转账借方传票并凭以填制一式三联单位定期存款证实书。经复核后，以第一联代定期存款转账贷方传票，第三联作定期存款卡片账，第二联加盖业务公章和经办人员名章后交存款人作存款凭据。其会计分录为：

借：单位活期存款——××单位存款户

　　贷：单位定期存款——××单位存款户

2. 支取定期存款的核算

单位持存单支取定期存款时，银行会计人员抽出该户卡片进行核对。核对无误后，计算出利息，填制利息清单，并在存单上加盖结清戳记。以存单代定期存款转账借方传票，卡片账作附件，另编制三联特种转账传票，一联代利息支出科目转账借方传票，一联代活期存款账户转账贷方传票，另一联代收账通知交存款人。其会计分录为：

借：单位定期存款——××单位存款户

　　贷：单位活期存款——××单位存款户

借：利息支出

　　贷：单位活期存款——××单位存款户

复核员复核无误后，将有关收账通知联交单位收执。

（三）单位存款利息计算

利息是随信用而产生的经济范畴。对存款支付利息是银行使用存款人资金而支付的代价。会计部门应按结息期和计算方法，准确地计算利息。对于应付而未付的存款利息按权责发生制进行核算。

1. 利息计算的一般规定

（1）利息计算公式：

利息＝本金（存款金额）×存期×利率

本金、存期、利率称为利息计算的“三要素”，它们与利息成正比，当本金越大、存期越长，利率越高时，利息也就越多。

（2）本金元位起息，元位以下不计息。计算的利息保留到分位，分位以下四舍五入。

（3）存期是存款人的存款时间。存期：“算头不算尾”，也就是存入日计算利息，支取日不计算利息。其计算方法是存入日至支取的前一日为止。在计算存期时，应注意与利率在计算单位上的一致性，即存期以天数计算时，用日利率；存期以月计算时，用月利率；存期以年计算时，用年利率。

（4）利率是指一定存款的利息与存款本金的比率。利率由国务院授权中国人民银行制定与公布，各金融机构执行。利率用年利率、月利率、日利率表示。在运用利率时应注意相互关系。即：年利率÷12＝月利率；月利率÷30＝日利率。

2. 单位活期存款利息计算

单位活期存款一般按季结算利息，每季末月20日为结息日，结算出来的利息于次日入账。如在结息期前销户，应于销户时计付利息。

按季结息有余额表计息和在账页上计息两种方法，存期均按实际天数计算。

（1）余额表计息。采用该方法计息，银行会计部门每日营业终了，将各计息分户账的最后余额按户登记在计息余额表内（当日余额未变动的，照抄上日余额）。如遇错账冲正，应在余额表的“应加积数”“应减积数”栏内调整计息积数。结息日，逐户

将全季的累计积数乘以日利率,即得出各户应计利息数。其计算公式为:

$$利息=累计应计息日积数\times(月利率\div30)$$

【例3-1】 某企业6月21日至9月20日活期存款账户累计积数为4 296 528元,由于错账冲正应加积数30 000元,累计应计息积数为4 326 528元,月利率为0.6%。

$$利息=4\ 326\ 528\times(0.6\%\div30)=865.3(元)$$

(2) 在账页上计息。当存款人存款账户发生资金收付后,按前一次最后余额乘以该余额的实存天数计算出积数,记入账页的"日数"和"积数"栏内。如更换账页,应将累计积数过入新账页第一行内,待结息日营业终了,加计本结息期内的累计天数和累计积数,以积数乘以日利率,即可得出应付利息数。

3. 单位定期存款利息计算

单位定期存款的利息计算采取利随本清的办法,即在存款到期日支取本金的同时一并计付利息。定期存款的存期按对年、对月、对日计算,对年一律按360天计算、对月一律按30天计算,零头天数按实际天数计算。采用"算头不算尾"的办法,即存入日起息,支取日不计算利息。存期内如遇利率调整,按原定利率计息。逾期支取,逾期部分按支取日活期存款利率计息。利息只能转账,不支付现金。

【例3-2】 某单位存入银行定期存款500 000元,定期一年,年利率为2.25%,6月20日到期,该单位于7月5日来行支取,支取日活期存款年利率为0.72%,其利息计算为:

$$到期利息=500\ 000\times1\times2.25\%=11\ 250(元)$$

$$逾期利息=500\ 000\times15\times(0.72\%\div360)=150(元)$$

该笔定期存款应付利息为11 400元。

4. 存款利息的转账处理

(1) 活期存款利息转账。为了准确地反映各期的成本和利润水平,银行对单位活期存款应按季(月)计算应付利息,编制转账借、贷方传票各一联,办理转账。会计分录如下:

借:利息支出——活期存款利息支出户

　贷:应付利息——活期存款利息户

银行于结算日计算出应支付各单位的利息数后,应编制三联(两贷一借)利息清单,以一联贷方传票将利息转入存款单位账户内,另一联贷方传票作收账通知交存款单位。营业终了,根据借方传票填制利息支出科目汇总传票(以借方传票作附件),办理转账。会计分录如下:

借:应付利息——活期存款利息户

　贷:活期存款——××活期存款户

借:应付利息——活期存款利息户

　贷:利息支出——活期存款利息支出户

(2) 定期存款利息转账。为了准确地反映各期的成本和利润水平,银行对单位定期存款应按期(月)计算应付利息,编制转账借、贷方传票各一联,办理转账。会计分录如下:

借:利息支出——定期存款利息支出户

　贷:应付利息——定期存款利息户

定期存款到期,单位支取本息时,应先计算出到期利息额,以存单代转账借方传票,另编制特种转账借方传票一联、贷方传票两联办理转账。会计分录如下:

借:定期存款——××定期存款户

应付利息——定期存款利息户

贷:单位活期存款——××活期存款户

(四)对账与销户

1. 对账

对账是指银行与单位核对存款账户余额。银行与开户单位的经济往来,由于双方记账时间的差异,加之凭证传递环节较多,因而常会出现未达账项或账务差错,以致双方账目不符。通过对账可以保证各种账簿记录正确、真实和完整,从而使会计信息能够正确地反映企业的财务状况和生产经营状况,继而为企业的管理者提供准确有效的信息,并为社会公众提供正确的财务报表。

银行与支票存款户的对账可分为定期对账和随时对账两种形式。

(1)定期对账。银行应于每季度末及每年 11 月末向开户单位填发一式两联余额对账单,交给开户单位对账。单位核对时应按要求在对账单上填入相应数字并分别加计合计数进行核对,以确保账证相符、账账相符、账实相符。

(2)随时对账。随时对账,也称不定期对账。银行为支票存款户记账,采用两联套写账户。当会计记满一页时,就将账页的对账联交单位对账;单位以对账联与其银行往来账逐笔进行勾对,发现未达账项,应及时更正。这种对账形式适用于逐笔核对发生额,可防止双方账务记载中的错误。

2. 销户

存款单位因迁移、合并、停产等原因不再使用原存款账户时,应及时到银行办理销户手续。银行办理销户时,应先与销户单位核对存款账户余额,相符后,对应计利息的存款账户要结清利息;对支票存款户应收回所有空白专用凭证;对存折存款户应收回存折注销。然后将原存款账户的余额转入其他存款户或其他地区银行。撤销后的账户停止使用。

三、个人储蓄存款业务的核算

(一)储蓄存款的分类

储蓄存款,是指个人将属于其所有的人民币或者外币存入储蓄机构,储蓄机构开具存折或者存单作为凭证,个人凭存折或存单可以支取存款的本金和利息,储蓄机构依照规定支付存款本金和利息的活动。

储蓄存款可分为活期储蓄存款、定期储蓄存款、定活两便储蓄存款、个人通知储蓄存款和教育储蓄存款等。

1. 活期储蓄存款

活期储蓄存款是不规定存款期限,随时可以存取的储蓄存款。按我国现行制度规定:活期储蓄存款开户时,1 元起存,多存不限;由银行发给活期储蓄存折,储户凭存折存取;每年结息一次,并入本金起息,未到结息期清户者,利息算到清户前一天为止。活期储蓄具有灵活、方便、收付频繁、资金流动性大等特点。但由于活期储蓄存款无固定期限,不适合作为固定资金来源进行运用,因此,活期储蓄存款比定期储蓄存款利率要低。

2. 定期储蓄存款

定期储蓄存款是约定一定存储时间、满足人们有计划存取款项的需要的储蓄存款。定期储蓄存款包括整存整取、零存整取、整存零取、存本取息等类别。定期储蓄存款存期较长,比较稳定,是银行的一项重要资金来源。定期储蓄存款的利率较活期储蓄为高,但对提前支取的定期储蓄存款,银行按实际存期支付较低的利息。

(1) 整存整取。整存整取定期储蓄存款是在存款时约定存期、到期一次支取本息的一种储蓄方式。50 元起存,多存不限。存期分 3 个月、6 个月、1 年、2 年、3 年和 5 年。整存整取定期储蓄存款计息按存入时的约定利率计算,利随本清。

(2) 零存整取。零存整取定期储蓄存款是指存款人每月固定存款、约定存期、到期一次支取本息的一种储蓄方式。存期分 1 年、3 年和 5 年,每月 5 元起存,中途如有漏存,应在次月补齐。

(3) 整存零取。整存零取定期储蓄存款指存款人存款时约定存款期限、本金一次存入、存期内分次支取本金的一种储蓄方式。存期分 1 年、3 年、5 年,1 000 元起存,利息于期满结清时支取。

(4) 存本取息。存本取息定期储蓄存款是指本金一次性存入,在约定的存期内分次支取利息,到期一次性支取本金的一种储蓄方式。存期分为 1 年、3 年、5 年,5 000 元起存。取息日未到不得提前支取利息;取息日未取息,以后可随时取息,但不计复息。

3. 定活两便储蓄存款

定活两便储蓄存款是指存款人在存入时不约定存款期限,一次性存入本金,可随时提取的一种介于活期和定期之间的储蓄方式。一般 50 元起存,存期不满 3 个月,按天数计付活期利息;存期 3 个月以上(含 3 个月),不满 6 个月的,整个存期按支取日定期整存整取 3 个月存款利率打 6 折计算,打 6 折后低于活期储蓄存款利率的按活期存款利率计算;存期 6 个月以上(含 6 个月),不满 1 年的,整个存期按支取日定期整存整取 6 个月存款利率打 6 折计算;存期 1 年以上(含 1 年),无论存期多长,整个存期按存款日定期整存整取一年期存款利率打 6 折计算。

4. 个人通知储蓄存款

个人通知储蓄存款是指存款人存款时不需要约定存期,支取时提前通知银行,约定支取存款日期和金额的一种储蓄存款。个人通知储蓄存款是一次性存入本金,支取可分一次或多次。按存款人提前通知的期限长短划分为一天通知存款和七天通知存款两个品种,最低起存金额为 5 万元,最低支取金额为 5 万元。

5. 教育储蓄存款

教育储蓄存款是指个人在银行存入资金,用于个人或者子女进行非义务教育目的的专项储蓄存款。每月固定存额,到期支取时,储户须凭有关证明一次支取本息。最低起存金额为 50 元,本金合计最高限额为 2 万元。

(二) 储蓄存款的原则

1. 存款自愿

存款人完全有权自己决定存款种类、期限、数额。对于存款人的存款意愿,商业银行不得强制个人存款,也不得拒绝个人存款。

2. 取款自由

存款人可以按照与商业银行约定的日期、数额取款,也可以不按照商业银行约定的日期、数额取款。只要手续符合规定,商业银行就应当及时支付本金和相应的利息,商业银行不得以任何理由拒绝个人提取存款。

3. 存款有息

商业银行应当按照中央银行和本行规定的储蓄利率,向存款人给付储蓄存款利息。

4. 保守保密

商业银行应当为存款人的存款保密,不得向任何单位或者个人泄露存款人的存款信息。商业银行有权拒绝任何单位或者个人查询、冻结、扣划个人存款,法律另有规定除外。

(三)储蓄存款业务的核算

1. 活期存款储蓄业务

(1)开户与续存。储户第一次来银行存款称作开户。开户时由储户填写活期储蓄存款凭条,连同现金一并交经办员。经办员经审查存款凭条和点收现金无误后,登记开销户登记簿编列账号,开立活期储蓄分户账登记活期储蓄存折,根据存款金额记入存款账户。以存款凭条代现金收入传票,其会计分录为:

借:库存现金

　　贷:活期储蓄存款——××活期储蓄存款户

储户来所续存时,亦应开具存款凭条,并连同现金、存折一并交与经办员,经审核无误后,除不再另开账户及存折外,其余收款、记账、登折等,处理方法基本与前述开户手续相同。

(2)支取与销户。储户来行支取存款时,应填写活期储蓄存款凭条,凭印鉴、密码支取的,还要在凭条上加盖印鉴,输入密码,连同存折交接柜人员。

经办员根据凭条核对账、折及印鉴、密码无误后,按支取金额记账、登折,以存款凭条代现金付出传票。其会计分录为:

借:活期储蓄存款——××活期储蓄存款户

　　贷:库存现金

经复核账、折内容无误,付款,并在取款凭条上加盖"现金付讫"及名章后,将现金及存折交储户。

储户支取全部存款、不再续存时称为销户。储户应依据存折上的最后余额填写取款凭条,经办员除办理一般支取手续外,还应结出积数余额并计算出利息,填制两联利息清单,一联留存,于营业终了后,据以汇总编制利息支出科目传票;另一联同本、息交给储户。会计分录如下:

借:活期储蓄存款——××活期储蓄存款户

　　利息支出——活期储蓄存款利息支出户

　　贷:库存资金

销户时,存款凭条、账、折上要加盖"结清"戳记,注销开销户时登记簿,存折作取款凭条附件,账页另行保管。

(3) 活期储蓄存款的利息计算。

① 储蓄存款计息的基本规定。

本金以“元”为起点计息,元以下角、分不计息。各种储蓄存款利息应计至厘位,支付时计至分位将厘位四舍五入。分段计息应计算至厘位,加总后厘位四舍五入计至分位。

各种储蓄存款利息(除活期储蓄年度结息、整存整取定期储蓄约定转存外)一律利随本清,不计复息,特殊规定除外。

计算存期应采用“算头不算尾”的方法,即存期由存款存入银行的当日算至取款的前一日为止,取款当日不计利息。

各种储蓄存款的存期全年按360天计算。无论大月、小月、平月和闰月,每月均按30天计算,30日及31日视为同一天,不足一个月的零头天数,按实际天数计算。如30日到期于31日来取,不作过期一天;31日到期30日来取,也不作提前一天。30日存入,当月31日支取不计息。2月28日存入,第二天3月1日支取,按存期3天计算。

储蓄存款计算利息一律按“对年、对月、对日”计算。自存入日至次年同月同日为一整年,存入日至次月同日为一整月。如存入日为到期或支取月份所无,则以到期或支取月份的最末一天为到期日。闰年2月29日存入,次年2月28日支取,视同存满一年。2月28日存入,次年闰年2月29日支取,存期为一年零一天。2月28日到期,3月1日支取逾期天数为3天。

② 活期储蓄存款,每季结息一次,每季末20日为结息日。如在存款期遇利息调整,按结息日挂牌公告的活期储蓄存款利率计付利息。未到结息日销户的,利息随之结清并按销户日挂牌公告的活期储蓄存款利率计付,利息算至销户前一天止。

活期储蓄在两种情况下需要结息:一是结息日;二是销户日。

【例3-3】 某银行2012年第二季度结息时,储户王月的存款余额为8 500元,若该储户本结息期每天余额均为8 500元,且当日挂牌公告的活期储蓄存款利率为0.72%。结息时的会计分录该怎么编制?

第二季度王月储户的利息 $=8\ 500\times92\times0.72\%\div360=15.64$(元)

会计分录为:

借:利息支出　　15.64

　贷:活期储蓄存款——活期储蓄利息支出户　　15.64

(4) 活期储蓄存款利息的转账处理。为了准确地反映各期的成本和利润水平,银行对活期储蓄存款应按期(月)计算应付利息,编制转账借、贷方传票各一联,办理转账。会计分录如下:

借:利息支出——活期储蓄存款利息支出户

　贷:应付利息——活期储蓄存款利息户

银行于结算日计算出应支付各储户的利息数后,办理转账。会计分录如下:

借:应付利息——活期储蓄存款利息户

　贷:活期储蓄存款——××活期储蓄存款户

2. 定期存款储蓄业务

(1) 整存整取定期储蓄存款的核算。

① 存入整存整取储蓄存款。储户申请办理整存整取定期储蓄时,应填写整存整

取定期储蓄存款开户书连同现金一起交经办员。

经点收现金并审核开户书无误后,填写三联整存整取定期储蓄存单。第一联存款凭条;第二联存单加盖业务公章交储户收执,凭以取款;第三联卡片账留存。然后,登记定期储蓄存款开销户登记簿,以第一联存款凭条代现金收入传票。其会计分录为:

借:库存现金

　　贷:定期储蓄存款——整存整取××户

② 后续计量。整存整取定期储蓄存款应当采用实际利率按摊余成本进行后续计量。

资产负债表日按摊余成本和实际利率计算确定的利息费用,借记“利息支出”科目;按合同利率计算确定的应付未付利息,贷记“应付利息”科目;按其差额,借记或贷记“吸收存款——利息调整”科目。实际利率与合同利率差异较小的也可以采用合同利率计算确定利息费用。

按照权责发生制核算基础,企业于资产负债表日计提利息费时,应按整存整取定期储蓄存款利率档次分别逐笔计算利息费用和应付利息,并编制转账传票办理转账。

③ 支取整存整取储蓄存款。定期整存整取储蓄存款支取时,储户可以根据自己的实际情况选择到期支取、过期支取、提前支取等方式。经储户在存单背面背书后,银行经办人员办理支取手续。具体核算手续与单位定期存款的核算基本相同。其会计分录为:

借:定期储蓄存款——整存整取××户

　　贷:库存现金(或活期储蓄存款)

借:利息支出——定期储蓄利息支出户

　　贷:库存现金(或活期储蓄存款)

④ 整存整取储蓄存款利息计算。整存整取储蓄存款利息计算主要包括到期支取、过期支取、提前支取几种情况。

A. 到期支取。整存整取储蓄存款在原定存期内的利息一律按存入日(开户日)约定的利率计付利息,存期内遇利息调整,亦不分段计息。

【例 3-4】 某储户 2010 年 3 月 25 日存入定期两年的存款 5 000 元,于 2012 年 3 月 25 日到期支取。存入时两年期存款利率为 2.70%。

$$利息=5\ 000\times2\times2.70\%=270(元)$$

会计分录为:

借:定期储蓄存款——整存整取××户

　　贷:库存现金(或活期储蓄存款)

借:利息支出——定期储蓄利息支出户

　　贷:库存现金(或活期储蓄存款)

B. 过期支取。过期支取时利息包括两部分:一部分是按原定利率计算的到期利息;另一部分是按活期利率计算的过期利息。

【例 3-5】 引上例,某储户 2015 年 3 月 25 日存入定期两年的存款 5 000 元,于 2017 年 5 月 25 日支取。存入时两年期存款利率为 2.70%,支取时活期利率为 0.72%。

$$到期利息=5\,000\times2\times2.70\%=270(元)$$

$$过期利息=5\,000\times2\times0.72\%\div12=6(元)$$

C. 提前支取。整存整取储蓄存款未到期,如储户全部提前支取,按支取日挂牌公告的活期储蓄存款利率计付利息;部分提前支取的,提前支取部分,按支取日挂牌公告的活期存款利率计付利息,其余部分到期时,按原存入日挂牌公告的定期储蓄存款利率计付利息。

【例3-6】 某储户2015年5月5日存入整存整取储蓄存款10 000元,定期三年,存入时三年期利率为3.24%。该储户于2017年5月5日要求提前支取5 000元,当日活期储蓄存款年利率为0.72%,剩余5 000元于2018年5月5日到期支取。

2017年5月5日计息:

$$利息=5\,000\times2\times0.72\%=72(元)$$

2018年5月5日计息:

$$利息=5\,000\times3\times3.24\%=486(元)$$

(2) 零存整取储蓄存款的核算。

① 存入零存整取储蓄存款。开户存入零存整取储蓄存款时,储户须填写零存整取定期储蓄存款凭证,连同现金一并交经办员。经办员审查存款凭条和点收现金无误后,登记开销户登记簿,编列账号开立零存整取分账户。如凭印鉴或密码支取,应在分账户上预留印鉴和密码,并在存折和分账户上加盖凭印(密码)支取戳记。复核无误后,以存款凭条代现金收入传票。其会计分录为:

借:库存现金

　　贷:定期储蓄存款——零存整取××户

② 后续计量。零存整取定期储蓄存款应当采用实际利率法,按摊余成本进行后续计量。资产负债表日,按摊余成本和实际利率计算确定的利息费用,借记“利息支出”科目,按合同利率计算确定的应付未付利息,贷记“应付利息”科目,按其差额,借记或贷记“吸收存款——利息调整”科目。实际利率与合同利率差异较小的也可以采用合同利率计算确定利息费用。

按照权责发生制核算基础,企业于资产负债表日计提利息费时,应按零存整取定期储蓄存款利率档次分别逐笔计算利息费用和应付利息,并编制转账传票办理转账。

③ 支取零存整取储蓄存款。零存整取储蓄存款支取时的账务处理与整存整取储蓄存款的处理基本上相同。

④ 零存整取储蓄存款的利息计算。定期零存整取储蓄存款是逐月存入,余额逐月增加而不是固定余额。存款到期最常用的两种计息办法是月积数计息法与固定基数计息法。

A. 月积数计息法。这种方法是根据零存整取储蓄分户账余额,按月算出月积数,并加计累计积数,乘以规定的月利率,即到期利息数。也可采用下列公式计算:

$$利息=(第一个月存款余额+最后一个月存款余额)\times存入次数\div2\times月利率$$

这种方法适用于每月不固定存额的储户。

【例3-7】 某储户2016年9月2日开户存入零存整取储蓄存款,每月固定存入50元,存期一年,存入时月利率为1.65‰,于2017年9月2日支取。

$$到期利息=(50+600)\times12\div2\times1.65‰=6.44(元)$$

B. 固定基数计息法。这种方法是把事先算出的每元存款到期时应计的利息作为计息基础数，到期支取时，以最后存款余额乘以每元存款计息基数，即得到应付的利息数。它适用于每月固定存额的储户。计算公式为：

$$每元固定利息基数=1(元)\times(存入总次数+1)\div2\times月利率$$

【例 3-8】 接上例，某储户每月存入 50 元，存期 1 年，逐月存入，到期支取。余额 600 元，月息 1.65‰，要求计算应付利息。

$$每元固定利息基数=1(元)\times(12+1)\div2\times1.65‰=0.010\,725(元)$$

$$应付利息=600\times0.010\,725=6.44(元)$$

（3）存本取息储蓄存款的核算。

① 开户。开户时由储户填写开户申请书，注明姓名、存期及每次取息的日期，审核无误后，根据开户申请书套写一式三联定期存本取息储蓄存款存单，计算每次支取的利息，填入凭证有关栏内，其中第二联作为存单交给储户，第三联卡片账留存保管。第一联凭证凭以收款，其余手续同其他定期储蓄存款，其会计分录为：

借：库存现金（或活期储蓄存款）

　　贷：定期储蓄存款——存本取息××户

② 后续计量。存本取息定期储蓄存款应当采用实际利率法，按摊余成本进行后续计量。资产负债表日，按摊余成本和实际利率计算确定的利息费用，借记“利息支出”科目；按合同利率计算确定的应付未付利息，贷记“应付利息”科目；按其差额，借记或贷记“吸收存款——利息调整”科目。实际利率与合同利率差异较小的也可以采用合同利率计算确定利息费用。

按照权责发生制核算基础，企业于资产负债表日计提利息费时，应按存本取息定期储蓄存款利率档次分别逐笔计算利息费用和应付利息，并编制转账传票办理转账。

③ 支取利息。储户在存期内按约定时间来银行支取利息时，应持存单并按每次应支取利息数填写一联定期存本取息储蓄取息凭条。经审核无误后，凭以登记账卡、存单并支付现金。其会计分录为：

借：利息支出——定期储蓄利息支出户

　　贷：库存现金（或活期储蓄存款）

如到取息日，储户未来行支取，以后随时可以支取利息。

④ 到期支取。存款到期，储户除凭存单支取本金外，还应该支取最后一次利息。同时，在存单及账卡上加盖“结清”戳记，并据以销记开销户登记簿。其会计分录为：

借：定期储蓄存款——存本取息××户

　　贷：库存现金（或活期储蓄存款）

借：利息支出——定期储蓄利息支出户

　　贷：库存现金（或活期储蓄存款）

⑤ 提前支取。储户如果要求提前支取本金时，可凭有关身份证件来行办理。存本取息储蓄存款只允许全部提前支取，不办理部分提前支取。提前支取的利息按规定计算，但对于以前多支取的利息，应从本金中扣减。

当已支付利息大于按活期计算的应付利息时，应从本金中扣回多付利息。其会计分录为：

借：定期储蓄存款——存本取息××户

贷：利息支出——定期储蓄利息支出户

库存现金（或活期储蓄存款）

当已支付利息小于按活期计算的应付利息时，应将剩余利息连同本金一并付给储户。其会计分录为：

借：利息支出——定期储蓄利息支出户

贷：库存现金（或活期储蓄存款）

借：定期储蓄存款——存本取息××户

贷：库存现金（或活期储蓄存款）

⑥ 利息计算。存本取息定期储蓄存款的利息计算，按所存本金、存期和规定利率先算出应付利息金额，然后根据付息次数求出每次付息数。其计算公式为：

每次支取利息数＝本金×存期×利率÷支取利息的次数

储户如提前支取本金时，应按照实际存期及规定的提前支取利率，计算应付利息，并扣除已支付的利息。

【例 3-9】 某储户 2014 年 5 月 18 日存入存本取息定期储蓄存款 50 000 元，期限 3 年，利率为 3%，约定每半年支付一次利息。但在 2016 年 5 月 18 日提前支取，且当日挂牌公告的活期储蓄利率为 0.72%，要求办理结清手续。

2014 年 5 月 18 日存入时的处理：

借：库存现金（或活期储蓄存款）　　　　50 000

贷：定期储蓄存款——存本取息××户　　　　50 000

利息总额＝50 000×3×3%＝4 500（元）

每次付息额＝4 500÷6＝750（元）

2014 年 5 月 18 日到 2016 年 5 月 18 日每次支取利息的处理：

借：利息支出　　　　750

贷：库存现金（或活期储蓄存款）　　　　750

2016 年 5 月 18 日提前支取的处理：

应付活期利息＝50 000×2×0.72%＝720（元）

已付利息＝4×750＝3 000（元）

多付利息＝3 000－720＝2 280（元）

实付现金＝50 000+576－3 000＝47 576（元）

会计分录为：

借：定期储蓄存款——存本取息××户　　　　50 000

贷：利息支出　　　　2 280

库存现金（或活期储蓄存款）　　　　47 720

（4）整存零取储蓄存款的核算。

① 开户。开户时应由储户提出申请，银行根据储户姓名、存入金额、期限以及支取的次数和时间填写三联“整存零取定期储蓄存单”，第一联代收款凭证，第二联存单交储户收执，第三联卡片账留存。如凭印鉴支取存款的，还须在第一、三联上加盖“凭印鉴支取”戳记，以第一联代现金收入传票。其会计分录为：

借:库存现金(或活期储蓄存款)

贷:定期储蓄存款——整存零取××户

② 后续计量。整存零取定期储蓄存款应当采用实际利率法,按摊余成本进行后续计量。资产负债表日,按摊余成本和实际利率计算确定的利息费用,借记“利息支出”科目;按合同利率计算确定的应付未付利息,贷记“应付利息”科目;按其差额,借记或贷记“吸收存款——利息调整”科目。实际利率与合同利率差异较小的也可以采用合同利率计算确定利息费用。

按照权责发生制核算基础,企业于资产负债表日计提利息费时,应按整存零取定期储蓄存款利率档次分别逐笔计算利息费用和应付利息,并编制转账传票办理转账。

③ 分次支取。储户按约定时间来行取款,应填写定期整存零取储蓄取款凭条,连同存单一同交接柜人员,经登记存单和卡片账后办理付款手续。其会计分录为:

借:定期储蓄存款——整存零取××户

贷:库存现金(或活期储蓄存款)

若储户要求部分提前支取,可提前支取一至二次,但须在以后月份内停支一至二次,其余支取日期按原定不变。如果提前支取全部余额,则根据实存金额及实存日期,按规定利率计算利息。

④ 结清。储户于存款期满最后一次取款时,除按分次取款手续处理外,还应计付利息,并在原存单上加盖“结清”戳记作为取款凭条附件。如过期支取,则按规定利率加付过期利息。

⑤ 利息计算。整存零取储蓄存款的利息计算,因本金分次支取逐月递减,因此要先计算出本金存期内的等差级数平均值,再计算出到期应付的利息。其计算公式为:

到期应付利息=[(全部本金+每次支取本金数)÷2]×支取本金次数×每次支取的间隔(月)期×利率

【例3-10】 某储户2017年5月18日在银行存入整存零取储蓄存款本金3 600元,存期一年,利率为5.1‰,每月支取本金300元,到期结清。要求写出最后一次支付本金和利息的会计分录。

应付利息=[(3 600+300)÷2]×12×1×5.1‰=119.34(元)

借:定期储蓄存款——整存零取××户　　300

贷:库存现金(或活期储蓄存款)　　300

借:利息支出　　119.34

贷:库存现金(或活期储蓄存款)　　119.34

(四) 定活两便储蓄存款的核算

定活两便储蓄存款是一种不确定存款期限,利率随存期长短而变动的储蓄存款种类。其开户起存金额为50元,储户在存款时不必约定存期,按照实际存期和有关规定计息。

定活两便储蓄存款需要设置“吸收存款——定活两便储蓄存款”科目进行核算,该科目下按存款人分设明细账户进行明细核算。定活两便储蓄存款开户存入和支取的手续以及账务处理可参照整存整取定期储蓄存款办理。

（五）其他储蓄存款的核算

1. 教育储蓄存款的核算

教育储蓄存款是零存整取定期储蓄存款的一种特殊形式，50 元起存，每户本金合计最高限额为 2 万元，存期分为 1 年、3 年和 6 年三个档次。开户时储户需要与储蓄机构约定每月固定存入的金额，分次按月存入，中途如有漏存，应在次月补存，未补存者按零存整取定期储蓄存款的有关规定办理。

（1）开户与续存。此种储蓄的开户对象为在校的小学四年级及以上的学生。开户时须凭储户本人（学生）的户口簿或居民身份证到储蓄机构以储户本人的姓名开立教育储蓄存款账户。储蓄机构经办人员对储户提供的上述证明进行认真审核，查验无误后，登记证件名称及号码。开户的其他手续以及续存的手续与零存整取定期储蓄存款相同。

（2）支取与计息。

① 到期支取。教育储蓄存款到期支取时，储户凭存折、身份证、户口簿（户籍证明）以及学校提供的正在接受非义务教育的录取通知书原件或学校开具的相应证明原件，一次性支取本金和利息。一份证明只能享受一次优惠利率。教育储蓄存款的优惠利率为：1 年期、3 年期按开户日同期同档次整存整取定期储蓄存款利率计付利息，6 年期按开户日 5 年期整存整取定期储蓄存款利率计付利息。储户如果不能提供上述证明，其教育储蓄存款就不能享受优惠利率，即 1 年期、3 年期按开户日同期同档次的零存整取定期储蓄存款利率计付利息；6 年期按开户日 5 年期零存整取定期储蓄存款的利率计付利息。

教育储蓄存款在存期内如遇利息调整，仍应该按开户日的利率计付利息。

储蓄机构在支付教育储蓄存款本息后，应在证明原件上加盖“已享受教育储蓄优惠”字样的戳记，其余手续以及账务处理可以参照零存整取定期储蓄存款办理。

② 过期支取。教育储蓄存款过期支取时，其原定存期内的部分，按前述教育储蓄存款到期支取的有关规定计付利息；超过原定存期的部分，无论是否提供证明，均按支取日挂牌公告的活期储蓄存款利率计付利息，其支取手续及账务处理与到期支取基本相同。

③ 提前支取。教育储蓄存款未到期，储户要求提前支取的，只能办理全部提前支取，不能办理部分提前支取。全额提前支取时，储户能提供证明的，按实际存期与开户日同期同档次整存整取定期储蓄存款利率计付利息。

2. 个人通知存款的核算

个人通知存款 5 万元起存，本金一次性存入，可一次或分次支取，分次支取时，每一次支取的金额应不低于个人通知存款的最低起存金额 5 万元。个人通知存款不论实际存期多长，均可按存款人提前通知的期限长短划分为一天通知存款和七天通知存款两种。

个人通知存款集活期储蓄与定期储蓄的优点于一体，其特点是：一次存入，分次支取，利随本清，存期越长，利息越高。支取时，储户可根据需要分成若干次支取，支取的部分根据实际存期按支取月挂牌公告的利率计息，未取部分按原存入日起息。如遇以下情况，按活期存款利率计息：

A. 实际存期不足通知期限的，按活期存款利率计息。

B. 未提前通知而支取的,支取部分按活期利率计息。

C. 已办理通知手续而提前支取或逾期支取的,支取部分按活期存款利率计息。

D. 支取金额不足或超过约定金额的,不足或超过部分按活期存款利率计息。

E. 支取金额不足最低支取金额的,按活期存款利率计息。

F. 通知存款如已办理通知手续而不支取或在通知期限内取消通知的,通知期限内不计息。

G. 通知存款部分支取,留存部分高于最低起存金额的,从原开户日计算存期;留存部分低于起存金额的,按清户日挂牌公告的活期存款利率计息。

(六)储蓄事后账务处理

日结是银行每天账务处理的最后环节,由于银行是非独立核算单位,其账务通过并表或并账方式纳入其管辖行进行账务处理。因此,在每日营业终了,银行经过结账、对账之后,应向其管辖行报账。

1. 银行的结账和对账

(1) 按储蓄种类,分别存、取款凭条,编制有关储蓄科目现金或转账借贷方传票。

(2) 汇总所有利息清单,编制利息支出科目现金借方传票。

(3) 编制营业汇总储蓄日报表。营业汇总储蓄日报表是反映当日全部储蓄业务情况的报表,是轧平和核对账务的有力工具。编制方法如下:根据有关科目日结单分别填入有关储蓄类别发生额借、贷栏,并结出余额;根据开销户的传票,登记开、销户栏,计算结存户数;核对开销户情况。储蓄日报表中的储蓄开销户数,应与新开户的账户及收回的存单(折)核对相符。

(4) 核对空白重要凭证。储蓄日报表中的空白重要凭证的本日结存数,应与本日各种重要凭证的实际结存数相符。

(5) 定期(最少一个月)通过各种储蓄分户账余额与储蓄有关科目余额核对相符,以保证账务正确。

2. 管辖行的账务处理和事后监督

(1) 账务处理。基层银行的业务是管辖行业务的一部分。每日营业终了,应将银行的业务并入管辖行储蓄业务中。账务合并方式有并账式和并表式两种。

① 并账式的处理。管理行收到银行填送的传票和储蓄日报表,经审核无误,对各储蓄存款科目应按银行分别立账,并根据储蓄传票登记在有关账户内。管理行轧账时,将储蓄传票视同本身传票一起处理。

② 并表式的处理。采用并表式的银行,自己有一套独立完整的账务体系。管辖行对银行不设分户账,将日报表同管理行同日的日报表合并,编制全辖汇总日计表。

(2) 事后监督。对储蓄账务进行事后复核监督,是保证账务正确的有效方法。其基本任务是对各基层储蓄所报送的凭证、报表认真逐笔事后复核监督,包括凭证内容是否完整、金额有无错误、账簿记载是否准确、利息计算有无错误、签章是否齐全等。

第三节　发行债券业务的核算

银行发行债券业务是指本行为筹措长期资金经批准而发行的金融债券和其他债券。其基本规定如下:

设置发行债券账户，核算本行发行债券的情况，并在该科目下设置面值、溢价、折价、应计利息四个明细账户。

溢价或折价要在债券到期还本前采用直线法和实际利率法摊销完毕。应计利息在债券到期还本前提足，偿还本金和利息一律从发行债券账户付出。发行债券发生的各项费用计入营业费用，谁出售由谁兑付。各行兑付时应注意审查发行银行。

一、发行方式与价格

债券发售价格由两部分所构成：一部分是按市场利率计算的票面未来本金偿还额的现值；另一部分是按市场利率计算的票面未来债券利息的现值。下面分别加以说明。

（一）按市场利率将债券面值折算为现值

由于市场利率是发行公司实际负担的利率，所以，折算时必须按市场利率（实际利率）折算，而不是按票面利率（名义利率）折算。

假设债券面值为 P，债券面值的现值为 S，市场利率为 i，债券计息期数为 n。复利计算公式为：

$$S = P(1+i)^{-n}$$

单利计算公式为：

$$S = P(1+ni)^{-1}$$

式中：$(1+i)^{-n}$、$(1+ni)^{-1}$均被称为现值系数。

（二）按市场利率将以票面利率计算的各期利息折算为现值

根据货币的时间价值，定期按票面利率计付的相等数额的利息类似于年金。发行价格的计算中应将票面利息按照年金现值的原理折算为现值，作为发行价格的一部分。

假设债券面值为 P，票面利率为 r，市场利率为 i，债券计息期数为 n，票面利息的现值为 R。复利计息公式为：

$$R = P \times r \times [1-(1+i)^{-n}] \div i$$

单利计息公式为：

$$R = P \times r \times [1-(1+ni)^{-1}] \div i$$

（三）债券发行的价格

债券发行的价格为债券面值的现值与债券票面利息的现值之和，其计算公式为：

$$\text{债券发行价格} = P \times (1+i)^{-n} + P \times r \times [1-(1+i)^{-n}] \div i$$

或

$$\text{债券发行价格} = P \times (1+ni)^{-1} + P \times r \times [1-(1+ni)^{-1}] \div i$$

二、发行费用的账务处理

支付的债券代理发行手续费及印刷费等发行费用，借记“业务及管理费”“待摊费用”“长期待摊费用”等科目，贷记“存放中央银行款项”等科目。

发债费用由本期负担，其会计分录为：

借：业务及管理费

　　贷：存放中央银行款项

发债费用由本期和不超过一年的以后各期负担，其会计分录为：

借:待摊费用

贷:存放中央银行款项

按受益期限分期摊销时,其会计分录为:

借:业务及管理费

贷:待摊费用

发债费用由超过一年的以后各期负担,其会计分录为:

借:长期待摊费用

贷:存放中央银行款项

按受益期限分期摊销时,其会计分录为:

借:业务及管理费

贷:长期待摊费用

三、发行和兑付债券的核算

(一) 债券发行的核算

1. 按面值发行

银行按面值发行债券时,其会计分录为:

借:存放中央银行款项

贷:应付债券——债券面值

2. 按溢价发行

银行溢价发行债券时,其会计分录为:

借:存放中央银行款项

贷:应付债券——债券面值

应付债券——债券溢价

3. 按折价发行

银行折价发行债券时,其会计分录为:

借:存放中央银行款项

应付债券——债券折价

贷:应付债券——债券面值

【例 3-11】 假设银行于某年 1 月 1 日发行 5 年期长期债券,面值为 1 000 万元,票面利率为 10%,每年 1 月 1 日和 7 月 1 日各付息一次。要求分别以下列三种情况计算债券发行价格并写出会计分录。

(1) 若债券发行时市场利率为 10%。

(2) 若债券发行时市场利率为 8%。

(3) 若债券发行时市场利率为 12%。

解:

(1) 债券价格 = (1 000×0.613 933) + (1 000×10%×1÷2×7.721 734) = 1 000(万元)

会计分录为:

借:存放中央银行款项	10 000 000	
贷:应付债券——债券面值		10 000 000

(2) 债券价格 =(1 000×0.675 6)+(1 000×10% ×1÷2×8.110 9)= 1 081.1(万元)

会计分录为：

借:存放中央银行款项　　10 811 000

　贷:应付债券——债券面值　　10 000 000

　　应付债券——债券溢价　　811 000

(3) 债券价格 =(1 000×0.558 4)+(1 000×10% ×1÷2×7.360 1)= 926.4(万元)

折价 = 1 000-926.4 = 73.6(万元)

会计分录为：

借:存放中央银行款项　　9 264 000

　应付债券——债券折价　　736 000

　贷:应付债券——债券面值　　10 000 000

(二) 债券到期还本付息

银行发行债券到期,支付债券利息时,其会计分录为：

借:应付债券——债券面值

　应付债券——应计利息

　贷:存放中央银行款项

(三) 银行次级债券

次级债券是指商业银行发行的、本金和利息的清偿顺序列于商业银行其他负债之后、先于商业银行股权资本的债券。发行次级债券不仅可以拓宽商业银行的资本金筹集渠道,提高其资本充足率,缓解银行的经营风险,而且可以丰富个人和机构的投资品种,分流居民存款,降低银行的挤提风险。

1. 次级债券会计核算原则

次级债券会计核算的关键是确认与计量。

(1) 次级债券的确认。次级债券的应用涉及三个时间的资金流动:发行时的资金流入、债券存续期内的利息支付、债券到期时的还本付息。次级债券的发行价格的确定应综合考虑多方面的因素,除了高于其他金融债券的利率之外还需考虑自身的财务状况、融资成本、资本充足率以及投资者的投资偏好等因素。次级债券发行之后,银行在获取资本金的同时,还承担了按固定期限还本付息的义务,因而应在表内确认一项金融资产和一项资本金增加的同时,还需要在表外对次级债券进行管理。

(2) 次级债券的计量。由于次级债券的清偿风险较高,其票面利率一般高于其他债券的市场利率,故次级债券一般采取溢价发行的方式,否则投资者不会购买。溢价发行次级债券筹集的资本金,按不超过核心资本的 50% 的部分计入资本金,超过的部分计入资本公积。同时,《巴塞尔协议》规定,次级债券在最后 5 年的存续期内,其资本额须每年摊提 20%,以反映资本价值的缩减情况,资本价值的缩减部分相当于其他金融债券的融资成本。

(3) 重视次级债券工具的风险因素。由于资本型金融债券期限都在 5 年以上,并且规定不得提前赎回,所以,次级债券工具的运用可以大大降低银行的挤提风险。同时,《商业银行次级债券发行管理办法》第六条规定,次级债券的投资风险由投资者自行承担。但是,不能因此就无视次级债券工具的风险因素。由于次级债券具有资本特性,因此其在原始期限、偿付顺序、担保设置等方面具有较多限制,并比一般金融债券的清偿风险高出较多。

(4) 账户设置。除设置银行存款、实收资本、资本公积、利息费用、应付款项账户外，还增加了风险准备金账户的设置，用来核算和监督次级债券风险准备金的计提与核销。

2. 次级债券的会计核算

(1) 次级债券的入库。发行银行发行次级债券时，由筹资部门填制“次级债券入库单”一式三联，经审查无误后，办理入库。入库单第一联会计部门作表外科目收入凭证，登记表外科目明细账，即收入：未发行次级债券。第二联由管库员留存，据以登记“次级债券登记簿”。第三联由筹资部门凭以登记台账。

(2) 次级债券的出库。各承销机构向发行银行按承销份额领取次级债券时，发行银行应填制“次级债券出库单”一式四联，第一联盖章后交会计部门作付出记账凭证，登记表外科目明细账，即付出：未发行次级债券。第二联由管库员凭以登记“次级债券登记簿”。第三联送筹资部门登记业务台账。第四联退领券人。各承销机构领回债券后，领券人应及时将债券交给经办人点收，无误后由复核员登记“次级债券登记簿”。领入时记“收入”栏，发售时记“付出”栏，每日结记余额。

(3) 次级债券的销售。承销机构在承销期结束之后，按承销协议书规定，将承销份额内的债券按协议书规定的款项划给发行银行，承销机构应填制汇款凭证送中国人民银行办理汇款手续，当发行银行收到中国人民银行的收账通知时，将收账通知作借方传票，借记“存放中央银行存款”科目，另填制特种转账贷方传票一式两联或三联，将不超过核心资本的50%的部分，贷记“实收资本——次级债券”科目，超过的部分贷记“资本公积——次级债券”科目。

(4) 次级债券的存续期。为了降低次级债券的清偿风险，发行银行应在存续期内的每年年末，根据发行银行次级债券回笼资金的一定比例，计提风险准备金，填制转账借方和转账贷方传票各一联，先冲销或借记“资本公积——次级债券”科目，不足的部分借记“利息费用”科目，同时贷记“风险准备金”科目。

在次级债券最后5年的存续期内，须按资本额每年摊提20%，以反映资本价值的缩减情况，缩减部分相当于其他金融债券的融资成本。填制转账借方和转账贷方传票各一联，借记“实收资本——次级债券”科目，贷记“应付款项”科目。

(5) 次级债券的到期。次级债券到期时，发行银行应向投资者按票面利率还本付息。按剩余摊销价值，借记“实收资本——次级债券”科目；按累计的风险准备金，借记“风险准备金”科目；按最后5年存续期内的应付款项，借记“应付款项”科目；按向投资者支付的本息合计，贷记“银行存款”科目；按借方、贷方科目的差额，借记或贷记“利息费用”科目。

长期次级债券是中国商业银行最主要的二级资本工具，对于浮动利率次级债券，中国国内系统重要性银行(D-SIFIs)发行利率至少比非系统重要性银行(ND-SIFIs)低90BP(Based Point，基准点)，对于固定利率次级债券，国内系统重要性银行(D-SIFIs)发行利率至少比非系统重要性银行(ND-SIFIs)低54BP。中国国内系统重要性银行(D-SIFIs)通过长期次级债券补充二级资本的空间较大，并且可以通过提高二级资本占比降低综合资本成本。

第四节　其他负债业务的核算

银行的其他负债主要包括各种应付、预收款，或有负债和其他。实质上属于银行的流动负债范畴。

一、应付利息

应付利息是指银行按照合同约定应支付的各种利息。其包括应付中央银行借款利息、应付同业拆入款项利息、应付卖出回购金融资产利息、应付存款利息、应付债券利息、其他应付利息等。

(1) 应付中央银行借款利息,是指核算银行应向中央银行支付的借款利息。计提利息费用时,借记"向中央银行借款利息支出"科目,贷记本科目;实际支付利息时,借记本科目,贷记"存中央银行存款"科目。本科目按中央银行进行明细核算。

(2) 应付同业拆入款项利息,是指核算银行应向同业支付的存款利息。计提利息费用时,借记"同业存款利息支出"科目,贷记"应付同业存放利息"科目。实际支付利息时,借记本科目,贷记"存放中央银行款项"等有关科目。本科目按存放金融机构进行明细核算。

(3) 应付卖出回购金融资产利息,是指核算银行卖出回购金融资产时,应向购买方支付的利息费用。计提利息费用时,借记"卖出回购利息支出"科目,贷记本科目;实际支付利息时,借记本科目,贷记"存放中央银行款项"等有关科目。本科目按购买方机构进行明细核算。

(4) 应付存款利息,是指核算银行应向单位及个人支付的存款利息。计提利息时,借记"存款利息支出"等科目,贷记本科目;实际支付利息时,借记本科目,贷记有关存款科目。本科目按存款种类进行明细核算。

(5) 应付债券利息,是指核算银行计提的各种债券利息。计提债券利息时,借记"债券利息支出"科目,贷记本科目;实际支付利息时,借记本科目,贷记有关科目。本科目按债券种类进行明细核算。

(6) 其他应付利息,是指核算银行不在上述应付利息科目中核算的其他应付利息。计提利息时,借记有关利息支出科目,贷记本科目;实际支付利息时,借记本科目,贷记有关科目。本科目按应付利息种类进行明细核算。

二、应交税费

应交税费核算银行按规定应交纳的各种税费,包括教育费附加、增值税、土地增值税、契税、车船税、房产税、城市维护建设税等税费以及按规定应交纳的保险保障基金等。本科目按应交税金种类进行明细核算。

自从2016年5月1日全面营改增之后,"营业税金及附加"科目的名称有了新的变化,该科目所核算的内容也较以前有了很大的变更。全面营改增之后,营业税退出历史舞台,全面缴纳增值税。根据《财政部关于印发〈增值税会计处理规定〉的通知》(财会〔2016〕22号):全面实行营改增之后,"营业税金及附加"科目名称调整为"税金及附加",该科目核算企业经营活动发生的消费税、城市维护建设税、资源税、教育费附加及房产税、土地使用税、车船税、印花税等相关税费(以前房产税、车船税、土地使用税、印花税在"管理费用"等科目核算,不在"税金及附加"科目核算);最新的会计报表利润表中的"营业税金及附加"报表项目调整为"税金及附加"项目。

(1) 先计提的账务处理:

借:税金及附加

　贷:应交税费——应交消费税、城市维护建设税、资源税、教育费附加及房产税、土地使用税、车船税等

(2) 缴纳时:

借:应交税费——应交消费税、城市维护建设税、资源税、教育费附加及房产税、土地使用税、车船税等

　贷:银行存款

三、其他应付款

其他应付款核算银行应付及暂收的临时性款项,包括应付及暂收单位和个人的其他应付款项等。同城票据交换业务中的退票、待提出票据,通存通兑业务中的代理收付款项,结算业务中的待查结算款项等不在本科目核算。

发生应付及暂收款项时,借记有关科目,贷记本科目;偿还或转销应付及暂收款项时,借记本科目,贷记有关科目。本科目按种类及应付对象进行明细核算。

本章小结

负债是银行主要资金来源,也是银行盈利增加及其资产规模扩张的基础。通过对存款业务、发行债券业务及其他负债业务等几种负债业务进行业务核算的介绍,有利于读者了解、熟悉银行会计中对负债业务的处理过程和操作方法,从而掌握银行会计负债业务核算的基本原理。

重要概念

基本存款账户　一般存款账户　专用存款账户　临时存款账户　支票户　存折户　单位定期存款　活期储蓄存款　固定基数计息法

基础训练

一、简答题

1. 简述单位银行结算账户的种类及其适用范围。
2. 简述存款业务核算的基本要求。
3. 简述单位通知存款的相关规定及其利息计算方法。
4. 什么是储蓄存款实名制?

二、业务题

1. 2014 年 1 月 20 日储户王明持 2012 年 4 月 2 日存入的 3 年期定期储蓄存款存单,金额 20 000 元,来行要求提前支取。经查验证件相符,本息全部付现。

2. 储户王琦于 2014 年 3 月 16 日持 2012 年 1 月 12 日存入的 3 年期定期储蓄存

款存单金额25 000元来行要求提前支取15 000元，证件相符，其余10 000元另开新存单，原存期起息。

3. 储户李静2014年4月28日持2013年4月28日开户的1年期零存整取存折来行取款，该笔存款在存入过程中第10个月漏存，其余每月固定存入本金1 000元。

拓展阅读

1.《巴塞尔协议Ⅲ》。

2.《营业税改征增值税试点有关事项的规定》（2016年3月，财政部、国家税务总局，财税〔2016〕36号附件印发）。

即测即评

请扫描二维码进行在线测试。

第四章　金融资产业务的核算(一)

本章导读

贷款和贴现是商业银行传统的盈利性资产，新会计制度下，其核算具有新的特点和要求。贷款名义利率和实际利率的运用、贷款摊余成本的界定和计算、非减值贷款与减值贷款的核算、票据贴现款项的发放和收回是本章必须掌握的核心内容。

第一节　新会计准则下贷款业务核算的特点与科目

一、新会计准则

（一）财政部颁布的新企业会计准则

2017 年，财政部制定并颁布了最新的《企业会计准则》，涵盖基本准则和 42 项具体准则。财政部新《企业会计准则》是不断修改完善的。最近几年企业准则修改集中体现在 2014 年和 2017 年。2014 年财政部修改了《企业会计准则——基本准则》《企业会计准则第 2 号——长期股权投资》《企业会计准则第 9 号——职工薪酬》《企业会计准则第 30 号——财务报表列报》《企业会计准则第 33 号——合并财务报表》和《企业会计准则第 39 号——公允价值计量》。2017 年财政部修改了《企业会计准则第 22 号——金融工具确认和计量》《企业会计准则第 23 号——金融资产转移》《企业会计准则第 24 号——套期会计》和《企业会计准则第 37 号——金融工具列报》。

新会计准则不同于以往会计制度的最大特点就是与国际会计准则接轨。2007 年中国银监会下发《关于银行业金融机构全面执行〈企业会计准则〉的通知》，明确要求各类银行业金融机构执行新的会计准则，上市银行从 2018 年 1 月 1 日起开始执行新的会计准则，非上市银行在 2020 年也要逐步执行。

商业银行各项业务的会计处理必须遵循新的企业会计准则。就贷款业务而言，影响深远的具体准则是《企业会计准则第

39 号——公允价值计量》和《企业会计准则第 22 号——金融工具确认和计量》。

（二）公允价值计量准则

在 2008 年国际金融危机爆发后，公允价值日益受到各方高度关注。2011 年 5 月，国际两大会计准则制定机构——国际会计准则理事会（IASB）和美国财务会计准则委员会（FASB）更是共同发布了公允价值计量与披露的新规范。

中国财政部在中国企业会计准则标准体系建设上与国际会计准则保持一致。2014 年中国财政部正式发布《企业会计准则第 39 号——公允价值计量》（简称《39 号公允价值计量准则》），自 2014 年 7 月 1 日起在所有执行会计准则的企业范围内施行，鼓励在境外上市的企业提前执行。

《39 号公允价值计量准则》共分为 13 章、53 条，从相关资产或负债、有序交易和市场、市场参与者、公允价值初始计量、估值技术、公允价值层次、非金融资产的公允价值计量、负债和企业自身权益工具的公允价值计量、市场风险或信用风险可抵消的金融资产和金融负债的公允价值计量、公允价值披露等方面对公允价值计量准则进行了严格的规定，更大程度上避免了公允价值操纵利润的可能性。

新准则将公允价值界定为“市场参与者在计量日发生的有序交易中，出售一项资产所能收到或者转移一项负债所需支付的价格”。而过去通常定义为：在公平交易中，熟悉情况的双方自愿进行资产交换或债务清偿的金额。新的定义不仅表述不同，在实践部门更加具有可操作性，使公允价值真正公平，而不是随心所欲的“橡皮价格”。《39 号公允价值计量准则》对原公允价值定义进行改善，突出以下特点：

（1）明确公允价值是脱手价格。资产或负债的脱手价格体现了持有资产或承担负债的市场参与者在计量日，对该资产或负债相关的未来现金流量的预期。

（2）强调市场参与者与有序交易。原公允价值定义中，笼统提到“在公平交易中，熟悉情况的交易双方”，本准则将市场参与者定义为在相关资产或负债主要市场（或最有利市场）中，相互独立的、熟悉资产或负债情况的，并且能够且愿意进行交易的买方或卖方。有序交易，是指在计量日前一段时期内相关资产或负债具有惯常市场活动的交易。清算等被迫交易不属于有序交易。

（3）将债务“清偿”改为“转移”。转移体现了市场参与者对流动性、不确定性以及负债相关的其他因素的预期，而清偿仅考虑了企业的特定因素。

（4）突出资产出售或债务转移是发生在计量日的。资产或负债存在活跃市场的，应当以资产或负债的市场价格为基础，确定其公允价值。资产或负债不存在活跃市场的，但同类或类似资产或负债存在活跃市场的，应当以调整后类似资产或负债的市场价格为基础，确定其公允价值。因市场发育程度有限，公允价值有时难以取得或者公允价值不能可靠计量的情况下，仍然采用历史成本进行计量。

根据公允价值原则，金融工具无论初始计量还是后续计量都要尽可能遵循公允价值要求。对于交易性金融资产，严格按公允价值进行初始计量和后续计量，其变动计入当期损益。对于贷款和应收账款，其初始计量按照公允价值及交易成本计量；其后续计量按照摊余成本，并计提减值准备。在活跃市场中没有报价、公允价值不能可靠计量的权益性投资，以及与该权益工具挂钩并通过交付该权益工具结算的衍生金融资产，应当按成本计量。

二、新会计准则下贷款核算特点

财政部颁发的新会计准则已经在上市银行执行。与之前的旧会计准则相比,新会计准则在贷款核算上有以下要求。

(一)初始计量采用公允价值,后续计量采用摊余成本

《企业会计准则第22号——金融工具确认和计量》第三十三条规定:“企业初始确认金融资产或金融负债,应当按照公允价值计量。”对于以公允价值计量且其变动计入当期损益的金融资产,相关交易费用应当直接计入当期损益;对于其他类别的金融资产,相关交易费用应当计入初始确认金额。而原制度对金融资产的确认和计量未做出明确规定,一般而言,原制度下贷款按贷出的实际金额进行初始计量。

新会计准则规定,贷款应采用实际利率法按摊余成本进行后续计量。此做法明显不同于老制度贷款按实际成本计量的做法。摊余成本与实际成本并不一样,两者有所区别。贷款初始确认金额与到期日金额之间的差额,主要是受发生的交易费用、计息周期与付息周期不一致、溢价或折价等因素影响,此差额应按实际利率法在贷款存续期内予以摊销。

(二)采用实际利率法确认各期利息收入

贷款利息收入是商业银行营业收入的主要构成部分。新会计准则规定“利息收入金额,按照他人使用本企业货币资金的时间和实际利率计算确定”,即按贷款的摊余成本和实际利率计算确定利息收入。当商业银行具备新的管理理念和条件时,可以严格按照新会计准则进行核算;当条件不具备时或名义利率与实际利率相差不大时,不必进行复杂的利息调整与摊余成本计算。

贷款利息收入=贷款摊余成本×实际利率

贷款应收利息=贷款合同本金×名义利率

贷款的实际利率,是指将贷款在预期存续期间的未来现金流量(利息和本金),折现为当前账面价值所使用的利率。实际利率在贷款时确定,在贷款存续期间保持不变。在确定贷款实际利率时,应当在考虑贷款合同条款的基础上预计未来现金流量,但不考虑未来信用损失。确定实际利率是银行内部管理的要求,外部借款人只需要明确并遵守贷款合同利率。

实际利率法,是指按照金融资产或金融负债(含一组金融资产或金融负债)的实际利率计算其摊余成本及各期利息收入或利息费用的方法。贷款实际利率的计算方法,可以是传统的插值方法或者是有效的财务 Excel 函数方法。插值方法的基本公式为:

$$V=\sum_{t=1}^{n}\frac{CF_t}{(1+r)^t}$$

式中:V——贷款发放时的初始确认价值;CF_t——贷款存续期间第 t 期的现金流;r——贷款的实际利率;n——贷款存续期间。

(三)制度明确了贷款减值的测试依据和方法

新会计准则明确了金融资产(包括贷款和应收款项)发生减值的客观证据,规定企业在资产负债表日应进行账面价值检查,有客观证据表明金融资产发生减值的,应确认减值损失,计提足额减值准备。银行贷款发生减值时,应将其账面价值与预

计未来现金流量现值之间的差额，确认为减值损失，计入当期损益。

贷款减值测试方法包括单独测试与组合测试两种。新会计准则规定对单项重大的金融资产（含贷款，下同）应单独进行减值测试，如有客观证据表明其已发生减值，应确认减值损失。对单项金额不大的金融资产可以单独进行减值测试，也可以包括在具有类似信用风险特征的金融资产组合中进行减值测试。

商业银行对于单独进行减值测试的贷款，有客观证据表明其发生了减值，应当于资产负债表日采用现金流量折现模型进行减值测试，计算预计未来现金流量现值（通常以初始确认的贷款实际利率作为折现率），该现值低于其摊余成本之间的差额确认为贷款减值损失，计入当期损益。

商业银行采用组合方式对贷款进行减值测试的，可以根据自身风险管理水平和数据支持程度，选择合理的方法进行确认和计量贷款减值损失。目前，已经有上市银行使用迁移模型、滚动率模型等进行组合评估，计量贷款组合的减值损失。

贷款减值损失金额=损失前贷款摊余成本-损失时贷款预计未来现金流量现值

三、贷款相关科目

《企业会计准则——应用指南》中对于贷款与贴现业务的会计核算，设置“贷款”“贷款损失准备”“应收利息”“利息收入”“资产减值损失”“贴现资产”等会计科目。

（一）“贷款”科目

本科目属于资产类科目，期末借方余额，反映商业银行按规定发放但尚未收回的贷款的摊余成本。

该科目核算商业银行按规定发放的各种客户贷款，包括质押贷款、抵押贷款、保证贷款、信用贷款等。银行按规定发放具有贷款性质的银团贷款、贸易融资、协议透支、信用卡透支、转贷款以及垫款等，在本科目核算，也可以单独设置“银团贷款”“贸易融资”“协议透支”“信用卡透支”“转贷款”“垫款”等科目。企业委托银行或其他金融机构向其他单位贷出的款项，可将本科目改为“委托贷款”科目。

本科目可按贷款类别、客户，分别设置“本金”“利息调整”“已减值”等进行明细核算。

银行发放的贷款，应按贷款的合同本金，借记本科目（本金）；按实际支付的金额，贷记“吸收存款”等科目；有差额的，借记或贷记本科目（利息调整）。对于未减值贷款，银行应于资产负债表日按贷款的合同本金和合同利率计算确定的应收未收利息，借记“应收利息”科目；按贷款的摊余成本和实际利率计算确定的利息收入，贷记“利息收入”科目；按其差额，借记或贷记本科目（利息调整）。合同利率与实际利率差异较小的，也可以采用合同利率计算确定利息收入。收回未减值贷款时，应按客户归还的金额，借记“吸收存款”等科目；按收回的应收利息金额，贷记“应收利息”科目；按归还的贷款本金，贷记本科目（本金）；按其差额，贷记“利息收入”科目。存在利息调整余额的，还应同时结转。

对于减值贷款，资产负债表日，确认贷款发生减值的，按应减记的金额，借记“资产减值损失”科目，贷记“贷款损失准备”科目，同时，应将本科目（本金、利息调整）余额转入本科目（已减值），借记本科目（已减值），贷记本科目（本金、利息调整）。资产负债表日，银行应按贷款的摊余成本和实际利率计算确定的利息收入，借记“贷款损失准备”科目，贷记“利息收入”科目。同时，将按合同本金和合同利率计算确定的应收利息金额进行表外登记。收回减值贷款时，应按实际收到的金额，借记“吸收存款”等科目；按相关贷款损失准备余额，借记“贷款损失准备”科目；按相关贷款余额，贷记本科目（已减值）；按其差额，贷记“资产减值损失”科目。对于确实无法收回的贷款，按管理权限报经批准后作为呆账予以转销，借记“贷款损失准备”科目，贷记本科目（已减值）。按管理权限报经批准后转销表外应收未收利息，减少表外“应收未收利息”科目金额。已确认并转销的贷款以后又收回的，按原转销的已减值贷款余额，借记本科目（已减值），贷记“贷款损失准备”科目；按实际收到的金额，借记“吸收存款”等科目，按原转销的已减值贷款余额，贷记本科目（已减值），按其差额，贷记“资产减值损失”科目。

（二）“贷款损失准备”科目

本科目属于特殊的资产类科目，期末贷方余额，反映银行已计提但尚未转销的贷款损失准备。

该科目核算银行贷款的减值准备。计提贷款损失准备的资产包括贴现资产、拆出资金、客户贷款、银团贷款、贸易融资、协议透支、信用卡透支、转贷款和垫款等。本科目可按照计提贷款损失准备的资产类别进行明细核算。

资产负债表日，贷款发生减值的，按应减记的金额，借记“资产减值损失”科目，贷记本科目。对于确实无法收回的各项贷款，按管理权限报经批准后转销各项贷款，借记本科目，贷记“贷款”“贴现资产”“拆出资金”等科目。已计提贷款损失准备的贷款价值以后又得以恢复的，应在原已计提的贷款损失准备金额内，按恢复增加的金额，借记本科目，贷记“资产减值损失”科目。

（三）“应收利息”科目

本科目属于资产类科目，期末借方余额，反映商业银行尚未收回的利息。

该科目核算商业银行发放贷款、存放中央银行款项、拆出资金、买入返售金融资产、交易性金融资产等应收取的利息。计提应收利息时，登记该科目借方；收到应收利息时，登记该科目贷方。该科目可按借款人或被投资人设置明细账。

（四）“利息收入”科目

本科目属于损益类（收入类）科目，用于核算商业银行确认的利息收入，包括发放的各类贷款、贴现、转贴现、信用卡透支、与其他金融机构发生资金往来业务、买入返售金融资产等实现的利息收入。该科目可按业务类别进行明细核算。

资产负债表日，按贷款的合同本金和合同利率计算确定的应收未收利息，借记“应收利息”科目；按贷款的摊余成本和实际利率计算确定的利息收入，贷记“利息收入”科目；按其差额，借记或贷记本科目（利息调整）。期末，应将该科目余额转入“本年利润”科目，结转后该科目无余额。

（五）“资产减值损失”科目

本科目属于损益类（支出类）科目，用于核算商业银行计提各项资产减值准备所形成的损失。该科目可按资产减值损失的项目进行明细核算。

资产负债表日，银行贷款等资产发生减值时，按减记的金额，借记“资产减值损失”，贷记“贷款损失准备”等科目。若已计提贷款损失准备的相关资产价值得以恢复，应在原已计提的减值准备金额度内，按恢复增加的金额，借记“贷款损失准备”等科目,贷记"资产减值损失"科目。期末,应将该科目余额转入"本年利润"科目,结转后该科目无余额。

第二节 非减值贷款的核算

一、贷款摊余成本的概念与计算

根据财政部《企业会计准则第 22 号——金融工具确认和计量》的规定,商业银行对持有至到期投资以及贷款和应收款项两项金融资产,应当采用实际利率法,按摊余成本计量。

贷款摊余成本是指贷款初始确认金额经下列调整后的结果:

(1) 扣除已偿还的本金。

(2) 加上或减去采用实际利率法确认的金额与到期日金额之间的差额经摊销形成的累积摊销额(加利息收入减应收利息)。

(3) 扣除已发生的减值损失。

需要强调指出的是,贷款摊余成本是一个动态的概念,在贷款存续期间,不同时点价值不同。当贷款预计未来现金流量发生变化时,不调整实际利率,而是调整摊余成本。不同时点,贷款的摊余成本不同,可以归纳为:

(1) 贷款期初摊余成本=贷款初始确认价值;

(2) 贷款期末摊余成本=贷款期初摊余成本+利息收入-收到利息-偿还的贷款本金-贷款减值损失;

(3) 贷款期满时摊余成本为 0。

【例 4-1】 岳麓山银行于 2017 年 4 月 1 日向开户单位某出版集团发放 1 年期信用贷款,合同本金 1 000 万元,合同年利率为 6%,按月还息,到期一次还本。试计算贷款月度实际利率及各期摊余成本的变化。

解:根据公式 $V=\sum_{t=1}^{n}\frac{CF_t}{(1+r)^t}$

$$V=1\ 000=\sum_{n=1}^{12}\frac{5}{(1+r)^n}+\frac{1\ 000}{(1+r)^{12}}$$

解得 $r=0.5\%$

或用财务 Excel 中的 IRR 函数可以迅速求得同样结果(见表 4-1)。

表 4-1 贷款摊余成本计算表

单位:万元

时间	期初摊余成本(A)	利息收入 $(B)=(A)\times r$	现金流入(C)	期末摊余成本 ($D=A+B-C$)
4 月	1 000	5	5	1 000
5 月	1 000	5	5	1 000
6 月	1 000	5	5	1 000
7 月	1 000	5	5	1 000
8 月	1 000	5	5	1 000

续表

时间	期初摊余成本(A)	利息收入 (B)=(A)×r	现金流入(C)	期末摊余成本 (D=A+B-C)
9 月	1 000	5	5	1 000
10 月	1 000	5	5	1 000
11 月	1 000	5	5	1 000
12 月	1 000	5	5	1 000
1 月	1 000	5	5	1 000
2 月	1 000	5	5	1 000
3 月	1 000	5	1 005	0

【例 4-2】 岳麓山银行于 2017 年 6 月 1 日向开户单位某生物制药集团发放 1 年期信用贷款,合同本金 1 000 万元,合同年利率为 6%,按季度还息 15 万元,到期一次还本。假定贷款过程中银行发生外部交易费用 1 万元。试计算贷款季度实际利率及贷款期间摊余成本的变化。

解:根据新企业准则的规定,贷款的初始确认,将贷款确认为银行的金融资产时,按发放贷款的本金和相关交易之和作为初始确认金额。本例中,贷款合同本金 1 000 万元,外部交易费用 1 万元,故贷款初始价值为 1 001 万元。

根据公式 $V=\sum_{t=1}^{n}\frac{CF_t}{(1+r)^t}$

$$1\ 001=\sum_{n=1}^{4}\frac{15}{(1+r)^n}+\frac{1\ 000}{(1+r)^4}$$

解得 $r\approx1.474\ 1\%$

或用财务 Excel 中的 IRR 函数可以迅速求得同样结果(见表 4-2)。

表 4-2 贷款摊余成本表 单位:万元

时间	期初摊余成本 (A)	利息收入 (B)=(A)×r	现金流入 (C)	期末摊余成本 (D=A+B-C)
9 月	1 001	14.76	15	1 000.76
12 月	1 000.76	14.75	15	1 000.51
3 月	1 000.51	14.75	15	1 000.26
6 月	1 000.26	14.74	1 015	0.00

二、信用贷款的核算

信用贷款是商业银行根据借款人的信誉而发放的贷款。目前,中国各大商业银行的信用贷款大多采用逐笔核贷的会计核算方法。借款人需用贷款时,应逐笔提出借款申请,银行审批同意后逐笔签订借款合同,逐笔发放,约定还款期限,到期一次或分次归还贷款本息。

(一) 信用贷款发放的核算

银行信贷部门收到借款人提交的借款申请书和相关材料,按信贷审批流程通过审批后,与借款人签订借款合同,约定贷款的金额、期限、利率、用途及违约责任等条款。

借款单位需要用款时,填制一式五联借款凭证:第一联,借据,会计部门留存保管;第二联,转账借方传票;第三联,转账贷方传票;第四联,回单;第五联,信贷部门留存备查。

经信贷部门审查同意后,银行经办人在借款凭证上加注贷款编号、贷款金额等信息,并加盖"贷款审查发放专用章"后,送银行会计部门凭以办理放款手续。

会计部门收到借款凭证认真审核无误后,开立贷款账户,将贷款转入借款人存款账户,并根据有关凭证登记存、贷分户账。商业银行发放贷款时的会计分录为:

借:贷款——信用贷款——本金(贷款合同本金)

　　贷:吸收存款——活期存款(实际支付金额)

借或贷:贷款——信用贷款——利息调整(借贷方差额)

(二)贷款利息的核算

根据权责发生制的要求,在贷款存续期间,商业银行应于资产负债表日,按照贷款的合同本金和合同利率计算应收利息,按照贷款的摊余成本和实际利率计算利息收入,差额计入利息调整。其会计分录为:

借:应收利息(合同本金×合同利率)

　　贷:利息收入(贷款的摊余成本×实际利率)

(或借):贷款——利息调整(借贷方差额)

银行收到借款人利息时,其会计分录为:

借:吸收存款——活期存款

　　贷:应收利息

(三)信用贷款收回的核算

贷款到期,借款人出具支付凭证(如支票)主动还款,或者银行按规定从其存款账户扣收,银行会计部门经办人审核无误后,打印贷款还款记账凭证、贷款还款通知单,办理转账。其会计分录为:

借:吸收存款——活期存款

　　贷:贷款——信用贷款——本金

(四)贷款展期与逾期

贷款到期之前,如果借款人没有还款能力,可以及时向贷款银行申请贷款展期。每一笔贷款只能展期一次,短期贷款不得超过原贷款的期限长度;中长期贷款展期不得超过原贷款的期限长度的一半,最长不得超过3年。同时,银行对展期申请时间作了如下规定,短期贷款必须在到期日之前,中长期贷款必须在到期日之前一个月,由借款人向信贷部门提交"贷款展期申请书",信贷部门审查同意后交给会计部门。贷款展期无须办理转账手续。

信用贷款原定期限或展期期限到期时,借款人仍无力偿还的贷款,形成逾期贷款。如果逾期未超过90天,银行填制特种转账借贷方传票办理转账,其会计分录为:

借:贷款——逾期贷款——借款人户

　　贷:贷款——信用贷款

银行对逾期贷款,从逾期之日起,除了按合同规定计算到期利息外,还应按规定罚息率加收罚息,直到清偿本息为止。

逾期贷款利息=逾期贷款本息×逾期时间×合同利率×(1+加息率)

借:吸收存款——活期存款——借款人户

　贷:贷款——逾期贷款——借款人户

　　利息收入

【例 4-3】 岳麓山银行于 2017 年 5 月 1 日向开户单位某房地产公司发放 1 年期贷款,合同本金 5 000 万元,合同年利率为 6%,按年偿还本息。2018 年 8 月 1 日,开户行按照逾期上浮 30% 标准收取逾期利息。试计算借款单位 2018 年 8 月 1 日应偿还本息数额。

解:合同到期利息为 5 000×6% =300(万元)

逾期贷款利息=逾期贷款本息×逾期时间×合同利率×(1+加息率)

$=(5\ 000+300)\times3\times6\%\div12\times(1+30\%)$

$=103.35$(万元)

8 月 1 日借款单位还款金额为:

$5\ 000+300+103.35=5\ 403.35$(万元)

【例 4-4】 岳麓山银行于 2017 年 6 月 1 日向开户单位某生物制药集团发放 1 年期信用贷款,合同本金 1 000 万元,合同年利率为 6%,按季度还息 15 万元,到期一次还本。假定贷款过程中银行发生外部交易费用 1 万元,支付环保监测费。试在上例计算的基础上对该行贷款各环节进行账务处理。

解:根据例 4-2 的计算结果,可得表 4-3。

表 4-3 贷款摊余成本表　　单位:万元

时间	期初摊余成本(A)	利息收入 (B)=(A)× r	现金流入 (C)	期末摊余成本 ($D=A+B-C$)
9 月	1 001	14.76	15	1 000.76
12 月	1 000.76	14.75	15	1 000.51
3 月	1 000.51	14.75	15	1 000.26
6 月	1 000.26	14.74	1 015	0.00

岳麓山银行相关账务处理如下。

(1) 2017 年 6 月 1 日发放贷款时:

借:贷款——本金——制药集团　　10 010 000

　贷:吸收存款——制药集团　　10 000 000

　　吸收存款——环保单位　　10 000

此时贷款摊余成本为 1 001 万元。

(2) 2017 年 9 月 1 日计提并收到第一个季度利息时:

借:应收利息——制药集团　　150 000

　贷:利息收入　　147 600

　　贷款——利息调整　　2 400

借:吸收存款——制药集团　　150 000

　贷:应收利息——制药集团　　150 000

此时贷款摊余成本为1 000.76万元。

(3) 2017年12月1日计提并收到第二个季度利息时:

借:应收利息——制药集团	150 000	
贷:利息收入		147 500
贷款——利息调整		2 500
借:吸收存款——制药集团	150 000	
贷:应收利息——制药集团		150 000

此时贷款摊余成本为1 000.51万元。

(4) 2018年3月1日计提并收到第三个季度利息时:

借:应收利息——制药集团	150 000	
贷:利息收入		147 500
贷款——利息调整		2 500
借:吸收存款——制药集团	150 000	
贷:应收利息——制药集团		150 000

此时贷款摊余成本为1 000.26万元。

(5) 2018年6月1日计提并收到第四个季度利息时:

借:应收利息——制药集团	150 000	
贷:利息收入		147 400
贷款——利息调整		2 600
借:吸收存款——制药集团	150 000	
贷:应收利息——制药集团		150 000

此时贷款摊余成本为1 000万元。

(6) 2018年6月1日收回贷款本金时:

借:吸收存款——制药集团	10 000 000	
贷:贷款——本金——制药集团		10 000 000

此时贷款摊余成本为0。

需要补充说明的是:据作者调查,各银行通过计算机系统每天都可以计提利息,但实际收取按照贷款合同规定进行。举例中适当调整资产负债表日的时间长度,既方便学生理解,又不至于太过烦琐。教材所有利息收支几乎都面临类似的情况,不一一说明。

三、担保贷款的核算

担保贷款,是指商业银行根据《中华人民共和国担保法》规定的担保方式而发放的贷款,包括保证贷款、抵押贷款和质押贷款。

保证贷款是商业银行根据法定的保证方式,以借款人以外的第三人承诺在借款人不能偿还贷款时,按约定承担一般保证责任或连带责任为前提而发放的贷款。保证人与债权人应当以书面形式订立保证合同。借款合同是主合同;保证合同是从合同。

抵押贷款是商业银行根据法定的抵押方式,以借款人或第三人的有效财产作为抵押物而发放的贷款。可以用于抵押的财产,一般是抵押人所有的房屋和其他地上定着物以及抵押人所有的机器、交通运输工具和其他财产等。土地所有权、耕地、宅基地及自留地、公益单位的社会公益设施、所有权或使用权不明或有争议的财产，以及依法被查封、扣押、监管的财产不能作为抵押物。

抵押贷款通常不是按抵押品价值全额放贷，而是按抵押品价值的 50% ~70% 发放贷款。抵押贷款的期限，流动资金贷款期限一般不超过 1 年，固定资产贷款一般为 1 ~3 年，最长不超过 5 年。抵押贷款不能展期，逾期 1 个月，仍不能还款，银行有权处理抵押品。

质押贷款是商业银行根据法定的质押方式，以借款人或第三人的动产或权利为质押物而发放的贷款。质押方式分为动产质押和权利质押两种。动产质押物包括车辆、船舶、航空器、机器设备等，动产质押时，质押物必须移交到发放贷款的银行，并订立质押合同。权利质押，以汇票、支票、本票、债券、存款单、仓单和提货单为质押物的，权利凭证必须交付发放贷款的银行；以可以转让的股票为质押物的，应该向证券登记机构办理出质登记；以依法可以转让的商标使用权、专利权、著作权中的财产权作质押物的，应该向其管理部门出质登记。

担保贷款的表内核算与前面介绍的信用贷款基本相同，不同之处在于其需要表外核算。银行发放贷款时，表外登记“代保管有价值品”收入方；银行收回贷款时，表外销记“代保管有价值品”。

第三节　减值贷款的核算

一、减值贷款的确认

根据《企业会计准则第 22 号——金融工具确认和计量》的相关规定，资产负债表日，银行应对贷款进行测试，如有客观证据表明贷款发生了减值，则应当确认贷款的减值损失，并计提相应的减值准备。

贷款发生减值的客观依据，是指贷款初始确认后实际发生的、对贷款的预计未来现金流量有影响，而且能够对该影响进行可靠计量的事项。贷款减值的具体情形如下：

（1）债务人发生严重财务困难。

（2）债务人违反合同，如偿付利息或本金发生违约或逾期。

（3）债权人银行出于与债务人财务困难有关的经济或合同考虑，给予债务人在任何其他情况下都不会做出的让步。

（4）债务人很可能破产或进行其他财务重组。

（5）债务人财务困难导致该金融资产的活跃市场消失。

（6）以大幅折扣购买或原生一项金融资产，该折扣反映了发生信用损失的事实。

（7）其他表明贷款发生减值的客观依据。

二、贷款损失准备制度以及银行提取准备金的核算

（一）贷款损失准备制度

1. 制度变迁

商业银行为了保全贷款价值，必须谨慎经营，逐步建立完善的贷款损失准备制

度。中国自改革开放以来，财政部、中国人民银行、银行业监督委员会（2018 年以后与保险监督管理委员会合并，简称银保监会）陆续出台了相关政策，银行贷款损失准备制度从无到有，不断完善。1988 年，中国人民银行颁布《关于国家专业银行建立贷款呆账准备金的暂行规定》，开启中国贷款准备金制度建设的先河；2001 年 5 月，财政部颁布《金融企业呆账准备提取与呆账核销管理办法》，要求各银行至少按照期末贷款资产余额的 1% 提取贷款呆账准备金，并根据呆账金额的大小由银行会同财政确定核销权限；2002 年 4 月，中国人民银行颁布《贷款损失准备计提指引》，考虑巴塞尔协议的影响，根据贷款五级分类结果计提贷款专项准备金；2005 年，财政部颁布《金融企业呆账准备提取管理办法》；2011 年，银监会制定并发布《商业银行贷款损失准备管理办法》，要求中国境内所有商业银行从 2012 年 1 月 1 日起开始执行。

贷款损失准备包括一般准备、专项准备和特种准备。一般准备是根据全部贷款余额的一定比例计提，用于弥补尚未识别的可能性风险，属于附属资本的范畴，从利润分配中提取。专项准备是根据贷款风险分类后，按每类贷款损失的程度计提，用于弥补专项损失。如对于关注类贷款、次级贷款、可疑类贷款、损失类贷款，相应计提专项损失的比例分别为 2%、25%、50%、100%，对于次级类贷款和可疑类贷款的专项损失准备，计提比例可以上下浮动 20%。特种准备是针对某一国家、地区、行业等风险特别计提。专项准备和特种准备计入银行成本。

2. 新的监管标准

商业银行贷款损失准备不得低于银行业监管机构设定的监管标准。银行业监管机构设置贷款拨备率和拨备覆盖率指标考核商业银行贷款损失准备的充足性。贷款拨备率为贷款损失准备与各项贷款余额之比；拨备覆盖率为贷款损失准备与不良贷款余额之比。

银保监会于 2018 年下发《关于调整商业银行贷款损失准备监管要求的通知》（银监发〔2018〕7 号），明确将拨备覆盖率监管要求由 150% 调整到 120% ~150%，贷款拨备率监管要求由 2.5% 调整到 1.5% ~2.5%。

(1) $贷款拨备率=\dfrac{贷款损失准备}{各项贷款余额}\times 100\% \geqslant 1.5\% \sim 2.5\%$

(2) $拨备覆盖率=\dfrac{贷款损失准备}{不良贷款余额}\times 100\% \geqslant 120\% \sim 150\%$

（二）银行提取准备金的核算

1. 提取贷款一般准备

一般准备由商业银行总行从净利润中提取，一般准备为总行专用科目。商业银行根据全行应该提取的贷款期末余额和规定的比例，计算应该提取的一般准备期末余额，并与已有的一般准备余额进行比较，如果现有余额不足，应该按差额补提；如果现有余额高于应该提取余额，则反向冲减差额。提取一般准备的会计分录为：

借：利润分配——一般准备

　　贷：贷款损失准备——一般准备

2. 提取贷款专项准备

专项准备由各级商业银行根据贷款质量及预期的损失足额提取。银行提取专项准备的会计分录为：

借:其他业务成本——专项准备

　　贷:贷款损失准备——专项准备

三、减值贷款的核算

(一) 发生减值的账务处理

商业银行根据贷款账面价值减去预计未来现金流量现值计提贷款损失准备,减记的资产减值损失计入当期损益。

对于减值贷款,资产负债表日,银行确认贷款发生减值的,按应减记的金额,借记“资产减值损失”科目,贷记“贷款损失准备”科目,同时,应将贷款科目(本金、利息调整)余额转入贷款科目(已减值),借记“贷款(已减值)”科目,贷记“贷款(本金、利息调整)”科目。差额贷记“资产减值损失”科目。

银行贷款发生减值时核算的会计分录如下:

借:贷款——已减值

　　贷:贷款——本金

　　　　贷款——利息调整

借:资产减值损失

　　贷:贷款损失准备

(二) 减值贷款利息的核算

资产负债表日,银行应按贷款的摊余成本和实际利率计算确定的利息收入,借记“贷款损失准备”科目,贷记“利息收入”科目。同时,将按合同本金和合同利率计算确定的应收利息金额进行表外登记。减值贷款尽管价值发生不利变化,但还没有恶化为损失贷款,银行信贷人员应该加大清收管理力度,将损失降到最低,会计核算部门还是按照权责发生制要求核算利息收入。但银行的减值贷款利息收入难以足额实现,为了避免税务会计与银行会计口径的差异增加银行税收负担,制度允许银行将减值贷款利息进行表外核算。其会计分录如下:

(1) 银行确认减值贷款利息时:

借:贷款损失准备

　　贷:利息收入

表外登记如下:

收入:应收未收利息

(2) 收到减值贷款利息时:

借:吸收存款——活期存款

　　贷:贷款——已减值

表外登记如下:

付出:应收未收利息

(三) 收回减值贷款的核算

银行收回减值贷款时,应按实际收到的金额,借记“吸收存款”等科目,按照贷款损失准备余额,借记“贷款损失准备”科目,按照有关贷款余额,贷记“贷款——已减值”科目,按其差额,贷记“资产减值损失”科目。收回减值贷款本息的会计分录如下:

借:吸收存款——活期存款(实际收到的金额)

贷款损失准备(该科目余额)

贷:贷款——已减值(该科目余额)

(或借):资产减值损失(借贷差额)

表外登记如下:

付出:应收未收利息

(四)银行核销减值贷款的核算

对于确实无法收回的减值贷款,银行按管理权限报经批准后作为呆账予以核销,借记"贷款损失准备"科目,贷记"贷款(已减值)"科目。

借:贷款损失准备

贷:贷款——已减值

表外登记如下:

付出:应收未收利息

(五)银行收回已核销贷款的核算

银行已确认并核销的贷款以后又收回的,按原转销的已减值贷款余额,借记"贷款(已减值)"科目,贷记"贷款损失准备"科目;按实际收到的金额,借记"吸收存款"等科目,按原核销的已减值贷款余额,贷记"贷款(已减值)"科目,按其差额,贷记"资产减值损失"科目。

借:贷款——已减值

贷:贷款损失准备

同时,

借:吸收存款——活期存款

贷:贷款——已减值

资产减值损失

【例 4-5】 岳麓山银行根据信贷审批流程,于 2013 年 1 月 1 日发放 5 年期贷款 2 000 万元给开户企业大地集团,年名义利率与年实际利率均为 10%,每年年末收取利息,本金期满归还。若 2015 年 12 月末,有客观证据表明大地集团发生严重财务困难不能正常还息,岳麓山银行认定该笔贷款发生减值,当时预测 1 年后会收到利息 150 万元,到期仅能收到本金 1 000 万元,假定贷款后期情况与预测一致。假定折现率为 10%。要求如下:

(1) 测算贷款减值损失;

(2) 编制贷款期间摊余成本表;

(3) 进行贷款全过程所有环节的核算。

解:

(1) 要点如下:

① 贷款减值测试方法包括单笔测试或组合测试,此案例中使用单笔测试方法。

② 贷款减值金额=减值前贷款摊余成本-预计减值时未来现金流量现值。

$$2015\text{ 年年末预测未来现金流量现值}=150\div(1+10\%)+1\ 000\div(1+10\%)^2=962.81(\text{万元})$$

$$2015\text{ 年年末计提损失前贷款摊余成本}=2\ 200(\text{万元})$$

2015 年年末贷款减值金额 = 2 200−962.81 = 1 237.19(万元)

(2) 编制贷款摊余成本表,先要领悟摊余成本的理念,再学以致用(见表 4−4)。

贷款期末摊余成本 = 贷款期初摊余成本+利息收入−收到利息
−偿还的贷款本金−贷款减值损失

表 4−4 贷款摊余成本表　　单位:万元

时间(年)	期初摊余成本(1)	利息收入(2)	现金流入(3)	减值损失(4)	期末摊余成本(5) = (1)+(2)−(3)−(4)	备注
2013	2 000	200	200	0	2 000	
2014	2 000	200	200	0	2 000	
2015	2 000	200	0		2 200	未记损失
2015	2 200			1 237.19	962.81	记损失
2016	962.81	96.281	150	0	909.091	
2017	909.091	90.909	1 000	0	0	

(3) 本例中贷款过程经历了贷款发放、收息、确认减值、收到部分本息的系列环节,涉及非减值贷款、减值贷款核算的诸多内容。2013—2014 年,贷款没有发生减值,按照正常贷款核算;2015 年年末,贷款发生减值,按照减值贷款特点核算。其贷款主要环节会计分录如下。

① 银行发放贷款时(2013 年 1 月 1 日):

借:贷款——本金——大地集团　　20 000 000
　贷:吸收存款——活期存款——大地集团　　20 000 000

此时贷款摊余成本为 2 000 万元。

② 确认并收回利息收入时(2013 年 12 月 31 日/2014 年 12 月 31 日):

借:应收利息——大地集团　　2 000 000
　贷:利息收入——大地集团　　2 000 000

利息收入 = 应收利息 = 2 000 000×10% = 2 000 000

借:吸收存款——大地集团　　2 000 000
　贷:应收利息——大地集团　　2 000 000

此时贷款摊余成本为 2 000 万元。

③ 2015 年。

A. 确认利息收入时:

借:应收利息——大地集团　　2 000 000
　贷:利息收入——大地集团　　2 000 000

此时贷款摊余成本为 2 200 万元。

2 000+200−0 = 2 200(万元)

B. 确认损失金额并核算:

2015 年年底损失金额为 2 000+200−962.81 = 1 237.19(万元)。

借:贷款——已减值　　22 000 000
　贷:贷款——本金　　20 000 000
　　应收利息　　2 000 000

同时，

借:资产减值损失　　　　　　　　　　　　　12 371 900

　　贷:贷款损失准备　　　　　　　　　　　　　12 371 900

此时贷款摊余成本为 962.81 万元:2 200-1 237.19=962.81(万元)。

④ 2016 年。

A. 确认减值贷款利息收入时:

9 628 100×10% =962 810(元)

借:贷款损失准备　　　　　　　　　　　　　962 810

　　贷:利息收入——大地集团　　　　　　　　　　962 810

表外登记如下:

收入:应收未收利息 200 万元

B. 收到减值贷款利息时:

借:吸收存款——大地集团　　　　　　　　　1 500 000

　　贷:贷款——已减值　　　　　　　　　　　　1 500 000

表外登记如下:

付出:应收未收利息 200 万元

此时贷款摊余成本为 909.091 万元:962.81+96.281-150=909.091(万元)。

⑤ 2017 年。

A. 确认减值贷款利息收入时:

909.091×10% =90.909 1 万

借:贷款损失准备　　　　　　　　　　　　　909 091

　　贷:利息收入——大地集团　　　　　　　　　　909 091

表外登记如下:

收入:应收未收利息 200 万元

此时贷款摊余成本为 1 000 万元:909.091+90.909 1≈1 000(万元)。

B. 收到减值贷款部分本金时:

借:吸收存款——大地集团　　　　　　　　　10 000 000

　　贷款损失准备　　　　　　　　　　　　　10 500 000

　　贷:贷款——已减值　　　　　　　　　　　　20 500 000

此时贷款摊余成本为 0:1 000-1 000=0。

(注意:贷款损失准备账户及贷款——已减值账户余额结平)

第四节　票据贴现业务的核算

一、票据贴现的概念与贴现利息计算

票据贴现是指商业汇票持有人在票据到期以前,为获得资金融通而向商业银行贴付利息所做的票据转让。票据贴现实质上是将商业信用与银行信用相结合的一种融资手段。

商业汇票的持有人向商业银行申请办理贴现必须具备以下条件:

(1) 必须具有法人资格或实行独立核算并在商业银行开立存款账户的企业法人以及其他组织。

(2) 所持商业汇票必须合法有效，未注明"不得转让""质押""委托收款"等字样，资信状况良好，具有到期还款能力。

(3) 与出票人或者直接前手之间具有真实的商品交易关系，并提供票据项下相关的证据，如发货单、运输单、提货单等。

(4) 申请人按银行规定提供可靠担保。商业银行会计部门接到申请人提交的贴现凭证及商业汇票后，按照相应的贴现率，计算出贴现利息并予以扣收。商业汇票贴现期限一般不超过6个月，贴现天数从贴现之日起算至汇票到期日为止，按照"算头不算尾"的方法计算实际天数，异地商业汇票贴现，制度规定可加3天划款日期。票据贴现利息的计算公式如下：

贴现利息＝汇票金额×贴现天数×日贴现率

实付贴现金额＝汇票金额－贴现利息

贴现利息当月摊销金额＝贴现利息÷票据贴现天数×本月应摊销天数

二、贴现相关科目

(一)"贴现资产"科目

本科目属于资产类科目，期末借方余额，反映商业银行办理商业票据的贴现、转贴现等业务融出资金的情况。本科目下设"面值"和"利息调整"等明细科目。

商业银行为客户办理贴现时，按贴现票面金额，借记本科目(面值)；按实际支付的金额，贷记"吸收存款""存放中央银行款项"等科目；按其差额，贷记本科目(利息调整)。资产负债表日，按计算确定的贴现利息收入，借记本科目(利息调整)，贷记"利息收入"科目。贴现票据到期，应按实际收到的金额，借记"吸收存款""存放中央银行款项"等科目；按贴现的票面金额，贷记本科目(面值)；按其差额，贷记"利息收入"科目。

(二)"贴现负债"科目

本科目属于负债类科目，期末贷方余额，反映商业银行办理商业票据的转贴现或再贴现等业务融入资金的情况。本科目下设"面值"和"利息调整"等明细科目。

本行持未到期商业票据办理转贴现或再贴现时，按实际收到的金额，借记"存放中央银行款项"等科目；按贴现票据票面金额，贷记本科目(面值)；按其差额，借记本科目(利息调整)。

资产负债表日，按计算确定利息费用时，借记"利息支出"科目，贷记本科目(利息调整)。

贴现票据到期，按票据面额，原融入资金的商业银行借记本科目(面值)，贷记"存放中央银行款项"等科目，若有差额，借记"利息支出"科目。

三、商业银行办理票据贴现的核算

商业银行会计部门接到申请人提交的贴现凭证及商业汇票后，按照相应的贴现率，计算出贴现利息并予以扣收。

银行会计柜员在贴现凭证有关栏内填入贴现利率、贴现利息和实付贴现金额

后,根据贴现凭证的有关联次办理转账。其会计分录为:

借:贴现资产——面值

贷:吸收存款——贴现申请人

贴现资产——利息调整

同时,按汇票金额登记表外科目如下:

收入:代保管有价值品

资产负债表日,对利息调整进行摊销,确认贴现利息收入时,其会计分录为:

借:贴现资产——利息调整

贷:利息收入

四、贴现票据到期收回的核算

商业汇票贴现款的收回是通过委托收款方式进行的。由于商业承兑汇票与银行承兑汇票的承兑人不同,信用程度高低也不同,从而导致汇票到期时收款人收款方式有差别,需要区别对待。

(一) 商业承兑汇票贴现到期

1. 委托收款正常支付

因付款人恪守信用,汇票到期时足额付出款项,因此,贴现银行能顺利收到款项。当贴现银行收到委托收款划回的款项时,其会计分录为:

借:清算资金往来

贷:贴现资产——面值

2. 委托收款无款支付

若付款人到期时账户金额不足,形成委托收款"无款支付"情形。付款人开户行退回注明了"无款支付"字样的相关委托收款凭证,则贴现银行只能向原贴现申请人收取贴现款项。当贴现银行从贴现申请人账户收取款项时,其会计分录为:

借:吸收存款——贴现申请人

贷:贴现资产——面值

如果贴现申请人账户余额不足,不足部分转入逾期贷款账户(逾期贷款的核算参见本章第二节中的贷款展期与逾期),其会计分录为:

借:吸收存款——贴现申请人

贷款——逾期贷款

贷:贴现资产——面值

(二) 银行承兑汇票贴现到期

银行承兑汇票到期时,承兑银行向承兑申请人收取票款并专户储存,若承兑申请人账户不足支付,则不足部分转作逾期贷款。因此,贴现银行必定能从承兑银行收到相关贴现款项,其会计分录为:

借:清算资金往来

贷:贴现资产——面值

【例 4-6】 湖南长沙机床厂 5 月 5 日赊销一批 30 万元产品给省内某机电设备公司,收取 6 月 26 日到期的商业承兑汇票一份。后因资金周转困难于 5 月 17 日持相关商业汇票和一份贴现凭证到开户的岳麓山银行申请贴现,银行审查同意,确定

3.6%的年贴现率。票据到期,银行办理委托收款,顺利收回。试计算贴现利息、实付贴现款,并就岳麓山银行进行贴现业务核算。

解:

贴现天数=15+25=40(天)

贴现利息=40×300 000×3.6%÷360=1 200(元)

实付贴现金额=300 000-1 200=298 800(元)

(1) 5月17日岳麓山银行发放贴现款时:

借:贴现资产——面值——长沙机床厂　　300 000

　贷:吸收存款——长沙机床厂　　298 800

　　贴现资产——利息调整　　1 200

(2) 5月31日银行确认贴现利息收入时:

本月摊销利息=1 200÷40×15=450(元)

借:贴现资产——利息调整　　450

　贷:利息收入　　450

(3) 6月26日银行确认贴现利息收入时:

本月摊销利息=1 200÷40×25=750(元)

借:贴现资产——利息调整　　750

　贷:利息收入　　750

(4) 6月26日岳麓山银行收回贴现款时:

借:清算资金往来　　300 000

　贷:贴现资产——面值　　300 000

本章小结

2017年财政部新颁布的《企业会计准则》,使中国的会计准则体系紧跟国际会计准则体系的步伐。贷款和贴现是商业银行重要的盈利性资产,新会计准则下,使用摊余成本和实际利率确认贷款利息收入。商业银行贷款和贴现的核算使用相关的会计科目包括贷款、贴现资产、应收利息、利息收入、贷款损失准备、资产减值损失等。随着中国商业银行贷款损失准备制度的逐步建立,银监会设置了贷款拨备率和贷款拨备覆盖率标准,监管贷款损失准备充足性。贷款减值测试方法可以是单笔测试或组合测试。银行定期对贷款进行测试,贷款减值的客观证据有多种类型。非减值贷款的相关环节核算,包括发放贷款、计提利息、收到利息、收到本金等的核算。减值贷款各环节的核算,比非减值贷款更为复杂,尤其是减值贷款利息、贷款损失准备的核算。此外,还需要掌握担保贷款的种类与特点、票据贴现的计算及相关核算。

重要概念

公允价值　贷款实际利率　贷款名义利率　贷款摊余成本　贷款损失准备　减值贷款　非减值贷款　票据贴现

基础训练

一、简答题

1. 分析《企业会计准则第 39 号——公允价值计量》对贷款核算的影响。

2. 简述贷款名义利率和实际利率的含义和关系。

3. 简述贷款摊余成本的含义及特点。

4. 简述当今银保监会对贷款损失准备制度的监管要求。

5. 贷款减值有哪些情形？

二、业务题

1. 岳麓山银行于 2019 年 6 月 1 日向开户的机械厂发放信用贷款 1 000 万元，期限半年，贷款月利率为 5‰，按月计提利息。假设情况如下：

（1）机械厂到期一次支付本息。

（2）机械厂到期仅支付 600 万元本金及全部利息，余款推迟到 2019 年 12 月 31 日归还，假设逾期贷款罚息在合同利率基础上上浮 40%。

请根据上述资料进行必要的计算及核算。

2. 岳麓山银行根据信贷审批流程，于 2019 年 1 月 1 日发放 5 年期贷款 5 000 万元给开户企业——绿地集团，年名义利率与年实际利率均为 10%，每年年末收取利息，本金期满归还。若 2021 年 12 月末，有客观证据表明绿地集团发生严重财务困难不能正常还息，岳麓山银行认定该笔贷款发生减值，当时预测 1 年后会收到利息 450 万元，到期仅能收到本金 3 000 万元。假定贷款后期情况与预测一致。要求如下：

（1）测算贷款减值损失。

（2）编制贷款期间摊余成本表。

（3）进行贷款全过程所有环节的核算。

拓展阅读

1. 企业会计准则编审委员会．企业会计准则[M]．上海：立信会计出版社，2017.

2.《企业会计准则第 39 号——公允价值计量》（2014 年 7 月，中华人民共和国财政部）。

即测即评

请扫描二维码进行在线测试。

第五章　金融资产业务的核算(二)

本章导读

商业银行的金融资产除贷款类资产以外,还包括以摊余成本计量的金融资产、以公允价值计量且其变动计入其他综合收益的金融资产和以公允价值计量且其变动计入当期损益的金融资产等。本章主要介绍相关新会计准则下商业银行上述三类金融资产的政策规定及核算。

第一节　新准则下金融资产的分类和计量

一、新准则的制度背景

(一) 金融危机后国际会计准则

2008 年金融危机引起了会计领域的反思和修正。2014 年 7 月,国际会计准则理事会(IASB)发布了《新会计准则第 9 号——金融工具》,于 2018 年 1 月 1 日起正式实施,准许提前实施。发布 IFRS9 金融工具,应用于金融资产的分类和计量,是对于原金融工具计量准则 IAS39 的改良升级。该工具使金融资产分类简化,并引入了“预期信用损失模型”。

原准则 IAS39 按照功能把金融资产分为四类:以公允价值计量且公允价值变动计入损益的金融资产、可供出售的资产、持有至到期投资、贷款和应收款。

新准则 IFRS9 通过业务模式测试和合同现金流的特征测试对金融资产进行分类。新准则将金融资产分为三类:

(1) 以摊余成本计量的金融资产(AC)。

(2) 以公允价值计量且其变动计入其他综合收益的金融资产(FVOCI)。

(3) 以公允价值计量且其变动计入当期损益的金融资产(FVTPL)。

(二) 中国企业会计新准则

2017 年 4 月,中国财政部修订发布了会计准则第 22 号、第 23

号、第24号三项金融工具相关准则，被合称为中国版IFRS9。修订的《企业会计准则第22号——金融工具确认和计量》，要求境内外上市企业自2018年1月1日起施行。《企业会计准则第23号——金融资产转移》，2019年1月1日生效。《企业会计准则第24号——套期会计》，2021年1月1日生效。

二、金融资产的分类

（一）金融资产的含义

根据财政部2017年颁发的最新《企业会计准则》中《企业会计准则第22号——金融工具确认和计量》的规定，金融资产是企业持有的现金、其他方的权益工具以及符合下列条件之一的资产：

（1）从其他方收取现金或其他金融资产的合同权利。

（2）在潜在有利条件下，与其他方交换金融资产或金融负债的合同权利。

（3）将来须用或可用企业自身权益工具进行结算的非衍生工具合同，且企业根据该合同将收到可变数量的自身权益工具。

（4）将来须用或可用企业自身权益工具进行结算的非衍生工具合同，但以固定数量的自身权益工具交换固定金额的现金或其他金融资产的衍生工具合同除外。其中，企业自身权益工具不包括应当按照《企业会计准则第37号——金融工具列报》分类为权益工具的可回售工具或发行方仅在清算时才有义务向另一方按比例交付其净资产的金融工具，也不包括本身就要求在未来收取或交付企业自身权益工具的合同。

（二）金融资产分类的依据

根据上述《企业会计准则第22号——金融工具确认和计量》，商业银行应当根据其管理金融资产的业务模式和金融资产的合同现金流量特征，将金融资产分为以下三类：

（1）以摊余成本计量的金融资产（AC）。

（2）以公允价值计量且其变动计入其他综合收益的金融资产（FVOCI）。

（3）以公允价值计量且其变动计入当期损益的金融资产（FVTPL）。

1. 业务模式

企业管理金融资产的业务模式，是指企业如何管理其金融资产以产生现金流量。业务模式决定企业所管理金融资产现金流量的来源是收取合同现金流量、出售金融资产还是两者兼有。企业管理金融资产的业务模式，应当以企业关键管理人员决定的对金融资产进行管理的特定业务目标为基础确定。企业确定管理金融资产的业务模式，应当以客观事实为依据，不得以按照合理预期不会发生的情形为基础确定。

2. 金融资产的合同现金流量特征

金融资产的合同现金流量特征，是指金融工具合同约定的、反映相关金融资产经济特征的现金流量属性。金融资产的合同现金流量特征，应当与基本借贷期安排相一致。

（1）金融资产同时符合下列条件的，应当分类为以摊余成本计量的金融资产（AC）。

① 企业管理该类资产的业务模式是以收取合同现金流量为目标。

② 该金融资产的合同条款规定，在特定日期产生的现金流量，仅为对本金和未偿付本金金额为基础的利息的支付。

商业银行符合上述特征的资产有债权投资、贷款等资产。

（2）金融资产同时符合下列条件的，应当分类为以公允价值计量且其变动计入其他综合收益的金融资产（FVOCI）。

① 企业管理该类资产的业务模式既以收取合同现金流量为目标，又以出售该金融资产为目标。

② 该金融资产的合同条款规定，在特定日期产生的现金流量，仅为对本金和未偿付本金金额为基础的利息的支付。

商业银行符合上述特征的资产有可供出售资产、其他债权投资等。

（3）除上述两类以外的金融资产，应当分类为以公允价值计量且其变动计入当期损益的金融资产。此外，在初始确认时，如果能够消除或显著减少会计错配，银行将指定金融资产为以公允价值计量且其变动计入当期损益的金融资产，该指定一经做出，不得撤销。

金融资产满足下列条件之一的，表明企业持有该金融资产的目的是交易性的：

① 取得相关金融资产的目的，主要是为了近期出售。

② 相关金融资产在初始确认时属于集中管理的可辨认金融工具组合的一部分，且有客观证据表明近期实际存在短期获利模式。

③ 相关金融资产属于衍生工具。但符合财务担保合同定义的衍生工具以及被指定为有效套期工具的衍生工具除外。

商业银行符合上述特征的资产有交易性金融资产等。

三、金融资产的计量

管理者的持有意图决定金融资产的分类，从而影响对其进行不同的会计处理。金融资产的计量包括初始计量和后续计量。初始计量是指所取得的资产在一开始取得时的入账价值的确定；后续计量是指资产入账后价值变动的处理。

（一）初始计量

银行初始确认金融资产，应当按照公允价值计量。对于以公允价值计量且其变动计入当期损益的金融资产，相关交易费用应当直接计入当期损益；对于其他类别的金融资产，相关交易费用应当计入初始确认金额。

1. 公允价值

公允价值通常为相关金融资产的交易价格。金融资产公允价值与交易价格存在差异的，银行应当区别以下情况进行处理：

（1）在初始确认时，金融资产的公允价值依据相同资产在活跃市场上的报价或可观察市场数据的估值技术来确定，银行应当将该公允价值与交易价格之间的差额确认为一项利得或损失。

（2）在初始确认时，金融资产的公允价值以其他方式确定的，银行应当将该公允价值与交易价格之间的差额递延。初始确认后，银行应当根据某一因素在相应会计期间的变动程度将该递延差额确认为相应会计期间的利得或损失。该因素应当仅限于市场参与者对该金融工具定价时将予考虑的因素，包括时间等。

2. 交易费用

交易费用是指可直接归属于购买、发行或处置金融工具的增量费用。增量费用是指银行没有发生购买、发行或处置相关金融工具的情形就不会发生的费用，包括支付给代理机构、咨询公司、券商、证券交易所、政府有关部门的手续费、佣金、相关税费以及其他必要的支出，不包括债券溢价、折价、融资费用、内部管理成本和持有成本等与交易不直接相关的费用。

（二）后续计量

初始确认后，银行应当对不同类别的金融资产，分别以摊余成本、公允价值计量且其变动计入其他综合收益或以公允价值计量且其变动计入当期损益进行后续计量。

金融资产的摊余成本，应当以该金融资产的初始确认金额经下列调整后的结果确定：首先，扣除已偿还的本金；其次，加上或减去采用实际利率法将该初始确认金额与到期日金额之间的差额经摊销形成的累计摊销额；最后，扣除累计计提的损失准备。

实际利率法，是指计算金融资产的摊余成本以及将利息收入或利息费用分摊计入各会计期间的方法。

实际利率，是指将金融资产在预计存续期的估计的未来现金流量，折现为该金融资产账面余额所使用的利率。在确定实际利率时，应当在考虑金融资产所有合同条款（如提前还款、展期、看涨期权或其他类似期权等）的基础上估计预期现金流量，但不应当考虑预期信用损失。

四、金融资产核算的主要科目

新准则实施中，因为金融资产三类科目名称很长，所以注册会计师考试中，允许使用其科目代码。

（一）以摊余成本计量的金融资产（AC）

本科目是资产类科目，核算商业银行符合规定分类的金融资产的摊余成本。本科目可按资产的类别和品种，分别以“成本”“利息调整”“应计利息”等进行明细核算，期末余额在借方。

（二）以公允价值计量且其变动计入其他综合收益的金融资产（FVOCI）

本科目是资产类科目，核算商业银行符合规定分类的金融资产的公允价值，包括可供出售的股票投资、债券投资等金融资产。该类金融资产发生减值的，可以单独设置有关金融资产减值准备科目进行核算。本科目应当按照该类金融资产类别和品种，分别以“成本”“利息调整”“应计利息”“公允价值变动”等进行明细核算，期末余额在借方。

（三）以公允价值计量且其变动计入当期损益的金融资产（FVTPL）

本科目是资产类科目，核算商业银行为交易目的持有的债券投资、股票投资、基金投资等交易性金融资产的公允价值。划分为以公允价值计量且变动计入当前损益的金融资产，应在本科目核算。本科目可按交易性金融资产的类别和品种，下设“成本”“公允价值变动”等明细科目。本科目期末借方余额，反映商业银行持有的交易性金融资产的公允价值。

第二节　以公允价值计量且其变动计入当期损益的金融资产的核算

一、以公允价值计量且其变动计入当期损益的金融资产（FVTPL）的特征

FVTPL是指商业银行以交易为目的而持有的、以公允价值计量且其变动计入当期损益的债券投资、股票投资、基金投资等金融资产。比如，商业银行以赚取价差为目的从二级市场购入的股票、债券、基金等投资资产均被划分为此类金融资产。

FVTPL具有以下特征：

（1）银行持有的目的是短期性的，即在初次确认时即确定其持有目的是为了短期（不超过一年）获利。

（2）该资产具有活跃市场，公允价值能够通过活跃市场获取。

（3）银行持有期间不计提资产减值损失。

二、FVTPL的核算

FVTPL的核算环节主要包括取得、持有期间、资产负债表日核算其公允价值变动情况、出售该类金融资产的处理。

（一）取得FVTPL的核算

商业银行取得此类金融资产，按其公允价值，借记“FVTPL——成本”科目；按发生的交易费用，借记“投资收益”科目；按已到付息期但尚未领取的利息或已宣告但尚未发放的现金股利，借记“应收利息”或“应收股利”科目；按实际支付的金额，贷记“存放中央银行款项”等科目。

商业银行取得FVTPL时的会计分录为：

借：FVTPL——成本（公允价值）
　　应收利息（应收股利）
　　投资收益（交易费用）
　　贷：存放中央银行款项或相关科目（实际支付的金额）

【例5-1】 岳麓山银行于2018年1月10日按公允价值从二级市场购入B公司债券，将其分类为以公允价值计量且其变动计入当期损益的金融资产。以每份1 000元的价格购入60 000份B公司债券，交易过程的费用为40 000元，债券票面利率为5%，那么该行购入时的会计分录为：

借：FVTPL——成本	60 000 000	
投资收益	40 000	
贷：存放中央银行款项		60 040 000

（二）持有期间收到利息或股利的核算

商业银行持有FVTPL期间被投资单位宣告发放现金股利，或在资产负债表日按分期付息、一次还本债券的票面利率计算的利息，借记“应收股利”或“应收利息”科

目,贷记“投资收益”科目。其会计分录为:

借:应收利息(应收股利)

贷:投资收益

实际收到债券利息或现金股利时,其会计分录为:

借:存放中央银行款项

贷:应收利息(应收股利)

(三)资产负债表日公允价值变动的核算

资产负债表日,FVTPL的公允价值高于账面价值的差额,借记“FVTPL——公允价值变动”科目,贷记“公允价值变动损益”科目。如公允价值低于其账面余额的差额,作相反的会计处理。

(1)公允价值高于账面价值余额时:

借:FVTPL——公允价值变动

贷:公允价值变动损益

(2)公允价值低于账面价值余额时:

借:公允价值变动损益

贷:FVTPL——公允价值变动

(四)FVTPL出售的核算

出售FVTPL时,按照实际收到的金额,借记“存放中央银行款项”等科目;按金融资产的账面余额,贷记“FVTPL——成本”或“FVTPL——公允价值变动”科目;按其差额,贷记或借记“投资收益”科目。同时,将原计入公允价值变动转出,借记或贷记“公允价值变动损益”科目,贷记或借记“投资收益”科目。

1. 收到款项时的会计分录

借:存放中央银行款项(实际收到的金额)

贷:FVTPL——成本

(或借):FVTPL——公允价值变动

(或借):投资收益(差额)

2. 结转公允价值变动损益的会计分录

(1)公允价值变动损益账户为贷方余额的,其会计分录为:

借:公允价值变动损益

贷:投资收益

(2)公允价值变动损益账户为借方余额的,其会计分录为:

借:投资收益

贷:公允价值变动损益

【例5-2】 岳麓山银行于2018年5月30日从二级市场以每股8元购入某股票80万股,另支付手续费20万元,将其分类为以公允价值计量且其变动计入当期损益的金融资产。6月30日,该股票市价为7.5元。8月15日,股份公司宣告分派现金红利,每股0.2元,8月20日,岳麓山银行收到股利。2018年12月31日,该股票市价为8.5元。2019年1月13日,以700万元的价格出售该金融资产。假定岳麓山银行每年6月30日和12月31日对外提供财务报告。要求如下:

（1）编制上述经济业务的会计分录。

（2）结转出投资收益账户余额。

（3）说明该案例对你的启示。

解：

（1）各时间节点会计分录如下。

① 2018 年 5 月 30 日购入股票时：

借：FVTPL——成本　　6 400 000（8×800 000）

　投资收益　　200 000

　贷：存放中央银行款项　　6 600 000

② 2018 年 6 月 30 日公允价值变动时：

借：公允价值变动损益　　400 000（0.5×800 000）

　贷：FVTPL——公允价值变动　　400 000

③ 2018 年 8 月 15 日宣告分配时：

借：应收股利　　160 000（0.2×800 000）

　贷：投资收益　　160 000

④ 2018 年 8 月 20 日收到股利时：

借：存放中央银行款项　　160 000

　贷：应收股利　　160 000

⑤ 2018 年 12 月 31 日公允价值变动时：

借：FVTPL——公允价值变动　　800 000（1×800 000）

　贷：公允价值变动损益　　800 000

⑥ 2019 年 1 月 13 日出售金融资产时：

收到价款时：

借：存放中央银行款项　　7 000 000

　贷：FVTPL——成本　　6 400 000

　　FVTPL——公允价值变动　　400 000

　　投资收益　　200 000

结转公允价值变动损益时：

借：公允价值变动损益　　400 000

　贷：投资收益　　400 000

（2）结出投资收益账户余额。

根据上述分录，投资收益科目借方发生额为 20 万元，贷方发生额为 76（16+20+40）万元，因此，该账户为贷方余额，金额为 56 万元。

（3）说明该案例对你的启示。

这是一个开放式问题，可以求同存异，多多益善。例如，FVTPL 下设“成本”“公允价值变动”明细科目。“FVTPL——公允价值变动”科目性质不同于“公允价值变动损益”。发生交易费用，借记“投资收益”。FVTPL 出售以后，“FVTPL——公允价值变动”“公允价值变动损益”两个账户余额为 0。

第三节　以公允价值计量且其变动计入其他综合收益的金融资产的核算

一、以公允价值计量且其变动计入其他综合收益的金融资产（FVOCI）的特征

新准则规定，FVOCI是既以收取合同现金流量为目标又以出售该金融资产为目标，并以公允价值计量且其变动计入其他综合收益的金融资产。

FVOCI具有以下特征：

（1）企业管理该类资产的业务模式既以收取合同现金流量为目标，又以出售该金融资产为目标。

（2）该金融资产的合同条款规定，在特定日期产生的现金流量，仅为对本金和未偿付本金金额为基础的利息的支付；以公允价值计量且其变动计入其他综合收益。

FVOCI与FVTPL同属金融资产的范畴，但两者有明显不同（见表5-1）。

表5-1　FVOCI与FVTPL区分表

名称不同	持有目的不同	业务模式不尽相同	公允价值变动计入不同	交易费用处理不同
FVTPL	交易	其他业务模式	当期损益	计入当期损益
FVOCI	可供出售	收取合同现金流量；出售	其他综合收益	计入成本

二、FVOCI的账务处理

FVOCI的核算主要包括取得、持有期间、资产负债表日核算其公允价值变动情况、出售等环节的处理。

（一）取得FVOCI的核算

1. 取得股票

商业银行取得FVOCI是股票的，应按其公允价值与交易费用之和，借记“FVOCI——成本”科目；按支付的价款中包含的已宣告但尚未发放的现金股利，借记“应收股利”科目；按照实际支付的金额，贷记“存放中央银行款项”等科目。

商业银行取得股票时的会计分录为：

借：FVOCI——成本（公允价值与交易费用之和）

　　应收股利

　　贷：存放中央银行款项（实际支付的金额）

收到已宣告但未发放的现金股利时，冲减应收股利，记入“存放中央银行款项”科目。其会计分录为：

借：存放中央银行款项

　　贷：应收股利

2. 取得债券

商业银行取得FVOCI是债券投资的，应按照债券的面值，借记“FVOCI——成

本”科目;按支付的价款中包含的已到付息期但尚未领取的利息,借记“应收利息”科目;按照实际支付的金额,贷记“存放中央银行款项”等科目;按其差额,借记或贷记“FVOCI——利息调整”科目。其会计分录为:

借:FVOCI——成本(债券面值)

应收利息

贷:存放中央银行款项(实际支付的金额)

(或借):FVOCI——利息调整(差额)

收到已到付息期但尚未领取的利息,冲减应收利息,记入“存放中央银行款项”科目。其会计分录为:

借:存放中央银行款项

贷:应收利息

(二)持有期间收到利息或股利的核算

持有 FVOCI 期间,资产如未发生减值,其持有期间收益采用以下方法核算。

1. FVOCI 为分期付息债券、一次还本债券的核算

银行应于资产负债表日按照票面利率计算确定的应收未收利息,借记“应收利息”科目;按照可供出售债券摊余成本和实际利率计算确定的利息收入,贷记“投资收益”科目;按其差额,借记或贷记“FVOCI——利息调整”科目。其会计分录为:

借:应收利息

贷:投资收益

(或借):FVOCI——利息调整

收到利息后,其会计分录为:

借:存放中央银行款项

贷:应收利息

2. FVOCI 为一次还本付息债券的核算

银行应于资产负债表日按照票面利率计算确定的应收未收利息,借记“FVOCI——应计利息”科目;按照可供出售债券摊余成本和实际利率计算确定的利息收入,贷记“投资收益”科目;按其差额借记或贷记“FVOCI——利息调整”科目,其会计分录为:

借:FVOCI——应计利息

贷:投资收益

(或借):FVOCI——利息调整

持有期间 FVOCI 如发生减值,其持有期间收益的确认比照“贷款”的规定处理。

(三)公允价值变动及减值的核算

1. 资产负债表日公允价值变动

资产负债表日,FVOCI 的公允价值高于其账面价值的差额,借记“FVOCI——公允价值变动”科目,贷记“其他综合收益——FVOCI 公允价值变动”科目。其会计分录为:

借:FVOCI——公允价值变动

贷:其他综合收益——FVOCI 公允价值变动

若资产负债表日，FVOCI 的公允价值低于其账面价值，作相反的会计分录。

2. FVOCI 减值

根据《企业会计准则第 22 号——金融工具确认和计量》，如果 FVOCI 预期信用损失大于当前减值准备账面金额，银行应当将其差额确认为减值损失，借记“信用减值损失”科目，贷记“其他综合收益——信用减值准备”科目确认其损失准备，且不应减少该金融资产在资产负债表中的账面价值。其会计分录为：

借：信用减值损失

　贷：其他综合收益——信用减值准备

（四）出售 FVOCI 的核算

商业银行出售此类金融资产时，应按实际收到的金额，借记“存放中央银行款项”等科目；按其账面余额，贷记“FVOCI——成本/公允价值变动/利息调整/应计利息”科目；按应从所有者权益中转出的公允价值累计变动额，借记或贷记“其他综合收益——FVOCI 公允价值变动”科目；按其差额，贷记或借记“投资收益”科目。商业银行出售 FVOCI 的会计分录为：

借：存放中央银行款项（实际收到的金额）

（或贷）：其他综合收益——FVOCI 公允价值变动

　贷：FVOCI——成本

　　FVOCI——公允价值变动

　　FVOCI——利息调整

　　FVOCI——应计利息

（或借）：投资收益（差额）

已计提减值准备的，还应该同时结转减值准备。

【例 5-3】 2018 年 2 月 10 日，岳麓山银行从二级市场以 110 000 元购入 C 公司发行的 3 年期公司债券，该公司债券的面值为 100 000 元，票面利率为 6%，利息按年支付，到期还本。交易费用为 3 000 元。买入时上年利息尚未发放，2 月 15 日收到上年利息。2 月 27 日，该债券公允价值为 115 000 元。3 月 5 日，以 120 000 元出售该债券。该行将其划分为以公允价值计量且其变动计入综合收益的金融资产。试编制该行有关债券购入及其他处理环节的相关会计分录。

（1）2018 年 2 月 10 日购入债券时，会计分录为：

借：FVOCI——面值　　100 000

　FVOCI——利息调整　　7 000

　应收利息　　6 000（100 000×6%）

　贷：存放中央银行款项　　113 000

（2）2 月 15 日实际收到利息时，会计分录为：

借：存放中央银行款项　　6 000

　贷：应收利息　　6 000

（3）2 月 27 日，债券公允价值变动时，会计分录为：

借：FVOCI——公允价值变动　　8 000

　贷：其他综合收益——FVOCI 公允价值变动　　8 000

(4) 3 月 5 日,出售债券时,会计分录为:

借:存放中央银行款项　　120 000

　其他综合收益——FVOCI 公允价值变动　　8 000

　贷:FVOCI——成本　　100 000

　　FVOCI——利息调整　　7 000

　　FVOCI——公允价值变动　　8 000

　　投资收益　　13 000

第四节　以摊余成本计量的金融资产的核算

一、以摊余成本计量的金融资产(AC)的特征

根据新会计准则的规定,AC 是指企业有明确意图持有至到期,以收取合同现金流量为目标,并以摊余成本计量的金融资产。

商业银行有明确意图和能力持有至到期并以摊余成本计量的金融资产,通常是债券投资,如从二级市场购入的固定利率国债、浮动利率金融债券等。AC 具有以下特征:

(1) 到期日固定、回收金额固定或可确定。这是指相关合同明确了投资者在确定的期限内获得或应收取现金流量(如投资利息和本金)的金额和时间。符合 AC 条件的一般是债券投资而不是股权投资,因为债券到期日固定、利息和本金金额固定或可确定,而购入的股权投资没有固定的到期日。

(2) 商业银行有明确意图将该金融资产持有至到期。这是指银行在取得投资时意图就是明确的,除非遇到一些银行所不能控制的、预期不会重复发生且难以合理预计的独立事项,否则将持有至到期。

(3) 银行管理该类资产的业务模式以收取合同现金流量为目标。

(4) 按照摊余成本计量的金融资产。

AC、FVOCI 与 FVTPL 区别如表 5-2 所示。

表 5-2　三项金融资产区分一览表

名称不同	FVTPL	FVOCI	AC
目标不同	交易	可供出售	持有至到期
时间不同	短期,无到期日	无到期日	长期,有到期日
业务模式不同	其他业务模式	收取合同现金流量;出售	收取合同现金流量
价值计量不同	公允价值	公允价值	摊余成本
交易费用处理不同	计入当期损益	计入成本	计入成本
金融工具不同	股票、债券	股票、债券	债券

二、AC 的核算

AC 核算包括取得、利息确认、资产负债表日核算其减值情况、出售的处理等内容。商业银行设置专门的 AC 科目。本科目可按类别和品种,设置“成本”“利息调

整”“应计利息”等明细科目。本科目期末借方余额,反映商业银行持有的此类金融资产的摊余成本。

(一)取得AC的核算

商业银行购入AC,可以分为按债券面值购入、溢价购入和折价购入三种情形。溢价或折价是由债券的名义利率和实际利率不同所致。

银行取得持有至到期债券时,应按照投资的面值,借记“AC——成本”科目;按支付的价款中包含的已到付息期但尚未领取的利息,借记“应收利息”科目;按照实际支付的金额,贷记“存放中央银行款项”等科目;按照其差额,借记或贷记“AC——利息调整”科目。银行取得AC的会计分录为:

借:AC——成本(面值)

　应收利息

　贷:存放中央银行款项(实际支付的金额)

(或借):AC——利息调整(差额)

收到取得持有至到期投资支付的价款中包含的已到付息期但尚未领取的利息,冲减应收利息,记入“存放中央银行款项”科目。其会计分录为:

借:存放中央银行款项

　贷:应收利息

(二)持有期间收到利息的核算

持有期间AC如未发生减值,其持有期间收益采用以下方法核算。

1. AC为分期付息、一次还本债券的

银行应于资产负债表日按照票面利率计算确定的应收未收利息,借记“应收利息”科目;按AC摊余成本和实际利率计算确定的利息收入,贷记“投资收益”科目;按其差额,借记或贷记“AC——利息调整”科目。其会计分录为:

借:应收利息

　贷:投资收益

(或借):AC——利息调整

收到利息后,其会计分录为:

借:存放中央银行款项

　贷:应收利息

2. AC为一次还本付息债券的

银行应于资产负债表日按照票面利率计算确定的应收未收利息,借记“AC——应计利息”科目;按照持有至到期投资摊余成本和实际利率计算确定的利息收入,贷记“投资收益”科目;按其差额,贷记或借记“AC——利息调整”科目。其会计分录为:

借:AC——应计利息

　贷:投资收益

(或借):AC——利息调整

持有期间AC如发生减值,其持有期间利息收入的确认比照“贷款”的规定处理。

(三)资产负债表日持有至到期投资减值的核算

资产负债表日,银行根据金融工具确认和计量准则确定持有至到期投资发生减值的，按照应减记的金额，借记“信用减值损失”科目，贷记“AC 减值准备”科目。其会计分录为：

借：信用减值损失

　　贷：AC 减值准备

已计提减值准备的持有至到期投资价值以后又得以恢复的，应在原已计提的减值准备金额内，按照恢复的金额，作相反的会计处理。其会计分录为：

借：AC 减值准备

　　贷：信用减值损失

（四）出售 AC 的核算

商业银行出售此类投资资产时，应按实际收到的金额，借记“存放中央银行款项”等科目；按其账面余额，贷记“AC”科目；按其差额，贷记或借记“投资收益”科目。其会计分录为：

借：存放中央银行款项（实际收到的金额）

　　贷：AC——成本

　　　　AC——利息调整

　　　　AC——应计利息

（或借）：投资收益（差额）

已计提减值准备的，还应该同时结转减值准备。

【例 5-4】 岳麓山银行于 2017 年 1 月 1 日支付 1 500 万元（含交易费用）从二级市场购入 D 公司 2 年期债券，面值 1 600 万元，票面利率为 5%，按年支付利息（即 80 万元），本金最后一次支付。合同约定该债券不能提前赎回。该银行将此投资划分为按摊余成本计量的金融资产。试编制该行有关该债券购入及其他处理环节的相关会计分录。

解：（1）计算实际利率。

设该债券的实际利率为 r，则：

$$80 \div (1+r) + (80+1\ 600) \div (1+r)^2 = 1\ 500$$

可得实际利率 $r=8.5\%$

（2）计算投资收益和摊余成本（见表 5-3）。

表 5-3　投资收益和摊余成本计算表　　单位：万元

时间	期初摊余成本	实际收益	现金流入	期末摊余成本
2017 年	1 500	127.5	80	1 547.5
2018 年	1 547.5	132.5	1 680	0.0

第一年投资收益为：1 500×8.5% = 127.5（万元）

第一年年末摊余成本：1 500+127.5−80 = 1 547.50（万元）

第二年投资收益为：1 547.50×8.5% = 132.5（万元）

第二年年末摊余成本：1 547.5+132.5−1 600−80 = 0

（3）编制会计分录。

① 2017 年 1 月 1 日，A 银行应做如下会计分录：

借：AC——成本　　　　16 000 000

贷:存放中央银行款项 15 000 000

AC——利息调整 1 000 000

② 2017 年 12 月 31 日确认利息收入时,会计分录为:

借:应收利息 800 000

AC——利息调整 475 000

贷:投资收益 1 275 000

③ 2017 年 12 月 31 日实际收到利息时,会计分录为:

借:存放中央银行款项 800 000

贷:应收利息 800 000

④ 2018 年 12 月 31 日确认利息收入时,会计分录为:

借:应收利息 800 000

AC——利息调整 525 000

贷:投资收益 1 325 000

⑤ 2018 年 12 月 31 日实际收到利息和本金时,会计分录为:

借:存放中央银行款项 16 800 000

贷:应收利息 800 000

AC——成本 16 000 000

【例 5-5】 岳麓山银行于 2016 年 1 月 1 日从二级市场购入 E 公司发行的 3 年期债券,票面利率为 8%,债券面值 1 000 元,按照每张 950.26 元的价格购入 1 000 张,支付税费 10 000 元,准备持有至到期。该债券每年付息一次,最后还本。2017 年 3 月 31 日该债券发生减值,每张债券价值为 950 元。2017 年 5 月 1 日债券价格又涨至每张 1 000 元,A 银行最终于 5 月 5 日以每张 1 020 元的价格出售全部债券。试编制该行债券购入及其他处理环节的相关会计分录。

解:(1) 计算实际利率。

设该债券的实际利率为 r,对单张债券而言,购入成本为 950.26 元,则:

$80\div(1+r)+80\div(1+r)^2+1\ 080\div(1+r)^3=950.26$(元),可得实际利率 $r=10\%$。

(2) 计算第一年 1 000 张债券的投资收益和摊余成本。

第一年投资收益为:950.26×10%×1 000=95 030(元)

第一年年末摊余成本:950 260+95 030-80 000=965 290(元)

(3) 计算资产减值损失。

$$1\ 000\times(1\ 000-950)=50\ 000(\text{元})$$

(4) 编制会计分录。

① 2016 年购入债券时,会计分录为:

借:AC——成本 1 000 000

贷:存放中央银行款项 950 260

AC——利息调整 49 740

② 2016 年 12 月 31 日确认利息收入时,会计分录为:

借:应收利息 80 000

AC——利息调整 15 030

贷:投资收益 95 030

③ 2016 年 12 月 31 日实际收到利息时,会计分录为:

借:存放中央银行款项　　80 000

　贷:应收利息　　80 000

④ 2017 年 3 月 31 日发生减值时,会计分录为:

借:信用减值损失　　50 000

　贷:AC 减值准备　　50 000

⑤ 2017 年 5 月 1 日债券价值得以恢复时,会计分录为:

借:AC 减值准备　　50 000

　贷:信用减值损失　　50 000

⑥ 2017 年 5 月 5 日出售全部债券时,会计分录为:

借:存放中央银行款项　　1 020 000

　AC——利息调整　　34 710

　贷:投资收益　　54 710

　　AC——成本　　1 000 000

本章小结

金融资产是商业银行资产的重要组成部分,包括以摊余成本计量的金融资产(AC)、以公允价值计量且其变动计入其他综合收益的金融资产(FVOCI)和以公允价值计量且其变动计入当期损益的金融资产(FVTPL)。

名称不同	FVTPL	FVOCI	AC
目标不同	交易	可供出售	持有至到期
时间不同	短期,无到期日	无到期日	长期,有到期日
业务模式不同	其他业务模式	收取合同现金流量;出售	收取合同现金流量
价值计量不同	公允价值	公允价值	摊余成本
交易费用处理不同	计入当期损益	计入成本	计入成本
金融工具不同	股票、债券	股票、债券	债券

重要概念

金融资产　金融工具　摊余成本　实际利率　公允价值　金融资产减值　以摊余成本计量的金融资产(AC)　以公允价值计量且其变动计入其他综合收益的金融资产(FVOCI)　以公允价值计量且其变动计入当期损益的金融资产(FVTPL)

基础训练

一、简答题

1. 简述新会计准则下商业银行金融资产的分类。
2. 简述以公允价值计量且其变动计入当期损益的金融资产(FVTPL)的含义。

3. 简述以公允价值计量且其变动计入其他综合收益的金融资产(FVOCI)的含义。

4. 简述以摊余成本计量的金融资产(AC)的含义及特征。

二、业务题(含 A、B、C 三个银行不同类型金融资产的处理)

资料 1:

A 银行于 2017 年 5 月 30 日以交易为目的从二级市场按每股 8 元购入某股票 60 万股,另支付手续费 10 万元,该银行将此投资划分为按公允价值计量且其变动计入当期损益的金融资产(FVTPL)。2017 年 6 月 30 日,该股票市价为 7.5 元。2017 年 8 月 15 日,股份公司宣告分派现金红利,每股 0.2 元,8 月 20 日,银行收到股利。2017 年 12 月 31 日,该股票市价为 8.5 元。2018 年 1 月 13 日,以 515 万元的价格出售该交易性金融资产。假定该银行每年 6 月 30 日和 12 月 31 日对外提供财务报告。

要求如下:

(1) 该题反映金融资产价值变动的何种情形? 核心科目是什么?

(2) 编制上述经济业务的会计分录。

(3) 结出投资收益账户余额。

资料 2:

B 银行于 2014 年 1 月 1 日从二级市场以 1 000 000 元(含交易费用)购入 5 年期公司债券面值 1 250 000 元,票面年利率 4.72%,于年末支付年度债券利息 59 000 元,本金到期一次性偿还。本行购买有意图持有至到期。

要求如下:

(1) 计算债券的实际利率。

(2) 列出债券存续期间摊余成本表。

(3) 对 B 银行进行相关账务处理。

资料 3:

C 银行于 2014 年 1 月 1 日从二级市场以 1 000 000 元(含交易费用)购入 5 年期公司债券面值 1 250 000 元,票面年利率 4.72%,于年末支付年度债券利息 59 000 元,本金到期一次性偿还。本行没有意图持有至到期,划分为以公允价值计量且其变动计入其他综合收益的金融资产(FVOCI)。

其他资料如下:

(1) 2014 年 12 月 31 日,公司债券的公允价值为 1 200 000 元(不含利息)。

(2) 2015 年 12 月 31 日,公司债券的公允价值为 1 300 000 元(不含利息)。

(3) 2016 年 12 月 31 日,公司债券的公允价值为 1 250 000 元(不含利息)。

(4) 2017 年 12 月 31 日,公司债券的公允价值为 1 200 000 元(不含利息)。

(5) 2018 年 1 月 20 日,出售该公司债券,取得价款 1 260 000 元。

假定不考虑所得税、减值损失等因素,请对 C 银行进行相关账务处理。

拓展阅读

1. 企业会计准则编审委员会. 企业会计准则[M]. 上海:立信会计出版社,2017.

2. 贾建军．银行会计[M]．北京:中国人民大学出版社,2014.
3. 2018 年以后上市银行财务报告。

即测即评

请扫描二维码进行在线测试。

第六章　金融资产业务的核算(三)

本章导读

其他金融资产业务是商业银行贷款类资产业务和投资类资产业务以外的相关资产业务。本章主要介绍了现金出纳业务、抵债资产业务、固定资产业务和无形资产业务四项其他资产业务。分别从各项资产业务的概况与具体核算方法入手,详细介绍现金资产的核算、抵债资产的核算、固定资产的核算、无形资产的核算。

第一节　现金资产的核算

一、现金资产的概念及构成

现金资产,是指商业银行随时可以用来应付现金需要的资产,是银行资产业务中最富流动性的部分。狭义的现金资产仅指库存现金;广义的现金资产一般包括银行库存现金、在途托收现金、代理行存款和在中央银行的存款四部分。本小节就以商业银行库存现金的现金出纳业务为重点展开。

二、现金出纳业务概述

(一) 银行现金出纳业务的概念

现金出纳业务是指银行的本、外币现钞,有价单证,贵重物品等的收付及保管工作。商业银行行使着全国现金出纳中心的职能,其现金出纳业务是商业银行的一项基础业务,对其存、贷款业务及支付结算业务提供了主要的支撑和保证。

(二) 银行现金出纳业务的任务内容

现金出纳工作琐碎繁杂,其主要任务内容包括:

(1) 银行应贯彻执行中华人民共和国的金融法令和有关规章制度,办理现金收付、整点、保管和调运业务。

(2) 办理人民币兑换和挑残业务,调剂好市场流通人民币券别比例。

(3) 接受委托代理中国人民银行货币发行部分业务,做好现金回笼和供应工作;代理其他银行及金融机构的部分现金收付业务。

(4) 做好爱护人民币的公众宣传工作,努力维护人民币信誉。

(5) 加强本外币反假工作的力度,提升人民群众的反假意识,推广币钞识别的方法。

(三) 银行现金出纳的工作原则

现金出纳工作量大,占用服务时间长,业务技术要求高。因此,一方面,银行现金业务必须简化手续,提高工作效率,争取用最简单的程序完成最繁复的工作;另一方面,现金业务必须具有严格的技术标准,建立严格的内部控制体系,明确责任,确保每笔业务准确高效。

为做好现金出纳工作,做到"手续严密,责任分明,及时清点,准确收付,确保安全",在实际工作中银行应该坚持以下原则。

1. 坚持双线控制、双人经办原则

双线控制即要求钱账分管,收付分开。钱账分管原则就是管钱不管账,管账不管钱;收付分开原则是指收款业务与付款业务分开经办,实行收付两条线,不能由一人既管收款又管付款。双线控制原则有助于财务会计业务的责任分明,利于会计出纳各自发挥不同的专业职能,并便于相互核对和制约,确保账款相符。双人经办即在现金出纳工作中,坚持双人管库、双人守库、双人押送,以便于相互监督,防止差错和意外事故的发生。

随着银行综合柜员制被普遍推广和应用,柜员同时经手账款,精简了业务流程,提高了银行业务的办理效率,提升了客户服务水平。同时,综合柜员和网点,必须加强业务流程规范化的操作管理,重视账务的事后复核工作和质量稽核工作,实行岗位轮换,落实内控制度。

2. 坚持按规收付的原则

现金收付,必须按规处理。办理现金收款业务时,银行应"先收款,后记账",必须先经出纳人员收妥后才能给缴款单位记账;办理现金付款业务时,为贯彻银行不垫款原则,现金付款业务应坚持"先记账,后付款",必须先替支款单位记账后方能付款。这一原则可使银行出现差错时占据主动地位,维护客户的资金安全和银行的信誉。

3. 坚持复核制度原则

复核制度原则即凡是现金、金银、外币、有价证券等收付,收款要换人复点,付款要换人复核,当面点清,一笔一清。对外办理业务的各级行、处,须配专职复核人员,业务量较少的行、处,必须配备专职出纳,实行会计、出纳交叉复核。出纳业务实行严格授权制度,涉及大额现金收付业务,须会计主管复核。

4. 坚持交接手续和查库原则

款项交接或出纳人员调换时,须按规定办理交接手续,分清责任。库房管理须坚持双人管库,双人守库,并且定期或不定期进行查库,确保账实相符,加强库房工作的督促检查,防微杜渐,最大可能地避免意外发生。

(四) 现金出纳业务会计科目的设置

1. "库存现金"科目

本科目属于资产类科目,用来核算银行库存现金的收付和结存情况。库存现金增加时,借记本科目,贷记相关科目;库存现金减少时,借记相关科目,贷记本科目;期末余额在借方,表示库存现金实有数。

2."其他应收款"科目

本科目属于资产类科目,用来核算经营活动以外的其他各项应收、暂付的款项。银行发生除应收利息以外的其他各种应收、暂付款项时,借记本科目,贷记相关科目;收回或转销其他各种应收、暂付款项,借记相关科目,贷记本科目。余额在借方,表示尚未收回的其他应收款项数。

3."其他应付款"科目

本科目属于负债类科目,用来核算经营活动以外的其他各项应付、暂收的款项。银行发生除应付利息以外的其他各种应付、暂收款项时,借记相关科目,贷记本科目;支付或转销其他各种应付、暂收款项,借记本科目,贷记相关科目。余额在贷方,表示应付未付的其他应付款项数。

4."营业外收入"科目

本科目属于损益类科目,指银行发生的与其生产经营无直接关系的各项收入,包括确认无法查清的现金出纳长款、固定资产盘盈、处置固定资产净收益、非货币性交易收益、出售无形资产收益、罚款净收入等。银行取得营业外收入时,借记相关科目,贷记本科目;期末,应将本科目余额转入"本年利润"科目,借记本科目,贷记"本年利润"科目,结转后本科目无余额。

5."营业外支出"科目

营业外支出,指银行发生的与银行业务经营无直接关系的各种支出,如确认无法收回的现金出纳短款、固定资产盘亏、处理固定资产净损失、非常损失、非正常停工损失等。营业外支出的项目不能自行增设,要按照财政部统一规定办理。银行发生营业外支出时,借记本科目,贷记相关科目。期末,应将本科目的余额转入"本年利润"科目,贷记本科目,借记"本年利润"科目,结转后本科目应无余额。

三、现金出纳业务的核算

(一)现金收付业务的核算

1. 现金收款业务的核算

存款单位在向开户银行存入现金时,应填制现金缴款单,连同现金交存银行,银行出纳部门审查凭证和点收款项以后,将缴款单的第一联即回单,盖章后退给单位,将缴款单的第二联或者其他存款凭证作贷方记账凭证,凭以登记单位存款账户。其会计分录为:

借:库存现金——业务现金户

　　贷:吸收存款——活期存款——××存款户

2. 现金付款业务的核算

取款单位持现金支票来行提取现金时,应先将支票交会计部门加以审核,经审核无误后,将对号单撕下交取款人,按规定将支票或者其他取款凭证作借方记账凭证,并登记"现金收付清单",按现金支票金额配款,同时在现金支票背面登记付款券别,在现金支票正面加盖"现金讫章"和个人名章。其会计分录为:

借:吸收存款——活期存款——××存款户

　　贷:库存现金——业务现金户

（二）商业银行向中国人民银行领缴现金的核算

商业银行为保证支付,在中国人民银行开立存款户头(存放中央银行款项),库存现金不足或多余,办理提取与缴存。

1. 商业银行向中国人民银行领取现金

商业银行向开户的中国人民银行发行库支取现金时,会计部门以中国人民银行现金支票存根联作贷方记账凭证办理入库手续。会计分录如下:

借:库存现金——业务现金户

　　贷:存放中央银行款项——××人行存款户

2. 商业银行向中国人民银行缴存现金

商业银行向开户的中国人民银行发行库缴存现金时,会计部门以现金缴款单回单作借方记账凭证办理出库手续。会计分录如下:

借:存放中央银行款项——××人行存款户

　　贷:库存现金——业务现金户

（三）现金出纳错款的处理

现金出纳错款是指出纳人员在现金结账或保管中发现库存现金大于或小于“现金库存簿”账面余额的差额。出纳错款包括出纳长款和出纳短款,长款即库存现金大于“现金库存簿”账面余额的差额的情况,短款即库存现金小于“现金库存簿”账面余额的差额的情况。出纳部门发生长款时应及时查明原因,退还原主;短款发生应及时查找原因,挽回损失。若确定长款无法退回或短款无法追回,应按“长款归公,短款自赔”的原则处理,长短款不能相互抵补。

1. 出纳长款的核算

发生出纳长款时,应及时退还原主。当日无法退还的,错款人应填制“出纳错款列账报告单”,经出纳负责人审核签章,主管人员审批签字后,按暂收款项列账处理。填制借、贷方记账凭证各一联办理转账,登记“现金收付清单”,并暂列“其他应付款”科目待查。其会计分录如下:

借:库存现金——业务现金户

　　贷:其他应付款——出纳长款户

如果能及时查明原因并将长款退还原主,则作与上述会计分录相反方向的处理。如确实无法查清的长款,应按规定审批处理权限经授权或上级行审批。经批准作为该支行收益的,应填制借、贷方记账凭证,经办人的情况说明及有关批复文件(或通知)作借方记账凭证附件。其会计分录为:

借:其他应付款——出纳长款户

　　贷:营业外收入——出纳长款及结算长款收入

2. 出纳短款的核算

发生出纳短款时,应及时予以追回。当日无法追回的,错款人应填制“出纳错款列账报告单”,由出纳部门出具证明,经出纳负责人审核签章、主管人员审核签字后,按暂付款项列账处理。填制借、贷方记账凭证各一联办理转账,并登记“现金收付清单”,暂列“其他应收款”科目待查。其会计分录如下:

借:其他应收款——出纳短款户

　　贷:库存现金——业务现金户

经过查找,若能将其找回,则作与上述会计分录相反方向的处理。若属于技术性短款或确实无法收回的短款,报经批准后可将其作为银行损失,列支时填制借、贷方记账凭证各一联,经办人的情况说明和有关批复文件复印件做贷方记账凭证附件。其会计分录为:

借:营业外支出——出纳短款户

　　贷:其他应收款——出纳短款户

四、金库管理

金库是商业银行的重点保护部位,其集中保管的大量现钞、贵重物品等,是银行资产的重要组成部分。

(一) 金库设置要求

凡属金库保管范围的保管品,均须分类逐项建立保管账簿,会计建立相应的表内、表外科目账簿,序时记载,及时核对,互相制约。因此,商业银行各级行必须对金库管理工作给予高度重视,加强领导,严格管理,做好安全防范工作,做到坚固可靠、管理严密、责任明确,确保账款相符、账实相符、账账相符。

商业银行金库的设置可分为中心库、分金库和尾款箱集中保管库 3 类。同一个城市原则上只能设置一个中心库。

中心库是指在同一城市的分、支行或一个市(县)支行集中设置的,与中国人民银行有直接现金往来的金库,用于集中保管本外币现钞、有价单证和尾款箱。中心库的管辖行应在中国人民银行统一开立存款账户,其辖属营业机构不需在中国人民银行开立存款账户。中心库的库款以及收支业务,应由中心库管辖行的会计部门单设账户核算。

分金库是指经批准设立的城市中心库的金库,是负责保管中心库的指定区域内的现金、有价单证和尾款箱的专用库。分金库只与中心库、指定区域内营业网点发生现金、有价单证、尾款箱的存取和代理保管关系。

尾款箱集中保管库是指经批准设立的专门负责保管上级指定区域内营业机构尾款箱的专用库。

(二) 金库管理工作

1. 金库人员管理

金库应配备正式管库员两名,管库员应保持相对稳定,管库员须由政治可靠、责任心强、熟悉业务并具有多年出纳(或会计)专业年限的银行正式行员担任。经审查批准任用的管库员方可实行持证上岗。管库员必须服从银行统一领导,忠于职守,遵章守纪,做好金库日常管理工作。两名管库员必须在坚持明确分工的同时,遵守“五同”原则,即同开库、同进库、同在库、同出库、同锁库。

2. 库门锁、钥匙的管理

库门应安装两把不同钥匙的银行专用库门锁,每把库门锁应配两套钥匙,一套为使用钥匙,一套为备用钥匙。两把使用钥匙由两名管库员分别掌管,工作中随身携带,做到自开、自锁、自管,严禁置于他处或交他人代开、代锁、代管。工作结束后,库钥匙一律放入专用保险柜内。两把钥匙分放分锁,专用保险柜钥匙、保险柜门钥匙或转字密码锁由两名管库员分别掌管。该保险柜应放置在报警、监控设备所能控制的范围之内。

开、关库时,管库员必须确认无异常后才可在严格遵守银行相关规定的条件下,进行开、关库行为。同时,两名管库员必须同时在场,严禁一人把持两把不同库房钥匙开、关库。开库前,要检查库门有无异常现象,如无异常,方可关闭报警装置,接通库内照明电路,打开库门;关库后,管库员要确定库门已关,开通报警装置,关闭库内照明电路方可离开。开密码锁时,应禁止任何人旁观(包括非管密码的另一名管库员);关库后,应随即将密码锁号码拨乱。

(三) 查库制度

金库必须严格遵守查库制度,定期或不定期按查库内容对金库进行检查。查库时,查库人要亲自核点库存,不得监而不查。查库结束后,查库人应填制一式两份的“查库登记簿”,将查库情况和发现存在的问题及整改意见在“查库登记簿”上进行详细记载,一份“查库登记簿”由金库留存,另一份“查库登记簿”由查库人留存备查。

(四) 现金出入库管理

凡现钞出入库,必须经出纳科(股)长签批后管库员方可办理,管库员办理出入库业务时,应坚持换人复核。出入库完毕后,序时逐笔登记库存簿。有关交接人员必须凭统一由银行印刷、办理的“接送钞专用证”、身份证、工作证进行核对无误后,再与营业机构人员进行交接。

第二节　抵债资产的核算

一、抵债资产概述

(一) 抵债资产的概念

抵债资产是指银行根据自身战略导向、业务特点及市场竞争情况,依法取得并准备按有关规定进行处置的抵偿债务的实物资产或财产权利。具体来说,是指银行债权到期后,由于债务人不能偿还债务,银行将债务人、担保人或第三人的实物资产或财产权利用于清偿债务。

商业银行应该妥善营运、保管及处置抵债资产,做好抵债资产的核算以及列报工作,以有效保证银行的经济利益最大化,促进银行资产业务稳定发展,提高银行贷款投向实体经济的积极性。

由于抵债资产形式多样,涉及环节繁多,处理以物抵债资产的涉税问题也较为复杂。从理论上讲,抵债资产的确认条件为:与该抵债资产有关的经济利益很可能流入银行;该抵债资产的成本或者价值能够可靠地计量。

(二) 抵债资产的分类

抵债资产的多种多样,形态不一,通过对抵债资产进行合理的分类,可以加强银行对抵债资产的管理。主要的抵债资产分类方法包括从担保物权的角度分类、从权利确定的角度分类、从物质形态的角度分类。

1. 从担保物权的角度分类

从担保物权的角度,抵债资产可分为抵押和质押两类。

抵押权根据抵押方式主要分为一般抵押权和最高额抵押权。一般抵押权是指债务人将财产按确定价值抵押给债权人,债务人未履行债务时,债权人有权就该财产的确定价值获得补偿。最高额抵押权是为一定期间内将要连续发生的债权提供的担保,即设定最高额抵押时,债权尚未发生,为保证将来债权的实现,抵押权人与抵押人协议商定担保的最高债权额度,抵押人以其抵押财产在此额度内对债权作担保,债务人若不履行到期债务或者发生当事人约定的实现抵押权的情形,抵押权人有权在最高债权额限度内就该担保财产优先受偿。

抵押权主要由不动产抵押和动产抵押构成。银行普遍接受的不动产抵押范围有:房产所有权、国有建设用地使用权(符合一定条件的农村集体建设用地使用权)、林权等。银行普遍接受的动产抵押范围有:船舶、车辆、机械设备等。

质押详情可见本书第四章。

2. 从权利确定的角度分类

从权利确定的角度,抵债资产可分为办理抵质押登记和不办理抵质押登记两类。银行对于作为主要担保方式的担保物权,一般要求办理抵质押登记。银行对于作为辅助担保方式的担保物权,视担保情况确定是否办理抵质押登记。

3. 从物质形态的角度分类

从物质形态的角度,抵债资产可分为不动产和动产两类。按照《中华人民共和国担保法》规定,不动产是指土地以及房屋、林木等地上定着物;动产是指不动产以外的资产。

(三)抵债资产取得的方式

抵债资产的取得主要有两种途径:一是协议抵债。银行与债务人、担保人或第三人协商一致,把其具有所有权、用益物权的资产,通过双方认可的评估方式确定价值后,偿还银行债权。二是司法判决或仲裁抵债。多数情况下,出于各方利益考虑,银行与债务人、担保人或第三人无法达成一致协议,选择通过司法诉讼或仲裁的方式解决债务纠纷。在判决或裁定生效后,担保物拍卖流拍的情况下,银行接受抵债资产,用于补偿自身债权。

(四)银行抵债资产管理的意义

近年来,银行抵债资产大幅增加,以物抵债逐渐成为清收、压降不良资产的重要手段。实践表明,信贷资产的剥离速度远低于抵债资产的增加速度。然而,抵债资产接收成本比较大,管理风险比较高,变现时间比较长,处理难度比较大,处置损失比较大。因此,管理和盘活抵债资产,不仅直接关系到银行的经济效益、竞争能力和发展,还会影响到实体经济的正常运行和金融风险的防控工作。

可见,加强规范银行抵债资产管理,提高抵债资产变现能力,对维护银行的合法权益、降低经营风险,特别是对盘活抵债资产、合理配置信贷资产规模、提升银行盈利水平,均起到关键作用。

(五)抵债资产会计科目的设置

1.“其他业务收入”科目

其他业务收入属于损益类科目,指在主营业务以外的与银行生产经营有关系的日常活动中所形成的经济利益的流入,包括银行出租抵债资产、固定资产、无形资产等获取的租金等。银行取得其他业务收入时,借记相关科目,贷记本科目。期末,应将本科目余额转入“本年利润”科目,借记本科目,贷记“本年利润”科目,结转后本科目无余额。

2. “其他业务成本”科目

其他业务成本属于损益类科目,指在主营业务以外的与银行生产经营有关系的其他经营活动中所发生的支出,包括出租抵债资产的保管费用、出租固定资产的折旧额、出租无形资产的摊销额等。银行发生其他业务成本时,借记本科目,贷记相关科目。期末,应将本科目的余额转入“本年利润”科目,贷记本科目,借记“本年利润”科目,结转后本科目应无余额。

3. “抵债资产减值准备”科目

“抵债资产减值准备”是指抵债资产的可收回金额低于其账面价值时,银行应计提相应的减值准备。资产负债表日,银行确定抵债资产发生减值的,按应减记的金额,借记“资产减值损失”科目,贷记本科目。处置抵债资产时,应同时结转已计提的抵债资产减值准备。

二、抵债资产的账务处理

(一) 抵债资产取得的核算

新《企业会计准则》开始采用公允价值对抵债资产进行初始计量,并规定抵债资产减值准备一经确认不得转回。然而,银行取得抵债资产时,在取得时点和公允价值判定上,往往存在较大的差异。比如,在抵债资产所有权按相关规定已经属于银行的情况下,抵债资产原持有人不配合等情况,都会造成银行无法及时取得抵债资产。因此,抵债资产的确认应坚持“实质重于形式”的核心原则,当抵债资产所有权上 95% 以上的风险和报酬已经实现转移,即可确认。

关于抵债资产的会计处理,根据《企业会计准则第 12 号——债务重组》及《债务重组应用指南》的规定,如果抵债资产的公允价值不足冲减贷款的账面余额,则将差额部分计入营业外支出(债务重组损失);反之,应予转回并抵减当期资产减值损失。

(1) 若抵债资产公允价值小于贷款账面价值时,其会计分录如下:

借:抵债资产
　　贷款损失准备
　　营业外支出(债务重组损失)
　　贷:贷款
　　　　应收利息
　　　　应交税费

(2) 若抵债资产公允价值大于贷款账面价值时,其会计分录如下:

借:抵债资产
　　贷款损失准备
　　贷:贷款
　　　　应收利息
　　　　应交税费
　　　　资产减值损失

(二)抵债资产保管期间取得收入和发生直接费用的核算

银行应妥善保管抵债资产,保证其安全性、完整性和有效性。对于有特殊保管要求的,应按照相关的保管规定操作,防止抵债资产出现重大价值损失,避免造成其他直接或间接经济损失、人员伤害。经评估,未来损失或危害发生可能性较高且支付金额巨大的,应购买财产保险。

《中华人民共和国商业银行法》规定,商业银行因行使抵押权、质权而取得的不动产或者股权,应当自取得之日起二年内予以处分。对于受到客观条件制约不能按期处置的,不可闲置抵债资产,应在不影响处置的情况下进行出租营运。银行保管抵债资产不等同于自用抵债资产,如需自用的,应按照相关规定办理固定资产购置手续,不能擅自按照抵债资产保管进行会计核算。保管期间,应做好增值税、所得税、印花税、房产税、土地使用税、车船使用税等相关税费的账务处理工作。

对于抵债资产保管过程中发生的收入和支出,新《企业会计准则》要求分别记入"其他业务收入"科目和列支"其他业务成本"科目。会计分录如下:

(1)保管期间取得收入时,会计分录如下:

借:吸收存款(或相关科目)

　　贷:其他业务收入

(2)保管期间发生直接费用时,会计分录如下:

借:其他业务成本

　　贷:吸收存款(或相关科目)

(三)抵债资产减值的核算

抵债资产减值是指抵债资产的可收回金额低于其账面价值的情况,银行应定期或不定期对其进行检查和维护,每个季度应至少开展一次账实核对工作,及时掌握抵债资产实物形态及价值形态的变化情况,做到账簿一致和账实相符,对影响抵债资产价值的风险隐患应做到"有预案、有预警、有措施"。

受经济发展、技术进步、通货膨胀等因素影响,抵债资产减值准备应遵循"应提即提"的原则。如果在处置时一并计入损失,对资产列报的影响较大。银行一般应重点关注三类减值准备的计提情况:一是对于新入账的抵债资产,首次计提减值准备,应将入账价值与市场价值进行对比,将评估价值虚高于市场价值入账的部分及时计提减值准备;二是对技术更新换代较快的抵债资产,不仅计提其自然损耗和折旧产生的减值,更应关注技术进步、产能淘汰导致的减值;三是对价格波动明显的抵债资产,分析其价格波动,准确预测减值计提比例。

对于抵债资产的可收回金额高于其账面价值时,不做账务处理。如果抵债资产的可收回金额低于其账面价值时,应计提抵债资产减值准备,将抵债资产的账面价值减记至可收回金额,减记的金额确认为资产减值损失。其会计分录为:

借:资产减值损失——计提抵债资产减值准备

　　贷:抵债资产减值准备

(四)抵债资产处置的核算

银行取得抵债资产后,应该及时开展处置工作,尽早执行公开拍卖。对于特殊情况不能拍卖的,视实际情况通过协议、招标、打包、委托等形式尽快处置变现。抵债资产处置后,银行确认不再拥有或控制抵债资产且相关的风险和收益已经转移,应及时终止确认。实际工作中，存在买方由于购买能力有限而实施分期付款或延期付款的情况。此时，抵债资产的终止确认也应坚持“实质重于形式”的核心原则，当抵债资产所有权上95%以上的风险和报酬已经实现转移，才可以确认终止并确认处置损益。

根据新《企业会计准则》，银行应按实际收到的金额扣除应支付的相关税费后与抵债资产的账面价值进行比较，如果高于抵债资产账面净值，则计入营业外收入，否则列支营业外支出。

（1）若可收回金额小于抵债资产账面价值，会计分录如下：

借：吸收存款（或相关科目）

　　抵债资产减值准备

　　营业外支出

　　贷：应交税费

　　　　抵债资产

（2）若可收回金额大于抵债资产账面价值，会计分录如下：

借：吸收存款（或相关科目）

　　抵债资产减值准备

　　贷：应交税费

　　　　抵债资产

　　　　营业外收入

【例6-1】 长沙市某建设银行2×16年1月向客户发放一笔贷款5 000万元，到期后客户因经营不善无力偿还贷款本金及部分利息202万元。根据以下信息作出相关会计分录。

（1）经银行起诉后，法院于2×17年4月裁定客户将房产以6 688万元的流拍价（公允价值）抵偿银行债务，其中包括贷款本金5 000万元，表内利息202万元，应交税费（假设不考虑增值税）228万元，转销贷款减值准备2 700万元。

（2）房产处置前，银行为盘活资产将其暂时出租，取得租金收入30万元。2×18年年末，该房产预计可变现净值为5 350万元，银行对其计提跌价准备1 388万元。

（3）2×19年2月，银行变卖抵债房产，取得收入5 400万元，发生相关税费35万元。

解：（1）银行按流拍价6 688万元确定房产公允价值并转销贷款减值准备2 700万元，在扣除贷款本金5 000万元、表内利息202万元、应交税费228万元后，差额3 958万元冲减当期资产减值损失。

借：抵债资产	66 880 000	
贷款损失准备	27 000 000	
贷：贷款		50 000 000
应收利息		2 020 000
应交税费		2 280 000
资产减值损失		39 580 000

（2）银行在保管期间取得相关保管收入：

借：吸收存款（或相关科目）	300 000	
贷：其他业务收入		300 000

(3) 银行在保管期间发生减值,计提抵债资产跌价准备 1 338 万元。

借:资产减值损失——计提抵债资产减值准备　　13 380 000

　贷:抵债资产减值准备　　13 380 000

(4) 银行处置抵债资产时,取得相关收入 5 400 万元并转销抵债资产减值准备 1 338 万元,发生相关税费 35 万元,并在扣除抵债资产公允价值 6 688 万元后,取得处置损益 15 万元,计入营业外收入。会计分录如下:

借:吸收存款(或相关科目)　　54 000 000

　抵债资产减值准备　　13 380 000

　贷:应交税费　　350 000

　　抵债资产　　66 880 000

　　营业外收入　　150 000

第三节　固定资产的核算

一、固定资产概述

(一) 固定资产的概念和特征

固定资产是指使用寿命超过一个会计年度的有形资产,如房屋、建筑物、机械、运输设备以及其他与生产、经营有关的设备、器具、工具等。固定资产的确认条件为:与该固定资产有关的经济利益很可能流入银行;该固定资产的成本或者价值能够可靠地计量。

《企业会计准则第 4 号——固定资产》规定,固定资产必须具有的特征是:

(1) 使用寿命超过一个会计年度。

(2) 为生产商品、提供劳务、出租或经营管理而持有。

固定资产使用寿命超过一个会计年度,意味着固定资产属于非流动性资产,随着使用和磨损,银行通过计提折旧的方式逐渐减少账面价值。

(二) 固定资产的分类

固定资产的种类繁多,规格不一,用途各异,为了增强对固定资产的管理与核算,必须对固定资产进行科学而合理的分类。根据不同的管理需要和核算要求可以制定不同的分类标准,进而对固定资产进行不同的分类,常见的固定资产分类方法主要有按经济用途分类、按使用情况分类、按所有权分类、按实物形态分类、按最短使用期限分类。

(1) 按经济用途分为生产经营用和非生产经营用两类。生产经营用固定资产是指直接服务于银行经营全过程的固定资产,如用于营业的房屋、电子设备、运输设备、通信设备、动力设备和管理用具等。非生产经营用固定资产是指不直接服务于银行经营的固定资产,如职工宿舍、食堂、招待所等其他方面使用的房屋、设备等。

(2) 按使用情况分为使用中、未使用、不需用三类。使用中固定资产是指银行正在使用的各种固定资产,包括由于季节性和大修理等原因暂时停用以及存放在使用部门以备替换使用的机器设备。未使用固定资产是指尚未投入使用的新增固定资产和经批准停止使用的固定资产。不需用固定资产是指银行不需用、准备处理的固定资产。

（3）按所有权分为自有固定资产和租入固定资产两类。自有固定资产是指银行拥有或控制的可供银行自由支配使用的固定资产。租入固定资产是指银行采用租赁方式从其他单位租入的固定资产。

（4）按实物形态分为房屋及建筑物、机器设备、电子设备、运输设备及其他设备五大类。

（5）按最短使用期限分为5年、10年、20年三类。

（三）固定资产会计科目的设置

1.“长期应付款”科目

本科目属于负债类科目，其贷方登记发生的长期应付款，主要用于应付融资租入固定资产的租赁费等；借方登记长期应付款的归还数；期末余额的贷方，表示尚未支付的各种长期应付款。该科目应按长期应付款的种类设置明细科目，进行明细核算。

2.“累计折旧”科目

“累计折旧”账户属于资产类的备抵调整账户，其结构与一般资产账户的结构刚好相反。累计折旧增加记贷方，表示计提折旧时固定资产的减少；减少记借方，表示固定资产增加；余额在贷方，反映固定资产的累计折旧数额。

3.“固定资产清理”科目

“固定资产清理”属于资产类账户。固定资产减少时，需要将固定资产原值、累计折旧以及减值准备等转入固定资产清理账户，发生的清理费用、出售收入以及保险赔偿等均通过固定资产清理账户核算。清理完成后的净损失或净收益，分别转入营业外支出或营业外收入科目。借方登记固定资产转入清理的净值和清理过程中发生的费用；贷方登记出售固定资产取得的价款、残料价值和变价收入。其借方余额表示清理后的净损失，贷方余额表示清理后的净收益。

4.“待处理财产损溢”科目

“待处理财产损溢”属于资产类账户，用于核算银行在清查财产过程中已经查明的各种财产物资的盘盈、盘亏和毁损。银行资产盘盈时，贷记本科目；资产盘亏或毁损时，借记本科目。期末如为借方余额，反映尚未处理的各种财产物资的净损失；如为贷方余额，反映尚未处理的各种财产物资的净溢余。

5.“工程物资”科目

“工程物资”科目属于资产类科目，该科目核算银行为基建工程、更改工程和大修理工程准备的各种物资的实际成本，包括为工程准备的材料、尚未交付安装的需要安装设备的实际成本，以及预付大型设备款和基本建设期间根据项目概算购入为生产准备的工具及器具等的实际成本。银行采购为工程准备的物资时，按实际支付的金额借记本科目，贷记相关科目；领用工程物资时，按其账面成本借记“在建工程”，贷记本科目。

6.“在建工程”科目

“在建工程”科目属于资产类科目，指银行资产的新建、改建、扩建，或技术改造、设备更新和大修理工程等发生的实际成本。银行通过自营方式建造的固定资产，按建设该资产达到预定使用状态前所发生的必要支出，借记“在建工程”科目，贷记“银行存款”“工程物资”等相关科目。工程达到预定可使用状态交付使用固定资产时，借记“固定资产”科目，贷记本科目。

7.“未确认融资费用”科目

未确认融资费用属于负债类科目，指融资租入资产（如固定资产、无形资产）或长期借款所发生的应在租赁期内各个期间进行分摊的未实现的融资费用，在编制财务报表时作为长期应付款的抵减项目。例如，银行融资租入的资产，或是购入的有关资产在超过正常信用条件下延期支付而实质上具有融资性质的，借记“固定资产”“无形资产”等科目，贷记“长期应付款”科目，按其差额，借记本科目；根据计算确定当期的利息费用，借记“财务费用”等相关科目，贷记本科目。本科目期末借方余额，反映银行未确认融资费用的摊余价值。

8.“固定资产减值准备”科目

“固定资产减值准备”是指固定资产的可收回金额低于其账面价值时，银行应计提相应的减值准备。资产负债表日，银行确定固定资产发生减值的，按应减记的金额，借记“资产减值损失”科目，贷记本科目。处置固定资产时，应同时结转已计提的固定资产减值准备。

二、固定资产的账务处理

新《企业会计准则》规定，固定资产应当按照取得时的成本进行初始计量。固定资产成本是指银行在构建某项固定资产达到预定可使用状态前所发生的一切合理、必要的支出。这些支出包括直接发生的价款，如运杂费、安装成本等，也包括间接发生的其他一些费用，如外币折算差额以及应分摊的其他费用。在实际工作中，商业银行需要结合具体取得方式确定固定资产成本。

（一）固定资产增加的核算

银行取得固定资产的途径有很多，常见的取得固定资产的方式有外购的固定资产、自行建造的固定资产、融资租入的固定资产、盘盈的固定资产、接受投资者投入的固定资产、接受捐赠的固定资产。

1. 外购的固定资产

外购的固定资产成本包括购买价款、相关税费、使固定资产达到预定可使用状态前所发生的可与之归属的运输费、装卸费、安装费和专业人员服务费等。外购的固定资产分为需要安装的固定资产和不需要安装的固定资产。

（1）购入不需安装的固定资产。银行购入不需安装的固定资产，是指购入后不需要安装就可以直接交付使用的固定资产。银行按购入固定资产时实际支付的买价、运输费、装卸费、安装费和专业人员服务费等，作为入账价值。具体会计分录如下：

借：固定资产

　　应交税费

　　贷：吸收存款（或相关科目）

（2）购入需要安装的固定资产。购入需要安装的固定资产，是指银行购入的，需要经过安装、调试和试运行才能交付使用的固定资产。银行购入固定资产时实际支付的买价、运输费、装卸费、安装费和专业人员服务费等应先通过“在建工程”科目核算，待安装完毕达到预定可使用状态时，再由“在建工程”科目转入“固定资产”科目。

购入需要安装的固定资产，应按实际支付的价款及该资产达到预定可使用状态时所支付的相关费用作为固定资产的入账价值。会计分录为：

借：在建工程
　　应交税费
　　贷：吸收存款（或相关科目）

达到预定可使用状态时：

借：固定资产
　　贷：在建工程

银行基于价格等因素的考虑，可能以一笔款项购入多项没有单独标价的固定资产。若一笔款项中购入多项未单独标价的固定资产，为确定各项资产入账价值，可以按各项固定资产公允价值的比例对总成本进行分配，分别确定各项固定资产的成本。若一笔款项购入的多项资产中还包括固定资产以外的其他资产，也应按类似方法予以处理。

购入固定资产超过正常信用条件延期付款，具有融资性质的，按应付购买价款现值作为入账价值。实际支付的价款与购买价款的现值之间的差额，除按照《企业会计准则第 17 号——借款费用》应予以资本化的以外，应在信用期间内计入当期损益。

【例 6-2】 2×18 年 1 月 1 日，中国建设银行某市分行向甲公司购入一台需要安装的设备，采购合同约定，该分行采用分期付款的方式分期支付价款。该设备价款 6 000 万元，每年支付 2 000 万元，分 3 年支付。因该分行现金流量不足，按合同约定价款自合同签订满一年之日起即从 2×19 年 1 月 1 日支付 2 000 万元。假定考虑货币的时间价值和相关期间通货膨胀等因素下确定的折现率为 10%。

现值系数$(P/A,10\%,3)=2.4869$

（1）固定资产入账金额 = 2 000×2.486 9 = 4 973.8（万元）

2×18 年 1 月 1 日银行的账务处理如下：

借：固定资产　　4 973.8
　　未确认融资费用　　1 026.2
　　贷：长期应付款　　6 000

（2）确定信用期间未确认融资费用的分摊额，如表 6-1 所示。

表 6-1　融资租入固定资产信用期间未确认融资费用分摊表　　单位：万元

日期	分期付款额①	未确认融资费用摊销②	应付本金减少额③	应付本金余额④
2×18.1.1				4 973.80
2×19.1.1	2 000	497.38	1 502.62	3 471.18
2×20.1.1	2 000	347.12	1 652.88	1 818.30
2×21.1.1	2 000	181.70	1 818.30	0.00
合计	6 000	1 026.20	4 973.80	0.00

未确认融资费用摊销可计算如下：

本期应付本金减少额=本期分期付款额-本期未确认融资费用摊销

本期应付本金余额=上期应付本金余额④ -应付本金减少额③

本期未确认融资费用摊销=上期应付本金余额④ ×实际利率

(3) 2×19 年 1 月 1 日至 2×21 年 1 月 1 日未确认融资费用的分摊的会计处理：

2×19 年 1 月 1 日该银行的账务处理如下：

借:长期应付款　　2 000

　财务费用　　497.38

　贷:银行存款　　2 000

　　未确认融资费用　　497.38

2×20 年 1 月 1 日该银行的账务处理如下：

借:长期应付款　　2 000

　财务费用　　347.12

　贷:银行存款　　2 000

　　未确认融资费用　　347.12

2×21 年 1 月 1 日该银行的账务处理如下：

借:长期应付款　　2 000

　财务费用　　181.7

　贷:银行存款　　2 000

　　未确认融资费用　　181.7

2. 自行建造的固定资产

自行建造的固定资产,是指银行为了新建、改建、扩建固定资产或对固定资产进行技术改造、设备更新且由银行自行建造的固定资产。自行建造固定资产的成本,由建造该项固定资产达到预定可使用状态前所发生的必要支出构成。这里所指的"建造该项固定资产达到预定可使用状态前所发生的必要支出",包括工程用物资成本、人工成本、应予以资本化的固定资产借款费用、缴纳的相关税金以及应分摊的其他间接费用等。银行为在建工程准备的各种物资,应当按照实际支付的买价、运输费、保险费等相关税费,作为实际成本,计入固定资产成本的借款费用,并按《企业会计准则第 17 号——借款费用》的规定处理。

(1) 建造阶段各项开支的会计分录如下：

借:在建工程

　贷:吸收存款(或相关科目)

　　工程物资

　　应付职工薪酬

　　应付账款等

(2) 工程达到预定可使用状态,验收后交付使用。会计分录如下：

借:固定资产

　贷:在建工程

3. 融资租入的固定资产

银行在经营过程中,由于经营的临时性或出于融资等方面的考虑,对于经营所需的固定资产可以采用租赁的方式取得。融资租赁,是指在实质上转移了与资产所有权有关的全部风险和报酬的租赁。其所有权最终可能转移,也可能不转移。银行采用融资租赁的方式租入固定资产,银行实际上获得了租赁资产所提供的主要经济利益,同时承担与资产所有权相关的风险,因此,银行应将融资租赁的固定资产作为一项固定资产入账,同时确认相应的费用。

对于商业银行通过融资租赁方式取得固定资产,根据《企业会计准则第21号——租赁》,在租赁开始日,承租人应以租赁资产的公允价值与最低租赁付款额的现值两者中较低者,加上初始直接费用作为租入资产的入账价值。将最低租赁付款额作为长期应付款的入账价值,差额作为未确认融资费用。

其中,租赁开始日是指租赁协议日与租赁各方就主要租赁条款作出承诺日中的较早者。最低租赁付款额是指在租赁期内,承租人应支付的或可能被要求支付的款项,加上由承租人或与其有关的第三方担保的资产余值。承租人有购买租赁资产选择权,所订立的购买价款预计将远低于行使选择权时租赁资产的公允价值,因而在租赁开始日就可以合理地确定承租人将会行使这种选择权的,购买价款应当计入最低租赁付款额。

(1) 租赁开始时,会计分录如下:

借:固定资产(租赁开始日租赁资产的公允价值与最低租赁付款额的现值两者中较低者,加上初始直接费用)

　　未确认融资费用(差额)

　　贷:长期应付款——应付融资租赁款(最低租赁付款额)

(2) 按期分摊未确认融资费用。根据准则规定,银行应采用实际利率法,分摊未确认融资费用。会计分录如下:

借:财务费用(确认的当期融资费用)

　　贷:未确认融资费用

4. 盘盈的固定资产

盘盈的固定资产指固定资产在盘点清查过程中被发现,实际固定资产数量和价值高于固定资产账面数量或账面净值。银行应该定期实地盘点固定资产,对盘盈的固定资产,应按以下规定确定其入账价值:

(1) 同类或类似固定资产存在活跃市场的,按同类或类似固定资产市场的市场价格,减去按该项固定资产的新旧程度估计的价值损耗后的余额作为入账价值。

(2) 同类或类似固定资产不存在活跃市场的,按该项固定资产的预计未来现金流量作为入账价值。

盘盈的固定资产,经查明原因,写出书面报告后,经股东或董事会等类似机构批准,在期末结账前处理完毕,计入当期营业外收入。

会计分录如下:

借:固定资产

　　贷:营业外收入

5. 接受投资者投入的固定资产

对于接受固定资产投资的银行,在办理了固定资产移交手续之后,应按投资各方确认的价值加上应支付的相关税费作为实际成本,如果双方确定的合同或约定价格不公允,按照固定资产的公允价值作为实际初始成本入账。会计分录如下:

借:固定资产(投资各方确认价值加上应付的相关税费)

　　贷:实收资本(投资各方确认价值在其注册资本中所占份额)

　　　　资本公积(投资各方确认价值与实收资本的差额)

　　　　应交税费

6. 接受捐赠的固定资产

银行接受捐赠的固定资产时,通过接受捐赠获得的固定资产可能存在两种情况。

(1) 捐赠方提供了有关凭据的,按凭据上标明金额加上应支付相关税费作为实际成本。

(2) 捐赠方没有提供有关凭据的,按以下顺序确定实际成本:

① 同类或类似固定资产存在活跃市场的,按该类固定资产市场价格估计的金额加上应支付的相关税费作为入账价值;② 同类或类似固定资产不存在活跃市场的,按该项固定资产的预计未来现金流量作为入账价值。若受赠的是旧的固定资产,则应将按上述方法确认的价值减去按该项资产的新旧程度估计的价值损耗后的余额作为入账价值。会计分录如下:

借:固定资产

　　贷:资本公积

7. 固定资产的后续支出

银行的固定资产投入使用以后,为了适应新技术发展的需要,或者为维护或提高固定资产的使用效用,往往需要对现有的固定资产进行维护、改建、扩建或者改良,为此所发生的支出即为固定资产的后续支出。

根据《企业会计准则第 4 号——固定资产》的规定,与固定资产有关的后续支出,符合固定资产初始确认条件的,应当计入固定资产成本,同时扣除被替换部分的账面价值。其增加的金额不应超过该固定资产的可收回金额。不符合固定资产初始确认条件的有关后续支出,应作为费用直接计入当期损益。

(二) 固定资产折旧的核算

固定资产能够为银行经营活动长期使用而不改变其实物形态,但服务潜能会随着使用而逐渐降低。因此,其价值也应随着固定资产的使用而逐渐、分次地转移到所使用的产品或服务上,然后通过收回的价款使这部分价值损耗得到补偿。固定资产折旧是指对固定资产由于磨损和损耗而构成银行费用的那一部分价值的补偿。

固定资产的损耗分为有形损耗和无形损耗两种。有形损耗是指固定资产由于使用和自然力的影响而引起的使用价值和价值的损失,如由于使用而发生的机械磨损或自然因素(水分、空气等)的侵蚀等造成的固定资产使用价值和价值不断降低的损失。无形损耗则是指固定资产在使用过程中由于科学技术进步等引起的价值损失。随着科学技术的迅猛发展,固定资产的无形损耗将更为明显。

折旧,是指在固定资产使用寿命内,按照确定的方法对应计折旧额进行系统的分摊。应记折旧额是指应当计提折旧的固定资产的原价扣除其预计净残值后的金额。已计提减值准备的固定资产,还应当扣除已计提的固定资产减值准备累计金额。预计净残值,是指假定固定资产预计使用寿命已满并处于使用寿命终了时的预期状态,则目前能从该资产处置中获得的扣除预计处置费用后的金额。

1. 固定资产折旧的影响因素

固定资产折旧的影响因素包括固定资产折旧的基数、净残值和使用寿命等。

（1）计提固定资产折旧的基数。计提固定资产折旧的基数一般是指固定资产的原始价值或固定资产的账面价值。除了在采用双倍余额递减法时以固定资产的账面价值作为计提折旧的依据以外，大多数情况下以固定资产的原始价值作为计提折旧的依据。

（2）固定资产的净残值。固定资产净残值是指固定资产使用期满后，残余的价值减去预计处置费用后的金额。由于计算固定资产的净残值时，固定资产还没有使用到期，对于使用到期后的情况究竟如何，还不能完全确定，因此在计算固定资产净残值时，只能人为地采取预估的方法，从固定资产原值中扣除，到固定资产报废时直接回收。固定资产净残值占固定资产原值的比例一般为3%~5%。

（3）固定资产的使用寿命。固定资产的使用寿命是指固定资产可用于银行运营的预计期间。银行在确定固定资产的使用寿命时，主要考虑下列因素：该资产预计的有形损耗，如设备使用中发生磨损、房屋建筑受到自然侵蚀等；该资产预计的无形损耗，如因新技术的出现导致现有的资产技术水平相对陈旧，市场需求变化使产品过时等；法律或类似规定对资产使用的限制。具体到某一固定资产的预计使用寿命，银行应在考虑上述因素的基础上，结合不同的固定资产的性质、消耗方式、所处环境等因素做出判断。

2. 固定资产折旧范围

银行应对所有固定资产计提折旧，但是已提足折旧仍继续使用的固定资产、单独计价入账的土地和以经营租赁方式租入的固定资产除外。

确定计提折旧范围时还应注意以下几点：

（1）银行固定资产应当按月计提折旧。固定资产应从达到可使用状态时开始计提折旧，终止确认时停止计提折旧。当月增加的固定资产，当月不提折旧，从下月起计提折旧；当月减少的固定资产，当月仍提折旧，从下月起停止计提折旧；对于提前报废的固定资产，不再补提折旧。

（2）固定资产提足折旧后，不论能否继续使用，均不再计提折旧，提前报废的固定资产也不再补提折旧。

（3）对于银行所建造的固定资产，达到预定可使用状态之日起，应将工程预算、造价或工程实际成本等，按估计的价值转入固定资产，并按相关规定计提折旧。待办理了竣工决算手续后，也不需要对已提折旧做调整。

3. 折旧方法

银行应根据固定资产的性质和消耗方式，合理选择折旧方法。可供选择的折旧方法主要分两种。一种是直线法，主要包括年限平均法、工作量法；另一种是加速折旧法，主要有双倍余额递减法、年数总和法。折旧方法一经确定，不得随意变更。如需变更，应在会计报表附注中予以说明。

具体折旧方法如下：

（1）年限平均法。年限平均法是指将固定资产的应计折旧额均衡地分摊到固定资产预定使用寿命内的一种方法。这种方法假定折旧额依据使用年限均匀损耗。计算公式如下：

$$年折旧额=(固定资产原值-预计净残值)\div预计使用寿命(年)$$

$$年折旧率=年折旧额\div固定资产原值$$

$$月折旧额=年折旧额\div12$$

（2）工作量法。工作量法是根据某项固定资产完成工作量计算每期应提折旧额的一种方法，适合在固定资产损耗程度和完成工作量成正比或在使用年限不能均衡的情况中使用。计算公式如下：

$$单位工作量折旧额=固定资产原价\times(1-预计净残值率)\div预计总工作量$$

$$某项固定资产月折旧额=某项固定资产当月工作量\times单位工作量折旧额$$

（3）年数总和法。年数总和法也称合计年限法，是一种加速折旧方法，指将固定资产的原价减去预计净残值后的净额，乘以一个以各年年初固定资产尚可使用年限做分子，以预计使用年限逐年数字之和做分母的逐年递减的分数计算每年折旧额的一种方法。计算公式如下：

$$年折旧率=尚可使用年限\div预计使用年限的年数总和\times100\%$$

【例 6-3】 某项固定资产，原始价值为 30 000 元，预计净残值为 1 500 元，预计使用年限为 5 年。若采用年数总和法时，该固定资产各年折旧额如表 6-2 所示。

表 6-2 采用年数总和法计算的固定资产各年折旧额

年份	应记折旧额（元）①	尚可使用年限（年）②	年折旧率（%）③=②÷15	当年折旧额（元）④	累计折旧额（元）⑤
1	30 000－1 500＝28 500	5	5÷15	9 500	9 500
2	30 000－1 500＝28 500	4	4÷15	7 600	17 100
3	30 000－1 500＝28 500	3	3÷15	5 700	22 800
4	30 000－1 500＝28 500	2	2÷15	3 800	26 600
5	30 000－1 500＝28 500	1	1÷15	1 900	28 500
合计			—	—	28 500

（4）双倍余额递减法。双倍余额递减法也是加速折旧法的一种，即以年限平均法折旧率的双倍，乘以逐年递减的期初固定资产净值，以求得各期折旧费用。计算公式如下：

$$年折旧率=2\div年折旧额\times100\%$$

$$月折旧率=年折旧率\div12$$

$$月折旧额=固定资产净值\times月折旧率$$

银行在选用双倍余额递减法计提折旧时，固定资产的预计净残值不能从其价值中抵减。因此，每年计提的固定资产折旧额是用两倍于直线法的折旧率去乘固定资产的账面价值。由于只要该项资产仍继续使用，其账面净值就不可能被冲销完毕，因此，在固定资产的使用后期，如果发现采用双倍余额递减法计算的折旧额小于采用直线法计算的折旧额时，就应该改用直线法计提折旧。为操作方便，采用双倍余额递减法计提折旧的固定资产，应当在固定资产折旧年限到期前两年内，将固定资产账面净值扣除预计净残值后的余额平均摊销。

【例 6-4】 沿用例 6-3 资料。若采用双倍余额递减法，该项固定资产各年折旧额计算如表 6-3 所示。

$$年折旧率=2\div5\times100\%=40\%$$

表 6-3　固定资产按双倍余额递减法计算的各年折旧额　　单位：元

年份	年折旧额计算	累计折旧额
1	30 000×2÷5＝12 000	12 000
2	(30 000－12 000)×2÷5＝7 200	19 200
3	(30 000－19 200)×2÷5＝4 320	23 520
4	(30 000－23 520－1 500)÷2＝2 490	26 010
5	(30 000－23 520－1 500)÷2＝2 490	28 500

4. 固定资产折旧的会计处理

银行计提的固定资产折旧，应根据固定资产用途，分别计入相关资产的当期费用。具体来说，银行在实际计提固定资产折旧时，应按月提取折旧，并根据用途，借记"销售费用""管理费用"等科目，贷记"累计折旧"等科目。会计分录如下：

借：管理费用（银行管理部门所使用的固定资产计提折旧）

　　销售费用等（银行销售部门所使用的固定资产计提折旧）

　　贷：累计折旧

（三）固定资产减值的核算

固定资产减值是指银行固定资产可能由于技术陈旧、损坏、长期闲置或市价下跌等原因而出现的可收回金额低于账面价值的情况。此时应将固定资产的账面价值减记至预计可收回的金额，二者差额作为固定资产减值准备。固定资产减值准备应按单项资产或资产组计提。

如发现固定资产存在以下情况之一的，应全额计提减值准备：① 长期闲置不用，或可以预见的未来不会再使用，且已无转让价值；② 由于技术进步等，已不可再使用；③ 其实质上已经不能再给银行带来经济利益。已全额计提减值准备的固定资产，不再计提折旧。

固定资产减值的会计分录如下：

借：资产减值损失——固定资产减值损失

　　贷：固定资产减值准备

固定资产减值后其价值一般不会回升，且为了防止人为的资产重估增值和操纵利润，固定资产减值一经确认，在以后的会计期间不得转回。

（四）固定资产减少的核算

在固定资产不能继续使用或商业银行因经营管理变动不再使用时，商业银行需要通过出售、转让、报废等方式对固定资产进行处置。处于处置状态时，固定资产不再为经营管理发挥效益，应予终止确认。

1. 固定资产清理

（1）银行由于出售、报废和毁损的固定资产转入固定资产清理。会计分录如下：

借：固定资产清理（固定资产账面价值）

　　累计折旧（已提折旧）

　　固定资产减值准备（已计提的减值准备）

　　贷：固定资产（账面原价）

（2）清理过程中发生的费用和应交税费。会计分录如下：

借：固定资产清理

　　贷：库存现金（或相关科目）

　　　　应交税费

（3）收回出售固定资产的价款、残料价值和变现收入等。会计分录如下：

借：库存现金（或相关科目）

　　贷：固定资产清理

（4）固定资产的报废和毁损若是非正常报废，一般由保险公司或过失人赔偿损失。非正常报废主要包括因火灾、水灾等自然灾害或责任事故使固定资产损耗而报废。非正常报废所取得的保险公司或过失人的赔偿收入，其应收收入作为其他应收款处理。会计分录如下：

借：其他应收款

　　贷：固定资产清理

（5）固定资产清理后的净损益。

若是净收益：

借：固定资产清理

　　贷：营业外收入——处置固定资产净收益

若是由于自然灾害等非正常报废造成的处理损失：

借：营业外支出——非常损失

　　贷：固定资产清理

若属于正常报废，即由于固定资产长期使用发生损耗不能继续使用而报废，或由于社会技术进步必须以先进设备代替落后设备而提前报废，会计分录如下：

借：营业外支出——处理固定资产净损失

　　贷：固定资产清理

2. 盘亏固定资产

盘亏固定资产指银行在财产清查盘点中，实际固定资产数量和价值低于固定资产账面数量或账面净值而发生的固定资产损失。盘亏或毁损的固定资产，在减去过失人或保险公司等赔偿和残料价值后，计入当期营业外支出。会计分录如下：

借：待处理财产损溢——待处理固定资产损溢（账面价值）

　　累计折旧（已提折旧）

　　固定资产减值准备（已计提的减值准备）

　　贷：固定资产（账面原价）

借：营业外支出

　　贷：待处理财产损溢

盘亏或毁损的固定资产在期末结账前尚未经批准的，在对外提供财务会计报告时，应当按上述规定进行处理；如果批准后且在财务报告报出确认的金额与已处理的金额不一致，应作为前期差错处理，按其差额通过“以前年度损益调整”科目核算，调整项目报表有关项目的年初数。

第四节　无形资产的核算

一、无形资产概述

（一）无形资产的概念及特征

无形资产是指银行拥有或者控制的没有实物形态的可辨认非货币性资产，在创造经济利益方面存在较大不确定性。无形资产主要包括专利权、非专利技术、商标权、著作权、土地使用权和特许权等。

无形资产同时满足下列条件的，才能予以确认：第一，与该无形资产有关的经济利益很可能流入银行；第二，该无形资产的成本能够可靠地计量。

相对于其他资产，无形资产具有如下特征：

（1）由银行拥有或者控制并能为其带来未来经济利益的资源。通常情况下，银行确认无形资产应当拥有其所有权，但如果银行有权获得某项无形资产产生的未来经济利益，并能约束其他方获得这些经济利益，即银行控制了该无形资产，即使并不拥有所有权也可确认为银行的无形资产。例如，对于会产生经济利益的技术知识，若其受版权、贸易协议约束（如果允许）等法定权利的保护，那么说明该银行控制了相关利益，则可以被确认为无形资产。

（2）无形资产不具有实物形态。无形资产通常表现为某种权利、某项技术或是某种获取超额利润的综合能力，它们不具有实物形态，比如，土地使用权、非专利技术。银行的有形资产例如固定资产虽然也能为银行带来经济利益，但其为银行带来经济利益的方式与无形资产不同，固定资产是通过实物价值的磨损和转移为银行带来未来经济利益，而无形资产很大程度上是通过自身所具有的技术等优势为银行带来未来经济利益。不具有实物形态是无形资产区别于其他资产的特征之一。

（3）无形资产具有可辨认性。符合以下条件之一的，则认为其具有可辨认性。可辨认性标准即：

① 能从银行中分离出来，与相关合同、资产或负债一起出售、转移、授予许可、租赁或交换等。

② 源自合同性权利或其他法定权利，无论这些权利是否可以从银行或其他权益和义务中转移或分离。

内部产生的品牌、报刊名、客户名单和实质上类似的项目支出，由于不能与整个业务开发成本区分开来，因此，这类项目不应确认为无形资产。

商誉能为银行带来超额利润，但由于是与银行整体价值联系在一起的。其存在无法与银行自身相分离，不符合“可辨认”的条件。因此在新《企业会计准则》下，商誉未被纳入无形资产的定义范围。

（4）无形资产属于非货币性资产。非货币性资产是指银行持有的货币资金和将以固定或可确定的金额收取的资产以外的其他资产。无形资产由于没有发达的交易市场，一般不容易转化成现金，在持有过程中为银行带来未来经济利益的情况不确定，不属于以固定或可确定的金额收取的资产，属于非货币性资产。

（二）无形资产会计科目的设置

1.“研发支出”科目

“研发支出”属于成本类科目，指银行进行研究与开发无形资产过程中发生的各项支出，包括在研究与开发过程中所使用资产的折旧、消耗的原材料、直接参与开发人员的工资及福利费、开发过程中发生的租金以及借款费用等。本科目应当按照研究开发项目，分别以“费用化支出”与“资本化支出”进行明细核算。银行自行开发无形资产发生的研发支出，不满足资本化条件的，借记本科目（费用化支出）；满足资本化条件的，借记本科目（资本化支出），贷记“吸收存款”“应付职工薪酬”等相关科目。关于资本化支出的结转，研究开发项目达到预定用途形成无形资产的，应按本科目（资本化支出）的余额，借记“无形资产”科目，贷记本科目（资本化支出）。关于费用化支出的结转，期末，银行应将本科目归集的费用化支出金额转入“管理费用”科目，借记“管理费用”科目，贷记本科目（费用化支出）。本科目期末借方余额，反映银行正在进行中的研究开发项目中满足资本化条件的支出。

2.“累计摊销”科目

“累计摊销”科目属于资产类的备抵调整账户，反映了银行在使用无形资产过程中，对其价值的分期收回。其结构与一般资产账户的结构刚好相反。累计摊销增加记贷方，表示计提摊销时无形资产的减少；减少记借方，表示无形资产增加；余额在贷方，反映无形资产的累计摊销数额。

3.“无形资产减值准备”科目

“无形资产减值准备”是指无形资产的可收回金额低于其账面价值时，银行应计提相应的减值准备。资产负债表日，银行确定无形资产发生减值的，按应减少的金额，借记“资产减值损失”科目，贷记本科目。处置无形资产时，应同时结转已计提的无形资产减值准备。

二、无形资产的账务处理

（一）无形资产增加的核算

无形资产通常是按实际成本计量，即以取得无形资产并使之达到预定用途而发生的全部支出，作为无形资产的成本。对于不同来源取得的无形资产，其初始成本构成也不尽相同，会计处理方式也不同。

1. 银行购入无形资产

银行购入无形资产，包括按实际支付的价款、相关税费以及达到预定用途而发生的如律师费、咨询费、公证费、鉴定费、注册登记费等其他支出，但不包括为引入新产品进行宣传发生的广告费、管理费用及其他间接费用。会计分录如下：

借：无形资产——××户

　　贷：吸收存款（或相关科目）

2. 银行自行开发并按法律程序申请取得

从会计稳健性原则考虑，自创无形资产过程应明确分为属于研究阶段还是开发阶段。研究是指为获取新的科学或技术知识并理解它们而进行的独创性的有计划的调查；开发是指在进行商业型生产或使用前，将研究成果或其他知识应用于某项计划或设计，以生产出新的或具有实质性改进的材料、装置和产品等。

研究阶段是探索性的，为进一步的开发活动进行资料及相关方面的准备，已进行的研究活动将来是否会转入开发，开发后是否会形成无形资产等均具有较大的不确定性。相对于研究阶段，开发阶段是已完成的研究阶段的工作，在很大程度上具备了形成一项新产品或新技术的基本条件。比如，使用前或生产前的原型和模型的设计、建造和测试，不具有商业性生产经营规模的试生产设施的设计、建造和运营等，均属于开发活动。

研究阶段发生的包括材料费用、人工费用等所有支出直接计入当期损益（管理费用）；开发阶段的相关支出，如按依法取得时发生的注册费、聘请律师费、人工费和材料费等，若银行可以证明其满足无形资产定义及确认条件，可以进行资本化，则确认为无形资产；不符合资本化条件的，则计入当期损益（管理费用）。具体会计分录如下。

（1）发生研究费用时：

借：研发支出——费用化支出

　　贷：吸收存款（或相关科目）

（2）发生开发费用时：

借：研发支出——资本化支出

　　　　　　——费用化支出

　　贷：吸收存款（或相关科目）

（3）期末将费用化支出转入当期损益时：

借：管理费用——研究费用

　　贷：研发支出——费用化支出

（4）支付专利申请费和律师费时：

借：无形资产——专利权

　　贷：吸收存款（或相关科目）

（5）研发项目达到预定用途形成专利权时：

借：无形资产——专利权

　　贷：研发支出——资本化支出

3. 银行接受捐赠

接受捐赠获得的无形资产可能存在两种情况：

（1）捐赠方提供了有关凭据的，按凭据上标明金额加上应支付相关税费作为实际成本。

（2）捐赠方没有提供有关凭据的，按以下顺序确定实际成本：① 同类或类似无形资产存在活跃市场的，按该类无形资产市场价格加上应支付的相关税费作为入账价值；② 同类或类似无形资产不存在活跃市场的，按该项无形资产的预计未来现金流量作为入账价值。会计分录如下：

借：无形资产——××户

　　贷：吸收存款（或相关科目）

　　　　资本公积

　　　　应交税费

4. 接受投资者投入

按投资各方确认的价值作为实际成本，如果双方确定的合同或约定价格不公

允,按照无形资产的公允价值作为实际初始成本入账。会计分录如下:

借:无形资产——××户

贷:实收资本

(二)无形资产摊销的核算

1. 无形资产摊销期限的确认原则

无形资产准则规定,企业应当于取得无形资产时分析判断其使用寿命。企业对于使用寿命有限的无形资产应当予以摊销,摊销期间当自无形资产可供使用时起,至不再作为无形资产确认时止。无形资产的摊销年限一经确定,就不得随便更改。

如果有证据表明无形资产的使用寿命是有限的,应当估计其使用寿命,按使用寿命有限的无形资产的有关规定处理。银行确定无形资产使用年限时,通常应当考虑如下因素:

(1) 运用该资产生产的产品通常的寿命周期、可获得的类似资产使用寿命的信息。

(2) 技术、工艺等方面的现阶段情况及对未来发展趋势的估计。

(3) 以该资产生产的产品或提供的服务的市场需求情况。

(4) 现在或潜在的竞争者预期将采取的行动。

(5) 为维持该资产带来经济利益能力的预期维护支出,以及银行预计支付有关支出的能力。

(6) 对该资产控制期限的相关法律规定或类似限制,如特许使用期、租赁期等。

(7) 与银行持有的其他资产使用寿命的关联性等。

当法律与合同分别规定的有效期限不一致时,根据现行制度,无形资产摊销期限的确认原则为:法律和合同分别规定有法定有效期限和受益年限的,按照规定的有效期限孰短的原则确定;法律没有规定有效年限,而银行合同有规定有效年限的,按合同规定的有效年限确定;法律规定有效年限,而银行合同没有规定有效年限的,按法律规定的有效年限确定;法律或合同均没有规定有效年限的,银行应该综合考虑各方面因素,在不超过10年的期限规定下,确定无形资产能为银行带来的经济利益的期限。

按照以上方法仍无法合理确定无形资产为银行带来经济利益的期限的,该项无形资产应作为使用寿命不确定的无形资产。银行每年应当对使用寿命不确定的无形资产进行减值测试。发现减值的,应当计提减值准备。

银行至少应当于每年年度终了,对使用寿命有限的无形资产的使用寿命及摊销方法进行复核。无形资产的使用寿命及摊销方法与以前估计不同的,应当改变摊销期限和摊销方法。银行应当在每个会计期间对使用寿命不确定的无形资产的使用寿命进行复核。

2. 无形资产摊销的计算

无形资产摊销期自无形资产可供使用时起,至不再作为无形资产确认时止。即无形资产摊销的起始日和停止日期为:当月增加的无形资产,当月开始摊销;当月减少的无形资产,当月不再摊销。

无形资产摊销金额一般采用直线法计算,在无形资产的有效年限内平均摊销:

每期摊销金额=无形资产实际成本÷摊销期限

3. 无形资产摊销的会计处理

无形资产摊销时，应借记“业务及管理费——无形资产摊销”“其他业务成本”等科目，贷记“累计摊销”科目。

借：业务及管理费——无形资产摊销

　　贷：累计摊销

（三）无形资产减值的核算

银行应当定期或至少每年年度终了时检查各项无形资产预计给银行带来未来经济利益的能力。对预计可收回金额（可收回金额应当根据无形资产的公允价值减去处置费用后的净额与无形资产预计未来现金流量的现值两者之间较高者确定）低于其账面价值的，应当计提无形资产减值准备。无形资产减值即银行的无形资产由于新技术的产生，或是市价下跌等原因，而出现的其可收回的金额低于其账面价值的情况。期末，银行所持有的无形资产的账面价值高于其可收回的金额，应按其差额编制记账凭证。会计分录如下：

借：资产减值损失——计提的无形资产减值准备

　　贷：无形资产减值准备

无形资产减值一经确认，在以后会计期间不得转回。

【例 6-5】 长沙市某建设银行 2×18 年购入一项无形资产，实际支付价款 200 000 元，预计使用年限为 10 年。2×21 年 12 月 31 日，该项无形资产发生减值，预计未来现金流量的现值为 80 000 元，公允价值为 70 000 元。该项专利发生减值以后，预计剩余使用年限为 5 年。根据以上资料，请编制银行会计分录。

（1）计算该项专利权在计提减值准备前的账面余额：

累计摊销 = 200 000÷10×4 = 80 000（元）

账面余额 = 200 000−80 000 = 120 000（元）

（2）计提减值准备：

可收回金额 = 80 000（元）

应计提的减值准备 = 120 000−80 000 = 40 000（元）

借：资产减值损失　　40 000

　　贷：无形资产减值准备　　40 000

（3）计算剩余使用年限内每年摊销额：

剩余使用年限内年摊销额 = 80 000÷5 = 16 000（元）

借：业务及管理费——无形资产摊销　　16 000

　　贷：累计摊销　　16 000

（四）无形资产出租的核算

银行将所拥有的无形资产的使用权让渡给他人而收取的租金，属于与银行日常活动相关的其他经营活动取得的收入。在满足收入准则规定的确认标准的情况下，银行应确认相关的收入及成本。具体会计分录如下。

取得租金收入时：

借：库存现金（或相关科目）

　　贷：其他业务收入

结转出租无形资产的成本时：

借:其他业务成本

　贷:累计摊销

(五) 无形资产减少的核算

银行无形资产的减少包括无形资产出售和报废等。

1. 无形资产的出售

银行出售无形资产,表明银行放弃无形资产的所有权。无形资产准则规定,银行出售无形资产时,应将取得的价款与该无形资产账面价值的差额作为资产处置利得或损失(营业外收入或营业外支出),计入当期损益。会计分录如下:

借:吸收存款(实际取得的转让收入)

　无形资产减值准备(已计提的减值准备)

　累计摊销(已计提的摊销额)

　营业外支出——处置非流动资产损失(若取得的价款小于该无形资产账面价值)

　贷:无形资产——××户

　　应交税费(应交的相关税金)

　　营业外收入——处置非流动资产利得(若取得的价款大于该无形资产账面价值)

【例 6-6】 长沙市某建设银行 2×18 年将拥有的一项无形资产出售,取得收入 4 000 000 元,应交相关税费 200 000 元(假设不考虑增值税)。该无形资产的账面余额为 9 500 000 元,累计摊销 4 500 000 元,已计提的减值准备为 2 000 000 元。根据以上资料,编制会计分录。

解:借:吸收存款(或相关科目)	4 000 000	
累计摊销	4 500 000	
无形资产减值准备	2 000 000	
贷:无形资产		9 500 000
应交税费		200 000
营业外收入——处置非流动资产利得		800 000

2. 无形资产的报废

如果无形资产预期不能为银行带来未来经济收益,不再符合无形资产的定义,应将其转销。无形资产报废的情况包括无形资产已被其他新技术所替代,不能为银行带来未来经济收益;或者无形资产不再受到法律保护,且不能为银行带来未来经济收益等。会计分录如下:

借:无形资产减值准备(已计提的减值准备)

　累计摊销(已计提的摊销额)

　营业外支出——处置非流动资产损失(处置无形资产差额)

　贷:无形资产——××户

本章小结

商业银行其他资产业务是银行的主要业务之一,是商业银行完善、提升综合竞争力的必要环节。本章主要介绍了现金业务、抵债资产业务、固定资产业务及无形资产业务。

第一,中国货币法规定银行对一切机关团体、企事业单位及个人现金出纳业务实行严格的现金管理,银行成为全社会现金流通的总出纳和收付中心。银行日常现金出纳业务的内容、工作原则、金库设置、现金收付等核算业务规则及核算手续是银行现金出纳业务的重点。第二,为有效保证银行的经济利益最大化,商业银行应该妥善营运、保管及处置抵债资产,完善抵债资产的会计核算过程,主要包括抵债资产取得的核算、抵债资产保管的核算、抵债资产减值的核算和抵债资产处置的核算。第三,固定资产事关商业银行基础设施建设,对促进银行资产业务的稳定发展有重要意义。固定资产的分类以及固定资产的增加、折旧、减值和减少的会计核算内容等,都是商业银行其他资产业务管理的重要一环。第四,相较其他三项资产,无形资产较为特殊,是一种由银行拥有或者控制的没有实物形态的可辨认非货币性资产,对银行的资产业务有着不可忽视的独特作用。这里主要从无形资产的概念、主要内容以及无形资产增加、摊销、减值、出租和减少的会计核算处理等方面入手,对无形资产进行了详细的阐述。

重要概念

现金出纳　出纳原则　双人经办　抵债资产　固定资产　未使用固定资产　非经营用固定资产　无形资产

基础训练

一、简答题

1. 银行出纳工作的原则有哪些?
2. 出纳现金长款、短款应如何处理?
3. 抵债资产的确认有什么要求?
4. 固定资产折旧的方法有哪些?

二、业务题

1. 某项固定资产原始价值为 60 000 元,预计净残值为 3 000 元,预计使用年限为 5 年。试用年限平均法、年数总和法和双倍余额递减法计算并比较分析固定资产各年折旧额。

2. 请编制 2018 年建设银行某支行各类业务的会计分录。

(1) 银行发生出纳长款一笔,金额 1 000 元;经调查后确实无法查清,批准作为该支行收益。

(2) 银行发生出纳短款一笔,金额 2 000 元;经调查确实无法收回,报经批准后作为银行损失。

(3) 银行购入一台需要安装的机器设备,设备价款 60 000 元,支付的运输费 2 000 元,应付安装工人工资 4 000 元,不考虑相关税费,未计提固定资产减值准备。

(4) 银行变卖抵债房产,取得收入 54 000 000 元,发生相关税费 350 000 元,抵债资产入账价值 66 880 000 元，账面净值 53 500 000 元，已计提的抵债资产减值准备 13 380 000 元。

(5) 银行自行开发并按法律程序申请取得一项专利权。该专利权研究过程中发生材料费用 200 000 元，职工薪酬等费用 500 000 元；开发过程中支付费用共计 12 000 000 元，其中符合资本化条件的为 10 000 000 元；依法申请取得专利权时发生了注册费 2 000 000 元、律师费 150 000 元。

拓展阅读

1. 杨家新，刘朔岑．商业银行以物抵债会计探讨[J]．金融会计，2015(10)：6-11.

2. 岳龙．银行会计[M]．上海：立信会计出版社，2016.

3. 程婵娟．银行会计学[M]．北京：科学出版社，2017.

4. 王善平，刘天雄，唐建华，等．中级财务会计学[M]．5 版．长沙：湖南人民出版社，2014.

即测即评

请扫描二维码进行在线测试。

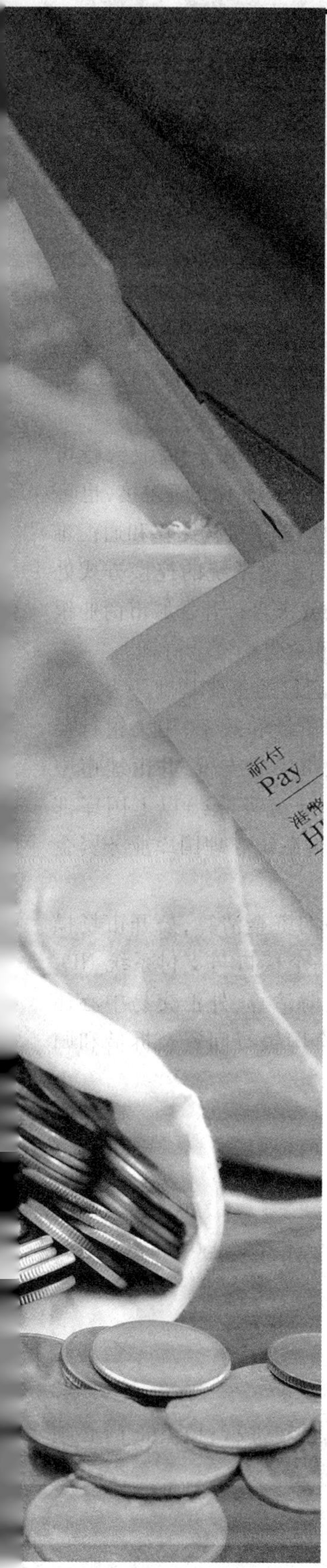

第七章　支付结算业务的核算

本章导读

中国已经建立了比较完善的支付结算系统，能满足各方支付结算需求。本章主要内容有支付结算的原则与结算纪律、非现金支付结算工具的核算、各商业银行内部支付系统的核算、中央银行大额和小额支付系统的核算、支票影像业务的核算、同城票据交换的核算等。通过本章的学习，可基本了解中国现代化支付系统的构成、商业银行主要支付结算业务的核算方法等内容。

第一节　支付结算业务概述

一、支付结算的概念

支付结算是指单位、个人在社会经济活动中使用票据、信用卡和汇兑、托收承付、委托收款等结算方式进行货币给付及资金清算的行为。商业银行支付结算包括现金结算和转账结算两种。现金结算是指收付款双方直接以现金进行清算；而转账结算则是通过银行等支付中介将款项从付款人的账户转到收款人账户的货币收付行为。

二、支付结算系统的概念及构成

（一）支付结算系统的概念

中国国家现代化支付系统（China National Advanced Payment System，CNAPS）为世界银行技术援助贷款项目，主要提供商业银行之间跨行的支付清算服务，是为商业银行之间和商业银行与中国人民银行之间的支付业务提供最终资金清算的系统，是各商业银行电子汇兑系统资金清算的枢纽系统，是连接国内外银行的重要桥梁，也是金融市场的核心支持系统。它是利用现代计算机技术和通信网络自主开发建设的，能够高效、安全地处理各银行办理的异地、同城各种支付业务及其资金清算和货币市场交易的资金清算的应用系统。中国人民银行通过建设现代化支付系统，将逐步形成一个以中国现代化支付系统为核心，商业银行行内系统为基础，各地同城票据交换所并存，支撑多种支付工具的应用和满足社会各种经济活动支付需要的中国支付清算体系。

（二）支付结算系统的构成

现代化支付系统由大额实时支付子系统（Hign Value Payment System，HVPS）、小额批量支付系统（Bulk Electronic Payment System，BEPS）、中央银行会计集中核算系统、全国支票影像交换系统、银行业金融机构行内支付系统、银行卡支付系统六大应用系统组成。

中国现代化支付系统建有两级处理中心，即国家处理中心（NPC）和全国省会（首府）及深圳城市处理中心（CCPC）。国家处理中心分别与各城市处理中心连接，其通信网络采用专用网络，以地面通信为主，卫星通信备份。

政策性银行和商业银行是支付系统的重要参与者。各政策性银行、商业银行可利用行内系统通过省会（首府）城市的分支行与所在地的支付系统 CCPC 连接，也可由其总行与所在地的支付系统 CCPC 连接。同时，为解决中小金融机构结算和通汇难的问题，允许农村信用合作社自建通汇系统，比照商业银行与支付系统的连接方式处理；城市商业银行银行汇票业务的处理，由其按照支付系统的要求自行开发城市商业银行汇票处理中心，依托支付系统办理其银行汇票资金的移存和兑付的资金清算。

中央银行会计集中核算系统（ABS）是现代化支付系统运行的重要基础。为有效支持支付系统的建设和运行，加强会计管理，提高会计核算质量和效率，中央银行会计核算也将逐步集中。首先将县支行的会计核算集中到地市中心支行，并由地市中心支行的会计集中核算系统与支付系统 CCPC 远程连接。地市级（含）以上国库部门的国库会计核算系统（TBS）可以直接接入 CCPC，通过支付系统办理国库业务资金的汇划。

为有效支持公开市场操作、债券发行及兑付、债券交易的资金清算，公开市场操作系统、债券发行系统、中央债券簿记系统在物理上通过一个接口与支付系统 NPC 连接来处理人民币资金清算。而为保障外汇交易资金的及时清算，外汇交易中心还与支付系统上海 CCPC 进行了连接。另外，其还负责下载全国银行间资金拆借和归还业务数据，供中央银行对同业拆借业务的配对管理。

三、支付结算原则与纪律

（一）支付结算原则

支付结算的参与者进行支付结算应遵循以下三个原则：

（1）恪守信用，履约付款。

（2）谁的钱进谁的账，由谁支配。

（3）银行不垫款。

（二）支付结算纪律

为了保证支付结算各参与方的利益，确保支付结算的顺利进行，监管部门必须对支付结算各参与方进行纪律约束。

1. 单位和个人必须遵守的支付结算纪律

（1）不准出租、出借账户。

（2）不准签发空头支票和远期支票。

（3）不准套取银行信用。

（4）不准无理拒绝付款。

（5）不准违反规定开立和使用账户。

2. 银行必须遵守的支付结算纪律

（1）不准以任何理由压票、任意退票，截留挪用客户和他行资金。

（2）不准无理拒绝支付应由银行支付的票据款项。

（3）不准受理无理拒付，不扣、少扣滞纳金。

（4）不准违章签发、承兑、贴现票据，套取银行资金。

（5）不准签发空头银行汇票、银行本票和办理空头汇款。

（6）不准在支付结算制度之外规定附加条件，影响汇路畅通。

（7）不准违反规定为个人和单位开立账户。

（8）不准放弃对单位和个人违反支付结算纪律的制裁。

（9）不准拒绝受理、代理他行正常支付结算业务。

（10）按规定收取支付结算手续费，不多收、少收。

第二节 非现金支付结算工具的核算

商业银行非现金支付结算工具包括中国人民银行支付结算办法所规定的各种票据和各种支付结算方式。票据主要包括支票、银行本票、银行汇票和商业汇票。结算方式主要有汇兑、委托收款和托收承付等。

一、票据业务的核算

（一）支票的核算

1. 支票的含义

支票是出票人签发的，委托办理支票存款业务的银行在见票时无条件支付确定的金额给收款人或者持票人的票据。支票按照用途分为现金支票、转账支票和普通支票三种。现金支票只能用于支取现金；转账支票只能用于转账；普通支票既可以用于支取现金，也可以用于转账。

2. 支票的基本规定

（1）单位和个人在全国各地的各种款项结算均可使用支票。

（2）支票的出票人为在经中国人民银行当地分支行批准办理支票业务的银行开立可以使用支票的存款账户的单位和个人。

（3）签发支票必须记载以下事项：表明“支票”的字样；无条件支付的委托；确定的金额；付款人名称；出票日期；出票人签章。签发个人支票的，必须记载支付密码。欠缺记载上列事项之一的，支票无效。

（4）支票的付款人为支票上记载的出票人开户银行。

（5）转账支票允许连续背书转让，现金支票不能背书转让。

（6）签发现金支票和用于支取现金的普通支票，必须符合国家现金管理规定。

（7）支票丢失后，失票人可以及时通知付款人挂失止付。

(8) 支票的出票人预留银行签章是银行审核支票付款的依据。采用支付密码核验方式的,应与出票人签订协议约定使用支付密码作为审核支付支票金额的依据。

(9) 支票的提示付款期限自出票日起 10 日,中间遇节假日不顺延,到期日遇节假日可顺延。超过提示付款期限提示付款的,持票人开户银行不予受理。

(10) 支票的出票人签发支票的金额不得超过付款时在付款人处实有的存款金额,禁止签发空头支票。

(11) 持票人委托开户银行收款时,应做委托收款背书,在支票背面背书人签章栏签章、记载"委托收款"字样、背书日期,在被背书人栏记载开户银行名称。持票人持用于转账的支票向付款人提示付款时,应在支票背面背书人签章栏签章。收款人持用于支取现金的支票向付款人提示付款时,应在支票背面"收款人签章"处签章。持票人为个人的,还需交验本人身份证件,并在支票背面填明证件名称、号码、发证机关。

(12) 出票人签发空头支票、签章与预留银行签章不符的支票、使用支付密码支付而支付密码错误的支票,银行应予以退票,并按票面金额对出票人处以 5% 但不低于 1 000 元的罚款,持票人有权要求出票人赔偿支票金额 2% 的赔偿金。对屡次签发的,银行应停止其签发支票。

(13) 持票人可以委托开户银行收款或直接向付款人提示付款,用于支取现金的支票仅限于收款人向付款人提示付款。

(14) 签发支票应使用碳素墨水或墨汁填写,支票的出票日期和金额必须大写。

3. 现金支票的核算

出票人开户银行接到收款人持现金支票支取现金时,应认真审查。审查的主要内容包括:支票是否为按统一规定印制的凭证,支票是否真实,提示付款期限是否超过;支票填明的收款人名称是否为该收款人,收款人是否在支票背面"收款人签章"处签章,其签章是否与收款人一致;出票人的签章是否符合规定,并核对其签章与预留银行签章是否相符,使用支付密码的,其密码是否正确;支票的大小写金额是否一致;支票必须记载的事项是否齐全,出票金额、出票日期、收款人名称是否更改,其他记载事项的更改是否由原记载人签章证明;出票人账户是否有足够支付的款项;支取的现金是否符合国家现金管理的规定。

收款人为个人的,还应审查其身份证件,以及其在支票背面"收款人签章"处是否注明了身份证件名称、号码及发证机关。经审核无误后,支票作为借方凭证办理付款。其会计分录为:

借:吸收存款——出票人户

　　贷:库存现金

4. 转账支票的核算

如持票人、出票人在同一网点开户,银行受理持票人送来的转账支票和一式三联进账单时,应对支票认真审查。审查主要内容包括:支票是否为按统一规定印制的凭证,支票是否真实,提示付款期限是否超过,是否为远期支票;支票填明的持票人是否在本行开户,持票人的名称是否为该持票人,与进账单上的名称是否一致;出票人账户是否有足够支付的款项;出票人的签章是否符合规定,并核对其签章与预留银行签章是否相符,使用支付密码的,其密码是否正确;支票的大小写金额是否一致,与进账单的金额是否相符;支票必须记载的事项是否齐全,出票金额、出票日期、收款人名称是否更改,其他记载事项的更改是否由原记载人签章证明;背书转让的支票是否按规定的范围转让,其背书是否连续,签章是否符合规定,背书使用粘单的是否按规定在粘接处签章;持票人是否在支票的背面作委托收款背书。

经审查无误后,在转账支票及进账单第二、三联上加盖业务清讫章及柜员名章,在进账单第一联上加盖受理凭证专用章,支票作借方凭证,第二联进账单作贷方凭证,其会计分录为:

借:吸收存款——出票人户

　　贷:吸收存款——持票人户

转账后将第一联作受理回单交给持票人,第三联作入账通知交收款人。

如持票人、出票人在同一银行系统但不属同一核算网点,则出票人开户行和持票人开户行的会计分录分别为:

借:吸收存款——出票人户

　　贷:清算资金往来

借:清算资金往来

　　贷:吸收存款——持票人户

如持票人与出票人开户行属跨系统的,且通过跨行小额支付系统进行账务处理的,则由持票人开户行受理持票人提交的转账支票和进账单。由受理网点柜员通过跨行小额支付系统向出票行发出借记报文信息,并在进账单第一联上加盖受理凭证专用章及柜员名章后交持票人,专夹保管进账单第二、三联,将转账支票按同城票据交换有关规定及时提出交换。

出票行柜员审核借记报文信息及转账支票无误后,通过跨行小额支付系统进行回执处理,并在转账支票上加盖业务清讫章及柜员名章。会计分录为:

借:吸收存款——出票人户

　　贷:清算资金往来

持票人开户行收到出票行返回的贷记报文,确认入账成功后,持票人开户行柜员使用一式两联中国人民银行支付系统专用凭证打印来账报文,并加盖业务清讫章和柜员名章。原留底的第二、三联进账单作中国人民银行支付系统专用凭证第一联,即转账凭证的附件,中国人民银行支付系统专用凭证的第二联作收款人回单。会计分录为:

借:清算资金往来

　　贷:吸收存款——持票人户

出票人开户行受理出票人提交的转账支票和进账单。受理网点柜员通过跨行小额支付系统向持票人开户行发出贷记报文,并在进账单第一联上加盖受理凭证专用章及柜员名章后交持票人,在转账支票及进账单第二、三联上加盖业务清讫章及柜员名章。转账支票作借方凭证,进账单第三联作第二联贷方凭证的附件。会计分录为:

借:吸收存款——出票人户

　　贷:清算资金往来

持票人开户行收到出票行发送的贷记报文,确认入账成功后,持票人开户行柜员使用一式两联中国人民银行支付系统专用凭证打印来账报文,并加盖业务清讫章和柜员名章。中国人民银行支付系统专用凭证第一联作转账凭证,第二联作收款人的回单。会计分录为:

借:清算资金往来

　　贷:吸收存款——持票人户

如持票人与出票人开户行属跨系统的,且通过同城票据交换进行账务处理的,则由持票人开户行受理持票人提交的转账支票和进账单。由持票人开户行柜员通过全功能银行系统(NOVA)系统同城提出代付(收妥抵用)交易进行处理,并在进账单第一联上加盖受理凭证专用章及柜员名章后交持票人,专夹保管进账单第二、三联,将转账支票按照同城票据交换有关规定及时提出交换。待退票时间过后,第二联进账单作贷方凭证将款项转入持票人账户,在进账单第二、第三联上加盖业务清讫章及柜员名章,第三联作收款人回单。会计分录如下。

收妥抵用前:

借:清算资金往来——同城票据交换

　　贷:其他应付款——待提出票据交换及转汇款

收妥抵用后:

借:其他应付款——待提出票据交换及转汇款

　　贷:吸收存款——持票人户

出票人开户行收到同城交换提入的转账支票,审核转账支票及要素真实、完整、合规、正确后,通过行内系统进行账务处理,并在转账支票上加盖业务清讫章及柜员名章。会计分录为:

借:吸收存款——出票人户

　　贷:清算资金往来——同城票据交换

出票人开户行受理出票人提交的转账支票和进账单。受理网点柜员通过NOVA系统进行账务处理,并在进账单第一联上加盖受理凭证专用章及柜员名章后交持票人,在转账支票上加盖业务清讫章。进账单第二联上加盖当地中国人民银行规定的印章连同第三联按照同城票据交换规定及时提出交换。会计分录为:

借:吸收存款——出票人户

　　贷:其他应付款——待提出票据交换及转汇款

借:其他应付款——待提出票据交换及转汇款

　　贷:清算资金往来——同城票据交换

收款人开户行收到同城票据交换提入的第二、第三联进账单。收款人开户行柜员审核无误后,通过NOVA系统进行账务处理,并在进账单上加盖业务清讫章及柜员名章。进账单第二联作贷方凭证,第三联作收款人回单。会计分录为:

借:清算资金往来——同城票据交换

　　贷:吸收存款——持票人户

(二)银行本票的核算

1. 银行本票的含义

银行本票是银行签发的,承诺自己在见票时无条件支付确定的金额给收款人或者持票人的票据。

银行本票的出票人，为经中国人民银行当地分支行批准办理银行本票业务的银行机构。

银行本票的代理付款人是代理出票银行审核并支付银行本票款项的银行。

依托小额支付系统办理银行本票业务是指代理付款行与出票银行依托小额支付系统来实现银行本票信息的实时比对和资金清算。

银行本票付款业务须代理付款行先受理持票人提交的银行本票，在审核无误后，通过实时清算系统或小额支付系统发送银行本票相关信息至出票银行，并根据实时返回的信息进行办理。代理付款行与出票银行间的银行本票资金清算统一纳入实时清算系统或小额支付系统处理。

银行本票业务回执是指跨系统代理付款行将银行本票信息通过小额支付系统发送给出票银行，出票银行通过小额支付系统返还给代理付款行，对银行本票提示付款信息表明同意付款或拒绝付款的确认结果。

2. 银行本票的基本规定

(1) 单位和个人在同一票据交换区域内均可以使用银行本票支付各种款项。

(2) 签发银行本票必须记载下列事项：表明“银行本票”的字样；无条件支付的承诺；确定的金额；收款人名称；出票日期；出票人签章；密押。欠缺记载上述事项之一的银行本票无效。

(3) 银行本票可以用于转账，注明“现金”字样的银行本票可以用于支取现金。现金银行本票仅限系统内银行兑付，且不得转让。本票上未划去“现金”和“转账”字样的，一律按照转账银行本票办理。申请人或收款人为单位的，不得申请签发现金银行本票。

(4) 银行本票经主机系统签发，通过实时清算系统或小额支付系统发送相关信息至出票银行，并根据实时返回的相关信息办理银行本票付款业务。代理付款行与出票银行间的银行本票资金清算统一纳入实时清算系统或小额支付系统处理。

(5) 银行本票见票即付。银行本票的提示付款期限自出票日起最长不得超过2个月。超过付款期限提示付款的，代理付款行不予受理。

(6) 代理付款行解付银行本票后，银行本票凭证留存在代理付款行。

(7) 转账银行本票在付款期限内可以背书转让，现金银行本票不得背书转让。记载“不得转让”字样的银行本票不得背书转让。

(8) 银行本票业务包括出票、付款、结清、退款、挂失（解挂）等业务环节。出票、结清、退款、挂失环节必须经实时清算系统办理。在办理上述业务时，按照总行《关于做好联网核查公民身份信息系统推广应用工作的通知》的要求，必须通过联网核查系统验证公民（客户）身份信息。

(9) 以直联方式接入小额支付系统的银行可以办理小额支付系统银行本票出票和代理兑付业务。未以直联方式接入小额支付系统的银行可以代理方式办理小额支付系统银行本票的出票业务，但不能办理小额支付系统银行本票的代理兑付业务。

(10) 办理银行本票业务应遵循事权划分原则，并严格执行“印押证分管分用”的原则规定。

3. 出票行的处理

申请人申请使用银行本票，应填写一式三联业务委托书，并在业务委托书上加盖银行预留印鉴后提交出票行。出票行审核业务委托书及要素真实、完整、合规及申请人有足够支付的款项后办理银行本票签发。银行本票的出票日期必须大写，大、小写金额必须同时记载。出票日期、出票金额、密押和收款人名称不得更改。其他记载事项若有更改，应由原记载人签章证明。银行本票一律记名，应填写收款人名称。申请人在业务委托书的“附加信息及用途”栏内注明“不得转让”的，出票行应在银行本票正面注明“不得转让”字样。

银行本票印有“现金”“转账”字样的，用于转账的银行本票，应画去“现金”字样；用于支取现金的银行本票，应画去“转账”字样。出票行签发银行本票时，应加编密押，并将密押记载在银行本票的“出纳、复核、经办”栏内。在出票行签章处加盖“银行本票业务专用章”及授权的经办人签章。以直联方式接入小额支付系统的出票银行签发银行本票时，如银行本票专用章未启用12位银行机构代码，应将银行机构代码记载在票据号码下方。未以直联方式接入小额支付系统的出票银行，应在本票上记载以直联方式参加小额支付系统的代理行的12位银行机构代码。出票银行签发银行本票后，应将银行本票出票信息实时录入本行业务处理系统。通过代理清算行清算银行本票资金的，出票银行应于当日内将银行本票出票信息传递至代理清算行。出票行应通过实时清算系统进行银行本票的签发，并将签发的银行本票信息打印在业务委托书和银行本票（一式两联）上。同时，在业务委托书上加盖业务清讫章，在银行本票第二联上加盖银行本票专用章，在银行本票各联上加盖有权人名章。银行本票第二联与业务委托书第三联交申请人，银行本票第一联（本票卡片）与业务委托书第一、第二联送监督中心。会计分录为：

借：库存现金或吸收存款

　　贷：开出本票

4. 兑付银行本票的处理

持票人持转账银行本票提示付款，须填制一式三联进账单，并在银行本票背面“持票人向银行提示付款签章”处签章后连同转账银行本票交代理付款行。

持票人为个人的，应提交本人有效身份证件及复印件。如委托他人提示付款的，除提交原收款人有效身份证件及复印件外，还应提交被委托人有效身份证件及复印件。同时，应在银行本票背面“持票人向银行提示付款签章”处签章并注明身份证件名称、号码和发证机关。

代理付款行审核银行本票、进账单、个人持票人身份证件及要素真实、完整、合规后，通过实时清算系统或小额支付系统将银行本票信息录入主机系统，由出票行系统自动核验密押等银行本票信息，并使用通用机打凭证打印业务回执。

代理行在银行本票、进账单上加盖业务清讫章，由记账、授权柜员在银行本票上签章并记载兑付日期。随后，以银行本票作借方凭证，以打印的业务回执、身份证复印件作为进账单第二联贷方凭证的附件，并将进账单第一联与第三联交给持票人。会计分录如下。

如兑付本行签发的本票：

借：开出本票

　　贷：库存现金或吸收存款

或贷：清算资金往来（与代理付款行清算）

如兑付他行本票(本行为代理付款行):

借:清算资金往来

　　贷:吸收存款

(三)银行汇票的核算

1. 银行汇票的含义

银行汇票是出票银行签发的,由其在见票时按照实际结算金额无条件支付给收款人或者持票人的票据。银行汇票的出票银行为银行汇票的付款人。

2. 银行汇票的基本规定

(1)单位和个人各种款项结算,均可使用银行汇票。银行汇票可以用于转账,填明"现金"字样的银行汇票可以用于支取现金。

(2)企业单位不得使用现金银行汇票,银行不得为企业单位签发和解付现金银行汇票。签发现金银行汇票的,申请人和收款人必须均为个人,并交存现金。

(3)银行汇票必须记载以下事项:表明"银行汇票"的字样、无条件支付的承诺、出票金额、收付款人名称、出票日期及出票人签章。欠缺记载上列事项之一的,银行汇票无效。

(4)银行汇票的代理付款人是代理本系统出票行或跨系统签约银行审核支付汇票款项的银行。代理付款人不得受理未在本行开立存款账户的持票人为单位直接提交的银行汇票。跨系统银行签发的转账银行汇票的付款,应通过同城票据交换将银行汇票和解讫通知提交给同城的有关银行审核支付后抵用。

(5)收款人可以将银行汇票背书转让给被背书人。银行汇票的背书转让以不超过出票金额的实际结算金额为准。未填明实际结算金额和多余金额或实际结算金额超过出票金额的银行汇票不得背书转让。

(6)持票人向银行提示付款时,必须同时提交银行汇票和解讫通知,缺少任何一联,银行不予受理;申请人缺少解讫通知联要求退款的,出票行应在汇票提示付款期满一个月后办理。

(7)银行汇票的提示付款期限自出票日起1个月内。持票人超过付款期限提示付款的,代理付款行不予受理。

(8)收款人提示付款时,未填明实际结算金额和多余金额或实际结算金额超过出票金额的,银行不予受理。银行汇票实际结算金额不得更改,更改实际结算金额的银行汇票银行不予受理。

(9)持票人向开户银行提示付款时,应在汇票背面"持票人向银行提示付款签章"处签章,签章必须与预留银行印鉴相符。未在银行开立存款账户的个人持票人,可向选择的任何一家银行机构提示付款,提示付款时应在汇票背面"持票人向银行提示付款签章"处签章,并填明本人的身份证件名称、号码、发证机关,然后将身份证件和复印件一齐提交。

(10)持票人对填明"现金"字样的银行汇票,需要委托他人向银行提示付款的,应在银行汇票背面背书栏签章,记载"委托收款"字样、被委托人姓名和背书日期以及委托人的身份证件名称、号码、发证机关。被委托人向银行提示付款时,也应在银行汇票背面"持票人向银行提示付款签章"处签章,写下身份证件名称、号码、发证机关。银行应校验委托人和被委托人身份证件,并留存委托人和被委托人身份证件复印件备查。

(11) 实行大额付款确认制度。对签发银行汇票超过额度(额度和范围由各行自定或银企双方协商约定)或业务委托书在审查中认为有疑点的,银行应主动与申请人通过电话进行确认,查实后办理,并将通话时间、受话人、查实结果登记在委托书背面空白处以备查考。

(12) 办理银行汇票业务要坚持印押证分管分用的原则。

(13) 签发转账银行汇票一律不得填写代理付款行名称;签发现金银行汇票的,代理付款行名称和行号应与客户提交的业务委托书上填明的代理付款行保持一致。

3. 出票行的处理

申请人申请使用银行汇票,应填写一式三联业务委托书,并在业务委托书上加盖银行预留印鉴后提交出票行。

出票行审核业务委托书及要素是否真实、完整、合规及申请人有足够支付的款项后办理银行汇票签发。

出票行应通过实时清算系统进行银行汇票的签发,并将签发的银行汇票信息打印在业务委托书和银行汇票上。出票行应在业务委托书各联上加盖业务清讫章,在银行汇票第二、第四联上加盖银行汇票专用章和法定代表人或授权代理人名章,在银行汇票第一联上加盖经办、复核名章。出票行还应将银行汇票第二联“银行汇票联”和第三联“解讫通知”与业务委托书第三联一并交申请人,与申请人办理交接手续。银行专夹保管汇票第一、第四联,并将业务委托书第一、第二联加盖业务清讫章送监督中心。会计分录为:

借:吸收存款——××单位户

　　库存现金

　　贷:汇出汇款

4. 兑付银行汇票的处理

如为系统内汇票,代理付款行接到在本行开户的单位持票人直接交来的银行汇票、解讫通知和一式三联进账单时,应审核银行汇票、解讫通知、进账单是否真实、完整、合规。代理付款行对汇票有疑问的,应通过资金汇划系统向出票行发出查询确认,确认汇票真实可靠。对已确认伪造、变造、克隆的银行汇票应予以扣留,并立即报告业务主管或本行保卫部门。没收的假票按季上交,由二级分行运行管理部门集中登记保管。审核无误后代理付款行通过实时清算系统进行解付,使用通用机打凭证打印交易信息,并作为银行汇票卡片的附件。接着在进账单第一联上加盖受理凭证专用章和柜员名章,在进账单第二、第三联及银行汇票卡片、银行汇票、解讫通知上加盖业务清讫章和柜员名章。随后,将银行汇票卡片作为借方凭证,银行汇票、解讫通知作其附件;将进账单第二联作为贷方凭证;并将进账单第一、第三联交持票人。会计分录为:

借:清算资金往来

　　贷:吸收存款——××单位户

个人持票人需要兑付现金的,会计分录为:

借:清算资金往来

　　贷:应解汇款

同时:

借:应解汇款

　　贷:库存现金

如为跨系统汇票，银行接到在本行开户的持票人或未在本行开立账户的持票人为个人交来的跨系统银行汇票和解讫通知及一式三联进账单，应审核银行汇票、解讫通知、进账单是否真实、完整、合规。经审核无误后，在第一联进账单上加盖受理凭证专用章交持票人。接着，在银行汇票、解讫通知加盖当地中国人民银行规定的印鉴后，按同城票据交换的有关规定提交至代理付款行审查支付，并将进账单第二、第三联留底专夹保管。会计分录根据不同情况处理。

通过同城票据交换进行账务处理的情况如下。

提出交换：

借：清算资金往来——同城票据交换

　　贷：其他应付款——待提出票据交换及转汇款

收妥抵用时：

借：其他应付款——待提出票据交换及转汇款

　　贷：吸收存款——××单位户

代理付款行审查支付无误后，通过跨行支付系统进行账务处理的会计分录为：

借：清算资金往来

　　贷：吸收存款——××单位户

5. 银行汇票的结清

系统内银行汇票划回核销属实时清算汇划收报业务。银行汇票解付划回时，系统报文中的汇票号码、签发日期、金额及付款账号与收报方汇票登记簿中对应要素均相符，无多余款的，由系统自动销记收报行的汇出汇款户，并核销汇票登记簿相应汇票；有多余款的，由系统自动销记收报行的汇出汇款户，并核销汇票登记簿相应汇票记录，同时实现多余款记账或多余款挂账。接着，由银行使用一式两联资金汇划补充凭证进行打印，并在凭证上加盖业务清讫章。同时，抽出原专夹保管的汇票卡片，并填写实际结算金额。

汇票签发行实行手工核销。汇票签发行手工核销适用范围包括：原银行汇票付款人持未使用过的银行汇票到出票行办理未用退回；交换提回本行签发的银行汇票；原汇票付款人与汇票最终持有人为同一开户行客户的银行汇票；对汇票解付划回收报，因要素不符无法自动核销汇票登记簿的汇票。

汇票有多余款的，系统会根据具体情况自动作相应处理。申请人在本行开户的，系统自动入账并打印资金汇划汇票多余款记账凭证和客户回单，并将回单联加盖业务清讫章交申请人。申请人未在银行开立账户的，系统转挂账，通知申请人持申请书存根及本人身份证件来行办理领取手续。

全额解付时，会计分录为：

借：汇出汇款

　　贷：清算资金往来

有多余款时，会计分录为：

借：汇出汇款

　　贷：清算资金往来

　　　　吸收存款——××单位户

（四）商业汇票的核算

1. 商业汇票的含义

商业汇票是出票人签发的，委托付款人在指定日期无条件支付确定的金额给收款人或者持票人的票据。商业汇票根据承兑人的不同分为银行承兑汇票和商业承兑汇票。

银行承兑汇票是在承兑银行开立存款账户的存款人（即承兑申请人）签发的，经承兑银行承兑，在指定日期无条件支付确定金额给收款人或者持票人的票据。

商业承兑汇票是由付款人或收款人签发，经付款人承兑，在指定日期无条件支付确定金额给收款人或者持票人的票据。

2. 商业汇票的基本规定

（1）商业汇票必须记载以下事项：表明"商业承兑汇票"或"银行承兑汇票"的字样、无条件支付的承诺、出票金额、收付款人名称、出票日期及出票人签章。欠缺记载上列事项之一的，商业汇票无效。

（2）商业汇票的收、付款人必须是在银行开立存款账户的法人或其他组织，商业汇票在同城或异地均可使用。

（3）商业汇票的付款期限自出票日开始计算，最长为6个月，商业汇票的提示付款期限，自汇票到期日起10日，商业汇票只能转账，不能支取现金。

（4）持票人提示付款时，应通过开户银行委托收款或直接向付款人提示付款。

（5）商业汇票在提示付款期限内可以背书转让，其背书必须是连续的；出票银行在商业汇票上填明"不得转让"字样的以及做成委托收款背书的商业汇票不得背书转让。

（6）银行承兑汇票申请人在汇票到期日未能足额交存票款的，应对出票人尚未支付的汇票金额按照每日5‱计收利息。

3. 银行承兑汇票的处理

（1）承兑银行办理银行承兑汇票的处理。银行承兑汇票的出票人向银行申请承兑时，由信贷部门根据客户的信用等级核定应缴保证金比例，审查相关的单据、合同，同意后即可与出票人签署银行承兑协议，并将协议一联留存，另一联及其副本交运行管理部门。信贷部门通过信贷台账完成审批流程，并发出电子准签证。

（2）保证金的处理。银行在办理银行承兑汇票业务时，为降低风险应按客户信用等级和信贷管理规定收取一定比例的业务保证金。保证金专户必须实行封闭管理，用于支付对应到期的银行承兑汇票，不得提前支取保证金。保证金主账户集中由业务处理中心统一管理。客户缴存保证金应提交转账支票及一式三联进账单。承兑行审核并确认转账支票、进账单及要素真实、完整、合规后，依据信贷管理部门提交的银行承兑汇票审批表、承兑协议及信贷台账发出的缴存保证金电子准签证办理保证金缴存。接着，承兑行使用通用机打凭证打印保证金缴存信息，作转账支票的附件，并在进账单第一联上加盖受理凭证专用章交客户，以及在转账支票及进账单第二、第三联上加盖业务清讫章及经办员名章。会计分录为：

借：吸收存款——××单位户

　　贷：存入保证金

如果承兑申请人提供抵押、质押的，应纳入表外科目核算。

(3) 出票。柜员审查承兑协议及签发银行承兑汇票审批书、有权人的审批签章是否齐全，承兑申请人向承兑网点领购空白银行承兑汇票，按照银行承兑协议内容签发银行承兑汇票。柜员审核银行承兑汇票上各必须记载的事项是否齐全规范，并与承兑协议内容一致，汇票上承兑申请人账号、名称、签章与存款户账号、名称、预留签章是否相符。接着根据信贷部门签发的电子准签证，进行相关账务处理。随后，柜员按规定向承兑申请人收取承兑汇票工本费并按承兑金额5‰收取承兑手续费，在银行承兑汇票第二联上加盖"汇票专用章"和法人代表人或授权代理人的签章，将银行承兑汇票第一联连同承兑汇票审批表、承兑协议副本、不可撤销承诺函留存专夹保管，并把第二、第三联交承兑申请人。会计分录为：

借：吸收存款——××单位户

　贷：手续费及佣金收入

(4) 持票人开户行受理银行承兑汇票的处理。持票人持将要到期的银行承兑汇票，委托开户行向承兑银行提示付款时，应匡算至承兑银行的邮程，提前委托开户行收款，填制一式五联托收凭证，在"托收凭据名称"栏注明"银行承兑汇票"及汇票号码，并在第二联上加盖银行预留印鉴，连同银行承兑汇票提交其开户行。接着，由持票人开户行审核并确认银行承兑汇票、托收凭证及要素真实、完整、合规后，在托收凭证第一联上加盖受理凭证专用章，第三联加盖"结算专用章"，将第二联专夹保管，登记发出委托登记簿，并按照发出委托收款的手续处理其余手续。

持票人开户行接到承兑银行划回的汇票款项后，按照委托收款的款项划回手续进行处理。会计分录同委托收款业务。

(5) 银行承兑汇票到期时承兑行的处理。中国人民银行《支付结算办法》规定，汇票到期日，承兑银行应预先从承兑申请人账户收取票款，不足部分转作逾期贷款，会计分录为：

借：吸收存款——××单位户

　存入保证金

　贷款——逾期贷款——××单位户

　贷：应解汇款

承兑银行应接到持票人开户行寄来的托收凭证及银行承兑汇票后，将抽出专夹保管的汇票卡片和承兑协议副本及其他资料，认真审查票据是否真实、完整、合规，与留底资料是否一致。经审核无误后，于汇票到期日或到期日之后的见票当日，通过实时清算系统或同城票据交换或跨行支付系统将票据款项划转收款人开户银行。会计分录为：

借：应解汇款

　贷：清算资金往来

　　其他应付款(通过同城票据交换)

4. 商业承兑汇票的处理

(1) 持票人开户行受理商业承兑汇票的处理。持票人持将要到期的商业承兑汇票，委托开户行向付款人提示付款时，应匡算至付款人开户行的邮程，提前委托开户行收款，填制一式五联托收凭证，在"托收凭据名称"栏注明"商业承兑汇票"及汇票号码，并在第二联上加盖银行预留印鉴，连同银行承兑汇票提交其开户行。持票人开户行审核并确认银行承兑汇票、托收凭证及要素真实、完整、合规后,在托收凭证第一联上加盖受理凭证专用章,第三联上加盖“结算专用章”,专夹保管第二联,登记发出委托登记簿,并按照发出委托收款的手续处理其余手续。

持票人开户行接到付款人开户行划回的汇票款项后,按照委托收款的款项划回手续进行处理。会计分录同委托收款业务。

(2) 付款人开户行收到汇票付款时的业务处理。付款人开户行一旦收到持票人开户行寄来的委托收款凭证及汇票,经办柜员便会在审核并确认商业承兑汇票、托收凭证及要素真实、完整、合规,付款人确在本行开户,以及承兑人在汇票上的签章与预留银行的签章相符后,将第五联托收凭证交给付款人并办理签收手续,还会登记收到委托收款登记簿,记载更新表外账务。会计分录同委托收款业务。

付款人开户行接到付款人的付款通知或在付款人接到开户行的付款通知的次日起 3 日内仍未接到付款人的付款通知的,应按以下情况处理:

一是,付款人的银行账户有足够票款支付的,将票款划收款人开户银行,托收凭证第三联作借方凭证,商业承兑汇票作附件,同时使用内部记账凭证销记代收托收款项科目,销记收到委托登记簿。会计分录同委托收款业务。

二是,付款人的银行账户不足支付的,在托收凭证备注栏注明“付款人无款支付”字样,并填制一式三联支付结算通知/查询查复书,并加盖“结算专用章”。将支付结算通知/查询查复书第一联和托收凭证第三联留存备查,将第二、第三联支付结算通知/查询查复书同第四联托收凭证邮寄收款人开户行。同时,使用内部记账凭证销记代收托收款项科目分户账,手工销记收到委托收款登记簿。会计分录同委托收款业务。

银行在付款人接到通知日次日起 3 日内收到付款人的拒付款证明时,按照委托收款拒付手续处理。

二、结算方式的核算

(一) 汇兑的核算

1. 汇兑的含义

汇兑是汇款人委托银行将其款项支付给收款人的支付结算方式。

2. 汇兑的基本规定

(1) 汇兑凭证上记载收款人为个人的,收款人需要到汇入行领取汇款,向汇入行支取款项时,必须交验本人有效的身份证件。

(2) 汇款人派人到汇入行领取汇款,汇款人应在汇兑凭证各联的“收款人账号或住址”栏标明“留行待取”字样。“留行待取”的汇款需要指定单位的收款人领取汇款的,应注明收款人的单位名称;凭签章支取的,应使用信汇凭证办理,并在第四联凭证上加盖预留的收款人签章。

(3) 汇款人确定不得转汇的,应在汇兑凭证备注栏标明“不得转汇”字样。汇出行采用“信汇付款指令”的方式处理的汇兑业务在客户委托银行办理信汇业务时,发报经办行将款项通过资金汇划清算系统划拨,然后在信汇凭证第三联上加盖“结算专用章”,连同有关凭证通过邮局寄发收报经办行。

(4) 汇款人和收款人均为个人需要在汇入行支取现金的,汇款人应交存现金,并在业务委托书或信汇凭证“汇款金额”大写栏先填写“现金”字样，后填写汇款金额。

(5) 汇出银行受理汇款人签发的汇兑凭证，经审核无误后，应及时向汇入银行办理汇款，并向汇款人签发汇款回单。汇款回单只能作为汇出银行受理汇款的依据，不能作为该笔汇款已转入收款人账户的证明。

(6) 汇入银行对开立存款账户的收款人，应将汇给其的款项直接转入收款人账户，并向其发出收账通知。收账通知是银行将款项确已收入收款人账户的凭据。对未开立存款账户的收款人，应将款项转入“应解汇款”科目核算。

(7) 汇款人对汇出银行尚未汇出的款项可以申请撤销。申请撤销时，应出具正式函件或本人有效身份证件及原业务委托书回单。汇出银行查明未汇出款项的，收回原回单，方可办理撤销。

(8) 汇款人要求退汇时，收款人在汇入行开立账户的，由汇款人与收款人自行联系退汇；收款人未在汇入行开立账户的，应由汇款人备函和本人有效身份证件连同原业务委托书或信汇凭证或电汇凭证回单交汇出行办理退汇。

(9) 汇入行对收款人拒绝接受的汇款，应立即办理退汇。对于向收款人发出取款通知，经 2 个月收款人尚未来行办理取款手续或在规定期限内汇入行已寄出通知，但因收款人住址迁移或其他原因，以致该笔汇款无人受领时，汇入行可以主动办理退汇。

(10) 转汇银行不得受理汇款人或汇出银行对汇款的撤销或退汇。

3. 汇出行的处理

汇款人委托银行办理汇兑业务时，应填制并向受理行提交一式三联业务委托书或一式四联信汇凭证或一式三联电汇凭证。受理行柜员审核并确认汇兑凭证及要素真实、完整、合规后，通过实时清算系统或跨行支付系统或同城票据交换系统办理汇兑业务，并按照中间业务收费标准收取汇划费。

采用业务委托书方式办理汇兑业务的，汇款人委托银行应在业务委托书各联上加盖业务清讫章。同时，还应将业务委托书第一联作借方凭证，第二联为发报的依据，第三联作为回单交给客户。

对于凭签章支取等汇出行采用“信汇付款指令”方式办理汇兑业务的，汇款人委托银行应复印信汇凭证第三、第四联并经主管审批后作发报依据。同时，使用通用机打凭证打印交易信息，作为借方凭证的附件。另外，还应在信汇凭证第一、第二联上加盖业务清讫章，第一联作为客户回单交给客户，第二联作为借方凭证；在信汇凭证第三联上加盖结算专用章，连同第四联及有关凭证通过邮局寄汇入行。受理的信汇凭证，必须由当日最迟于次日寄出。会计分录视不同情况处理。

如通过实时清算系统办理汇兑业务，则其会计分录为：

借：吸收存款——汇款申请人户

　　库存现金

　　贷：清算资金往来

如通过大额跨行支付系统办理汇兑业务，则其会计分录：

借：吸收存款——汇款申请人户

　　库存现金

　　贷：待处理汇划款项

借:待处理汇划款项

　　贷:清算资金往来

如通过小额跨行支付系统办理汇兑业务,则其会计分录:

借:吸收存款——汇款申请人户

　　库存现金

　　贷:清算资金往来

汇出行收取汇兑业务手续费的会计分录为:

借:吸收存款——汇款申请人户

　　库存现金

　　贷:手续费及佣金收入

4. 汇入行的处理

汇入行收到汇款报文,填制一式两联资金汇划补充凭证,进行账务处理,会计分录为:

借:清算资金往来——营业机构往来(同城清算)

　　贷:××科目——××户

借:上存辖内款项——上存辖内备付金

　　贷:清算资金往来——营业机构往来(同城清算)

未在银行开立存款账户的收款人,以收款人姓名开立应解汇款户的,该账户只付不收,付完清户,不计付利息。汇款人指定汇入行的,必须由指定的汇入行办理付款,其他行处均不得办理。会计分录为:

借:清算资金往来

　　贷:应解汇款

收款人不论是一次支取,还是分次支取,都应由本人来行交验其本人有效身份证件并办理支款手续,分次支取的应以预留身份证复印件及签章作为下次支款审查的依据。

收款人来行办理取款,"留行待取"的,汇入行应向收款人问明情况,抽出汇兑凭证收账通知联,认真审查收款人本人有效身份证件,保留身份证复印件备查。

需要支取现金的,汇兑凭证或收报凭证上必须有汇出银行按规定填明的"现金"字样,应一次办理现金支付手续;未注明"现金"字样,需要支取现金的,由汇入银行按照现金管理规定审查支付。汇入行应填制一联内部记账凭证作现金付出凭证,并加盖业务清讫章,汇兑凭证或机制补充凭证的收账通知联及身份复印件作为其附件。会计分录为:

借:应解汇款

　　贷:库存现金

分次支取时,收款人应填制支款凭证,加盖其预留印鉴,并提交本人的身份证件。汇入行审核其签章、身份证件与其预留印鉴、身份证件复印件核对相符后,办理支款手续。待最后结清时,将汇兑凭证收账通知联作借方凭证附件。会计分录为:

借:应解汇款

　　贷:相关科目

（二）托收承付的核算

1. 托收承付的含义

托收承付是根据购销合同由收款人发货后委托银行向异地付款人收取款项，由付款人向银行承认付款的结算方式。托收承付分为托收和承付两个环节。

2. 托收承付的基本规定

（1）使用托收承付结算方式的收款单位和付款单位，必须是国有企业、供销合作社以及经营管理较好，并经开户银行审查同意的城乡集体所有制工业企业。

（2）办理托收承付结算的款项，必须有商品交易或属因商品交易而产生的劳务供应的款项。

（3）收付双方使用托收承付结算必须是签有符合《经济合同法》的购销合同，并在合同上注明使用托收承付结算方式。

（4）收款人对同一付款人发货托收累计 3 次收不回货款的情况，收款人开户银行应暂停收款人向该付款人办理托收；付款人累计 3 次提出无理拒付的情况，付款人开户银行应暂停其向外办理托收。

（5）收款人凭商品确已发运的证件（包括铁路、航运、公路等运输部门签发运单、运单副本和邮局包裹回执）办理托收。

（6）托收承付结算每笔金额起点为 10 000 元。新华书店系统每笔的金额起点为 1 000 元。

（7）承付货款分为验单付款和验货付款两种，由收付双方商量选用，并在合同中明确规定。

验单付款的承付期为 3 天，从付款人开户银行发出承付通知的次日（付款人来行自取的，为银行收到托收凭证日的次日）算起（承付期内遇法定休假日顺延），必须邮寄的应加邮寄时间。付款人在承付期内未向银行表示拒绝付款，银行即视作承付，并在承付期满的次日上午银行开始营业时，将款项主动从付款人的账户内付出，按照收款人指定的付款方式，划给收款人。

验货付款的承付期为 10 天，从运输部门向付款人发出提货通知的次日算起。对收付双方在合同中明确规定，并在托收凭证上注明验货付款期限的，银行从其规定。

付款人在银行发出承付通知的次日起 10 日内，未收到提货通知的，应在第 10 天将货物尚未到达的情况通知银行。在第 10 天付款人没有通知银行的，银行即视作已验货，同意付款。在第 10 天付款人通知银行货物未到，而以后收到提货通知没有及时送交银行，银行仍按 10 天期满的次日作为划款日期，并按超过的天数计扣逾期付款赔偿金。采用验货付款的，收款人必须在托收凭证上加盖“验货付款”字样戳记。未注明验货付款的，经付款人提出合同证明是验货付款的，银行可按验货付款处理。

无论是验单付款或验货付款，付款人都可以在承付期内提前向银行表示承付，并通知银行提前付款；因商品的价格、数量或金额变动，付款人应多承付款项的，须在承付期内向银行提出书面通知，银行据以划付款项。付款人不得在承付货款中扣抵其他款项或以前托收的货款。

（8）付款人在承付期满日银行营业终了时，如无足够资金支付，其不足部分，即为逾期未付款项，按逾期付款处理。付款人开户行对付款人逾期支付的款项，应当根据逾期付款金额和逾期天数，按每天 5‰ 计算逾期付款赔偿金。赔偿金实行定期扣付,每月计算一次,于次月3日内单独划给收款人。付款人开户银行对付款人逾期未能付款的情况,应当及时通知收款人开户银行,由其转知收款人。付款人开户银行要随时掌握付款人账户逾期未付的资金情况,俟账户有款时,必须将逾期未付款项和应付的赔偿金及时扣划给收款人,不得拖延扣划。付款人开户银行对不履行合同规定、三次拖欠货款的付款人,应当通知收款人开户银行转知收款人,停止对该付款人办理托收。付款人开户银行对逾期未付的托收凭证,负责进行扣款的期限为3个月(从承付期满日算起)。

(9) 付款人按规定可以全部拒绝付款和部分拒绝付款。

3. 托收承付的处理

(1) 收款人开户行受理托收承付的处理。客户办理托收承付业务时,填写托收凭证,在托收凭证第二联上加盖其预留银行签章,并选择邮划或电划后,连同发运证件或其他符合托收承付结算的有关证明和交易单证提交其开户银行。

收款人开户行审核并确认托收凭证、有关单证及要素真实、完整、合规后登记"发出托收承付/委托收款登记簿",并更新表外应收托收款项。对收款人向银行提交发运证件需要带回保管和自寄的,应在各联托收凭证和发运证件上加盖"已验发运证件"戳记后将发运证件退给收款人。

收款人开户行将托收凭证第一联加盖受理凭证专用章后退给收款人,第二联留存专夹保管,第三联(借方凭证)加盖结算专用章,连同第四联及第五联和所附交易单证,一并寄交付款人开户银行。

(2) 付款人开户行的处理。付款人开户行接到收款人开户行寄来的第三、第四、第五联托收凭证及相关单证时,应审查付款人是否在本行开户,所附单证的张数与凭证记载是否相符。对非属本行开户的托收凭证误寄本行的应代为转寄,并将情况通知收款人开户行。如不能肯定收款人开户行时,则退回原托收行。

审核无误的,付款人开户行应在凭证上填写收到日期和承付期,手工登记"收到托收登记簿"的同时填制内部记账凭证,将付款人应承付的款项记入"代收托收款项"科目。还应将第三、第四联托收凭证专夹保管,并将第五联托收凭证加盖结算专用章,连同交易单证一并及时交给付款人。

付款人开户行根据收付款人约定的验单付款或验货付款确定承付期限,在承付期限到期日次日开始营业时视付款人账户存款余额及有无办理拒付手续分别进行处理。

如为全额付款,付款人在承付期满日开户行营业终了前,账户有足够资金支付全部款项的,付款人开户行应在次日上午开门营业时(遇法定休假日顺延)从付款人存款账户扣划托收款项,并以第三联托收凭证作借方凭证,第四联托收凭证作为发报依据。另外,还要在第三联托收凭证上加盖业务清讫章。会计分录为:

借:吸收存款

　　贷:清算资金往来

转账后手工销记"发出托收承付/委托收款登记簿",填制内部记账凭证,并销记表外应收托收款项,在内部记账凭证加盖业务清讫章。

跨系统的托收承付付款后,应按照"跨行款项,相互转汇"的办法,双设机构地区,第四联托收凭证填注支付日期,并加盖结算专用章及当地中国人民银行规定加盖的印章随转汇清单和划收凭证交转汇行。

如为提前承付,付款人在承付期满前通知银行提前付款,银行划款可按全额付款的手续办理。

如为多承付,付款人应填制四联“多承付理由书”[以托收承付、委托收款结算全部(部分)拒绝付款理由书改用]提交开户行。开户行审查并确认托收承付、委托收款结算全部(部分)拒绝付款理由书及要素真实、完整、合规后,在托收凭证及“收到托收登记簿”备注栏注明多承付的金额。接着,开户行应在托收承付、委托收款结算全部(部分)拒绝付款理由书第一、第二联上加盖业务清讫章,并将第一联作为回单交给付款人,第二联作为借方凭证,第三联托收凭证作其附件,将第三、第四联多承付理由书寄送收款人开户行,将第四联托收凭证作清算资金往来科目凭证的附件。

付款人在承付期满日银行营业终了时,如无足够资金支付,其不足部分,即为逾期未付款项,按逾期付款处理。付款人开户行对付款人逾期支付的款项,应当根据逾期付款金额和逾期天数,按每天5‱计算逾期付款赔偿金。

逾期付款天数从承付期满日算起。承付期满日银行营业终了时,付款人如无足够资金支付,其不足部分,应当算作逾期1天,计算1天的赔偿金。在承付期满的次日(遇法定休假日,逾期付款赔偿金的天数计算相应顺延,但在以后遇法定休假日应当照算逾期付款天数)银行营业终了时,仍无足够资金支付,其不足部分,应当算作逾期2天,计算2天的赔偿金,以此类推。银行审查拒绝付款期间,不能算作付款人逾期付款,但对无理的拒绝付款,而增加银行审查时间的,应从承付期满日起计算逾期付款的赔偿金。

赔偿金实行定期扣付,每月计算一次,于次月3日内单独划给收款人。在月内有部分付款的,其赔偿金随同部分支付的款项划给收款人,对尚未支付的款项,月终再计算赔偿金,于次月3日内划给收款人;次月又有部分付款时,从当月1日起计算赔偿金随同部分支付的款项划给收款人,对尚未支付的款项,从当月1日起至月终再计算赔偿金,于第3月3日划给收款人。第3月仍有部分付款的,按照上述方法计扣赔偿金。

赔偿金的扣付列为企业销货收入扣款顺序的首位。付款人账户余额不足全额支付时,应排列在工资之前,并对该账户采取“只收不付”的控制办法,待一次足额扣付赔偿金后,才准予办理其他款项的支付。付款人开户银行对付款人逾期未能付款的情况,应当及时通知收款人开户银行,由其转知收款人。付款人开户银行要随时掌握付款人账户逾期未付的资金情况,俟账户有款时,必须将逾期未付款项和应付的赔偿金及时扣划给收款人,不得拖延扣划。在各单位的流动资金账户内扣付货款,要严格按照国务院关于国有企业销货收入扣款顺序的规定(即从企业销货收入中预留工资后,按照应缴纳税款、到期贷款、应偿付货款、应上缴利润的顺序)扣款,同类性质的款项按照应付时间的先后顺序扣款。

付款人开户银行对不履行合同规定、三次拖欠货款的付款人,应当通知收款人开户银行转知收款人,停止对该付款人办理托收。收款人不听劝告,继续对该付款人办理托收,付款人开户银行对发出通知的次日起1个月之后收到的托收凭证,可以拒绝受理,注明理由,退回原件。

付款人开户银行负责对逾期未付的托收凭证进行期限为3个月的扣款(从承付

期满日算起)。在此期限内,银行必须按照扣款顺序陆续扣款。期满时,付款人仍无足够资金支付该笔尚未付清的欠款,银行应于次日通知付款人将有关交易单证(单证已做账务处理或已部分支付的,可以填制应付款项证明单)在2日内退回银行。银行将有关结算凭证连同交易单证或应付款项证明单退回收款人开户银行转交收款人,并将应付的赔偿金划给收款人。

对付款人逾期不退回单证的,开户银行应当自发出通知的第3天起,按照该笔尚未付清欠款的金额,每天处以万分之五但不低于50元的罚款,并暂停付款人向外办理结算业务,直到退回单证为止。具体处理手续如下。

① 付款人在承付期满日开户行营业终了前,账户无款支付的,付款人开户行应在托收凭证和登记簿备注栏分别注明"逾期付款"字样或注销登记簿并填制一式三联"托收承付结算到期未收通知书"(以支付结算通知书/查询查复通知书代),并加盖结算专用章。接着,将第一、第二联通知书寄收款人开户行,第三联通知书留存。随后,俟付款人账户有款时可以一次或分次扣款,将逾期付款的款项连同赔偿金一并划给收款人。会计分录同全额付款。

② 每月单独扣付赔偿金时,付款人开户行应填制特种转账借方凭证二联、特种转账贷方凭证一联,并注明原托收号码及金额,在转账原因栏注明"第×个月逾期付款的金额及相应扣付赔偿金的金额",并在特种转账凭证上加盖业务清讫章。其中,一联特种转账借方凭证作借方凭证;另一联特种转账借方凭证作回单交付款人,并在凭证备注栏注明"第×个月扣付赔偿金的金额";一联特种转账贷方凭证作贷方凭证。会计分录同全额付款。

③ 逾期付款期满,付款人账户不能全额或部分支付该笔托收款项的,开户行应向付款人发出索回单证的通知一式四联(以支付结算通知书/查询查复通知书代),并加盖结算专用章。其中,第一联通知书给付款人,第二联通知书加第三联托收凭证一并留存备查,第三、第四联通知书及第四、第五联托收凭证及有关单证一并寄收款人开户行。

如为部分付款,付款人在承付期满日开户行营业终了前账户只能部分支付款项的,付款人开户行应在托收凭证上注明当天可以扣付的金额,还应在特种转账借方凭证二联、特种转账贷方凭证一联的备注栏分别注明已承付和未承付的金额,并批注"部分付款"字样并加盖业务清讫章。随后,付款人开户行应将一联特种转账借方凭证作借方凭证,另一联加盖业务清讫章作回单交给付款人。会计分录同全额付款。

付款人开户行要随时掌握付款人账户余额,以便将未承付部分款项及时地分次划转到收款人开户行,并逐次扣收逾期付款赔偿金。其余手续与上述相同。最后清偿完毕时,付款人开户行应在托收凭证上注明"扣清"字样,将托收凭证作借方凭证的附件,并销记收到托收登记簿。

如为全部拒绝付款,付款人必须填写一式四联托收承付、委托收款结算全部(部分)拒绝付款理由书并签章,注明拒绝付款理由,涉及合同的应引证合同上的有关条款。其中,理由属于商品质量问题,需要出具商品检查部门的检验证明;属于商品数量问题,需要出具数量问题的证明及有关数量记录;属于外贸部门进口商品,应当出具国家商品检验或运输等部门出具的证明。

付款人应将托收承付、委托收款结算全部(部分)拒绝付款理由书、有关的拒付证明、第五联托收凭证及所附单证送交开户行。

付款人开户银行要严格按照支付结算办法有关托收承付拒绝付款的规定对付款人提出的拒绝付款进行认真审查。对拒绝付款的手续不全、依据不足、理由不合规定和不属于支付结算办法有关托收承付中七种可以拒绝付款情况的,以及超过承付期拒付或应部分拒付却提出为全部拒付的,均不受理。对于军品的拒付,银行不审查拒付理由。

对符合规定同意拒付的,必须经业务主管人员审查,金额较大的要报经主管行长(主任)批准后方可办理拒付。未经批准,任何人不得擅自受理拒付或自行拒付退票,受理拒付时应在拒付理由书上签注意见,由经办人员和业务主管人员签章,经行长(主任)审批的,应由其签章,并在托收凭证和登记簿备注栏注明“全部拒付”字样。

如为部分拒绝付款,付款人应填制一式四联拒绝付款理由书并签章,连同有关的拒付证明、拒付部分商品清单送交开户银行。开户行应按照全部拒付的审查程序和要求审查。对不符合规定的不予办理拒付。对符合规定同意拒付的,依照全部拒绝付款的审查手续办理,并在托收凭证备注栏注明“部分拒付”的字样及部分拒付金额。对同意承付部分,开户行应在各联拒付理由书上加盖业务清讫章,并将第二联拒付理由书作借方凭证,第三联托收凭证作借方凭证附件;将第一联拒付理由书作回单交给付款人;将第三、第四联拒付理由书连同拒付部分的商品清单和有关证明一并寄收款人开户行;将第四联托收凭证作“清算资金往来”科目凭证的附件。会计分录同全额付款。

(3) 收款人开户行办理托收款项划回的处理。如为全额划回,收款人开户行收报记账确认后,系统会自动将托收款项记入收款人账户。此时,收款人开户行应打印一式两联资金汇划补充凭证或中国人民银行支付系统专用凭证,并将留存的第二联托收凭证抽出同资金汇划凭证进行核对。随后,还应在资金汇划凭证各联上加盖业务清讫章,将第二联托收凭证作资金汇划凭证记账联的附件,并将资金汇划凭证回单联作收账通知交给收款人。同时手工核销“发出托收登记簿”,填制内部记账凭证销记表外应收托收款项,并在凭证上加盖业务清讫章。会计分录为:

借:清算资金往来

　　贷:吸收存款——收款人户

如为多承付,收款人开户行接到付款人开户行第三、第四联多承付理由书后,收款人开户行应打印一式两联资金汇划补充凭证或中国人民银行支付系统专用凭证,抽出留存的第二联托收凭证,在备注栏注明多承付的金额。随后,还应在资金汇划凭证各联上加盖业务清讫章,将第三联多承付理由书作资金汇划凭证记账联的附件,并将资金汇划凭证回单联及第四联多承付理由书交给收款人。会计分录同全额划回。

如为逾期划回、无款支付退回凭证或单独划回赔偿金,逾期划回比照部分划回的有关手续处理。对于单独划回赔偿金的,在留存第二联托收凭证上注明“第×个月划回的赔偿金的金额”。收款人开户行在逾期付款期满后接到二联无款支付通知书和有关单证,经审核无误后,手工销记发出托收登记簿和应收托收款项科目分户账,同时抽出第二联托收凭证,并在该联凭证备注栏注明“无款支付”字样,然后将第四、第五联托收凭证(部分无款支付系第四联托收凭证)及一联无款支付通知书和有关单证退给收款人。收款人在另一联无款支付通知书上签收,连同第二联托收凭证一并留存备查。会计分录同全额划回。

如为部分划回(部分付款),收款人开户行接到部分划回的款项信息后,应打印一式两联资金汇划补充凭证或中国人民银行支付系统专用凭证,加盖业务清讫章,并在一联作贷方记账凭证上注明部分划回的金额。最后清偿完毕时,在第二联托收凭证上注明结算终了日期,并手工销记发出托收登记簿。会计分录同全额划回。

如为全部拒绝付款,收款人开户行接到第四、五联托收凭证及有关单证和第三、四联全部拒绝付款理由书及拒绝证明,经核对无误后,应抽出第二联托收凭证,在该联备注栏注明“全部拒付”字样,销记发出托收登记簿和应收托收款项,并将第四、五联托收凭证及有关单证和第四联拒付理由书及拒付证明退给收款人。第三联拒绝付款理由书由收款人签收后,应连同第二联托收凭证一并由其留存备查。

如为部分拒绝付款,收款人开户行接到通过实时清算系统或跨行支付系统划回的部分拒付的承付额后,应打印一式两联资金汇划补充凭证或中国人民银行支付系统专用凭证,并加盖业务清讫章,与第三、四联部分拒绝付款理由书及拒付部分的商品清单、证明核对相符后,抽出第二联托收凭证,并在该联备注栏注明“部分拒付”字样以及日期和部分拒付金额。如部分拒付的情况下,部分承付金额是分次划回的,对划回的款项应比照部分划回的有关手续处理,并将每次划回的金额在托收凭证上注明。会计分录同全额划回。

(三) 委托收款的核算

1. 委托收款的含义

委托收款是收款人委托银行向付款人收取款项的结算方式。

2. 委托收款的基本规定

(1) 单位和个人凭已承兑的商业汇票、债券、存单、国内信用证等付款人债务证明办理款项的结算,均可以使用委托收款的结算方式。委托收款在同城、异地均可使用。

(2) 委托收款凭证必须记载下列事项:表明“委托收款”的字样;确定的金额;付款人名称;收款人名称;委托收款凭据名称及附寄单证张数;委托日期;收款人签章。欠缺记载上述事项之一的,银行不予受理。

(3) 委托收款以银行外的单位为付款人的,委托凭证必须记载付款人开户行名称;以银行外的单位或在银行开立存款账户的个人为收款人的,委托凭证必须记载收款人开户行名称;未在银行开立存款账户的个人为收款人的,委托凭证必须记载被委托银行名称。欠缺上述记载事项之一的,银行不予受理。

(4) 以银行为付款人的,银行应在当日将款项主动支付给收款人。以单位为付款人的,银行应及时通知付款人,按照有关办法规定,需要将有关债务证明交给付款人的应交给付款人,并由其签收。

(5) 付款人未在接到通知日的次日起 3 日内通知银行付款的,视同付款人同意付款,银行应于付款人接到通知日的次日起第 4 日上午开始营业时,将款项划给收款人。

(6) 付款人审查有关债务证明后,对收款人委托收取的款项需要拒绝付款的,可以办理拒绝付款。

付款人为银行的,银行应在收到委托收款凭证及债务证明的次日起 3 日内出具拒绝证明,并连同债务证明、委托收款凭证经收款人开户行转交收款人。

付款人为单位的,付款人应在收到委托收款凭证及债务证明的次日起 3 日内出具拒绝证明,送交其开户行;持有债务证明的,连同债务证明一并送交其开户银行。

(7) 在同城范围内,收款人收取公用事业费或根据国务院的规定,可以使用同城特约委托收款。收取公用事业费,必须具有收付双方事先签订的经济合同,由付款人向开户行授权,并经开户银行同意,报经中国人民银行当地分支行批准。

3. 委托收款的处理

(1) 收款人开户行受理委托收款的处理。收款人办理委托收款时,应填写并提交一式五联托收凭证,并在第二联上签章,连同债务证明送交其开户行。收款人开户行审核并确认托收凭证及要素真实、完整、合规后,在第一联托收凭证上加盖受理凭证专用章,交给收款人;将第二联专夹保管,并手工登记发出委托收款凭证登记簿;在第三联上加盖结算专用章,连同第四、第五联凭证及有关债务证明一并寄交付款人开户行。

(2) 付款人开户行办理委托收款的处理。付款人开户行接到收款人开户行寄来的第三、第四、第五联托收凭证及有关债务证明时,应审查并确认托收凭证属于本行,而且真实、完整、合规后,在凭证上填注收到日期。接着,根据托收凭证第三、第四联,手工登记收到委托收款凭证登记簿,并将第三、第四联委托收款凭证留存专夹保管。

如付款人为银行(银行承兑汇票的托收),对于委托收款凭据已到期并在付款期限内的,银行应在收到委托收款凭证的当日将款项主动支付给收款人;对于委托收款凭据未到期的,银行应在到期日再将款项主动支付给收款人。款项通过实时清算系统或跨行支付系统或同城票据交换划转收款人开户行,打印通用机打凭证作为借方凭证附件。随后,应在托收凭证第三、第四联上加盖业务清讫章,将第三联委托收款凭证作借方凭证,将有关债务证明和第五联付款通知作借方凭证附件,第四联作汇划发报凭证。会计分录同实时资金清算系统和跨行支付系统收发报章节。

如付款人为单位,银行在接到委托收款凭证和有关债务证明时,应在第五联托收凭证上加盖结算专用章,连同应交给付款人的有关债务证明及时交给付款人,并由付款人在第三联托收凭证上签收。付款人应于接到付款通知的当日书面通知银行付款。付款人未在接到通知日的次日起 3 日内通知银行付款的,视同付款人同意付款,银行应于付款人接到通知日的次日起第 4 日上午开始营业时,将款项划给收款人。付款人提前收到由其付款的债务证明,应通知银行于债务证明的到期日付款。付款人接到通知日的次日起第 4 日在债务证明到期日之前的,银行应于债务证明到期日将款项划给收款人。

银行在办理划款时,付款人存款账户不足支付时,应通过收款人开户行向收款人发出未付款项通知书。债务证明留存付款人开户行的,应将债务证明连同未付款项通知书邮寄收款人开户行转交收款人。在付款人签收日的次日起第 4 天上午开始营业时,付款人账户足够支付全部款项的,付款人开户行应通过实时清算系统或跨行支付系统或同城票据交换系统将款项划转收款人开户行,并打印通用机打凭证作为借方凭证附件,在第三、四联托收凭证上加盖业务清讫章,并将第三联作借方凭证,留存的债务证明作借方凭证附件,第四联作为发报依据。同时,手工销记收到委托收款凭证登记簿。银行在办理划款时,付款人账户不足支付全部款项的,银行应在委托收款凭证注明退回日期和“无款支付”字样,并填制三联付款人未付款项通知书(以支付结算通知/查询查复书代),并将第一联通知书和第三联委托收款凭证留存备查,将第二、第三联通知书同第四联委托收款凭证邮寄收款人开户行。留存债务证明的,应将债务证明一并邮寄收款人开户行。此外,还应手工销记收到委托收款凭证登记簿。

如付款人拒绝付款,付款人应在签收日的次日起 3 天内,填制一式四联托收承付、委托收款结算全部(部分)拒绝付款理由书并签章,连同持有的债务证明和第五联委托收款凭证送交其开户银行。付款人开户银行审核并确认托收承付、委托收款结算全部(部分)拒绝付款理由书及要素真实、完整、合规后,应将第一联拒付理由书加盖结算专用章作为回单退给付款人,将第二联拒付理由书连同第三联托收凭证一并留存备查,将第三、第四联拒付理由书连同付款人提交或本行留存的债务证明和第四、第五联托收凭证一并寄交收款人开户行。同时,手工销记收到委托收款凭证登记簿。

(3) 收款人开户行办理委托收款划回的处理。托收款项划回时,收款人开户行收到付款人开户行发出的实时或批量收报报文,收报记账确认后,系统会自动将委收款项记入收款人账户。此时收款人开户行应打印一式两联资金汇划补充凭证或中国人民银行支付系统专用凭证,并将留存的第二联委托收款凭证抽出同资金汇划凭证进行核对。接着,还应在资金汇划凭证各联上加盖业务清讫章,将第二联托收凭证作资金汇划凭证记账联的附件,并将资金汇划凭证回单联作收账通知交给收款人。同时还应手工核销“发出托收登记簿”,填制内部记账凭证销记表外应收托收款项,并在凭证上加盖业务清讫章。会计分录为:

借:清算资金往来

　贷:吸收存款——收款人户

如付款人拒绝付款,收款人开户行应在接到付款人开户行寄回的第四、五联托收凭证和第二、三联拒绝付款理由书及相关的债务证明后,抽出留存托收凭证第二联,在该联凭证“备注栏”注明“无款支付”字样,并销记发出委托收款凭证登记簿,还应使用内部记账凭证销记表外账,在内部记账凭证上加盖业务清讫章,并将第四、五联托收凭证及一联拒绝付款理由书、债务证明退给收款人。收款人在银行留存一联的拒绝付款理由书上签收以后,应连同托收凭证第二联一并保管备查。

第三节　商业银行行内支付系统

一、商业银行行内支付系统的构成及规定

(一) 商业银行行内支付系统的构成

商业银行行内支付系统主要服务于行内的实时资金清算,其中最典型的是中国某大行的实时清算应用(简称 RTCS),它由汇划结算子系统、清算中心子系统、批量清算子系统、批量对账子系统等组成,用于办理系统内结算资金和内部资金汇划与

清算。实时清算业务因业务级次不同由汇划业务经办行、清算行、省区分行和总行清算中心构成。

经办行是具体办理结算资金和内部资金汇划业务的行处。汇划业务的发生行是发报经办行,汇划业务的接收行是收报经办行。

清算行是在总行清算中心开立备付金存款账户,办理其辖属行处汇划款项清算的分行,包括直辖市分行、总行直属分行及二级分行。

省区分行是在总行开立备付金账户,负责对本省(地区)各地市行的资金进行调度和内部资金利息汇划。

总行清算中心是办理系统内各经办行之间的资金汇划、各清算行之间的资金清算及资金拆借、账户对账的核算和管理部门。

(二)基本规定

(1)实时清算业务遵循“实存资金、同步清算、头寸控制、集中监督”的管理原则。

(2)资金清算实行统一管理、分级负责、分级清算。清算业务应确保安全、及时、准确。各级清算机构办理资金划拨及资金业务核算,应按照相关业务职能部门的有效指令办理,办理各类资金清算应确保资金及时到达指定账户。

(3)实时清算业务必须按照事权划分原则,实行经办、复核、授权人员相分离及执行印、押、证分管分用原则。

(4)各级行须在实时清算系统参数表中设置汇划和清算收发报时间,严格按照参数设定的时间办理批量与实时汇划清算业务。

(5)办理汇划业务必须做到不积压不延误,及时处理往来数据,确保汇划款项及时到达指定账户。

(6)收、发汇划报文,系统均须实时更新清算行备付金余额控制数,日终据此更新上存总行备付金账户余额;对于收、发的清算报文,系统均须实时更新收、发报清算行的上存总行备付金账户余额。

(7)办理汇划业务的行处必须经总行批准,并颁发中国工商银行行号。

(8)清算行和省区分行在总行清算中心开立备付金存款账户,如出现头寸不足的情况,各清算行或省区分行要及时补足,否则,总行清算中心有权对其强行借出资金。

(9)清算行辖属各经办行之间的资金汇划通过辖内往来办理。

二、业务处理

(一)汇划业务

汇划业务是实现结算资金和辖内资金汇划、调拨与清算的有效途径。汇划业务主要涉及汇兑、托收承付、委托收款、银行汇票、银行卡、内部资金划拨、代收学费等款项的汇划及其资金清算;储蓄、灵通卡、对公异地通存通兑业务及外卡 ATM 取现业务、信用卡异地业务、金卡业务、跨行支付业务的资金清算、有关的查询查复业务的办理及差错补账和冲账的处理。汇划业务分为系统内汇划和同城汇划。

1. 系统内汇划

系统内人民币汇划清算业务主要是指通过总行和清算行的备付金账户在实时

清算系统内清算本行系统内各类人民币业务往来形成的债权债务。

(1) 系统内汇划发报经办行的处理。发报经办行办理系统内汇划发报业务时，须根据原始凭证，按不同的业务种类，确定汇划业务的应用类型。业务数据经录入、复核、授权后发送至清算行。金额在2亿元以上(含)的业务经办行必须将原始凭证送交或使用加押传真至管辖清算行。会计分录为：

借:吸收存款——××单位户(贷报业务)

　库存现金

　　贷:清算资金往来

借报业务分录相反。

日终清算：

借:清算资金往来

　　贷:上存辖内款项——上存辖内备付金

如为借报业务，会计分录相反。

(2) 发报清算行的处理。发报清算行收到经办行上送的已授权报文，由系统自动更新备付金后，将汇划数据传输到收报清算行。对于经办行不能授权处理的特大额汇划报文，须由清算行业务主管进行发报授权。贷报会计分录为：

借:清算资金往来

　　贷:上存系统内款项——上存总行备付金

借:辖内款项存放——辖内存放备付金

　　贷:清算资金往来

如为借报业务，会计分录相反。

(3) 发报省区分行的业务处理。在本省(区)各二级分行在总行清算备付金充足的情况下，不参与清算。

(4) 总行清算中心的业务处理。总行收到各省行、直辖市行上送的全国汇划报文，由系统自动登记后，将全国汇划报文实时联机转发各收到省行；日终批量处理时，将日间登记的全国汇划报文按各省清算行汇总，并归并各省行上送的省内汇划报文汇总后，传输给清算子系统进行各清算行备付金账户的更新处理。贷报会计分录为：

借:系统内款项存放——境内分行存放备付金(发报清算行)

　　贷:系统内款项存放——境内分行存放备付金(收报清算行)

如为借报业务，会计分录相反。

(5) 收报清算行的业务处理。收报清算行收到总行传来资金汇划业务数据后，其系统会自动更新备付金，并根据分散式、集中式管理模式进行账务处理。分散式即业务的账务核算均在各经办行处理，只需经清算行转划。集中式即清算行作为业务处理中心，负责全辖汇划收报的集中处理及汇出汇款等内部账务的集中管理。会计分录为：

① 分散模式(账务处理模式)。

借:上存系统内款项——上存总行备付金(贷报)

　　贷:清算资金往来

借:清算资金往来

　　贷:辖内款项存放——辖内存放备付金

如为借报业务,会计分录相反。

② 集中模式。

借:上存系统内款项——上存总行备付金

　　贷:清算资金往来

借:清算资金往来

　　贷:辖内款项存放——辖内存放备付金

同时,为下级行记账。

借:上存辖内款项——上存辖内备付金

　　贷:吸收存款——××单位户

(6) 收报经办行的处理。分散模式下,收报经办行对于收到的实时报文,会通过系统自动核对后记账,而对于不能被自动记账的报文,则会对报文进行确认后再进行账务处理。集中模式下,收报经办行的收报业务由清算行代理记账,收报经办行只需打印相关凭证及清算,用于账务核对。会计分录为:

① 分散收报模式。

借:清算资金往来

　　贷:吸收存款——××单位户

借:上存辖内款项——上存辖内备付金(贷报)

　　贷:清算资金往来

借报业务会计分录与此相反。

② 集中收报模式下,收报经办行不做账务处理。

2. 同城汇划

同一清算行经办行之间的资金汇划业务,系统不批量更新清算行在总行存放的备付金,而是批量更新经办行在二级清算行存放的备付金即辖内存放备付金。贷报会计分录:

借:辖内款项存放——辖内存放备付金(发报经办行)

　　贷:辖内款项存放——辖内存放备付金(收报经办行)

借报业务会计分录相反。

(二) 系统内资金调拨业务的处理

资金调拨业务清算是指各级清算机构根据资金部门的业务指令办理分行上存总行备付金、上存总行定期存款、临时性借款、上存中国人民银行备付金、存放境外账户行,以及下级行备付金调拨、定期存款和各类借款等业务而进行的资金清算。

1. 通过中国人民银行上存总行备付金

清算行向总行清算中心上存备付金,须根据资金调拨通知,填制中国人民银行电汇凭证后提交中国人民银行汇至总行清算中心。会计分录为:

借:其他应收款——待清算过渡垫款

　　贷:存放中央银行款项——存放中央银行准备金

清算行收到总行发来的实时清算报文,由系统自动进行账务处理。会计分录为:

借:上存系统内款项——上存总行备付金

　　贷:其他应收款——待清算过渡垫款

总行清算中心根据中国人民银行入账回单进行账务处理,会计分录为:

借:存放中央银行款项——存放中央银行准备金

贷:系统内款项存放——境内分行存放备付金

二级分行向省区分行上存调拨资金处理手续同上。

2. 通过中国人民银行调回备付金

总行清算中心根据调拨通知进行调出备付金的账务处理。同时还将调出备付金报文实时下送清算行。会计分录为:

借:系统内款项存放——境内分行存放备付金

贷:存放中央银行款项——存放中央银行准备金

清算行收到总行下送的实时清算报文,由系统自动进行账务处理。会计分录为:

借:其他应收款——待清算过渡垫款

贷:上存系统内款项——上存总行备付金

清算行收到总行通过中国人民银行划回的备付金款项后,根据中国人民银行入账回单进行账务处理。会计分录为:

借:存放中央银行款项——存放中央银行准备金

贷:其他应收款——待清算过渡垫款

省行清算中心调回上存总行备付金以及二级分行调回上存省行备付金比照处理。

3. 备付金调账处理

(1) 二级分行将备付金款项从省行户调往总行户的处理。省行清算中心根据调拨通知进行备付金调账处理。同时将备付金调账报文实时下送二级分行、上送总行。会计分录为:

借:省辖分行款项存放——二级分行存放调拨资金

贷:上存系统内款项——上存总行备付金

二级分行收到省行下送的实时清算报文,由系统自动进行账务处理。会计分录为:

借:上存系统内款项——上存总行备付金

贷:上存省区分行款项——上存省区分行调拨资金

总行清算中心收到省行清算中心上送的备付金调账信息后,由系统自动进行账务处理。会计分录为:

借:系统内款项存放——境内分行存放备付金(省行)

贷:系统内款项存放——境内分行存放备付金(二级分行)

(2) 二级分行将备付金款项从总行户调回省行户的处理。二级分行根据调拨通知进行备付金调账处理。同时将备付金调账报文实时上送省行和总行。会计分录为:

借:上存省区分行款项——上存省区分行调拨资金

贷:上存系统内款项——上存总行备付金(批量)

省行清算中心收到二级分行调账信息后,由系统自动进行账务处理。会计分录为:

借:上存系统内款项——上存总行备付金

贷:省辖分行款项存放——二级分行存放调拨资金

总行清算中心收到二级分行调账信息后,由系统自动更新备付金。会计分录为:

借:系统内款项存放——境内分行存放备付金(总行)

　贷:系统内款项存放——境内分行存放备付金(省行)

4. 上级行主动调增下级行备付金

上级行根据调账通知,进行备付金调增账务处理。同时将存入备付金报文实时下送下级行。会计分录为:

借:××科目

　贷:系统内款项存放——境内分行存放备付金

　　省辖分行款项存放——二级分行存放调拨资金

下级清算行收到上级行下送的主动调增备付金实时清算报文,系统自动进行账务处理。会计分录为:

借:上存系统内款项——上存总行备付金

　上存省区分行款项——上存省区分行调拨资金

　贷:其他应付款——待处理汇划款项(主动调增备付金)

并根据上级行调增事项,进行划转处理,会计分录为:

借:其他应付款——待处理汇划款项(主动调增备付金)

　贷:××科目

5. 上级行主动调减下级行备付金

上级行清算中心根据调账通知,进行备付金调减账务处理。同时将调出备付金报文实时发送下级行。会计分录为:

借:系统内款项存放——境内分行存放备付金

　省辖分行款项存放——二级分行存放调拨资金

　贷:××科目

下级清算行收到上级行下送的主动调减备付金实时清算报文,系统自动进行账务处理。会计分录为:

借:其他应收款——待处理汇划款项(主动调减备付金)

　贷:上存系统内款项——上存总行备付金

　　上存省区分行款项——上存省区分行调拨资金

并根据上级行调减事项,进行划转处理,会计分录为:

借:××科目

　贷:其他应收款——待处理汇划款项(主动调减备付金)

6. 省区分行、直属分行向总行借入、归还一般款项

省区分行、直属分行向总行发出借款申请,批准后,总行清算中心办理借出资金账务处理。会计分录为:

借:系统内借出——境内分行一般借出

　贷:系统内款项存放——境内分行存放备付金

省区分行、直属分行收到总行清算中心发来的实时清算报文,由系统自动进行相关的账务处理,会计分录为:

借:上存系统内款项——上存总行备付金

　贷:系统内借入——一般借入

归还一般借款会计分录相反。

7. 总行通过省行强拆二级分行

(1) 省行备付金足够的处理。总行清算中心日终批量处理时,若二级分行备付金不足,则系统自动进行省行户调账及代省行强拆二级分行处理。会计分录为:

借:系统内款项存放——境内分行存放备付金(省行)

贷:系统内款项存放——境内分行存放备付金(二级行)

省行清算中心次日收到总行调账和代强拆信息后,系统自动更新备付金和强行借款余额。会计分录为:

借:省区分行借出——强行借出

贷:上存系统内款项——上存总行备付金

二级分行次日收到总行代省行强拆信息后,系统自动进行账务处理。会计分录为:

借:上存系统内款项——上存总行备付金

贷:省辖分行借入——省辖强行借入

(2) 省行备付金不足的处理。总行清算中心日终批量处理时,若二级分行备付金不足,且其省行备付金也不足,则系统自动进行强拆省行、代省行调账及代省行强拆二级分行处理。会计分录为:

借:系统内借出——强行借出

贷:系统内款项存放——境内分行存放备付金(省行)

借:系统内款项存放——境内分行存放备付金(省行)

贷:系统内款项存放——境内分行存放备付金(二级分行)

省行清算中心次日收到总行强拆、调账和代强拆信息后,系统自动更新备付金和强行借款余额。会计分录为:

借:上存系统内款项——上存总行备付金

贷:系统内借入——强行借入

借:省区分行借出——省辖强行借出(二级分行)

贷:上存系统内款项——上存总行备付金

二级分行次日收到总行代省行强拆信息后,系统自动进行账务处理。会计分录为:

借:上存系统内款项——上存总行备付金

贷:省辖分行借入——省辖强行借入

归还强行借款会计分录相反。

8. 总行强拆城市——一级分行

总行清算中心日终批量处理时,若城市一级分行备付金不足,则系统自动进行强拆处理。会计分录为:

借:系统内借出——强行借出

贷:系统内款项存放——境内分行存放备付金

城市一级分行次日营业开始时收到总行强拆信息后,系统自动进行账务处理。会计分录为:

借:上存系统内款项——上存总行备付金

贷:系统内借入——强行借入

归还强行借款会计分录相反。

9. 备付金存款利息账务处理

上级行清算中心按季计付备付金存款利息处理时,由系统自动生成各清算行利息报文,于次日营业开始时下送各下级行。会计分录为:

借:系统内往来支出——境内往来支出

　省辖往来支出——其他省辖往来支出

　贷:系统内款项存放——境内分行存放备付金

　　省辖分行款项存放——二级分行存放调拨资金

下级行次日收到上级行下送的利息实时清算报文,由系统自动进行账务处理。会计分录为:

借:上存系统内款项——上存总行备付金

　上存省区分行款项——上存省区分行调拨资金

　贷:系统内往来收入——境内往来收入

　　省辖往来收入——其他省辖往来收入

10. 上级行计收借款利息

上级行清算中心按季计收借款利息处理时,由系统自动生成利息报文,于次日营业开始时下送各下级行。若下级行备付金不足支付借款利息时,上级行先做强拆后,再进行扣息处理。会计分录为:

借:上存系统内款项——上存总行备付金

　上存省区分行款项——上存省区分行调拨资金

　贷:系统内往来收入——境内往来收入

　　省辖往来收入——其他省辖往来收入

下级行次日收到上级行下送的利息实时清算报文,由系统自动进行账务处理。会计分录为:

借:系统内往来支出——境内往来支出

　省辖往来支出——其他省辖往来支出

　贷:上存系统内款项——上存总行备付金

　　上存省区分行款项——上存省区分行调拨资金

第四节　中央银行支付系统

中央银行支付系统由大额支付系统和小额支付系统两个子系统组成。

一、中央银行大额支付系统

(一) 中央银行支付系统的概念及架构

大额实时支付系统(简称大额支付系统)是中国人民银行按照我国支付清算需要,利用现代计算机技术和通信网络开发建设,处理同城和异地跨行之间和行内的大额贷记及紧急小额贷记支付业务,中国人民银行系统的贷记支付业务以及即时转账业务等的应用系统。大额实时支付系统在中国支付体系中占有重要地位。大额实时支付系统实行逐笔实时处理,全额清算资金,其基本架构如图 7-1 所示。

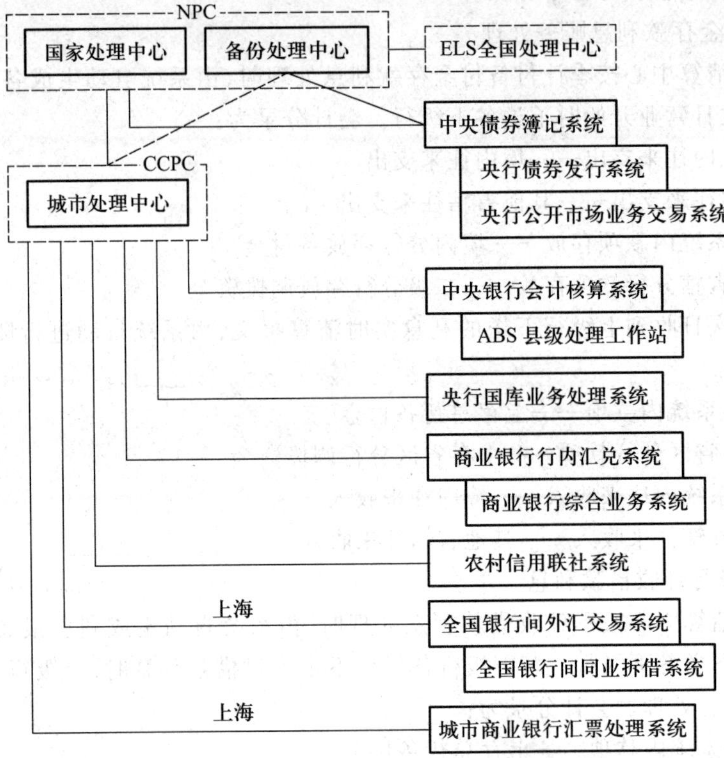

图 7-1　大额实时支付系统的基本架构

建设大额支付系统的目的，就是为了给各银行和广大企业单位以及金融市场提供快速、高效、安全、可靠的支付清算服务，防范支付风险。同时，该系统对中央银行更加灵活、有效地实施货币政策具有重要作用。

中央银行大额支付系统的参与者包括：中华人民共和国境内的银行业金融机构；中国人民银行营业部门和国库部门；中华人民共和国境内的金融市场基础设施营运机构；中国人民银行同意接入的其他机构。

中央银行大额支付系统的业务范围包括：贷记支付业务；即时转账业务；中国人民银行营业部门发起涉及清算账户的业务；小额支付系统、网上支付跨行清算系统、同城清算系统轧差净额的资金清算业务；城市商业银行银行汇票资金移存和兑付业务；中国人民银行规定的其他业务。

（二）大额实时支付业务核算的科目设置

1. 商业银行的会计科目

商业银行各分支机构（一般为商业银行二级分行）为了通过大额支付系统进行支付结算，应设置“存放中央银行款项”科目，在当地中国人民银行开立一个清算账户，即“存放中央银行款项——准备金存款户”，集中摆放于大额支付系统。

2. 中国人民银行的会计科目

中国人民银行应设置“准备金存款”和“其他存款”科目，分别用于核算各银行业金融机构存放在中国人民银行的准备金及银行业金融机构以外的大额支付系统参与者用于清算的资金和支付业务收费的归集、划拨等。另外，中国人民银行还应设置“大额支付往来”“支付清算资金往来”和“汇总平衡”科目。其中：“大额支付往来”科目核算发起清算行和接收清算行通过大额支付系统办理的支付结算往来款项，余额轧差反映，年终，本科目余额全额转入“支付清算资金往来”科目；“支付清算资金往来”科目核算发起清算行和接收清算行通过大额支付系统办理的支付结算汇差款项，年终，“大额支付往来”科目余额对清后，结转至本科目，余额轧差反映；“汇总平衡”科目用于平衡大额支付系统代理中国人民银行营业部门和国库部门进行的账务处理，不纳入中国人民银行营业部门和国库部门的核算。

（三）大额支付业务的核算

1. 开设清算账户

直接参与者（如商业银行）在大额支付系统开设清算账户前，须在其所在地中国人民银行分支机构开设存款账户，中国人民银行将开户信息通过“清算账户开户申请报文”发送大额支付系统，大额支付系统确认无误后，进行开户处理并结转清算账户初始账户余额。大额支付系统的会计分录为：

借：汇总平衡——中国人民银行 ASC 户

　　贷：准备金存款——××行户

开户处理成功后，大额支付系统将回执信息分别发送申请开户的直接参与者和人民银行营业部门，清算账户当日生效。

2. 商业银行发起大额支付的处理

商业银行的支付结算业务大多发起于基层行（经办行），但往往这些经办行又没有资金清算资格，它们必须通过上级行即发起清算行（一般为商业银行二级分行）来进行资金清算。如为汇兑结算，基层行通过系统内资金汇划清算系统录入汇兑信息，传输至上级大额支付系统发起清算行（简称发起清算行）。经办行的会计分录为：

借：吸收存款——××单位户

　　贷：清算资金往来

　　　　手续费及佣金收入

借：清算资金往来（日终清算）

　　贷：上存辖内款项　　上存辖内备付金

经办行业务处理完毕后，系统自动将支付报文信息发送至二级分行业务处理中心即清算行，超过经办行额度的须二级分行业务处理中心有权人员进行授权，而后发送至一级分行清算中心。会计分录为：

借：清算资金往来

　　贷：上存系统内款项——上存总行备付金

借：辖内款项存放——辖内存放备付金

　　贷：清算资金往来

城市分行的清算行为一级分行，同时执行清算行的业务授权等职能。

一级分行清算中心接到发报报文后，系统自动将报文通过中间业务平台发送至前置机，并通过前置机传送至中国人民银行城市处理中心（CCPC）及国家处理中心（NPC）。一级分行清算中心日终对账平衡后，以中国人民银行对账数据为准做批量账户记载，并须将当日所辖二级分行发报汇总数据发送至总行清算中心。其会计分录如下。

(1) 一级分行为省行(代理清算行)。

借:上存系统内款项——上存总行备付金

贷:存放中央银行款项——存放中央银行准备金

(2) 一级分行为城市分行。

借:辖内款项存放——辖内存放备付金

贷:存放中央银行款项——存放中央银行准备金

总行清算中心日终根据上传数据汇总进行一级分行与所辖清算行的资金清算。其会计分录为:

借:系统内款项存放——境内分行存放备付金(二级分行)

贷:系统内款项存放——境内分行存放备付金(一级分行)

3. 大额支付系统的处理

大额支付系统收到发起清算行发来的贷记支付报文,经审核无误后,分别按不同情况进行处理。

发起清算行、接收清算行均为银行业金融机构的,会计分录为:

借:准备金存款——××发起清算行户

贷:大额支付往来——中国人民银行 ASC 户

借:大额支付往来——中国人民银行 ASC 户

贷:准备金存款——××接收清算行户

发起清算行为银行业金融机构,接收清算行为中国人民银行营业部门或国库部门的,会计分录为:

借:准备金存款——××发起清算行户

贷:大额支付往来——中国人民银行 ASC 户

借:大额支付往来——中国人民银行 ASC(TCBS)户

贷:汇总平衡——中国人民银行 ASC(TCBS)户

发起清算行为中国人民银行营业部门或国库部门,接收清算行为银行业金融机构的,会计分录为:

借:汇总平衡——中国人民银行 ASC(TCBS)户

贷:大额支付往来——中国人民银行 ASC(TCBS)户

借:大额支付往来——中国人民银行 ASC 户

贷:准备金存款——××发起清算行户

发起清算行、接收清算行均为中国人民银行营业部门或国库部门的,会计分录为:

借:汇总平衡——中国人民银行 ASC(TCBS)户

贷:大额支付往来——中国人民银行 ASC(TCBS)户

借:大额支付往来——中国人民银行 ASC(TCBS)户

贷:汇总平衡——中国人民银行 ASC(TCBS)户

大额支付系统账务处理完成后,将支付业务转发接收清算行,并将清算回执发送发起清算行。

4. 商业银行接收大额支付的处理

商业银行通过大额支付系统办理支付结算应使用"中国人民银行大额支付系统

专用凭证”。该凭证为无碳复写凭证,一式二联,第一联作银行转账传票,第二联作客户通知单。

总行清算中心日终根据所传数据汇总进行一级分行与所辖清算行的资金清算。其会计分录为:

借:系统内款项存放——境内分行存放备付金(一级分行)

贷:系统内款项存放——境内分行存放备付金(二级分行)

一级分行清算中心通过前置机接收中国人民银行发来的支付报文后系统自动做解押处理,并对报文进行分检,再经清算行下传至接收经办行。日终对账平衡后以中国人民银行对账数据为准做批量账户记载,并将当日所辖二级分行收报汇总数据发送至总行清算中心进行资金清算。其会计分录:

一级分行清算中心:

借:存放中央银行款项——存放中央银行准备金(代理清算行)

贷:上存系统内款项——上存总行备付金

收报清算行(集中模式)收到支付报文后,如为收报集中模式的,清算中心会根据报文分检的记账标志做自动记账或手工确认记账处理。其会计分录如下。

如一级分行为省区分行,则一级分行清算中心:

借:存放中央银行款项——存放中央银行准备金

贷:上存系统内款项——上存总行备付金

二级分行清算中心收报处理:

借:上存系统内款项——上存总行备付金

贷:清算资金往来

借:清算资金往来

贷:辖内款项存放——辖内存放备付金

同时记客户账:

借:清算资金往来

贷:吸收存款——××单位户

如一级分行为城市分行(清算行)。

借:存放中央银行款项——存放中央银行准备金

贷:辖内款项存放——辖内存放备付金

收报处理同二级分行清算中心。

收报清算行(分散模式)收到支付报文后。如为收报分散模式的,再将接收数据下传至收报经办行。其会计分录如下。

如一级分行为省区分行,则二级分行清算中心:

借:上存系统内款项——上存总行备付金

贷:清算资金往来

借:清算资金往来

贷:辖内款项存放——辖内存放备付金

如一级分行为城市分行,则一级分行清算中心(清算行):

借:存放中央银行款项——存放中央银行准备金

贷:辖内款项存放——辖内存放备付金

收报经办行收到报文后，根据报文分检的记账标志做自动或手工确认记账处理。

收报为集中模式的经办行参见集中模式清算行的会计处理。

收报为分散模式的经办行收报处理如下。

借：上存辖内款项——上存辖内备付金

贷：清算资金往来

同时记客户账：

借：清算资金往来

贷：吸收存款——××单位户

5. 轧差净额的资金清算

中国人民银行营业部门发起的涉及清算账户的转账业务，须将借记或贷记指令发送大额支付系统。中国人民银行营业部门需要贷记管辖的清算账户的，须通过ACS系统向大额支付系统发送贷记清算账户的“单边业务报文”，大额支付系统收到报文确认无误后，进行账务处理。会计分录为：

借：汇总平衡——人民银行ACS户

贷：准备金存款——××行户

处理完成后，大额支付系统将处理成功的信息发送中国人民银行营业部门及被贷记清算账户所属直接参与者。

中国人民银行营业部门需要借记管辖的清算账户的，通过ACS系统向大额支付系统发送借记清算账户的“单边业务报文”，大额支付系统收到报文确认无误后，进行账务处理。会计分录为：

借：准备金存款——××行户

贷：汇总平衡——人民银行ACS户

处理完成后，大额支付系统将处理成功的信息发送中国人民银行营业部门及被借记清算账户所属直接参与者。

对于中国人民银行营业部门发起的同城清算系统轧差资金的清算，由中国人民银行营业部门将涉及清算账户（不涉及清算账户的由中央银行会计核算数据集中系统处理）的同城清算系统轧差净额通过“同城轧差净额清算业务报文”提交大额支付系统，大额支付系统收到报文检查无误后，进行账务处理。属于贷记清算账户的，会计分录为：

借：汇总平衡——人民银行ACS户

贷：准备金存款——××行户

属于借记清算账户的且头寸足以支付的，大额支付系统立即进行账务处理。会计分录为：

借：准备金存款——××行户

贷：汇总平衡——中国人民银行ACS户

6. 年终处理

年度最后一个工作日，大额支付系统应完成日终试算平衡，并将日终账务信息下载后，以中国人民银行营业部门和国库部门为单位，将大额支付往来科目余额结转到“支付清算资金往来”科目，如“大额支付往来”科目为借方余额的，会计分录为：

借:支付清算资金往来——人民银行 ACS(TCBS)户

贷:大额支付往来——人民银行 ACS(TCBS)户

如“大额支付往来”科目为贷方余额的,会计分录相反。

中国人民银行营业部门和国库部门接收大额支付系统日终下载的账务信息,进行自身试算平衡后,应办理年度账务结转,将“大额支付往来”科目结转至“支付清算资金往来”科目。另外,大额支付系统还应于年终总的试算平衡结束后以中国人民银行营业部门和国库部门为单位,将“汇总平衡”科目借方或贷方余额结转为下年度的期初余额,同时,将每个清算账户的借方或贷方余额结转为下年度的期初余额。

二、中央银行小额支付系统

(一)中央银行小额支付系统的概念及其架构

小额批量支付系统(Bulk Electronic Payment System,BEPS),简称“小额支付系统”,是继大额实时支付系统之后中国人民银行建设运行的又一重要应用系统,是中国现代化支付系统的主要业务子系统和组成部分。它主要处理同城和异地纸凭证截留的借记支付业务和小额贷记支付业务,能批量发送支付指令,轧差净额清算资金,从而为社会提供低成本、大业务量的支付清算服务。小额支付系统实行“7×24”小时连续运行,能支撑多种支付工具的使用,满足社会多样化的支付清算需求,是银行业金融机构跨行支付清算和业务创新的安全高效的平台。

小额支付系统是以国家处理中心(NPC)为核心,以城市处理中心(CCPC)为接入节点的两层星型结构,与大额支付系统在同一支付平台上运行。中央银行会计集中核算系统(ABS)、国家金库会计核算系统(TBS)、同城清算系统通过城市处理中心(CCPC)接入小额支付系统。商业银行、清算组织等机构通过前置机系统(MBFE)与支付系统 CCPC 连接,其架构如图 7-2 所示。国债、银联、外汇、城市商业银行汇票处理系统不接入小额支付系统,只处理大额支付业务。

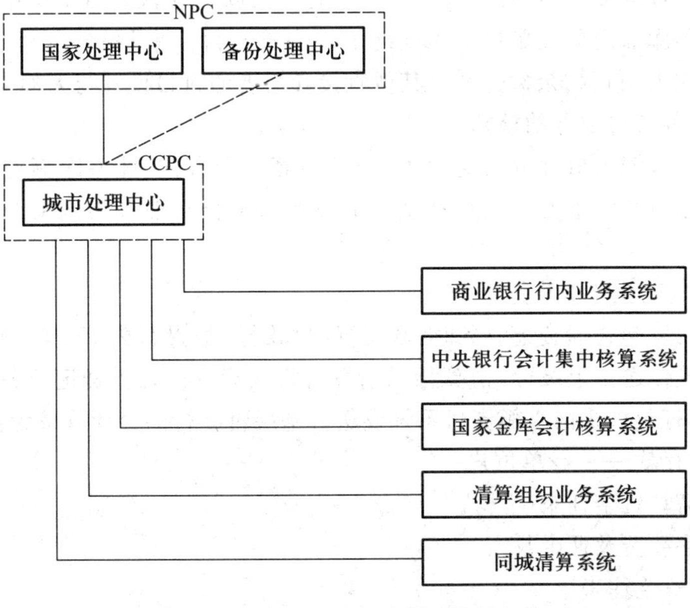

图 7-2　中央银行小额支付系统的架构

（二）小额支付系统的业务范围

小额支付系统的业务范围主要包括：普通贷记业务，即付款人通过其开户银行办理的主动付款业务，含规定金额以下的汇兑、委托收款（划回）、托收承付（划回）、票据（支票、银行汇票、商业汇票）资金的汇划、国库汇款、公益性资金汇划、缴费、贷记退回及其他业务；定期贷记业务，即付款人开户银行依据当事各方事先签订的合同（协议），定期向指定的收款人开户银行发起的批量付款业务，如代付工资、养老金、保险金、国库各类款项的批量划拨等，其特点是单个付款人同时向多个收款人发起付款指令；普通借记业务，即收款人通过其开户银行向付款人开户银行主动发起的收款业务，含中国人民银行机构间的借记业务、国库借记汇划业务和支票截留业务等；定期借记业务，即收款人开户银行依据当事各方事先签订的合同（协议），定期向指定的付款人开户银行发起的批量收款业务，如收款人委托其开户银行收取水、电、煤气等公用事业费用，其特点是单个收款人向多个付款人同时发起收款指令；实时借记业务，即收款人委托其开户银行发起的，从指定付款人账户实时扣收确定款项的业务，含国库实时扣税、跨行个人储蓄通兑等业务；集中代收代付业务；中国人民银行规定的其他支付业务。

（三）小额支付系统的基本流程与科目设置

1. 小额支付系统的基本流程

贷记业务由付款行发起，经付款清算行（直接参与者，以下同）发送小额支付系统，小额支付系统轧差后，将业务信息经收款清算行（直接参与者，以下同）转发收款行；借记业务由收款行发起，经收款清算行发送小额支付系统，小额支付系统将付款信息经付款清算行转发付款行；付款行按规定时限发出回执信息，小额支付系统轧差后，将回执信息经收款清算行转发收款行。

2. 小额支付业务核算的科目设置

小额支付系统专设“小额支付往来”科目，核算付款清算行和收款清算行通过小额支付系统办理的支付结算往来款项，余额轧差反映。在该科目下按中国人民银行营业部门和国库部门分设账户。年度终了，“小额支付往来”科目余额全额转入“支付清算资金往来”科目，余额为零。其他直接参与者的科目设置与大额支付系统同。

（四）小额支付业务的核算

小额支付系统采取批量发送业务、净额清算资金方式、轧差净额通过大额支付系统完成自己清算。下面只以普通贷记业务和普通借记业务为例来介绍小额支付业务的核算。

1. 普通贷记业务的核算

商业银行发起普通贷记业务时，基层行（付款行）通过行内资金汇划系统将贷记业务信息逐笔传送至上级行（清算行），清算行将收集到的该类贷记业务信息先行集中，然后将其打包批量向小额支付系统发送。基层付款行的会计分录为：

借：吸收存款——××单位户

　　贷：清算资金往来

　　　　手续费及佣金收入

借：清算资金往来

　　贷：上存辖内款项——上存辖内备付金

商业银行付款清算行及其上级行的会计分录与大额支付的处理相同。

小额支付系统收到商业银行付款清算行打包批量发来的普通贷记业务信息,经审无误后,实时轧差并转发收款清算行。小额支付系统的会计分录为:

借:准备金存款——××行户

　　贷:小额支付往来

商业银行收款清算行及其上级行的会计分录与大额支付的处理相同。

商业银行基层收款行的会计分录与大额支付的处理相同。

小额支付系统轧差和资金清算的处理。小额支付系统对通过净借记限额检查的普通贷记业务、定期贷记业务、普通借记业务回执、定期借记业务回执、实时借记业务回执和全国支票影像交换系统业务通用回执业务,按付款清算行和收款清算行进行双边实时轧差,轧差公式为:某清算行提交清算的贷方净额(+)[或借方净额(-)]=贷记来账金额+他行返回借记回执成功交易金额-贷记往账金额-发出借记回执成功交易金额。

属于中国人民银行营业部门或国库部门贷方差额的,会计分录为:

借:小额支付往来——中国人民银行 ACS(TCBS)户

　　贷:汇总平衡——中国人民银行 ACS(TCBS)户

属于中国人民银行营业部门或国库部门借方差额的,会计分录为:

借:汇总平衡——中国人民银行 ACS(TCBS)户

　　贷:小额支付往来——中国人民银行 ACS(TCBS)户

属于其他直接参与者贷方差额的,会计分录为:

借:小额支付往来——中国人民银行 ACS(TCBS)户

　　贷:准备金存款——××清算行 ACS(TCBS)户

属于其他直接参与者借方差额的,会计分录为:

借:准备金存款——××清算行 ACS(TCBS)户

　　贷:小额支付往来——中国人民银行 ACS(TCBS)户

完成轧差净额清算账务处理后,大额支付系统生成"小额/网银净额清算通知报文"并发送给各参与者。

年度最后一个工作日,大额支付系统完成日终试算平衡后,分别以中国人民银行营业部门和国库部门为单位,将"小额支付往来"科目余额结转"支付清算资金往来"科目。

如"小额支付往来"科目为借方余额的,会计分录为:

借:支付清算资金往来——ACS(TCBS)户

　　贷:小额支付往来——ACS(TCBS)户

如"小额支付往来"科目为贷方余额的,会计分录为:

借:小额支付往来——ACS(TCBS)户

　　贷:支付清算资金往来——ACS(TCBS)户

2. 普通借记业务的核算

普通借记业务适用于收款人通过收款行向指定付款人收取确定款项的情形,包括但不限于委托收款业务、支票截留业务、国库资金借记划拨业务、国库资金国债兑付借记划拨等。普通借记业务处理包括收款清算行发起业务阶段和付款清算行发出回执阶段。

(1) 收款(清算)行发起业务阶段。首先,收款(清算)行根据客户提交的凭证(或信息),确定每笔借记业务的回执期限 N 日(应在报文中记载 $N, 0 \leqslant N \leqslant 5$),按相同的付款清算行和回执期限($N$ 日)组包,向小额支付系统发送"普通借记业务报文",并登记普通借记业务登记簿。其次,小额支付系统收到"普通借记业务报文",登记普通借记业务登记簿,并将业务报文转发付款清算行。

(2) 付款(清算)行发出回执阶段。首先,付款(清算)行收到小额支付系统发来的"普通借记业务报文",登记普通借记业务登记簿,拆包后根据协议或付款人授权进行扣款处理。原包业务全部扣款成功的,付款清算行立即返回"普通借记业务回执报文";原包业务中部分业务扣款成功的,付款清算行应在回执期限内返回"普通借记业务回执报文",包中附扣款成功和扣款失败的业务回执明细。同时,进行账务处理,会计分录与贷记业务相反。

小额支付系统收到付款(清算)行发来的"普通借记业务回执报文",检查净借记限额通过后,实时轧差并转发收款(清算)行,同时,向付款(清算)行返回已轧差信息并进行账务处理,会计分录为:

借:存放中央银行款项——××行户

　　贷:小额支付往来

最后,收款(清算)行收到小额支付系统发来的"普通借记业务回执报文",销记普通借记业务登记簿,拆包并根据每笔业务的回执状态进行相关处理。会计分录与贷记业务相反。

普通借记业务的核算,小额支付系统年度最后一个工作日"小额支付往来"科目结转的处理及"支付清算资金往来"科目的核对手续与普通贷记业务相同。

第五节　票据交换系统

一、全国支票影像交换系统

(一) 支票影像交换系统的概念及基本架构

1. 支票影像交换系统的概念

影像交换系统是指运用影像技术将实物支票转换为支票影像信息,通过计算机及网络将支票影像信息传递至出票人开户银行提示付款的业务处理系统。

支票影像交换系统参与者包括办理支票结算业务的银行业金融机构和票据交换所。支票影像业务处理遵循"先付后收、收妥抵用、全额清算、银行不垫款"的原则。影像交换系统处理的支票业务分为区域业务和全国业务。区域业务是指支票的提出行和提入行均属同一分中心,并由分中心转发的业务;全国业务是指支票的提出行和提入行分属不同分中心,并由总中心负责转发的业务。

分中心是指接收、转发同一区域内系统参与者的支票影像信息,并向总中心发送和从总中心接收支票影像信息的系统节点。

总中心是指接收、转发跨分中心支票影像信息的系统节点。

提出行是指持票人开户的银行业金融机构。

提入行是指出票人开户的银行业金融机构。

2. 支票影像交换系统的基本架构

银行业金融机构可以采用分散接入模式或集中接入模式通过影像交换系统处理支票业务。

在分散接入模式下,银行业金融机构委托票据交换所提交和接收支票影像信息。

在集中接入模式下,银行业金融机构与影像交换系统联网,通过省级机构或法人机构集中提交和接收支票影像信息。

影像交换系统处理的区域业务,在分散接入模式下,其信息自提出行提交,经票据交换所、分中心至提入行止;在集中接入模式下,其信息自提出行提交,经分中心至提入行止。

影像交换系统处理的全国业务,在分散接入模式下,其信息自提出行提交,经票据交换所、提出行所属分中心、总中心、提入行所属分中心,至提入行止;在集中接入模式下,其信息自提出行提交,经提出行所属分中心、总中心、提入行所属分中心,至提入行止。其基本架构如图 7-3 所示。

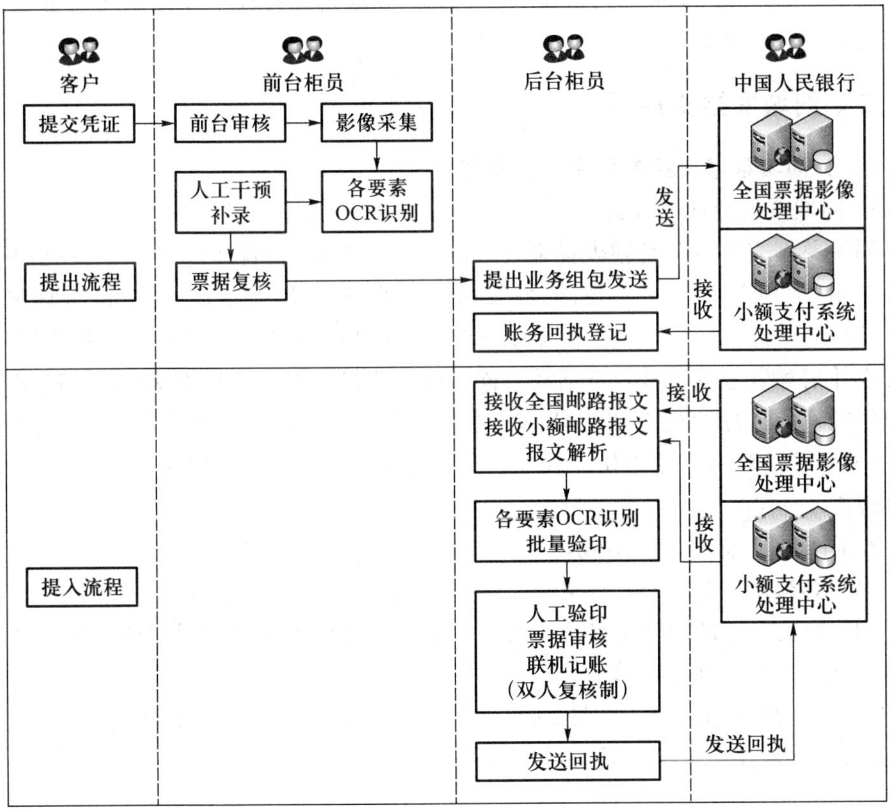

图 7-3　支票影像交换系统的基本架构

(二) 全国支票影像交换系统业务的核算

1. 收款(清算)行采集支票影像阶段

开户银行认真审查持票人送来的支票和三联进账单,对拒绝受理的支票,持票人开户银行应制作一式二联拒绝受理通知书并加盖业务公章后,一联连同支票和进账单一并退持票人,一联留存,定期归档。

凭证审查无误的,在第一联进账单上签章后作为回单退还给持票人,在第二联进单上加盖"收妥后入账"的戳记。按照中国人民银行规定的技术标准采集支票影像信息。具备影像条件的,自行采集支票影像;不具备影像采集条件的,可委托其他参与者代为采集。

2. 收款(清算)行录入支票数据信息阶段

收款(清算)行在行内系统中录入支票截留业务数据信息,并在报文附加域中加载支票影像,向小额支付系统发送"普通借记业务报文"(业务类型"支票截留业务")。

3. 付款(清算)行发出业务回执阶段

付款(清算)行收到"普通借记业务报文",登记普通借记业务登记簿,拆包并进行相关处理。付款(清算)行应对支票的印鉴、支付密码等要素进行核验,核验通过的,执行扣款并返回"普通借记业务回执报文";核验未通过的,应按规定向收款行作退票处理,并返回"普通借记业务回执报文"。

付款(清算)行、小额支付系统、收款(清算)行其他处理手续比照前述普通借记业务的核算手续处理。

二、同城票据交换系统

(一) 同城票据交换的含义与基本规定

1. 同城票据交换的含义

同城票据交换业务是辖内往来资金清算的一部分,主要通过 NOVA 系统的会计核算应用(简称 NASE)来实现,同城票据交换业务,一般是指同一城市(或区域)各金融机构对相互代收、代付的票据,按照规定时间和要求通过票据交换集中场所进行交换并清算资金的一种经济活动。同城票据交换一般有两种方法:① 通过中央银行票据交换所进行的交换和清算;② 通过同业往来进行的交换与清算。一般情况下,同城票据清算由当地中国人民银行统一组织实施,并按照中国人民银行有关规定办理。

2. 同城票据交换的基本规定

(1) 必须坚持"及时处理、差额清算、先借后贷、收妥抵用、银行不垫款"的原则。

(2) 柜员收受的同城交换票据必须按场次全部提出,严禁截留积压,不得擅自涂改、更改票据及附件的内容。

(3) 对提出的借方票据,在中国人民银行未实现即时支付条件之前,要采取隔场抵用的方法,未收妥款项不得提前签发进账回单。如有退票,应于下一场交换时及时退出。

(4) 同城票据交换业务执行岗位分离制度,实行经办员、复核员、交换员三分离。

(5) 延用当地中国人民银行交换提出提入系统的网点,要加强中国人民银行系统柜员权限的划分与管理,做好经办员、复核员及系统管理员的岗位分离与控制工作,柜员密码应按相关要求及时更换。

(6) 票据交换岗位按机要人员条件配备与管理,选派爱岗敬业、工作责任心强的会计人员担任票据交换员,并执行每年轮换制度。

(7) 票据交换岗位人员不得持有权限卡,不得兼管中央银行准备金、同业往来、辖内往来、客户存款等账户的记账、对账工作,不得兼管票据交换专用章和有关空白重要凭证。

(8) 同城票据交换专用章由当地中国人民银行统一刻发,并按照其规定的范围使用。

(9) 同城票据交换专用章是保证交换票据真实安全的重要工具,必须实行专人保管和使用,票据交换员和负责交换业务的经办员不得保管和使用。

(10) 票据交换业务必须实行票据交换定点、定时、定人制度。

(11) 交换的票据必须密封或装包加锁并按规定进行存放保管,严禁将交换的票据带回家中,严禁在交换途中办理与交换无关的事宜,严禁委托他人代理交换。

(12) 要对提出提入票据的控制、进出交换场地、交换时间、交换人员身份确认作出明确规定。

(13) 同城交换票据实行集中传递或委托邮政等机构代传递的,还要对提出、提回的票据交接登记、签收手续,特殊情况处理等作出相关规定。对定点、定时以外的临时票据交换由网点负责人亲自督办,并向主管行长报告。

(二) 同城票据交换的处理

1. 同城票据交换业务涉及的主要凭证

同城提出代收业务凭证:进账单;缴款单;托收(含托收承付、委托收款);委托收款(同城特约委托收款);代收利息;代收手续费;税票;预算拨款和收入退还书;贷方凭证的退票或转划;邮政汇兑;其他。

同城提出代付业务凭证:转账支票;银行本票;银行汇票;代付侨汇;兑付国债;委托付款(同城特约委托付款);退票(含支票退票和有关票据凭证的退票);其他(必须是经过中国人民银行批准的有关借方凭证)。

2. 同城票据交换提出业务的处理

同城业务经办员、复核员对提出凭证要认真审核,无误后,按规定加盖同城交换专用章。提出的票据必须同计数单、清单、总数表的金额核对一致。

进行交换场次结转后,同时必须联机打印"同城提出交换清单"并与提出票据进行核对,保证原始凭证与清单上的内容相符。同城交换未实现电子化处理的行处(手工提票)必须编制同城提出交换清单换人进行实物与清单核对,核对无误后在"同城提出交换清单"签章并专夹保管,保管期限 3 年。

票据交换员在提出装包前要认真核对清单与票据实物是否相符,防止空提、错提现象。

同城提出代收业务会计分录为:

借:吸收存款——××单位户(联机入账,参加轧账)

　　贷:其他应付款——待提出票据交换及转汇款(日终批量入账)

日终批量结转会计分录为:

借:其他应付款——待提出票据交换及转汇款

　　贷:清算资金往来——同城票据交换

同城提出代付业务会计分录如下。

如为收妥抵用业务,则:

借:清算资金往来——同城票据交换(日终批量入账)

贷:其他应付款——待提出票据交换及转汇款(日终批量入账,参加轧账)

收妥抵用后,则:

借:其他应付款——待提出票据交换及转汇款(日终批量入账)

贷:吸收存款——××单位户(日间批量入账)

如为即时抵用业务,则:

借:其他应付款——待提出票据交换及转汇款(日终批量入账)

贷:吸收存款——××单位户(联机入账,参加轧账)

日终批量清算会计分录为:

借:清算资金往来——同城票据交换

贷:其他应付款——待提出票据交换及转汇款

3. 同城票据交换提回业务的处理

提回凭证拆包后必须逐笔与清单进行认真核对,保证原始凭证与清单上的内容相符,同城交换未实现电子化处理的行处(手工提票)须编制同城提入交换清单并进行实物与清单核对,核对无误后在"同城提入交换清单"签章并专夹保管,保管期限3年。

记账柜员除审查凭证要素合规外,还要检查提回的借、贷方凭证是否加盖提出行交换专用印章,防止偷换凭证。

同城提回集中模式的记账回单由业务处理中心加盖业务清讫章后,按开户网点进行清分,通过交换信件或专人传递到开户网点,同时要做好交接手续。

同城提入代收业务的会计分录为:

借:清算资金往来——同城票据交换(日终批量入账)

贷:吸收存款——××单位户(联机入账,参加轧账)

同城提入代付业务的会计分录为:

借:吸收存款——××单位户(联机入账,参加轧账)

贷:清算资金往来——同城票据交换(日终批量入账)

4. 交换清算

同一地区内参加交换的网点将提出票据在规定时间内提交至中国人民银行票据交换所后,当场轧计应收或应付资金,并根据存欠差额形成资金汇划凭证,通过地区分行存放中国人民银行备付金户当场清算,同时取回他行提交的本行票据。一般情况下,地区分行(或县支行)与中国人民银行进行资金清算后,再根据交换汇总表、清单通过本行实时清算系统逐级进行交换差额的清算。

应付票据金额大于应收票据金额时,地区分行(清算行)的会计分录为:

借:清算资金往来——营业机构往来

贷:存放中央银行款项——存放中央银行准备金

借:辖内款项存放——辖内存放备付金

贷:清算资金往来——营业机构往来

一级支行会计分录为:

借:清算资金往来——同城票据交换

贷:上存辖内款项——上存辖内备付金

应付票据金额大于应收票据金额时，地区分行（清算行）的会计分录为：

借：存放中央银行款项——存放中央银行准备金

　　贷：清算资金往来——营业机构往来

借：清算资金往来——营业机构往来

　　贷：辖内款项存放——辖内存放备付金

一级支行会计分录：

借：上存辖内款项——上存辖内备付金

　　贷：清算资金往来——同城票据交换

本章小结

支付结算业务是商业银行重要的中间业务。中国现代化支付系统承载着各方的支付结算业务需求，无论是大、小额支付系统，各商业银行行内支付系统，还是同城票据交换系统，都是各支付结算参与方支付结算业务的重要选择。第一，中国现代化支付系统包括中央银行大、小额支付系统，各商业银行行内支付系统，同城票据交换系统等。第二，大、小额支付系统主要服务于跨系统银行间的资金清算，为小规模银行提供公平的竞争环境；各商业银行行内支付系统主要服务于收付款人都在同一系统银行开户的支付结算业务；同城票据交换系统主要服务于同一票据交换区域内不同银行间的资金清算。第三，各支付结算参与方必须遵守支付结算原则和支付结算纪律。第四，中国人民银行支付结算办法规定的票据包括支票、银行本票、银行汇票和商业汇票，规定的支付结算方式包括汇兑、托收承付和委托收款等。商业银行应按中国人民银行支付结算办法的规定进行支付结算业务的核算。

重要概念

大额支付系统　小额支付系统　同城票据交换　支票　银行本票　银行汇票　商业汇票　汇兑　托收承付　委托收款

基础训练

一、简答题

1. 中国现代化支付系统主要包括哪些？
2. 各支付结算参与方都必须遵守的支付结算原则有哪些？
3. 客户应遵守的支付结算纪律有哪些？
4. 银行汇票与银行承兑汇票有什么区别？
5. 委托收款与托收承付有什么不同？

二、业务题

某银行发生如下业务：

（1）毛巾厂日前向郑州市玩具厂托收 100 000 元货款本日划回，收妥入账。

（2）自行车厂本日到期承付广州市玩具厂货款 180 000 元，银行经审核无误后办理。

(3) 李先生持来一份系本行签发的银行本票,要求兑付现金 4 000 元,银行审查同意办理。

(4) 本行(承兑行)到期从承兑申请人账户收取票款 8 万元,但该账户余额仅 5 万元。

(5) 收到开户单位某大学提交的转账支票一份及进账单,金额 5 万元,支票的出票人为在本行开户的沃尔玛超市,经审核无误办理。

请根据上述业务编制会计分录。

拓展阅读

1.《关于印发〈支付结算办法〉的通知》(1997 年 9 月,中国人民银行,银发〔1997〕393 号)。

2.《关于调整银行本票凭证格式有关事项的通知》(2008 年 8 月,中国人民银行,银发〔2008〕224 号)。

即测即评

请扫描二维码进行在线测试。

第八章　金融机构往来业务的核算

本章导读

金融机构往来业务是指商业银行与中央银行之间、商业银行与商业银行之间、商业银行与非银行金融机构之间，由于办理资金的调拨与缴存、款项的汇划与结算、资金的融通与拆借等原因而引起的资金账务往来。本章从商业银行的视角阐述存款准备金、再贷款、再贴现及商业银行多种同业融资业务的核算。

第一节　商业银行与中央银行往来的核算

中国是以中央银行为核心、商业银行为主体、其他金融机构并存的金融机构体系。中国人民银行从20世纪90年代开始实行中央银行职能，即充当“发行的银行”“政府的银行”“银行的银行”。中央银行职能的发挥引起商业银行与中央银行之间往来业务的发生。商业银行与中央银行的往来业务主要包括：存取现金、缴存存款、再贷款、再贴现等，如图8-1所示。

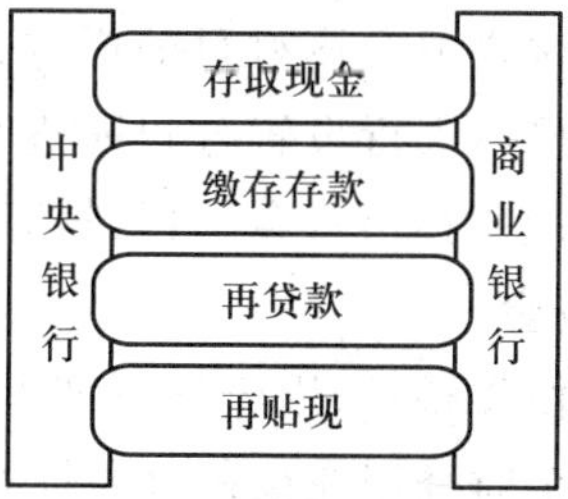

图8-1　商业银行与中央银行主要往来业务

一、主要会计科目

（一）存放中央银行款项

本科目是资产类科目，期末借方余额，反映商业银行在中央银行存款的结余数。该科目核算商业银行存放于中央银行的各种款项，包括：① 业务资金的调拨；② 办理同城票据交换和异地跨系统资金汇划；③ 提取或缴存现金；④ 商业银行按规定缴存存款准备金和超额准备金存款。当商业银行在中央银行的存款增加时登记在该科目的借方，存款减少时登记在该科目的贷方。

此科目根据存放款项性质设置以下 3 个明细科目：

(1) 备付金存款户。备付金是保证银行日常资金支付的备用金。备付金存款户是核算商业银行分支机构与当地中央银行往来业务的账户，用于向中央银行存取现金、调拨资金、清算资金和其他日常支付款项，不允许透支，如果账户资金不足，可以通过向上级行调入资金或向同业拆借补充。

(2) 准备金存款户。它是核算商业银行按规定缴存中央银行的法定存款准备金及备付金的合一账户。由于商业银行的法定存款准备金由其总行(法人)统一向中央银行缴存，中央银行按法人统一考核商业银行法定存款准备金的缴存情况。因此，商业银行总行在中央银行总行或中央银行当地分支机构开设的准备金存款账户，包含法定存款准备金及备付金两部分。

(3) 财政性存款户。此账户用于核算商业银行缴存中央银行财政性存款的情况。商业银行分支机构按规定向中央银行缴存或调增财政性存款时登记在账户借方，调减财政性存款时登记在账户贷方。

(二) 向中央银行借款

本科目是负债类科目，用于反映商业银行向中央银行借入款项的增减变化情况。该科目按照借款的性质，下设“年度性借款户”“季节性借款户”“日拆性借款户”和“再贴现借款户”等明细账户。

当向中央银行借入款项时登记在该科目及相关明细账户的贷方，当向中央银行归还借款时登记在该科目及相关明细账户的借方。余额在贷方，表明商业银行向中央银行借入而尚未归还的款项。

(三) 拆出资金

本科目是资产类科目，用于核算商业银行拆借给境内外其他金融机构的款项。拆出行拆出资金时登记在该科目的借方，拆出行收回资金时登记在该科目的贷方，余额在借方。应按拆入行设置分户账进行明细核算。商业银行在系统内拆借的款项，单独设置“系统内拆出资金”科目核算，不在本科目核算。

(四) 拆入资金

本科目是负债类科目，用于核算商业银行从境内外其他金融机构拆入的款项。当拆入行拆入资金时登记在该科目的贷方，当拆入行归还拆入资金时登记在该科目的借方，余额在贷方。本科目应按拆入资金的金融机构，分别以“本金”“利息调整”进行明细核算。银行在系统内拆入的款项，单独设置“系统内拆入资金”科目核算，不在本科目核算。

(五) 贴现负债

本科目是负债类科目，用于核算商业银行办理转贴现、再贴现融入资金等业务的款项。当商业银行让渡票据融入资金时登记在该科目的贷方，当归还融入资金收回票据时登记在该科目的借方，余额在贷方。本科目应按贴现类别和贴现金融机构，分别以“面值”“利息调整”进行明细核算。

二、存取现金业务的核算

中央银行是全国的货币发行机关,是全国的现金总出纳,通过商业银行控制着全国的现金流通。中央银行的各级机构设立发行库,保管发行基金。商业银行设立业务库,根据业务需要核定必须保留的现金限额,并报开户中央银行发行库备案。当各商业银行业务库库存现金不足时,可以签发现金支票到开户的中央银行发行库提取现金;反之,商业银行将超限额现金送存中央银行发行库(见图 8-2)。

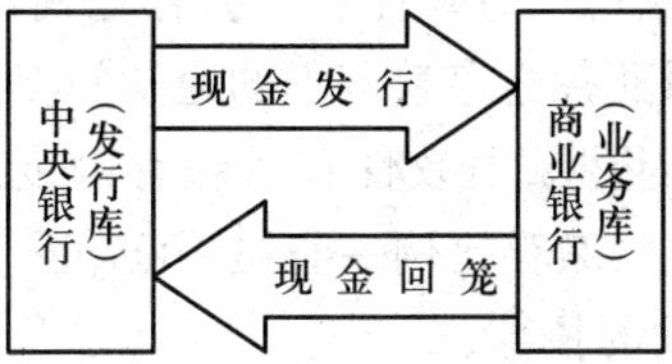

图 8-2　现金发行与回笼

(一) 提取现金

当商业银行库存现金低于限额时,签发现金支票,经出纳负责人和主管行长审批同意,加盖预留中央银行印鉴,到开户的中央银行发行库提取现金。商业银行收妥现金后,使用相关交易进行处理,打印记账凭证,现金支票存根作记账凭证附件。其会计分录为:

借:库存现金

　　贷:存放中央银行款项——备付金存款户

(二) 缴存现金

商业银行向中央银行缴存现金时,填制现金缴款单,根据现金缴款单填制现金出库票,经出纳负责人和主管行长审批同意,办理现金缴存手续。商业银行缴存现金后,根据现金缴款回单,使用相关交易进行处理,打印记账凭证,并将现金缴款回单作记账凭证附件。其会计分录为:

借:存放中央银行款项——备付金存款户

　　贷:库存现金

三、向中央银行缴存存款的核算

商业银行吸收的存款按性质可以分为财政性存款和一般性存款,应该根据中央银行及银保监会制定的相关制度,按照规定的比例及时上缴中央银行。财政性存款和一般性存款的性质不同,应注意区分,核算时不得混淆。

(一) 缴存财政性存款的核算

1. 缴存范围与比例

财政性存款主要有中央预算收入、地方财政金库存款和代理发行国债款项等,属于中央银行的资金来源,应该全额(100%)划缴中央银行。

中国财政性存款缴存制度不断变化,可以分为以下三个阶段:第一阶段是1983—1986 年,制度建立期。1983 年 9 月国务院发布《关于中国人民银行专门行使中央银行职能的决定》,规定“财政金库存款和机关、团体等财政性存款划为人民银行的信贷资金”。1984 年 10 月，中国人民银行的信贷资金管理办法规定，金融机构代理人民银行的财政金库存款、地方财政预算外存款、部队存款、基本建设存款、机关团体存款等财政性存款属于人民银行的信贷资金。第二阶段是 1986—2003 年，制度调整期。随着改革的推进，基本建设存款归属为企业存款，部队存款归属为机关团体存款。1998 年中国人民银行改革存款准备金制度，规定金融机构缴存财政性存款范围调整为代办中央预算收入、地方金库存款和代理发行国债款项。第三阶段是 2003 年至今，制度稳定期。银保监会分设以后，中国人民银行财政性存款缴存制度基本趋于稳定，虽对部分金融机构财政性存款缴存范围作了局部调整，如《关于调整部分商业银行财政性存款和准备金存款范围的通知》（银发〔2007〕59 号）等，但未对其管理体制做出大的调整。可见，财政性存款缴存制度经历了建立、调整到稳定的几个阶段，缴存范围由宽变窄，缴存比例一直是 100%。

2. 初次缴存财政性存款的核算

商业银行分支机构正式营业以后，第一次向中央银行缴存财政性存款时，应根据财政性存款有关科目余额，填制“缴存财政性存款科目余额表”确定应缴存金额，填制“缴存财政性存款划拨凭证”，向中央银行办理缴存。商业银行可设置“存放中央银行款项——缴存财政性存款户”明细科目，来反映商业银行按规定缴存中央银行的财政性存款的增减变动情况。待收到中央银行回单后使用相关交易进行处理，打印记账凭证，中央银行退回的回单作记账凭证附件。其会计分录为：

借：存放中央银行款项——财政性存款户

　　贷：存放中央银行款项——备付金存款户

3. 调整财政性存款的核算

商业银行初次缴存财政性存款以后，应该按照缴存制度规定的时间，根据财政性存款余额的变动情况向中央银行调整存款。实际工作中，财政性存款要么增加，要么减少，调整时为“多退少补”。如果财政性存款增加，则需要根据增加的额度补交财政性存款，核算与初缴一致；如果财政性存款减少，则需要缴纳的财政性存款相应减少，原缴纳的多余金额退回到清算账户，核算与初缴方向相反。

【例 8-1】 岳麓山银行某新成立的支行 3 月 10 日财政性存款科目余额为 3 500 万元，3 月 20 日财政性存款科目余额为 3 200 万元。试对该行进行财政性存款初缴与调整的核算。

解：财政性存款缴存比例为 100%，首次应该缴纳 3 500 万元，旬后调整为退缴 300 万元。

3 月 10 日初次缴纳时，会计分录为：

借：存放中央银行款项——财政性存款户　　　　35 000 000

　　贷：存放中央银行款项——备付金存款户　　　　35 000 000

3 月 20 日调整时，会计分录为：

借：存放中央银行款项——备付金存款户　　　　3 000 000

　　贷：存放中央银行款项——财政性存款户　　　　3 000 000

4. 欠缴财政性存款的处理

根据现行制度规定，商业银行在调增应缴财政性存款时，若其“存放中央银行款项——备付金存款户”余额不足又没有及时调入资金，其不足部分为欠款。商业银行发生欠缴财政性存款时，同样填制“缴财政性存款科目余额表”，对本次能实缴的金额按正常调增补缴的手续办理，但应注意将“财政性存款划拨凭证”的“本次应补缴金额”栏改填为“本次实缴金额”，并在凭证备注栏内注明本次欠缴金额。对实缴金额和欠缴金额分别进行账务处理。对欠缴的财政性存款，中央银行根据旬后第5天至实缴欠款时间，每天按规定比例计收罚款，与欠款一并收取。商业银行收到中央银行关于财政性存款的扣款通知后，办理转账手续。其会计分录为：

借：存放中央银行款项——财政性存款户

　　营业外支出——罚款支出

　　贷：存放中央银行款项——备付金存款户

（二）缴存一般性存款的核算

1. 一般性存款的范围

中央银行制度规定，商业银行吸收的一般性存款需要缴纳法定存款准备金。一般性存款主要包括企业存款、储蓄存款、农村存款、部队存款、基建单位存款、机关团体存款、财政预算外存款和其他一般存款等。

中央银行对商业银行的法定存款准备金按法人、按旬统一考核。基本做法是：各商业银行分行按法定存款准备金率向总行缴存，再由商业银行总行统一划缴中央银行。

适时调整的法定存款准备金率。法定存款准备金率是中央银行三大货币政策工具之一，中央银行根据国内外经济金融形势的变化调整法定存款准备金制度。1984年，中央银行按照存款种类的不同，实行不同的法定存款准备率（企业存款20%，农村存款25%，储蓄存款40%）。1985年调整为按照所有存款的10%缴存。从2008年开始，根据大型金融机构与中小型金融机构的不同，实行有差别的法定存款准备金率。从2014年开始，考虑金融支持“三农”、小微企业贷款的需要，对相应金融机构的法定存款准备金率实行“定向降准”政策，支持实体经济发展需要（见表8-1）。

表8-1　存款准备金率调整一览表

	大型金融机构			中小型金融机构		
生效日期	调整前	调整后	调整幅度	调整前	调整后	调整幅度
2018.7.5	16.00%	15.50%	-0.50%	14.00%	13.50%	-0.50%
2018.4.25	17.00%	16.00%	-1.00%	15.00%	14.00%	-1.00%
2016.3.1	17.50%	17.00%	-0.50%	15.50%	15.00%	-0.50%
2015.10.24	18.00%	17.50%	-0.50%	16.00%	15.50%	-0.50%
2015.9.6	18.50%	18.00%	-0.50%	16.50%	16.00%	-0.50%
2015.4.20	19.50%	18.50%	-1.00%	17.50%	16.50%	-1.00%
2015.2.5	20.00%	19.50%	-0.50%	18.00%	17.50%	-0.50%
2012.5.18	20.50%	20.00%	-0.50%	18.50%	18.00%	-0.50%
2012.2.24	21.00%	20.50%	-0.50%	19.00%	18.50%	-0.50%
2011.12.5	21.50%	21.00%	-0.50%	19.50%	19.00%	-0.50%

续表

	大型金融机构			中小型金融机构		
生效日期	调整前	调整后	调整幅度	调整前	调整后	调整幅度
2011.6.20	21.00%	21.50%	0.50%	19.00%	19.50%	0.50%
2011.5.18	20.50%	21.00%	0.50%	18.50%	19.00%	0.50%
2011.4.21	20.00%	20.50%	0.50%	18.00%	18.50%	0.50%
2011.3.25	19.50%	20.00%	0.50%	17.00%	18.00%	1.00%
2011.2.24	19.00%	19.50%	0.50%	16.50%	17.00%	0.50%
2011.1.20	18.50%	19.00%	0.50%	16.50%	16.50%	0.00%
2010.12.20	18.00%	18.50%	0.50%	16.00%	16.50%	0.50%
2010.11.29	17.50%	18.00%	0.50%	15.50%	16.00%	0.50%
2010.11.16	17.00%	17.50%	0.50%	15.00%	15.50%	0.50%
2010.5.10	16.50%	17.00%	0.50%	14.50%	15.00%	0.50%

2. 缴存与考核的规定

根据现行制度规定，中央银行对各商业银行的法定存款准备金按法人、按旬、按规定比例统一考核上缴法定存款准备金情况。具体包括以下几个方面。

(1) 缴存时间。严格说来，商业银行向中央银行缴存存款准备金，只有第一次才称之为缴存；以后再缴，均称为调整缴存款。调整时，每旬调整一次，总行在旬后 8 日内办理；其余行处在旬后 5 日内办理(最后一天遇休假日可顺延)；不在中央银行开户的行处，由管辖行或代理行每月调整一次。

(2) 缴存数额。缴存存款准备金的计算公式为：

本次应调整数(正数为补缴数，负数为退回数)= 本次应缴存数-已缴存数

本次应缴存数=现行缴存范围内各种存款余额之和×缴存比例

实际调整缴存金额以千元为单位，千元以下四舍五入。为了减少调整次数，规定余额增减达到 10 万元以上时再进行调整，不足 10 万元并入下次调整。

(3) 央行监测与处罚。央行会计部门日间控制法定存款准备金账户透支行为，日终监测商业银行一般存款余额变动，必须达到法定存款准备金的最低限额。各商业银行每日营业终了，自下而上编制一般存款余额表，由法人汇总后报送开户的中央银行。商业银行不按时报送一般存款余额表的，央行责令其改正，逾期不改正的，处以 1 万以上 10 万以下罚款。同时，商业银行迟缴少缴法定存款准备金的，按规定予以处罚。

3. 缴存一般性存款的核算

(1) 初缴一般性存款的核算。商业银行分支机构初缴一般性存款时，应根据有关存款科目余额，填制“缴存存款科目余额表”，并按规定比例计算出应缴存金额，然后填制“缴存(调整)一般性存款划拨凭证”一式四联。上述凭证填制并审核无误后，进行会计核算。其会计分录为：

借：存放中央银行款项——准备金存款户

　　贷：清算资金往来

【例 8-2】 岳麓山银行某支行 2014 年 12 月 1 日成立。12 月 10 日，银行一般性

存款余额为 5 000 万元,假定法定存款准备金率为 20%,进行缴存核算。

解:50 000 000×20% = 10 000 000(元)

该支行需缴存存款准备金 10 000 000 元。其会计及分录为:

借:存放中央银行款项——准备金存款户　　　　10 000 000

　　贷:清算资金往来　　　　10 000 000

(2) 调整一般性存款的核算。商业银行各级行处第一次缴存存款后,应按规定时间根据吸收的各类存款余额变动情况向中央银行调整存款。调增补缴时与第一次缴存核算分录相同;调减退回时,其核算分录相反。

(3) 欠缴一般性存款的处理。对于欠缴的一般性存款,每天处以 0.6‰的罚款,商业银行对欠缴存款的罚款计入营业外支出。出现欠缴存款并被罚款情况时,商业银行会计及分录如下:

借:营业外支出——罚款支出

　　贷:存放中央银行款项——备付金存款户

四、向中央银行融资业务的核算

商业银行在经营过程中资金清算头寸不足时,可向中央银行融资。融资有两种方式:一是向中央银行借款(从央行角度称为再贷款);二是向中央银行办理再贴现。

(一) 向中央银行借款

1. 向中央银行借款种类

向中央银行借款,即再贷款,是指商业银行在经营过程中因资金不足而向中央银行借入的款项。再贷款是中央银行三大货币政策工具之一,是目前中央银行运用基础货币向商业银行融通资金的最主要渠道。中央银行通过向商业银行发放再贷款,起到支持商业银行业务发展、调控信贷规模与货币供应量的作用。

再贷款由中央银行总行直接向商业银行总行办理,由商业银行总行集中管理,统借统还,在系统内统一使用。商业银行向中央银行借款的种类主要有如下几种。

(1) 年度性贷款,各商业银行因经济合理增长引起年度性信贷资金不足而向中央银行申请的贷款。年度性贷款期限为 1 年或 1 年以上,最长不超过 2 年。

(2) 季节性贷款,各商业银行因信贷资金先支后收或存款季节性下降、贷款季节性上升等原因引起暂时资金不足而向中央银行申请的贷款。季节性贷款期限一般为 2 个月,最长不超过 4 个月。

(3) 日拆性贷款,各商业银行因汇款项未达和清算资金不足等原因发生临时性资金短缺而向中央银行申请的贷款。日拆性贷款一般期限为 7 ~ 10 天,最长不超过 20 天。

2. 向中央银行借款的核算

(1) 借入款项。商业银行向中央银行申请再贷款时,计划部门应填制再贷款申请书,报送中央银行计划部门批准。经批准以后,商业银行会计部门填写借款凭证提交中央银行办理借款手续。

当商业银行会计部门收到中央银行退回的借款凭证回单及收账通知后,以此联作记账凭证附件,打印记账凭证,办理转账。其会计分录为:

借:存放中央银行款项

贷:向中央银行借款——××借款户

(2) 计提利息。资产负债表日,商业银行按规定计提再贷款利息费用。其会计分录为:

借:利息支出

贷:应付利息

(3) 归还借款本息。再贷款到期,商业银行计划部门应通知会计部门办理归还贷款的手续,主动归还贷款本息。商业银行会计部门收到中央银行的还款证明以后,以此联作记账凭证附件,打印记账凭证,办理转账。其会计分录为:

借:向中央银行借款——××借款户

应付利息

贷:存放中央银行款项

【例 8-3】 岳麓山银行于 2014 年 9 月 1 日向中央银行借款 2 亿元,借款期限 1 年,若年贷款利率为 6.15%,该银行如期归还贷款本息。请从岳麓山银行的角度进行相关环节的账务处理。

解:(1)取得借款(2014 年 9 月 1 日)时,会计分录为:

借:存放中央银行款项 200 000 000

贷:向中央银行借款——年度性借款户 200 000 000

(2) 资产负债表日计提利息(为简化起见,假定贷款到期前计提)时:

贷款利息为 200 000 000×6.15% =12 300 000(元)

借:利息支出 12 300 000

贷:应付利息 12 300 000

(3) 归还借款本息(2015 年 9 月 1 日)时,会计分录为:

借:向中央银行借款——年度性借款户 200 000 000

应付利息 12 300 000

贷:存放中央银行款项 212 300 000

(二) 向中央银行办理再贴现

1. 再贴现的概念与种类

再贴现,即商业银行将已贴现而尚未到期的商业承兑汇票转让给中央银行,中央银行从汇票面额中按贴现率扣除相应利息后,以其差额向商业银行融通资金的一种方式。其中,受理票据的中央银行是贴入行,持票据申请再贴现的商业银行是贴出行。再贴现是中央银行三大货币政策工具之一,是中央银行调节货币供应量、实施货币政策的重要手段。在中央银行开立账户的商业银行可以办理再贴现,期限一般不超过 6 月。

再贴现的金额以票据到期值为准,中央银行扣除再贴现利息以后,将其差额作为实付金额支付给申请办理再贴现的商业银行。相关计算公式如下:

再贴现利息=汇票到期值×再贴现天数×再贴现日利率

实付再贴现金额=汇票到期值-再贴现利息

公式中再贴现天数的计算一般按实际天数计算,考虑大、小月之区别,从再贴现之日算至其到期日,遵从“算头不算尾”的习惯。

再贴现根据交易形式可以分为回购式再贴现与买断式再贴现。

(1) 回购式再贴现是指商业银行按照约定价格向中央银行让渡商业票据获得资金,并合同约定回购期限,票据到期时由商业银行按固定价格购回票据,凭票据向票据承兑人收取票款的行为。回购式再贴现的实质是商业银行以未到期商业汇票为质押品,票据权利未发生转移。

(2) 买断式再贴现是指商业银行将尚未到期的商业汇票完全转让给中央银行以获得资金,票据到期时由中央银行作为票据的债权人向票据承兑人收取票款,贴出票据的商业银行不再保留到期收款权利的贴现行为。买断式再贴现的实质是票据的所有权及该项资产的收益均发生了转移,贴出票据的商业银行应当终止确认该金融资产,将该金融资产从资产负债表内转销。

2. 回购式再贴现的核算

商业银行持未到期商业汇票向中央银行申请再贴现时,填制再贴现凭证,连同商业汇票一并交中央银行计划部门审查。当收到通过中央银行审查并退回的再贴现凭证有关联次,商业银行会计部门就凭以办理转账。

(1) 商业银行申请办理再贴现时的会计分录为:

借:存放中央银行款项

　　贴现负债——利息调整

　　贷:贴现负债——再贴现——面值

同时,进行表外登记如下:

付出:代保管有价值品——商业汇票

(2) 资产负债表日确认再贴现利息支出时的会计分录为:

借:利息支出——再贴现利息支出

　　贷:贴现负债——利息调整

(3) 回购到期日的处理。再贴现票据回购到期,按合同价格回购票据。商业银行按票据的票面金额,借记"贴现负债面值"科目,按实际支付的票据回购款贷记"存放中央银行款项"科目,同时将"贴现负债——利息调整"账户余额,结转入"利息支出"账户。其会计分录为:

借:贴现负债——再贴现——面值

　　贷:存放中央银行款项

借:利息支出——再贴现利息支出

　　贷:贴现负债——利息调整

同时,进行表外登记如下:

收入:代保管有价值品——商业汇票

(4) 票据到期的处理。贴出行凭票据向承兑人收回票款,其账务处理同票据贴现。其会计分录为:

借:清算资金往来或吸收存款

　　贷:贴现资产

同时,进行表外登记如下:

付出:代保管有价值品——商业汇票

【例 8-4】 岳麓山银行某支行因资金暂时性短缺于 4 月 6 日持一张面值 50 万

元、5 月 26 日到期的银行承兑汇票向当地中央银行申请办理回购式再贴现，合同约定该支行将于 5 月 16 日按汇票面值回购。再贴现月利率为 3‰，请计算该票据的再贴现融资额度并作会计分录。

解：

(1) 再贴现天数为 4 月 6 日至 5 月 16 日，共 40 天。

再贴现利息 = 500 000×40×3‰÷30 = 2 000(元)

实际贴现金额 = 500 000－2 000 = 498 000(元)

岳麓山银行做如下会计分录：

借：存放中央银行款项　　498 000

　贴现负债——利息调整　　2 000

　贷：贴现负债——再贴现——面值　　500 000

同时，进行表外登记如下：

付出：代保管有价值品——银行承兑汇票

(2) 资产负债表日确认利息支出(若为 4 月 30 日)。

4 月份申请再贴现时间为 25 天，其分摊利息支出为：

500 000×25×3‰÷30 = 1 250(元)

借：利息支出——再贴现利息支出　　1 250

　贷：贴现负债——利息调整　　1 250

(3) 资产负债表日确认利息支出(若为 5 月 16 日)。

5 月份申请再贴现时间为 15 天，其分摊利息支出为：

500 000×15×3‰÷30 = 750(元)

借：利息支出——再贴现利息支出　　750

　贷：贴现负债——利息调整　　750

(4) 回购到期日的处理(5 月 16 日)。

借：贴现负债——再贴现——面值　　500 000

　贷：存放中央银行款项　　500 000

同时，进行表外登记如下：

收入：代保管有价值品——银行承兑汇票

(5) 银行汇票到期日的处理(5 月 26 日)。

银行汇票到期，原贴出行向承兑银行收取票款，其会计分录如下：

借：清算资金往来　　500 000

　贷：贴现资产　　500 000

同时，进行表外登记如下：

付出：代保管有价值品——银行承兑汇票

3. 买断式再贴现的核算

买断式再贴现方式下，商业银行为了融资让渡未到期商业票据，不再保留到期收款权利，而提供融资的中央银行充当票据的债权人，拥有向票据的承兑人收取票款的权利。

商业银行办理买断式再贴现时，应以融入金额，借记存放中央银行款项，按票面金额贷记原“贴现资产”账户，将它们的差额确认为当期损益，如“贴现资产——利息调整”账户存在余额,也应同时予以结转。

(1) 买断式再贴现融入资金时的会计分录为:

借:存放中央银行款项

　贴现资产——利息调整

　　贷:贴现资产——再贴现——面值

(2) 票据到期时的处理。买断式再贴现条件下,贴出票据的商业银行不必进行账务处理。

第二节　商业银行同业融资业务的核算

为规范商业银行与金融机构之间的同业融资经营行为,为促进同业融资业务健康发展,银行业监督管理委员会于 2014 年制定《商业银行同业融资管理办法》,要求商业银行从 2014 年 2 月 1 日开始施行。

同业融资业务是指在中华人民共和国境内依法设立的商业银行向各类金融机构开展的资金融入和融出业务。主要业务类型包括:同业拆借、同业借款、同业账户透支、同业代付、同业存款、买入返售金融资产和卖出回购金融资产等。

一、同业拆借的核算

(一) 同业拆借的概念与规定

商业银行开展的同业拆借业务是指经中国人民银行批准,进入全国银行间同业拆借市场的金融机构之间通过全国统一的同业拆借网络进行的无担保资金融通行为。同业拆借交易应当遵循中国人民银行《同业拆借管理办法》及银监会《商业银行同业融资管理办法》的相关规定。

中国人民银行《同业拆借管理办法》及银监会《商业银行同业融资管理办法》明确将其界定为网上业务,这就意味着,此前大量存在的网下“同业拆借”今后可能只能称之为“同业存款”或“同业借款”。

同业拆借是指商业银行之间因资金周转的需要而临时融通资金的一种短期资金借贷行为。

商业银行开展同业拆借业务应遵循“自愿协商,平等互利,自主成交,短期使用”的原则,既可在同城的商业银行间进行,也可在异地的商业银行间或中国人民银行建立的资金市场中进行,但不能用现金方式直接拆借,必须通过双方在中央银行的存款账户办理转账,以保证资金安全和及时划转到位。跨地区拆借资金必须报管辖行批准,跨省拆借应报总行审批。其他管理规定包括以下几点。

(1) 同业拆借只能在金融机构之间进行,非金融机构不得参与。

(2) 拆入行只能将拆入的资金用于弥补票据结算、系统内汇差头寸的不足和解决临时性周转资金的需要,不得将拆入的资金用于发放固定资产贷款或者用于投资。

(3) 拆出行用于拆出的资金,只能是交足法定存款准备金、留足备付金、已归还中央银行贷款后剩余的资金。

(4) 同业拆借在中国人民银行组织的金融市场上完成。金融市场原则上一个城市设立一家。

(5) 同业拆借以日拆为主,最长期限不得超过 1 个月;其他金融机构对商业银行拆出资金,期限最长不超过 4 个月。

(6) 同业拆借的利率根据市场供求关系确定。

(7) 同业拆借的会计科目设置“拆出资金”(资产类科目)、“拆入资金”(负债类科目)。

(二) 同业拆借主要环节的核算

1. 拆借资金的核算

(1) 拆出行拆出资金时,其会计分录为:

借:拆出资金——××拆入行户

　　贷:存放中央银行款项

(2) 拆入行收到拆入资金时,其会计分录为:

借:存放中央银行款项

　　贷:拆入资金——××拆出行户

2. 资产负债表日的处理

(1) 拆出行确定利息收入时,其会计分录为:

借:应收利息

　　贷:利息收入

(2) 拆入行计提利息支出时,其会计分录为:

借:利息支出

　　贷:应付利息

3. 拆借到期的核算

(1) 拆出行收到本息时,其会计分录为:

借:存放中央银行款项

　　贷:拆出资金——××拆入行户

　　　　应收利息

(2) 拆入行归还本息时,其会计分录为:

借:拆入资金——××拆入行户

　　应付利息

　　贷:存放中央银行款项

【例 8-5】 岳麓山银行 2017 年发生如下业务:(1) 12 月 22 日因短期内资金紧张进行同业拆借,向平安银行拆入资金 3 000 万元,确定拆借期限为 1 周,同期上海银行间同业拆放利率(Shanghai Interbank Offered Rate,SHIBOR)为 5.782%;(2) 12 月 28 日归还拆借资金本息。

试编制上述两家银行的相关会计分录。

解:岳麓山银行与平安银行发生同业拆借业务,岳麓山银行拆入资金,平安银行拆出资金。

拆借利息为 30 000 000×7×5.782% ÷360= 33 728(元)

(1) 12 月 22 日,岳麓山银行拆入资金并计提利息时,其会计分录为:

借:存放中央银行款项　　　　30 000 000

　　贷:拆入资金——平安银行　　　　30 000 000

借:利息支出　　33 728

　贷:应付利息　　33 728

12 月 22 日,平安银行拆出资金并计提利息时,其会计分录为:

借:拆出资金——岳麓山银行　　30 000 000

　贷:存放中央银行款项　　30 000 000

借:应收利息　　33 728

　贷:利息收入　　33 728

(2) 12 月 28 日,岳麓山银行归还拆借资金本息时,其会计分录为:

借:拆入资金——平安银行　　30 000 000

　应付利息　　33 728

　贷:存放中央银行款项　　30 033 728

12 月 28 日,平安银行收回拆借资金本息时,其会计分录为:

借:存放中央银行款项　　30 033 728

　贷:拆出资金——岳麓山银行　　30 000 000

　　应收利息　　33 728

二、同业存款的核算

(一) 同业存款的概念与特点

商业银行开展的同业存款业务是指商业银行与能够吸收存款的金融机构之间开展的同业资金存入与存出业务。商业银行开展同业存款业务,是为了满足支付清算和金融机构之间业务合作的需要。

同业存款与同业拆借都属于商业银行之间的同业融资业务,但两者比较,存在以下区别:

1. 利率高低

同业拆借利率略高于同业存款利率。

2. 期限长短

目前同业拆借业务期限最长不超过 1 年,而同业存款业务期限可以超过 1 年。

3. 金额限制

目前中资商业银行的拆入限额和拆出限额均不得超过该机构各项存款余额 8%,而同业存款无明确限制。

4. 运作目的

同业拆借主要是为了满足流动性和盈利性目标,同业存款多出于业务需要和清算便利。

5. 程序要求

同业拆借需要事先对拆入银行进行授信或以票据进行质押,同时事先签订拆借合同作为双方债权债务凭证,但不需要在对方银行内开立账户;而同业存款需事先在存款银行开立账户并在资金到达时由存款银行出具存款证实书。

6. 会计科目

同业拆借使用“拆出资金”“拆入资金”等专门的会计科目。同业存款使用“存放同业”“同业存放”等专门的会计科目。

（二）会计科目

1. 存放同业

本科目属资产类科目，用以核算商业银行存放于境内外银行和非银行金融机构的款项，可以按照款项性质和金融机构进行明细核算。

商业银行在其他金融机构存入同业款项时，借记"存放同业"科目，贷记"存放中央银行款项"等科目；支取时，则相反登记。期末余额在借方，反映商业银行存放在同业的各种款项。

2. 同业存放

本科目属负债类科目，用以核算商业银行吸收的境内外银行和非银行金融机构的存款，可以按照金融机构进行明细核算。

同业增加在本行存款时，借记"存放中央银行款项"科目，贷记"同业存放"等科目；同业减少在本行存款时，则相反登记。期末余额记在贷方，反映商业银行吸收的同业存款。

（三）存放同业的核算

（1）商业银行将款项存出时，其会计分录为：

借：存放同业——××行

　　贷：存放中央银行款项

（2）资产负债表日计提利息时，其会计分录为：

借：应收利息

　　贷：利息收入——存放同业利息收入户

（3）结息时，其会计分录为：

借：存放同业——××行

　　贷：应收利息

（4）商业银行将款项收回时，其会计分录为：

借：存放中央银行款项

　　贷：存放同业——××行

（四）同业存放的核算

（1）同业存入时，其会计分录为：

借：存放中央银行款项

　　贷：同业存放——××行

（2）资产负债表日计提利息时，其会计分录为：

借：利息支出

　　贷：应付利息——××行

（3）支付利息时，其会计分录为：

借：应付利息——××行

　　贷：同业存放——××行

（4）商业银行归还款项时，其会计分录为：

借：同业存放——××行

　　贷：存放中央银行款项

【例 8-6】 岳麓山银行 2017 年 8 月 10 日收回其因业务需要于 2 年前存放在农

商银行的款项80 000 000元,假定其间年利率为3.8%,利息随本金一起结清。请核算两家银行资金存放及收回、利息计提与收付的会计分录。

解:(1)岳麓山银行。

① 2015年8月10日存出资金时,其会计分录为:

借:存放同业——农商银行　　80 000 000

　　贷:存放中央银行款项　　80 000 000

② 计提利息时,其会计分录为:

$80\ 000\ 000 \times 3.8\% \times 2 = 6\ 080\ 000$

借:应收利息　　6 080 000

　　贷:利息收入　　6 080 000

③ 2017年8月10日收回资金时,其会计分录为:

借:存放中央银行款项　　86 080 000

　　贷:存放同业——农商银行　　80 000 000

　　　　应收利息　　6 080 000

(2)农商银行。

① 2015年8月10日存入资金时,其会计分录为:

借:存放中央银行款项　　80 000 000

　　贷:同业存放——岳麓山银行　　80 000 000

② 计提利息时,其会计分录为:

$80\ 000\ 000 \times 3.8\% \times 2 = 6\ 080\ 000$

借:利息支出　　6 080 000

　　贷:应付利息　　6 080 000

③ 2017年8月10日归还资金时,其会计分录为:

借:同业存放——岳麓山银行　　80 000 000

　　应付利息　　6 080 000

　　贷:存放中央银行款项　　86 080 000

三、转贴现的核算

(一)转贴现的概念与特点

转贴现是商业银行之间相互融通资金的一种方式,是商业银行将已贴现而尚未到期的银行承兑汇票或经总行批准办理贴现的商业承兑汇票,转让给上一级行的票据行为,以及总行与其他商业银行总行之间、分行与其他商业银行之间相互转让票据的行为。

1. 转贴现与贴现的比较

转贴现与贴现有密切联系,都是以商业票据为依据进行的资金融通行为,其贴现利息计算的原理相同,但它们之间的区别显而易见,贴现通常是有资金需求的一般企业向开户的商业银行办理,而转贴现则是在商业银行之间办理。

2. 转贴现与再贴现的比较

转贴现与再贴现的主要区别在于办理票据融资的金融机构不同,转贴现是商业银行之间办理的;再贴现是商业银行向中央银行办理的。转贴现与再贴现的相同之处：一是同属票据融资；二是方式都包括回购式与买断式两种。

（二）回购式转贴现的核算

回购式转贴现是指商业银行按照特定价格向其他商业银行出让票据获得资金，并以合同形式约定回购期限，回购到期日由贴出行按固定价格购回票据，凭票据于到期日向承兑人收取票款的贴现行为。回购式转贴现的实质是贴出行以已贴现而尚未到期的票据为质押品进行融资，缓解暂时性资金紧张，但票据权利未发生转移。

（1）商业银行办理回购式转贴现时的会计分录为：

借：存放中央银行款项或相关科目

　　贴现负债——利息调整

　　贷：贴现负债——转贴现——面值

同时，进行表外登记如下：

付出：代保管有价值品——商业票据

（2）资产负债表日的会计分录为：

借：利息支出——转贴现利息支出

　　贷：贴现负债——利息调整

（3）回购到期日的会计分录为：

借：贴现负债——转贴现——面值

　　贷：存放中央银行款项或相关科目

同时，进行表外登记如下：

收入：代保管有价值品——商业票据

（4）贴出行票据到期日的处理。贴出行票据到期，凭票据向承兑人收回票款，其账务处理同票据贴现。若是商业承兑汇票，则通过“吸收存款”账户向承兑申请人收取票款；若是银行承兑汇票，则通过“清算资金往来”账户向承兑银行收取票款。其会计分录为：

借：吸收存款或清算资金往来

　　贷：贴现资产

同时，进行表外登记如下：

付出：代保管有价值品——商业票据

（三）买断式转贴现的核算

买断式转贴现是商业银行将已贴现而尚未到期的票据转让给其他商业银行，到期时贴入行作为票据的债权人向承兑人收取票款，贴出票据的商业银行不再保留到期收款权利。由此可见，买断式转贴现实质是票据的所有权及该项资产的收益均发生转移。

商业银行办理买断式转贴现时，应以融入资金额借记“存放中央银行款项”或有关账户，按票面金额贷记“贴现资产”科目，将它们的差额确认为当期损益。票据到期，由贴入票据的商业银行向承兑人收取票款。收取时，贴出行不做账务处理。

贴出行办理买断式转贴现的会计分录为：

借：存放中央银行款项或相关科目

　　利息支出——转贴现利息支出

　　贷：贴现资产

同时,进行表外登记如下:

付出:代保管有价值品——商业票据

四、买入返售金融资产与卖出回购金融资产的核算

(一) 概念

买入返售金融资产是指商业银行(逆回购方,即资金融出方)与金融机构(正回购方,即资金融入方)按照协议约定先买入金融资产,再按约定价格于到期日返售给该金融机构的资金融通行为。正回购方应当提供无条件不可撤销的书面回购承诺。

卖出回购金融资产是指商业银行(正回购方,即资金融入方)按照回购协议向金融机构(逆回购方,即资金融出方)先卖出金融资产,再按约定价格于到期日将该项金融资产购回的资金融通行为。

买入返售和卖出回购业务项下的金融资产应当为债券、票据及中国银保监会认可的其他金融资产。办理买入返售和卖出回购业务,正回购方不得将业务项下的金融资产从资产负债表中转出。

2014 年,“一行三会一局”(中央银行、银监会、证监会、保监会、外汇局)联合发布《关于规范金融机构同业业务的通知》,即银发〔2014〕127 号文。强调买入返售金融资产只能是标准资产,非标准资产被禁止。127 号文第五条要求:“买入返售(卖出回购)业务项下的金融资产应当为银行承兑汇票、债券、央票等在银行间市场、证券交易所市场交易的具有合理公允价值和较高流动性的金融资产。”这意味着,买入返售金融资产只能是银行承兑汇票和在银行间市场或证券交易所上市的标准资产。

(二) 会计科目

1. 买入返售金融资产

本科目核算和反映本行按照返售协议约定先买入再按固定价格返售的票据、证券、贷款等金融资产所融出的资金。

本科目属资产类科目,期末借方余额,反映本行买入的尚未到期返售金融资产的摊余成本。

本科目为一级科目,按买入返售金融资产类别下设二级科目:

(1) 买入返售证券资产。本科目核算和反映本行按照返售协议约定先买入再按固定价格返售的证券资产业务。本行根据返售协议买入证券资产,应按实际支付的金额,借记本科目,贷记“存放中央银行款项”等科目。资产负债表日,根据计算确定的利息收入,借记“应收利息”,贷记“利息收入”。返售日,应按实际收到的金额,借记“存放中央银行款项”等科目,按其账面余额,贷记本科目及“应收利息”科目,按其差额,贷记“利息收入”科目。

(2) 买入返售信贷资产。本科目核算和反映本行按照返售协议约定先买入再按固定价格返售的信贷资产业务。其核算参照上述买入返售证券资产。

(3) 买入返售票据资产。本科目核算和反映本行按照返售协议约定先买入再按固定价格返售的票据资产业务。其核算参照上述买入返售证券资产。

2. 卖出回购金融资产

本科目核算和反映本行按照返售协议约定先卖出再按固定价格买入的票据、证券、贷款等金融资产所融入的资金。

本科目属负债类科目,期末贷方余额,反映本行尚未到期的卖出回购金融资产款项。

本科目为一级科目,按卖出回购金融资产类别下设二级科目:

(1) 卖出回购证券资产。本科目核算和反映本行按照回购协议先卖出再按固定价格买入的证券资产业务。本行根据回购协议卖出证券资产,应按实际收到的金额,借记"存放中央银行款项"等科目,贷记本科目。资产负债表日,按照计算确定的卖出回购证券资产的利息费用,借记"利息支出",贷记"应付利息"。回购日,按其账面余额,借记本科目及"应付利息"科目,贷记"存放中央银行款项"等科目,按其差额,借记"利息支出"科目。

(2) 卖出回购信贷资产。本科目核算和反映本行按照回购协议先卖出再按固定价格买入的信贷资产业务。其核算参照上述卖出回购证券资产。

(3) 卖出回购票据资产。本科目核算和反映本行按照回购协议先卖出再按固定价格买入的票据资产业务。其核算参照上述卖出回购证券资产。

(三) 买入返售金融资产的核算

不妨以买入返售证券资产为例。

1. 商业银行买入的核算

借:买入返售金融资产——买入返售证券资产

　　贷:存放中央银行款项

同时,进行表外登记如下:

收入:代保管有价值品——证券

2. 资产负债表日的处理

借:应收利息

　　贷:利息收入

3. 商业银行返售的核算

借:存放中央银行款项

　　贷:买入返售金融资产——买入返售证券资产

　　　　应收利息

　　　　利息收入

同时,进行表外登记如下:

付出:代保管有价值品——证券

(四) 卖出回购金融资产的核算

不妨以卖出回购证券资产为例。

1. 商业银行卖出的核算

借:存放中央银行款项

　　贷:卖出回购金融资产——卖出回购证券资产

同时,进行表外登记如下:

付出:代保管有价值品——证券

2. 资产负债表日的处理

借:利息支出

　　贷:应付利息

3. 商业银行回购的核算

借:卖出回购金融资产——卖出回购证券资产

　应付利息

　　贷:存放中央银行款项

同时,进行表外登记如下:

收入:代保管有价值品——证券

本章小结

金融机构往来业务是指商业银行与中央银行之间、商业银行与商业银行之间、商业银行与非银行金融机构之间,由于办理资金的调拨与缴存、款项的汇划与结算、资金的融通与拆借等原因而引起的资金账务往来。金融机构往来业务的跨级核算主要涉及"存放中央银行款项""向中央银行借款""贴现资金""拆出资金""拆入资金""存放同业"等科目。商业银行与中国人民银行往来业务的核算内容包括向中国人民银行存取现金、缴存存款准备金、再贷款、再贴现等。同业往来的核算内容包括同业拆借、同业存放、转贴现等。

重要概念

存款准备金　再贴现　买断式再贴现　回购式再贴现　同业拆借　同业存放　存放同业　转贴现　正回购　逆回购

基础训练

一、简答题

1. 简述金融机构往来业务的内容。

2. 简述缴存存款准备金与缴存财政性存款的异同。

3. 商业银行同业融资方式有哪些? 哪些方式常为商业银行所用?

4. 分别比较同业存放与同业拆借、同业存放与存放同业的不同之处。

5. 转贴现业务根据交易形式可以怎样划分? 贴出行的核算有何不同?

二、业务题

1. 2017 年 3 月 29 日,甲银行某支行成立,截至 4 月 10 日该银行一般性存款余额为 45 000 000 元,同期存款准备金率为 16%。请算计算甲银行应缴纳多少存款准备金,并编制会计分录。若甲银行拖延缴存存款准备金,于 4 月 17 日缴纳,中国人民银行应对其处多少元罚金? 并编制会计分录。

2. 甲银行 2017 年发生如下业务:

(1) 2 月 1 日,甲银行签发现金支票,向开户中国人民银行支取现金 100 万元,中国人民银行审核无误后,从其存款账户中支付。

(2) 2 月 20 日,甲银行向开户中国人民银行存入库存现金 40 万元。

(3) 4 月 10 日,甲银行向中国人民银行申请短期再贷款,金额为 5 000 万元,期限为 6 个月，年利率为 5.6%。经中国人民银行审查同意，办理再贷款发放手续。

(4) 9 月 17 日，甲银行提前归还人民银行 3 000 万元再贷款。

(5) 10 月 10 日到期日甲银行归还人民银行剩余 2 000 万元再贷款和所有利息。根据资料，请编制甲银行办理业务的会计分录。

3. 2017 年 8 月 3 日，乙银行向中国人民银行申请办理回购式再贴现，票据的票面金额为 600 万元，合同约定 9 月 13 日按票面金额购回票据。假定客户 8 月 1 日向该行申请贴现，票据贴现到期日是 9 月 23 日，同期月贴现率为 4.55‰，月再贴现率 4‰，贴现再贴现利息收支不必按月确认。试编制乙银行相关的会计分录。

拓展阅读

《中国人民银行关于调整部分商业银行财政性存款和准备金存款范围的通知》(2007 年 2 月，中国人民银行，银发〔2007〕59 号)。

即测即评

请扫描二维码进行在线测试。

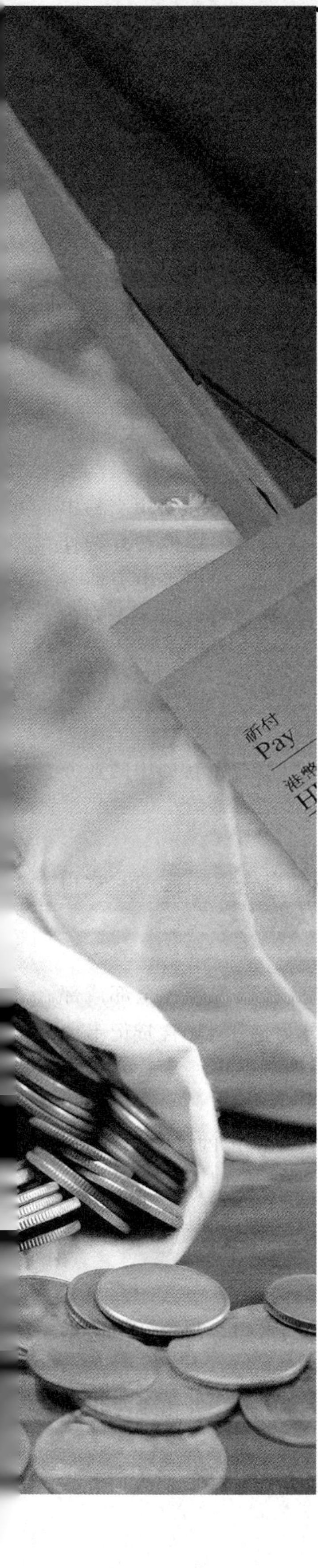

第九章　中间业务的核算

本章导读

中间业务是中国商业银行完善服务功能、优化资产结构及提高自身综合竞争力的必然选择。本章从中间业务的概念及种类出发，着重对目前商业银行主要开办的中间业务进行详细介绍，包括代理类业务、保函业务、基金托管业务、理财业务、贷款承诺业务、衍生类业务和保管箱业务。通过学习可以了解中间业务发展的趋势和特点，理解中间业务的含义、种类和操作流程，掌握中间业务的账务处理手续，从而为中间业务的全面风险管理提供经验。

第一节　中间业务概述

一、中间业务的定义

2001 年，中国人民银行颁发了《商业银行中间业务暂行规定》，将中间业务定义为“中间业务是指不构成商业银行表内资产、表内负债，形成银行非利息收入的业务”。

从定义可以看出，与商业银行传统的资产负债业务相比，中间业务具有以下特点：

一是以接受委托的方式开展业务。商业银行办理中间业务，通常是以接受客户委托的方式开展的，是一种委托业务而不是自营业务，在办理代理、担保、承诺、委托买卖等中间业务时尤其如此。在委托业务中银行不作为信用活动的一方，而是处于中间人或代理人的位置，不需要运用自己的资金，也不承担相应的风险。

二是服务与资金分离。传统的商业银行资产与负债业务，与银行的资金紧密相连。吸收存款、主动借款是银行的资金来源，构成银行的负债业务；发放贷款是银行的资金运用，构成银行的资产业务。金融监管当局的资本管制对资产的约束决定了资产业务不能随意扩大，收入的增长也因此受到限制。而商业银行在开展中间业务时不需要动用自身的资金而是利用信息技术、人才以及银行的信用获得大量的手续费收入。服务与资金分离的特点,使银行可以在不改变资产规模的情况下尽力扩大业务,规避金融监管当局的金融管制,扩大利润来源。同时也要注意到,中间业务有时也间接运用银行的资金,如贷款承诺,当银行向客户作了承诺后,虽然不需要马上垫款,但为了满足客户随时贷款的需求,银行必须保持更多的流动资产。

三是风险低、收益高。中间业务最基本的属性是商业银行在经营中间业务时不直接作为信用活动的一方出现,即不直接以债权人或债务人的身份参与。风险主要由委托人承担,但在办理某些中间业务时商业银行也承担一定的风险,如各类担保、承诺、承兑、押汇、代保管业务等。银行在办理中间业务时,可为银行带来大量的手续费收入和佣金收入,却不需要扩大银行资产规模,使银行的资产收益率大为提高;同时中间业务具有广泛的业务领域,能给银行带来稳定的收入。

四是业务范围广。随着社会经济的飞速发展,中间业务的范围不断扩大,业务品种日益丰富,这是商业银行适应金融市场发展以及经济主体需求的结果。首先,商业银行的存贷服务已不能满足经济主体的需要,市场要求商业银行在信用交易中承担更多的角色,从而产生了担保和承诺服务。其次,经济活动的多样性和复杂性使得信息和专业技巧愈发重要,也正是这些促成了银行信息咨询、代理等中介业务的广泛发展。加之计算机和现代通信技术的迅猛发展和应用,使得一些原本无利可图的中间业务变得有利可图,这促使商业银行中间业务获得了广泛的发展。

二、中间业务的分类

按照《商业银行中间业务暂行规定》给定的参考分类标准,商业银行的中间业务可以分为以下九大类。

(一) 支付结算类中间业务

支付结算类中间业务是指由银行为客户办理的因债权债务关系引起的与货币支付、资金划拨有关的业务。

(二) 银行卡业务

银行卡是由银行向社会发行的具有消费信用、转账结算、存取现金等全部或部分功能的信用支付工具。依据清偿方式,银行卡业务一般分为信用卡(含贷记卡业务、准贷记卡业务)和借记卡业务。

(三) 代理类中间业务

代理类中间业务是指由银行接受客户委托、代为办理客户指定的经济事务、提供金融服务并收取一定费用的业务,包括代理政策性银行业务、代理中国人民银行业务、代理银行业务、代收代付业务、代理证券业务、代理保险业务、代理其他银行卡的收单业务等。

(四) 担保类中间业务

担保类中间业务是指银行为客户债务清偿能力提供担保,承担客户违约风险的业务。其主要包括银行承兑汇票、备用信用证、各类保函业务等。

(1) 银行承兑汇票,是由收款人或付款人(或承兑申请人)签发,并由承兑申请人向开户银行申请,经银行审查同意承兑的商业汇票。

(2) 备用信用证,是开证行应借款人要求,以放款人作为信用证的收益人而开具的一种特殊信用证,以保证在借款人破产或者不能及时履行义务的情况下,由开证行向收益人及时支付本利。

(3) 各类保函业务,包括投标保函、承包保函、还款担保及借款保函等。

(五) 承诺类中间业务

承诺类中间业务是指商业银行在未来某一日按照事前约定的条件向客户提供约定信用的业务,主要是指贷款承诺,包括可撤销承诺和不可撤销承诺两种。

1. 可撤销承诺

可撤销承诺附有客户在取得贷款前必须履行义务的特定条款,在银行承诺期内,客户如没有履行条款,则银行可撤销该项承诺。可撤销承诺包括可透支额度等。

2. 不可撤销承诺

不可撤销承诺是银行不经客户允许不得随意取消的贷款承诺,具有法律约束力,包括备用信用额度、回购协议、票据发行便利等。

(六) 交易类中间业务

交易类中间业务是指商业银行为满足客户保值或自身风险管理等方面的需要,利用各种金融工具进行的资金交易活动,主要包括金融衍生业务。

(七) 基金托管业务

基金托管业务是指有托管资格的商业银行接受基金管理公司的委托,安全保管所托管的基金的全部资产,为所托管的基金办理基金资金清算款项划拨、会计核算、基金估值,由监督管理人投资运作。

(八) 咨询顾问类业务

咨询顾问类业务是指商业银行依靠自身在信息、人才、信誉等方面的优势,收集和整理有关信息,并通过对这些信息以及银行和客户资金运动的记录和分析,形成系统的资料和方案提供给客户,以满足其业务经营管理或发展需要的服务活动。其具体包括企业信息咨询服务、资产管理顾问服务、财务顾问服务和现金管理业务等。

(九) 其他中间业务

其他中间业务是指不能包括在以上八类中的业务,主要指保管箱业务。

第二节　代理类业务的核算

一、代理债券业务的核算

(一) 代理债券业务概述

1. 代理债券业务的概念及种类

代理债券业务是指商业银行代理发行和兑付债券业务。按债券发行主体的不同,商业银行的代理债券业务主要有:①国家债券,包括国库券、国家重点建设债券、国家建设债券、财政债券、特种国债和基本建设债券等;②金融债券,主要是各家政策性银行、商业银行和非银行金融机构发行的各类债券;③企业债券,主要包括重点企业债券、地方企业债券、企业短期债券等。

2. 代理债券业务的科目

(1)“代理业务占款”科目。本科目核算银行代理业务中所运用、占用及垫付的款项，如代理其他银行贷款收到的资金、代理发行和兑付债券、划缴中央银行财政性存款等。

本科目属于资产类科目，应按代理业务种类设置明细科目。

(2)“代理业务资金”科目。本科目核算银行代理业务中所收到的各类款项，如代理其他银行贷款资金、代理发行债券、代收的财政性存款、代收的罚款等。

银行代收各种款项时，借记“存放中央银行款项”等科目，贷记本科目；按规定支付款项时，借记本科目，贷记“存放中央银行款项”等科目。银行按期支付利息时，借记“利息支出”“金融企业往来支出”等科目，贷记“存放中央银行款项”等科目。

本科目属于负债类科目，应按代理业务种类进行明细核算。

(二) 代理发行债券的核算

1. 代理发行债券出入库的处理

(1) 实物券的入库。商业银行代理发行的债券押运回行后，有关业务部门应根据有关债券领用单据(包括债券印制协议、厂方交货单、上级行签发的债券调拨单、出库单)填制“重要单证入库单”一式三联，加盖有关印章和经办人名章，连同债券一并交金库管库员。管库员审核入库单、清点债券无误后，加盖个人名章办理入库手续。其中，一联入库单留存，凭以登记“有价单证登记簿”，一联入库单退业务部门，一联入库单送会计部门。会计部门根据入库单填制表外科目收入传票，入库单及有关债券领用单据核对无误后作表外业务传票的附件，登记表外科目明细账。具体如下：

收入：有价单证——××金库××债券××年度××期次××期限在库户

(2) 实物券的调拨。实物券调拨的账务处理主要包括上级行调出的处理和下级行调入的处理。

① 上级行调出的处理。债券发行前，下级行根据上级行业务部门的债券发行通知单，填制“重要单证出库单”一式四联，并加盖业务公章，凭商业银行行政介绍信和领券人有效身份证件到上级行办理领券手续。上级行业务部门审验领券人出具的出库单及有关证件无误后，在介绍信上登记证件号码，在出库单上签章后交金库。金库管库员审核四联出库单，在出库单“凭证号码”栏内填入债券起止号加盖个人名章，并配发债券，办理出库手续。其中，一联出库单留存，凭以登记“有价单证登记簿”，一联出库单送业务部门，一联出库单送会计部门，一联出库单退下级行领券人持单押券。会计部门根据出库单填制表外科目付出凭证，出库单作表外凭证的附件，登记表外科目明细账。具体如下：

付出：有价单证——××金库××债券××年度××期次××期限在库户

② 下级行调入的处理。下级行领回债券时，应按上述“实物券入库”的有关规定，及时办理债券入库手续，填制表外科目收入凭证，出库单和通知单作表外凭证的附件，登记表外科目明细账。具体如下：

收入：有价单证——××金库××债券××年度××期次××期限在库户

③ 下级行营业机构领取实物券的处理。营业机构按照规定向金库办理债券领取手续时，填制“重要单证出库单”一式四联，经业务部门审核并签章后交金库。金库管库员审核四联出库单，在出库单“凭证号码”栏内填入债券起止号加盖个人名章，并配发债券，办理出库手续。金库库址所在行会计部门同时填制表外科目付出

凭证,一联出库单作表外凭证的附件,登记表外科目明细账。具体如下:

付出:有价单证——××金库××债券××年度××期次××期限在库户

(3) 债券收款凭证的出入库。下级行业务部门根据上级行承购包销凭证式债券的分配调拨计划单,领取债券收款凭证。债券收款凭证的出入库,依据重要空白凭证管理规定办理。

2. 代理发行债券的处理(以代销实物券为例)

代理发行债券业务按照发行方式的不同可以分为代销方式、余额包销方式和全额承购包销方式三种。

(1) 代理发行实物券的核算。实物券的购买包括现金购买和转账购买两种方式。购券人以现金或储蓄存款购买债券时,应连同现金或有关取款凭证一并交银行经办人,经办人审核、清点无误后,登记"现金收付清单"(用储蓄存款购买债券应先办理取款),办理发售手续。营业终了,根据债券的种类汇总填制"债券发售清单"两联,根据汇总清单核对剩余实物券无误后,将剩余实物券封包寄库保管,一联债券发售清单作贷方记账凭证。会计分录为:

借:现金(或活期储蓄存款——××存款人户)

　　贷:代理业务资金——××机构××债券××年度××期次××期限户

同时,登记"有价单证登记簿",填制表外科目付出凭证,另一联清单作表外凭证的附件,登记表外科目明细账。具体如下:

付出:有价单证——××机构××债券××年度××期次××期限在库户

(2) 代理发行债券资金划缴的核算。银行各网点代理发售的债券资金,必须按照规定的时间分债券种类、划缴资金渠道及时全额上划管辖行。管辖行按上级行的要求通过资金清算系统上划上级行,或通过中国人民银行往来方式向下级行扣划资金。

商业银行经办行应在规定时间内将债券资金上划上级行。划缴时,按代理发行债券款项有关明细账户分别填制特种转账借方凭证两联,在"转账原因"栏注明"上划××年度××期次××期限××债券资金",一联作借方记账凭证并据以办理汇划,另一联加盖转讫章交业务部门。会计分录为:

借:代理业务资金——××债券××年度××期次××期限户

　　贷:清算资金往来——电子汇划款项户

上级行收到商业银行划缴的债券资金时,应按债券种类、年度、期次、期限设户。以"电子汇划款补充报单"第一联作贷方记账凭证,第二联加盖转讫章后交业务部门。会计分录为:

借:清算资金往来——电子汇划款项户

　　贷:代理业务资金——××债券××年度××期次××期限户

上级行向委托人划缴债券资金时,同时扣收手续费,并按应划缴的代理发行债券款项填制支款凭证,以支款凭证存根联或中国人民银行回单作贷方记账凭证,另填制借方记账凭证一联。会计分录为:

借:代理业务资金——××债券××年度××期次××期限户

　　贷:存放中央银行款项(或单位活期存款)——××委托人户

　　　　手续费及佣金收入——代理发行债券户

(3) 发行债券结束后的处理。在债券发行结束后，还需要进行以下四个环节：① 债券发行工作结束后，商业银行应当及时上交应划转的债券资金款项。款项划转后，商业银行有关代理发行债券款项科目的余额应为零。② 清点剩余实物债券，核对账、券无误后，由债券保管员按种类填写"重要单证入库单"，按债券入库手续办理债券退库。③ 已签发的凭证式债券金额总数与债券发行资金金额台账核对相符。④ 剩余债券收款凭证按重要空白凭证退库手续办理退库。

(三) 代理兑付债券的核算

代理兑付债券是指银行按照客户委托对其发行的到期债券进行兑付的债券业务。代理兑付债券必须取得或垫付一定的兑付资金，其兑付资金的处理一般有三种形式：① 先垫支资金，兑付是由各行垫付资金，在上交已兑付的债权后，根据相关部门开具的"债券款项划转通知书"向上级行划付资金。② 当日兑付，当日划收。代理当地财政、中国人民银行兑付国债及国债收款单所垫付的资金，在每日营业终了前，根据相关部门提供的"划拨兑付国债资金通知书"，当日划回国债本息。③ 先预拨兑付资金。上级行按各行发行债券本金数，计算出兑付资金数，将债券兑付资金先行拨到各行，用于债券到期的兑付。

1. 银行兑付前取得兑付资金的处理

其包括上级行和兑付点的处理两个环节。

银行上级行收到委托人拨入的还本付息资金时，以中国人民银行的收账通知(或其他凭证)作借方记账凭证，并据以填制贷方记账凭证两联，一联作贷方记账凭证，另一联加盖转讫章交业务部门。会计分录为：

借:存放中央银行款项(或单位活期存款)

　　贷:代理业务资金——××拨入单位××债券户

上级行按照下级行到期还本付息金额向下级行拨付资金时，会计部门凭业务部门提供的汇拨款项通知办理资金拨付。同时，填制特种转账借方凭证两联，一联作借方记账凭证，以业务部门的通知单作为附件，据以办理汇划，另一联加盖转讫章交业务部门。会计分录为：

借:代理业务资金——××拨入单位××债券户

　　贷:资金清算往来——电子汇划款项户

下级行收到资金时，根据电子汇划有关凭证办理转账，电子汇划收款补充报单第二联加盖转讫章交业务部门。会计分录为：

借:清算资金往来——电子汇划款项户

　　贷:代理业务资金——××拨入单位××债券户

储蓄所代理兑付实物券时，无论兑券人持实物券兑取现金或转存存款，都应填写"债券兑付清单"，连同债券一并交经办人。经办人应认真清点债券数量，核对金额，审核债券是否到期，是否属于商业银行兑付，有无假券和变造券。核对无误后，计算应付利息，填入兑付清单内，并加盖现金付讫章或转讫章和经办人名章，在债券正面加盖"已兑付"戳记，登记"现金收付清单"，然后按兑付清单上的本息合计金额配付现金，复点无误后，将现金交兑券人。兑券人要求转存储蓄存款的，将兑付资金按储蓄存款手续办理转账。会计分录为：

借:代理业务资金

　　贷:现金(或个人储蓄存款)

营业终了,营业机构应根据债券兑付清单,按债券种类分本金、利息汇总填制“债券兑付清单”两联。一联作汇总清单的附件,同时登记“有价单证登记簿”,填制表外科目收入凭证;另一联汇总清单作附件,登记表外科目明细账。具体如下:

收入:已兑付债券——××机构××债券××年度××期次××期限户

对已兑付的实物券应剪去右上角,并根据有关规定按债券的种类、期次、年限办理入库手续。

银行将已兑付的债券按规定上缴上级行或中国人民银行时,填制“已兑付债券上缴清单”一式三联,经与实物核对无误后,按规定办理债券出库手续。一联上缴清单留存,并凭以销记“有价单证登记簿”;另两联上缴清单连同已兑付债券上缴上级行或中国人民银行。同时,填制表外科目付出凭证,一联上缴清单作表外凭证的附件,登记表外科目明细账。具体如下:

付出:已兑付债券——××金库××债券××年度××期次××期限户

上级行收到商业银行送来的已兑付债券,清点无误后,在上缴清单上加盖业务用公章和经办人名章。上缴清单一联退商业银行;另一联上缴清单专夹保管(作为上缴上级行的依据)。同时,按规定办理入库手续,填制表外科目收入凭证,登记表外科目明细账。具体如下:

收入:已兑付债券——××金库××债券××年度××期次××期限户

已兑付债券按规定交委托人的,由承办行参照上述方法办理。

2. 银行兑付前未取得兑付资金的处理

兑付债券资金由各行处垫付时,在上交已兑付债券后,再根据相关部门开具的“债券款项划转通知书”向上级行划付资金。

(1) 兑付债券时,其会计分录为:

借:代理业务占款

　　贷:现金(或活期储蓄存款)

同时,登记表外科目明细账:

收入:已兑付债券

上划垫付资金时,会计分录为:

借:清算资金往来

　　贷:代理业务占款

同时,登记表外科目明细账:

付出:已兑付债券

(2) 上级行收到划付凭证时,其会计分录为:

借:代理业务占款

　　贷:清算资金往来

同时,登记表外科目明细账:

收入:已兑付债券

(3) 上级行从债券发行方收到兑付款时,会计分录为:

借:存放中央银行款项

　贷:代理业务占款——××债券××年度××期次××期限本金户

　　代理业务占款——××债券××年度××期次××期限利息户

　　手续费及佣金收入——代理兑付收入

　　利息收入

3. 已兑付债券销毁的处理

债券销毁工作应以销毁行主管行长为组长,由银行业务部门牵头,会同由会计、出纳、保卫、审计等部门参加的债券销毁工作小组一起实施。销毁工作结束后,会计部门根据销毁工作小组写出的书面销毁报告及清单登记有关表外科目账及登记簿。其具体程序如下:

债券销毁应根据上级行的销毁通知,先由金库根据未发行债券、已兑付债券的库存情况,提出债券销毁清单交业务部门。业务部门填制"重要单证销毁清单"一式四联,列明销毁债券的种类、数量、金额,加盖有关印章和经办人名章,金库凭以办理债券出库。销毁时,应按照重要单证销毁的有关规定组织责任部门的人员监销。

销毁工作结束后,主管行长、审计、保卫、出纳、会计及有关业务部门的债券监销人应在"重要单证销毁清单"上分别签章。一联销毁清单金库留存,凭以销记"有价单证登记簿";一联销毁清单连同销毁报告一并送业务部门;一联销毁清单连同销毁报告交上级行业务部门备案;一联销毁清单送会计部门。

销毁工作结束后,会计部门应填制表外科目付出凭证,以销毁清单作表外凭证的附件,登记表外科目明细账。具体如下:

付出:已兑付债券——××金库××债券××年度××期次××期限户

二、委托贷款业务的核算

(一) 委托贷款的概念和种类

委托贷款,是指委托人提供资金,由商业银行(受托人)根据委托人确定的借款人、用途、金额、币种、期限、利率等代为发放、协助监督使用、协助收回的贷款,不包括现金管理项下的委托贷款和住房公积金项下的委托贷款。其中,委托人是指提供委托贷款资金的法人、非法人组织、个体工商户和具有完全民事行为能力的自然人。

委托单位必须事先将委托贷款资金存入受托行,建立委托贷款基金,由受托行按委托单位的要求,负责办理贷款的审查、发放、管理、监督、使用、计算利息和按期收回等事项。

委托贷款业务是商业银行的委托代理业务。商业银行与委托贷款业务相关主体通过合同约定各方权利义务,履行相应职责,按照"谁委托谁付费"的原则向委托人收取代理手续费,不承担信用风险。

商业银行发放的委托贷款目前主要有政府部门委托贷款、企事业单位委托贷款、人民银行委托贷款等。

(二) 委托贷款的核算

1. 收到委托人资金的处理

划入时,以收款凭证为借方记账凭证,另填制两联贷方记账凭证,一联记账,另一联交业务部门。会计分录为：

借：存放中央银行款项——存××人行存款账户（或吸收存款等）

贷：代理业务负债——××公司

2. 委托贷款发放的处理

经办人对贷款转存凭证（借款借据）一式四联审核无误后，第一联交付业务部门，第二、第三联分别作借、贷方记账凭证，第四联加盖转讫章后退借款人。会计分录为：

借：代理业务资产——××公司（本金）

贷：吸收存款——活期存款——××公司

3. 委托贷款收回的处理

借款人归还贷款本金时，应提交转账支票和一式三联的进账单，经办人以转账支票作借方记账凭证，进账单第一联加盖转讫章后退借款人，第二联作贷方记账凭证办理转账，第三联加盖业务用公章交业务部门。

借：吸收存款——活期存款——××单位

贷：代理业务资产——××单位（本金）

委托人书面指定经办行直接从借款人账户上扣收贷款本金，经办人根据书面通知填制特种借、贷方凭证各两联，一联特种转账借方凭证加盖转讫章作回单退借款人，另一联作借方记账凭证；一联特种转账贷方凭证加盖业务用公章交业务部门，另一联作贷方记账凭证办理转账，同时增加收回贷款的累计。会计分录为：

借：吸收存款——活期存款——××公司

贷：代理业务资产——××公司（本金）

4. 委托贷款利息的处理

（1）结计利息的处理。

① 经办行根据委托贷款合同规定，分期结计委托贷款利息。收到委托贷款利息时，以利息清单或者利息凭证第一联作借方记账凭证，另填制两联贷方记账凭证，一联作“代收贷款利息”科目记账凭证（利息清单或者利息凭证第二联作附件），另一联作代扣税金凭证，利息凭证第三联退借款人。会计分录为：

借：吸收存款——活期存款——××单位

贷：代理业务资产——××单位（已实现未计算损益）

其他应付款——代扣代缴税金及附加户

经办行按规定将代收贷款利息划入委托人指定账户时，填制特种转账凭证一借两贷，一联特种转账贷方凭证加盖转讫章作回单交委托人，另一联特种转账贷方凭证及一联特种转账借方凭证凭以记账。会计分录为：

借：代理业务资产——××企业（已实现未结算损益）

贷：代理业务负债——××企业

② 未收到借款人利息时，经办行根据利息清单填制表外科目收入凭证，以利息清单作附件登记表外科目明细账。具体如下：

收入：待收委托贷款利息——××委托贷款××借款人户

待借款人归还欠交利息时，按照上述收取利息方式进行处理，同时填制表外科目付出凭证，登记表外科目明细账。具体如下：

付出:代收委托贷款利息

(2) 收取委托贷款手续费的处理。经办行按规定收取委托贷款手续费时,根据有关凭证办理转账。会计分录为:

借:代理业务资产——××单位(已实现未结算损益)

　　贷:手续费及佣金收入——××委托贷款手续费收入户

5. 委托贷款资金划回的处理

划出时,经办人根据业务部门的书面通知填制特种转账凭证一借两贷,一联特种转账贷方凭证加盖转讫章作回单退委托人,其余两联特种转账借、贷方凭证作记账凭证,书面通知作借方记账凭证附件。会计分录与划入委托贷款资金相反:

借:代理业务负债——××单位

　　贷:存放中央银行款项——存××人行存款户(或吸收存款等)

三、代收代付业务的核算

代收代付业务是商业银行利用自身的结算优势,接受单位或个人的委托,代办委托人指定款项的收付业务。目前,商业银行开办的代收业务主要有代收税费、代收代缴罚款、代理行政性事业收费、代收水费、代收电费、代收固定电话费、代收移动电话费、代收网络费、代收体育彩票款、代收学校学杂费、代收物业管理费等;代付款业务主要有代发工资、代发养老金、代发失业保险金、代发助学贷款、代扣储蓄存款利息所得税等。

商业银行在接受委托人代理收付款业务时,应先与委托人签订代理收付款协议,明确代理收付款的内容、范围、对象、时间、金额、方式及代理手续费等。在收付款之前,委托人要向商业银行出具收付款的合法依据及有关单据;代理付款时,委托人还必须事先将代付款交存商业银行以备支出;商业银行代收的款项在收妥后转入委托单位的银行账户。在代理收付款的过程中,如果遇到业务纠纷,一概由债权人与债务人自行解决,银行不应介入。

下面以批量代理收付业务为例,介绍代收代付业务的处理流程。

(一) 批量代理收付业务的方式和规定

随着计算机网络技术的发展,商业银行收取公共事业费和代发工资、股息等代理业务多采取批量处理模式,即通过录入、传输、存储到入账等方式,将代理收付数据上传至计算机系统主机,由主机自动批量进行账务处理。根据代理数据来源的不同,批量代理收付业务一般分为终端批量代理、数据传输代理和磁盘批量代理。

终端批量代理即营业网点先通过计算机终端建立被代理单位及代理的明细档案,代理业务发生时,被代理单位将本期应收或应付明细清单提交银行,营业网点在终端批量录入并核对无误后产生批量数据文本,通过批量代理程序上传主机,由主机进行批量入账。

数据传输代理即被代理单位将符合主机格式的数据明细(包括账号、代理种类、金额、单位代码、总金额、笔数、入账日期等)传输给银行联网计算机,银行联网计算机将数据上传至主机后,由主机批量入账。

磁盘批量代理即由被代理单位将本期应收、代付明细,通过磁盘或互联网提供给银行,由银行核对相符后通过批量代理传输程序上传主机,主机批量入账。

1. 代发工资业务

代发工资业务是银行利用自身的机构、网络及先进的电子设备，为企、事业单位发放职工工资的业务。商业银行代发工资的主要方式是银行卡。

（1）银行必须与代理单位签订“代发工资协议书”，协议书应明确被代理单位的性质、代付费种类和人数、入账时间、数据传递方式以及收费标准等，并明确双方的责任和义务。

（2）银行操作人员必须核对代发工资应付款账户，确保主机批量处理后账户余额为零。

（3）对于代理单位传送的磁盘和清单，必须建立严格的交接手续，坚持“换人复核、授权提交”的原则。

（4）对委托账户的分户代理金额及代理户数合计数与代理业务清单等有关凭证上的数据要核对相符。

2. 代收电费业务

代理银行必须与代理单位签订“代收费协议书”。协议书必须明确被代理单位的性质、代收费种类和人数、入账时间、数据传递方式以及手续费收费标准等，代理单位或银行必须与缴费客户签订委托扣款协议。

（二）批量代理收付业务的处理

1. 代发工资业务的处理

营业网点收到某单位代发工资磁盘，将磁盘交代理业务服务器操作员。代理业务服务器操作员解读磁盘密码，并审查磁盘数据是否符合银行数据格式要求，不符合要求的须进行格式转换。磁盘数据检验正确后上传主机，由主机进行批量处理。

（1）开户网点的会计分录为：

借：吸收存款——活期存款——××单位

　　贷：其他应付款——代发工资户

借：其他应付款——代发工资户

　　贷：吸收存款——活期储蓄存款——甲职工

　　　　　　　　　　　　　　　　——乙职工

　　　　　　　　　　　　　　　　——丙职工

（2）代办网点的会计分录为：

借：上存辖内备付金

　　贷：吸收存款——活期储蓄存款——甲职工

　　　　　　　　　　　　　　　　——乙职工

　　　　　　　　　　　　　　　　——丙职工

主机批量处理后，营业网点操作人员必须查询“其他应付款——代发工资”科目，如果其余额不为零，必须查清原因，同时根据代理业务返传文本清单手工转账。

2. 代收电费的处理

电力部门根据协议提供给银行标准格式文本，文本内容为代理业务编号、代理种类、扣款账号、金额等，经银行审核后通过批量代理程序由银行计算机系统进行批量处理。

(1) 银行代理网点批量代收电费的会计分录为：

借：吸收存款——活期储蓄存款——甲职工

——乙职工

——丙职工

贷：上存辖内备付金

(2) 银行归集网点的会计分录为：

借：上存辖内备付金

贷：吸收存款——活期存款——代理单位

(3) 收据的打印、查询。代理单位委托银行进行收据打印，客户可凭活期存折或信用卡到网点查询、打印缴费收据。客户到柜面查询电费的扣收情况，柜员通过输入单位代码、代理种类、客户代号、账号、日期等来使终端显示可供查询的客户本月缴费情况，并可选择打印缴费收据，打印完成后，柜员核对打印信息，无误后加盖公、私印章，将收据及存折交客户收执。

第三节 保函业务的核算

一、保函业务概述

(一) 保函业务的含义和特点

保函是指商业银行根据申请人的请求，以其自身的信誉向商业交易的另一方担保该交易项下的某种责任或义务的履行，而做出的一种具有一定金额、一定期限、承担某种支付责任或经济赔偿责任的书面付款保证承诺。其承诺，当申请人不履行其债务时，由银行按照约定履行债务或承担责任。

保函业务具有两个特点：一是保函业务依据商业合同开出，但又不依附于商业合同，具有独立的法律效力。当受益人在保函项下合理索赔时，担保行就必须承担付款责任，而不论委托人是否同意付款，也不管合同履行的实际事实。二是作为一种银行信用，易于为合同双方接受。

(二) 保函业务的种类

商业银行开办保函业务的类型包括投标保证、承包保证、履约保证、预收(付)款退款保证、工程维修保证、质量保证、来料加工保证及来件装配保证、关税报付保证、保释金保证、付款保证、延期付款保证、分期付款保证、借款保证、租赁保证、补偿贸易保证、账户透支保证等。其可划分为付款类保函、履约类保函和债务类保函。

(三) 保函业务的相关规定

商业银行开办保函业务，必须严格遵循自主经营、授权经办和反担保保障原则，在出具保函前必须让申请人提供保证金或其他反担保形式，同时交付一定金额的保证费用。保证费用应按照保证期限每三个月向被保证人收取一次，保证期限不满三个月的，按三个月收费。保函不得转让，不得设定担保，不得擅自修改变更。银行因履行保证责任垫付资金的，对垫付的资金，自垫付之日起按逾期贷款利率计收利息。另外，保函业务由各级行信贷部门归口管理。

根据相关规定，银行不得办理下列事项的保证：① 违反我国法律、法规和社会公共利益的保证；② 企业注册资本及股本性投资的保证；③ 以银行分支机构为受益人的保证；④ 银行认为不宜办理的其他保证。

二、保函业务的账务处理

（一）收取保证金的处理

申请人采取缴存保证金的方式委托担保。银行信贷部门与申请人、反担保人正式签订“出具保函协议书”和相应的反担保合同后，申请人交存保证金的，应提交有关支付票据及进账单一式三联。银行经办人审核无误后，以支付票据作借方记账凭证，进账单第一联加盖转讫章退申请人作回单，第二联作贷方记账凭证，第三联加盖业务公章交业务部门。会计分录为：

借：吸收存款——活期存款——××申请人户

　　贷：吸收存款——存入保证金存款——××申请人户

申请人若采取质押、抵押提供反担保，则银行应按照担保物的核算规定进行核算。

（二）收取手续费的处理

“出具保函协议书”生效后，经办银行应根据业务部门通知，按照“出具保函协议书”的约定及时向被保证人收取手续费，同时，填制业务收费凭证并办理转账。会计分录为：

借：吸收存款——活期存款——××被保证人户

　　贷：手续费及佣金收入——担保业务收入户

同时，银行应填制表外科目收入凭证，登记表外科目明细账。具体如下：

收入：开出保函——××申请人户

（三）担保垫款的处理

1. 垫付款项的处理

被保证人在合同时间内未能筹足偿债资金，而使银行垫付款项时，应向被保证人和反担保人行使追索权及反担保债权。

（1）申请人采取缴存保证金的方式提供反担保的，应先全额扣划保证金，不足部分列“逾期贷款——担保垫款”，或者“垫款”科目核算，营业柜台应根据有关原始凭证填制特种转账借、贷方凭证办理转账。会计分录为：

借：吸收存款——活期存款——××被保证人户

　　吸收存款——存入保证金存款——××申请人户

　　贷款——逾期贷款（或垫款）——担保垫款——××被保证人户

　　贷：吸收存款——活期存款——××保函受益人户

同时，营业柜台还应填制表外科目付出凭证，登记表外科目明细账。具体如下：

付出：开出保函——××申请人户

（2）申请人采取质押、抵押、第三方保证方式提供反担保的，银行应按照担保物核算规定中有关垫款的规定处理，同时，填制表外科目付出凭证，登记表外科目明细账。具体如下：

付出：开出保函——××申请人户

2. 结计担保垫款利息收入的处理

银行在结计担保垫款利息收入时,应按规定计算利息并填制"利息清单"一式三联,第一、二联分别作借、贷方记账凭证,第三联交客户。会计分录为:

借:应收利息——应收担保垫款利息××被保证人户

　　贷:利息收入——担保垫款利息收入户

3. 收回垫付款项的处理

收回担保垫款时,客户应填制支付凭证偿还垫款,银行在支付凭证第一联加盖转讫章后退客户。会计分录为:

借:吸收存款——活期存款——××被保证人户

　　贷:贷款——逾期贷款(或垫款)——担保垫款××被保证人户

　　　　应收利息——应收垫款利息××被保证人户

(四) 保函到期或终止担保的处理

保证期届满,银行未承担保证责任的,或保证金存款用于保证项下的支付仍有余额的,银行应在收回保函后,根据被保证人的请求将款项从相关账户转出。退还时,申请人提交有关支付票据及进账单一式三联,营业柜台审核无误后,以有关支款凭证作借方记账凭证,并将进账单第一联加盖转讫章退申请人作回单,第二联作贷方记账凭证,第三联加盖转讫章交被担保人。会计分录为:

借:吸收存款——存入保证金存款——××申请人户

　　贷:吸收存款——活期存款——××被保证人户

同时,填制表外科目付出凭证,登记表外科目明细账。具体如下:

付出:开出保函——××申请人户

第四节　基金托管业务的核算

一、基金托管业务概述

基金托管业务是指有托管资格的银行接受基金管理公司的委托,安全保管所托管的基金的全部资产,为所托管的基金办理基金资金清算款项划拨、会计核算、基金估值,并监督基金管理人投资运作的业务。基金托管业务包括封闭式证券投资基金托管业务、开放式证券投资基金托管业务和其他基金的托管业务。

经批准设立的基金,应当委托经中国证监会和中国人民银行审查批准的银行作为基金托管人托管基金资产。基金资产必须独立于基金托管人的资产。基金托管人应设立专门机构负责基金托管业务,银行应设立独立的基金托管部门和托管分部负责基金托管业务。

基金核算属于代理核算,它独立于银行自营性业务,实行分账核算,单独报告,相关业务不纳入银行资产负债表。基金托管部以基金为会计核算主体,单独建账、独立核算,保证不同基金之间在名册登记、账户设置、资金划拨、账簿记录等方面相互独立。同时,基金托管部应定期对基金管理人计算的基金资产净值及基金价格进行复核、审查,出具基金业绩报告,提供基金托管情况。基金托管的会计核算由基金托管部按照财政部制定的《证券投资基金会计核算办法》执行。

二、基金往来和交割清算的核算

基金管理公司与托管银行的资金往来主要体现为资金的存放、借贷及划拨清算。涉及资金往来和交割清算的业务主要是基金的发行和撤销、证券交易以及资金借贷等。

(一) 基金发行的处理

托管银行应及时将收到的投资人的申购款划入基金管理公司账户,并通知基金管理公司。银行应通过"同业存放"科目核算托管的基金管理公司款项。会计分录为:

借:吸收存款——活期储蓄存款——××户

　　贷:同业存放——基金存款——××基金管理公司户

(二) 证券交易的处理

基金管理公司的证券交易市场有两个:一个是证券交易所,即上海证券交易所和深圳证券交易所;另一个是银行间市场。基金管理公司通过证券交易所买卖股票、债券的交易,通过其在交易所的清算备付金办理资金交割清算。基金管理公司通过银行间市场等买卖证券的,需要托管银行办理资金交割清算。

1. 买入证券成交时的处理

当买入证券成交时,基金管理公司向托管银行发出支付指令,通知银行办理资金清算,托管银行的会计分录为:

借:同业存放——基金存款——××基金管理公司户

　　贷:清算资金往来——辖内往来(或其他科目)

2. 卖出证券成交时的处理

当卖出证券成交时,托管银行根据相关划款凭证为基金管理公司办理入账,会计分录为:

借:清算资金往来——辖内往来(或其他科目)

　　贷:同业存放——基金存款——××基金管理公司户

(三) 托管业务收益的处理

托管银行应按规定向基金管理公司收取基金托管费,列为中间业务收入。会计分录为:

借:同业存放——基金存款——××基金管理公司户

　　贷:手续费及佣金收入——基金托管收入

第五节　理财业务的核算

一、理财业务概述

(一) 理财业务的性质

理财业务是指商业银行为企业和个人客户提供的财务分析、财务规划、投资顾问、资产管理等专业化服务活动。

20 世纪 90 年代末,中国一些商业银行开始尝试向客户提供专业化的投资顾问和个人外汇理财服务，此后商业银行理财业务快速发展，理财产品日益丰富，理财资金规模日益壮大。2005年，中国银行监督管理委员会先后颁布《商业银行个人理财业务管理暂行办法》《商业银行个人理财业务风险管理指引》等文件，这是中国银行业理财业务发展的重要标志。此后，银监会等部门在2011年、2018年先后颁布了《商业银行理财产品销售管理办法》《关于规范金融机构资产管理业务的指导意见》等，中国银行业理财业务发展日益规范。

理财业务对商业银行的积极作用体现在以下几个方面：

(1) 理财业务有利于充分发挥商业银行现有的渠道优势和客户优势，拓展商业银行的创新发展空间，改善商业银行的资产负债结构，有效节约资本。

(2) 理财业务可以增加商业银行中间业务收入来源，提高银行盈利水平。相对于传统的资产负债业务而言，为获取该类业务收入需要承担的风险比较低。同时，商业银行在设计和销售理财产品时，也推广了银行传统产品，从而有利于银行其他类业务的发展。

(3) 由各种产品组成的理财计划使各类金融业务之间的关系更加密切，为商业银行向多元化、全能化方向发展奠定了基础。

(4) 商业银行理财业务的实质是商业银行现代化的服务方式，有利于提高客户的忠诚度，吸引高端客户，改善商业银行的客户结构。

(二) 理财业务的种类

1. 管理运作方式

按管理运作方式不同，理财业务可以分为理财顾问服务和综合理财服务。

理财顾问服务是商业银行向客户提供的财务分析与规划、投资建议、投资产品推介等专业化的服务。在理财顾问服务活动中，客户根据商业银行提供的理财顾问服务管理和运用资金，并承担由此产生的收益和风险。

综合理财服务是商业银行在向客户提供理财顾问服务的基础上，接受客户委托和授权，按照与客户事先约定的投资计划和方式进行投资和资产管理的业务活动。在综合理财服务活动中，客户授权银行代表客户按照合同约定的投资方向和方式，进行投资和资产管理，投资收益和风险由客户承担，或根据客户与银行约定的方式承担。

2. 理财结构

按理财结构不同，理财业务可以分为结构性理财产品理财、代理理财产品理财和信用联结理财产品理财。

结构性理财产品是指商业银行运用国际金融市场的相关工具，特别是衍生工具技术，对企业和个人等客户的存款进行结构化组合所构成的理财产品。

代理理财产品是指面向企业或个人客户发行的，投资于资金市场上流通的某种单一金融工具的代客理财产品，其中金融工具包括但不限于国债、金融债券、央行票据、银行承兑汇票、信托计划、协议存款回购等。

信用联结理财产品是指面向企业或个人客户发行的，收益与某一或某组信用体的信用状况表现挂钩的本金不保证的理财产品。

此外，还有一些商业银行将储蓄品种进行整合构成新的储蓄组合。

3. 服务对象

按服务对象不同，理财业务可以分为个人理财业务和公司理财业务。

个人理财业务是指商业银行为个人客户提供的财务分析、财务规划、投资顾问、资产管理等专业化的服务活动。

公司理财业务是指商业银行为企业客户提供的财务分析、财务规划、投资顾问、资产管理等专业化的服务活动。

个人理财业务与公司理财业务的区别主要体现在：① 服务对象不同。个人理财业务的服务对象是个人，其独立承担所有经济行为的后果，风险承受能力相对较弱，在风险收益权衡时往往更强调安全性；公司理财业务的服务对象是企业，其一般拥有相对雄厚的财力，对经济行为承担有限责任，为追求更高的利润，有时候可能选择承担较高的风险。② 理财目标不同。个人理财业务是以提高个人生活质量，规避经济危机，保障终生的生活为目标；公司理财业务则通常是以资金募集和合理使用，规避财务风险，达到企业价值最大化为目标。③ 理财决策影响因素不同。由于风险承受能力的不同，影响个人理财业务决策的因素主要来自个人自身的偏好和家庭状况等；影响公司理财决策的因素来自公司自身理念、治理结构和财务状况等。④ 依据的法律、法规不同。个人理财业务主要依据中国《个人所得税法》和社会保障、保险、遗产等方面的法律、法规；公司理财业务遵守中国《公司法》《证券法》和税收、会计等方面的法律、法规。⑤ 理财周期长短不同。个人理财业务是以个人的生命周期为时间基础，在时间上一直计划到生命终止；公司理财业务往往基于公司持续经营的假设，即在可预见的将来企业不会终止营业。

二、理财业务的账务处理

（一）对公理财业务的处理

1. 单位代理理财产品的处理

（1）核算科目。单位代理理财产品是指面向企业客户发行的，投资于资金市场上流通的某种单一金融工具的代客理财产品，其中金融工具包括但不限于国债、金融债券、央行票据、银行承兑汇票、信托计划、协议存款回购等。

对公理财业务一般使用“代理单位理财投资”“代理单位理财基金”“存放中央银行款项”“系统内理财资金存放”等科目进行核算。

（2）账务处理。

① 总行代理单位理财投资的处理。资金部门按照分行计划募集金额做代理理财投资成交后，会计部门根据交易单和确认书，填制借、贷方凭证出账，会计分录为：

借：代理单位理财投资

　　贷：存放中央银行款项（或相关科目）

② 募集期的处理。募集期的处理包括以下几种情况：

A. 发售理财产品的处理。发售行与客户签订《××银行单位理财协议》一式两联，收妥客户交易保证金后，填制借、贷方记账凭证各一联。该协议第一联专夹保管，第二联加盖业务用公章后退交客户。会计分录为：

借：吸收存款——单位活期存款（或相关科目）

　　贷：代理对公理财基金

B. 理财产品起息日对活期利息的处理。理财产品起息日终，银行计算机系统自动将客户购买日至起息日的活期存款利息按照起息日时的挂牌活期利率划入客户指定的收息账户。会计分录为：

借：应付单位活期存款利息

　　贷：吸收存款——单位活期存款（或相关科目）

C. 理财资金上存的处理。经办行将募集资金上划时，在“系统内理财资金存放”科目下设置“××机构××产品××期次”专户核算，上级行在“系统内理财资金存放”科目下设置“××机构××产品××期次”专户核算。理财产品起息日终，银行系统自动将各行发售理财产品所募集的资金全额上划总行。会计分录为：

借：系统内理财资金存放——发售行

　　贷：系统内理财资金存放——总行

D. 到期兑付的处理。付款日初，银行系统自动进行损益计提。当日系统自动进行系统内资金清算，收到总行的分配贷报单时，按协议收益率分别计算应支付给客户的收益和本行的留存收入，不足部分作为其他营业支出。根据收益分配贷记报单和收益计算结果，填制借方记账凭证和贷方记账凭证，办理划转。会计分录为：

借：系统内理财资金存放——总行

　　贷：系统内理财资金存放——发售行

待客户办理兑付手续时，填制借、贷方凭证进行理财产品销户及本息的实际支付。本息兑付的会计分录为：

借：代理对公理财基金

　　待兑付对公理财资金

　　贷：吸收存款——单位活期存款（或相关科目）

2. 单位结构性理财产品的处理

（1）核算科目。单位结构性理财产品是指商业银行运用国际金融市场的相关工具，特别是衍生工具技术，对企业等非金融机构客户的存款进行结构化组合所形成的理财产品。结构性理财业务中涉及与境外交易对手及客户的衍生金融交易均由各商业银行总行按照相关衍生金融工具的会计核算办法进行账务处理。

单位结构性理财产品使用“单位结构性存款”“应付单位活期存款利息”“待兑付对公理财资金”“系统内理财资金存放”等科目核算。“待兑付对公理财资金”科目用于核算代理对公结构性理财产品支付给单位的收益。

（2）募集期的处理。

① 发售理财产品的处理。发售行与客户签订《××银行单位结构性理财协议》一式两联，收妥客户交易资金后，填制借、贷方记账凭证各一联。该协议第一联专夹保管，第二联加盖业务用公章后退交客户。会计分录为：

借：吸收存款——单位活期存款（或相关科目）

　　贷：单位结构性存款

② 理财产品起息日对活期利息的处理。理财产品起息日终，银行系统自动将客户购买日至起息日的活期存款利息按照起息日时的挂牌活期利率划入客户指定的收息账户。会计分录为：

借：应付单位活期存款利息

　　贷：吸收存款——单位活期存款（或相关科目）

③ 理财资金上存的处理。理财产品起息日终了,系统自动将各行发售理财产品所募集资金全额上划总行。填发贷报,会计分录为:

借:系统内理财资金存放——发售行

贷:系统内理财资金存放——总行

④ 到期兑付的处理。兑付日初,系统自动进行损益计提。当日系统自动进行系统内资金清算,根据上级行发来的贷报单,填制借、贷方凭证进行账务处理。会计分录为:

借:系统内理财资金存放——总行

贷:系统内理财资金存放——发售行

客户办理兑付手续时,根据客户提交的协议,抽出留底核对无误后,填制借、贷方凭证进行理财产品销户及本息的实际支付。本息兑付的会计分录为:

借:单位结构性存款

待兑付对公理财资金

贷:吸收存款——单位活期存款(或相关科目)

⑤ 提前终止的会计处理。提前终止分为全部客户提前终止和部分客户提前终止两种情况,有关处理与到期兑付相同,只是在部分客户提前终止的情况下,损益补提是在下一计提日进行,而不是终止日。如涉及向客户收取提前终止手续费的,由系统自动扣收,并上划总行。会计分录为:

借:待兑付对公理财资金——发售行

待:代理理财手续费收入(对公)——总行

3. 单位信用联结理财产品的处理

(1) 核算科目。单位信用联结理财产品是指面向企业等非金融机构客户发行的,收益与某一或某组信用体的信用状况表现挂钩的本金不保证的理财产品。

单位信用联结理财产品使用“信用联结理财定期保证金”“应付单位活期存款利息”“系统内理财资金存放”及“待兑付对公理财资金”等科目核算。

(2) 募集期的处理。

① 发售理财产品的处理。发售行与客户签订《××银行单位信用联结理财产品协议》一式两联,收妥客户交易资金转入保证金账户,填制借、贷方记账凭证各一联做账。该协议第一联专夹保管,第二联加盖业务公章后退交客户。会计分录为:

借:吸收存款——单位活期存款(或相关科目)

贷:信用联结理财定期保证金

② 理财产品起息日对活期利息的处理。理财产品起息日终,系统自动将客户购买日至起息日的活期存款利息按照起息日时的挂牌活期利率划入客户指定的收息账户。会计分录为:

借:应付单位活期存款利息

贷:吸收存款——单位活期存款(或相关科目)

③ 理财资金上存的处理。理财产品起息日终,系统自动将各行发售理财产品所募集资金全额上划总行,填制贷报单。会计分录为:

借:系统内理财资金存放——发售行

贷:系统内理财资金存放——总行

④ 到期兑付的处理(未出现信用违约事件)。若理财产品存续期内未发生关联债务的违约事件,到期兑付时将向客户支付约定收益及全部本金。兑付日初,系统自动进行损益计提。当日系统自动进行系统内资金清算,填制转账借、贷方凭证。会计分录为:

借:系统内理财资金存放——总行

　贷:系统内理财资金存放——发售行

待客户办理兑付手续时,抽出留底的协议进行核对,无误后填制转账借、贷方凭证,办理理财产品销户及本息的实际支付。会计分录为:

借:信用联结理财定期保证金

　待兑付对公理财资金

　贷:吸收存款——单位活期存款(或相关科目)

⑤ 出现信用违约事件的处理。若理财产品存续期内发生关联债务的违约事件,该理财产品在下一付息日自动终止,终止时将向客户支付约定收益,并根据本金损失比例扣收客户保证金。

终止日初,系统自动进行损益计提。当日系统自动进行系统内资金清算,同时将应付客户基本存款利息部分结转至"待兑付理财资金"科目,以本金损失与应付客户担保费(和/或佣金)的差额计算应扣收客户保证金,并上划总行。待客户办理兑付手续时进行理财产品销户及本息的实际支付。

⑥ 系统内的处理。终止日初,系统自动结清系统内理财资金本金、基本存款利息及手续费。会计分录为:

借:系统内理财资金存放——总行

　贷:系统内理财资金存放——发售行

⑦ 对客户端的处理。系统自动归集待兑付理财资金,填制转账借、贷方凭证支付基本存款利息部分。会计分录为:

借:应付单位定期存款利息

　贷:待兑付对公理财资金

本金损失与担保费(和/或佣金)差额部分。会计分录为:

借:待兑付对公理财资金——发售行

　贷:其他待处理贷方结算款项——总行

向客户兑付理财资金时,会计分录为:

借:信用联结理财定期保证金

　贷:待兑付对公理财资金

　　吸收存款——单位活期存款(或相关科目)

(二)个人理财业务的核算

1. 对私代理理财产品的处理

(1) 核算科目。对私代理理财产品是指面向个人客户发行的、投资于资金市场上流通的单一金融工具的代客理财产品,其中金融工具包括但不限于国债、金融债券、央行票据、银行承兑汇票、信托计划、协议存款回购等。

会计科目一般使用"代理个人债券理财基金""代理个人信托理财基金""存放中央银行款项""系统内理财资金存放"进行核算。

(2) 账务处理。

① 总行代理投资的处理。资金部门按照分行计划募集金额做代理理财投资成交后,会计部门根据交易单和确认书填制借、贷方凭证出账,会计分录为:

借:代理个人理财投资

　　贷:存放中央银行款项

② 募集期的处理。募集期的处理分为以下几种情况:

第一,发售理财产品的处理。发售行与客户签订《个人代理理财产品协议》一式两联,收妥客户交易资金转入保证金账户,填制借、贷方记账凭证各一联记账。该协议第一联专夹保管,第二联加盖业务公章后退交客户。会计分录为:

借:吸收存款——活期储蓄存款

　　贷:代理个人理财资金

第二,理财产品起息日对活期利息的处理。理财产品起息日终了,系统自动将客户购买日至起息日的活期存款利息按照起息日时的挂牌活期利率划入客户指定的收息账户,会计分录为:

借:应付储蓄活期存款利息

　　贷:吸收存款——活期储蓄存款

第三,理财资金上存的处理。理财产品起息日终了,系统自动将各行发售理财产品所募集的资金全额上划总行。会计分录为:

借:系统内理财资金存放——发售行

　　贷:系统内理财资金存放——总行

③ 到期兑付的处理。兑付日初,系统自动进行损益计提。当日系统自动进行系统内资金清算,对于卡内理财产品系统自动将应付客户本息划入客户指定账户;对于以权力凭证为介质的理财产品,待客户办理兑付手续时进行理财产品销户及本息的实际支付。系统内的会计分录为:

借:系统内理财资金存放——总行

　　贷:系统内理财资金存放——发售行

客户端的会计分录为:

借:代理个人理财基金

　　贷:吸收存款——活期储蓄存款

总行收到理财投资本金的会计分录为:

借:存放中央银行款项

　　贷:代理个人理财投资

④ 提前终止的处理。提前终止分为全部客户提前终止与部分客户提前终止两种情况,有关处理均与到期兑付相同,只是在部分客户提前终止的情况下,损益补提是在下一计提日进行,而不是在终止日。

如涉及向客户收取提前终止手续费的,由系统自动扣收,并上划总行。会计分录为:

借:待兑付对私理财资金——发售行

　　贷:代理理财手续费收入(对私)——总行

2. 对私结构性理财产品的处理

(1) 核算科目。为了规范对私结构性理财产品的会计核算,根据有关业务管理办法和业务开展的实际情况,本章所称的对私结构性理财产品是指商业银行利用国际金融市场上的相关工具,特别是衍生工具技术,对个人客户的存款进行结构化组合所构成的理财产品。结构性理财业务中涉及的与境外交易对手及客户的衍生金融交易均由总行按照有关衍生金融工具的会计核算办法进行账务处理。

(2) 募集期的处理。

① 发售理财产品的处理。发售行与客户签订《个人代理理财产品协议》一式两联,收妥客户交易资金转入保证金账户,填制借、贷方记账凭证各一联做账。该协议第一联专夹保管,第二联加盖业务用公章后退交客户。会计分录为:

借:吸收存款——活期储蓄存款

　　贷:吸收存款——定期储蓄存款——个人结构性存款

② 理财产品起息日对活期利息的处理。系统自动将客户购买日至起息日的活期存款利息按照起息日时挂牌的活期利率划入客户指定的收息账户,会计分录为:

借:应付储蓄存款活期存款利息

　　贷:吸收存款——活期储蓄存款

③ 理财资金上存的处理。理财产品起息日终了,系统自动将各行发售理财产品所募集资金全额上划总行。会计分录为:

借:系统内理财资金存放——发售行

　　贷:系统内理财资金存放——总行

(3) 到期兑付的处理。兑付日初,系统自动进行损益计提,当日自动进行系统内资金清算。对于卡内理财产品系统会自动将应付客户本息划入客户指定账户;对于以权利凭证为介质的理财产品,系统将待客户办理兑付手续时进行理财产品销户及本息的实际支付。系统内的会计分录为:

借:系统内理财资金存放——总行

　　贷:系统内理财资金存放——发售行

客户端的会计分录为:

借:吸收存款——定期储蓄存款——个人结构性存款

　　贷:吸收存款——活期储蓄存款

(4) 提前终止的处理。提前终止分为全部客户提前终止与部分客户提前终止两种情况。有关处理均与到期兑付相同,只是在部分客户提前终止的情况下,损益补提是在下一计提日进行,而不是在终止日。

如涉及向客户收取提前终止手续费的,由系统自动扣收,并上划总行。会计分录为:

借:待兑付对私理财资金——发售行

　　贷:代理理财手续费收入(对私)——总行

3. 对私信用联结理财产品的处理

(1) 核算科目。为了规范对私信用联结理财产品的会计核算,本章所称对私信用联结理财产品是指面向个人客户发行的,收益与某一或某组信用体的信用状况表现挂钩的本金不保证的理财产品。

(2) 募集期的处理。

① 发售理财产品的处理。发售行与客户签订《个人代理理财产品协议》一式两联，收妥客户交易资金转入保证金账户，填制借、贷方记账凭证各一联做账。该协议第一联专夹保管，第二联加盖业务用公章后退交客户。会计分录为：

借：吸收存款——活期储蓄存款

贷：个人信用联结理财保证金（定期）

② 理财产品起息日对活期利息的处理。系统自动将客户购买日至起息日的活期存款利息按照起息日时挂牌的活期利率划入客户指定的收息账户，会计分录为：

借：应付储蓄存款活期存款利息

贷：吸收存款——活期储蓄存款

③理财资金上存的处理。理财产品起息日终了，系统自动将各行发售理财产品所募集资金全额上划总行。会计分录为：

借：系统内理财资金存放——发售行

贷：系统内理财资金存放——总行

(3) 到期兑付的处理（未出现信用违约事件）。若理财产品存续期内未发生关联债务的违约事件，到期兑付时将向客户支付约定收益及全部本金。兑付日初，系统自动进行损益计提。当日系统自动进行系统内资金清算，对于卡内理财产品系统自动将应付客户本息划入客户指定账户；对于以权利凭证为介质的理财产品，待客户办理兑付手续时进行理财产品销户及本息的实际支付。会计分录为：

借：系统内理财资金存放——总行

贷：系统内理财资金存放——发售行

客户端的会计分录为：

借：个人信用联结理财保证金（定期）

贷：吸收存款——活期储蓄存款

(4) 出现信用违约事件的处理。若理财产品存续期内发生关联债务的违约事件，该理财产品在下一付息日自动终止，终止时将向客户支付约定收益，并根据本金损失比例扣收客户保证金。

终止日初，系统自动进行损益计提。当日系统自动进行系统内资金清算，同时将应付客户基本存款利息部分结转至“待兑付理财资金”科目，以本金损失与应付客户担保费（和/或佣金）的差额计算应扣收客户保证金，并上划总行。对于卡内理财产品系统自动将应付客户本息划入客户指定账户；对于以权利凭证为介质的理财产品，待客户办理兑付手续时进行理财产品销户及本息的实际支付。

① 系统内的处理。终止日初，系统自动结清系统内理财资金本金、基本存款利息及手续费。会计分录为：

借：系统内理财资金存放——总行

贷：系统内理财资金存放——发售行

② 客户端的处理。系统自动归集待兑付理财资金，会计分录为：

借：应付定期储蓄存款利息

贷：待兑付对私理财资金

本金损失与担保费（和/或佣金）差额部分。会计分录为：

借:待兑付对私理财资金——发售行

贷:其他待处理贷方结算款项——总行

向客户兑付理财资金时,会计分录为:

借:个人信用联结理财定期保证金(定期)

贷:待兑付对公理财资金

吸收存款——活期储蓄存款

③ 总行的处理。总行收到平盘对手支付的担保费(和/或佣金),会计分录为:

借:存放中央银行款项

贷:其他待处理贷方结算款项——客户收益部分

应收对私理财产品收益(系统内点差)

应收对私理财产品收益(总行点差)

总行向平盘对手支付应承担的违约事件损失时,会计分录为:

借:其他待处理贷方结算款项

贷:存放中央银行款项

(5) 提前终止的处理。非信用违约事件而发生的提前终止分为全部客户提前终止与部分客户提前终止两种情况。有关处理均与到期兑付相同,只是在部分客户提前终止的情况下,损益补提是在下一计提日进行,而不是在终止日。

如涉及向客户收取提前终止手续费的,由系统自动扣收,并上划总行。会计分录为:

借:待兑付对私理财资金——发售行

贷:代理理财手续费收入(对私)——总行

第六节 贷款承诺业务的核算

一、贷款承诺业务概述

贷款承诺是银行对客户的贷款项目给予同意贷款的书面承诺文件,是银行与借款客户达成的一种具有法律约束力的正式协议。该业务是银行在有效承诺期内,按照双方约定的条件、金额和利率等,随时准备应客户需求提供贷款,并有权向借款客户收取承诺费的一种授信业务。

按照银行是否具有撤销权利分为可撤销贷款承诺和不可撤销贷款承诺。可撤销贷款承诺又称为有条件贷款承诺,附有客户在取得贷款前必须履行的特定条款,在银行承诺期内,客户如果没有履行条款,则银行可撤销该项承诺。不可撤销承诺是指在有效期内银行不经客户允许不得随意取消的贷款承诺,具有法律效力。

银行接受客户的申请后,进行授信审查。贷款承诺必须严格选择对象,经审查符合银行授信要求的,出具贷款承诺,并将贷款承诺纳入企业的综合授信额度,不得单列。

二、贷款承诺业务的账务处理

设置贷款承诺表外科目,核算银行因与客户签订不可撤销的贷款协议或意向而在一定时期内可能发放的贷款。

(一) 出具贷款承诺

银行对客户审查合格后,出具贷款承诺或增加贷款承诺额度,打印贷款承诺函,登记表外科目明细账如下:

收入:贷款承诺

同时,按照贷款承诺协议收取手续费,会计分录为:

借:单位活期存款——××借款人户

　贷:手续费及佣金收入——贷款承诺手续费收入

当批准客户减少贷款承诺额度时,登记表外科目明细账如下:

付出:贷款承诺

(二) 发放贷款

在贷款承诺期内,客户申请发放贷款,银行应收回贷款承诺,办理信贷发放手续,登记表外科目明细账如下:

付出:贷款承诺

借:短期贷款(或中长期贷款)——××借款人户

　贷:单位活期存款——××借款人户

第七节　衍生类业务的核算

衍生类业务主要指金融衍生工具业务,金融衍生工具是指同时具有以下特征的金融合约:第一,价值取决于一种或多种基础资产或指数,比如利率、汇率、证券价格、商品价格、信用等级、价格指数或类似变量等;第二,不要求初始投资,或相对于其他类型的合约,所要求的初始投资少;第三,在将来某个日期交割。

一、衍生工具概述

金融衍生工具的基本种类包括远期、期货、互换和期权。衍生工具还包括具有远期、期货、互换和期权中一种或多种特征的结构化金融工具。

银行所从事的金融衍生工具交易可分为以下两类:一是银行为规避自有资产、负债的风险或为获利进行衍生工具交易,银行从事此类业务时被视为衍生工具的最终用户。二是银行向客户(包括金融机构)提供衍生工具交易服务。银行从事此类业务时被视为衍生工具的交易商,其中能够对其他交易商和客户提供衍生工具报价和交易服务的交易商被视为衍生工具的做市商。

二、衍生工具的账务处理

(一) 衍生工具会计处理的基本要点

银行在成为金融合约的一方时,将衍生金融工具确认为一项资产或负债。衍生金融工具在初始确认时或期末时,均应以公允价值进行计量。衍生金融工具公允价值变动,应区分其是否被指定为套期工具分别进行处理。如果衍生工具未被指定为套期工具,则其公允价值变动应计入当期损益;如果衍生工具被指定为套期工具,则其公允价值变动,应区别不同情况进行处理。

套期业务涉及套期工具和被套期工具。套期工具是指定的衍生金融工具，其公允价值或现金流量的变动，预期可抵消被套期项目的公允价值或现金流量的变动。非衍生金融资产或负债，只有在对外汇汇率变动风险进行套期时，才可以指定为套期工具。

被套期项目是使金融机构面临公允价值或未来现金流量变动风险的资产、负债、确定承诺、很可能发生的预期交易或在国外经营的净投资。

（二）会计科目的设置

1.“衍生工具”科目

该科目核算银行衍生工具的公允价值及其变动形成的衍生资产或负债，衍生工具作为套期工具的，在“套期工具”科目核算。本科目按金融衍生工具类别进行明细核算，期末借方余额，反映衍生工具形成的资产的公允价值；期末贷方余额，反映衍生工具形成负债的公允价值。

2.“套期工具”科目

该科目核算银行开展套期保值业务套期工具公允价值变动形成的资产或负债。按套期保值工具类别进行明细核算，期末借方余额，反映套期工具形成的资产的公允价值；期末贷方余额，反映套期工具形成负债的公允价值。

3.“被套期项目”科目

该科目核算银行开展套期保值业务时被套期保值项目的公允价值变动形成的资产和负债。可按被套期保值项目类别进行明细核算，期末借方余额，反映被套期项目形成的资产的公允价值；期末贷方余额，反映被套期项目形成负债的公允价值。

（三）衍生工具的账务处理

1. 银行取得衍生工具

按公允价值，借记“衍生工具”科目，按发生的交易费用，借记“投资收益”科目，按实际支付的金额，贷记“存放中央银行款项”。

2. 资产负债表日的处理

衍生工具的公允价值高于其账面金额的差额，借记“衍生工具”科目，贷记“公允价值变动损益”科目，公允价值低于其账面余额的差额作相反的会计分录。

第八节　保管箱业务的核算

一、保管箱业务概述

保管箱业务是指银行以出租保管箱的形式代客户保管贵重物品、重要文件、有价单证等财物的服务型项目。银行可向委托人收取手续费、保管费或租金。银行各分支机构开办保管箱业务，必须报经总行批准，并报当地监管部门备案，同时必须严格执行以下内控规定：①实行双人管库制度，保管箱业务会计和出纳必须分设，相互不得兼任；②保管箱设备的选购，由总行统一管理，未经总行授权，各分支机构一律不得自行购置保管箱设备；③保管箱的钥匙分公钥和分钥两种，公钥、分钥共同使用方可开启保管箱；④个人租用保管箱，可授权一人与其共用。

二、保管箱业务的账务处理

（一）保管箱租用的处理

出租保管箱应收取租金及保证金。保管箱租期、租金按年计算。租金一律实行预交，租期内如遇价格调增，均按交付时的价格收取。保证金在申请租箱时一次支付，主要用于扣除逾期租金及银行凿箱等费用，保证金待租用人退租手续结清后退还租用人。

银行经办人收到申请人提交的申请书、支款凭证及有关证件审核无误后，按规定预留租用人的印鉴（密码），填制业务收费凭证一式三联和保管箱押金收据一式三联，向租用人收取押金和租金。第一联押金收据与申请书一起专夹保管，以有关支款凭证等作借方记账凭证，收费凭证第一联作借方记账凭证附件，收费凭证第二联作"保管箱业务收入"科目贷方记账凭证，另填制一联贷方记账凭证作"其他应付款"科目记账凭证，押金收据作附件，第三联收费凭证和第三联押金收据退申请人。会计分录为：

借：现金（或单位活期存款——××户）

　　贷：手续费及佣金收入——保管箱业务收入

　　　　其他应付款——保管箱押金户

同时，登记"保管箱租箱、退箱登记簿"，填制表外科目收入凭证，登记表外科目明细账。

（二）保管箱续租的处理

银行经办人收到租用人提交的申请书及有关证件等审核无误后，取出原申请书留存联，加盖"续租"戳记，登记"保管箱租箱、退箱登记簿"，同时填制业务收费凭证一式三联向租用人收取租金，其余手续处理同上。

（三）保管箱退租的处理

银行经办人收租用人提交的申请书、押金收据第二联及有关证件等审核无误，并与原申请书留存联核对一致后，登记"保管箱租箱、退箱登记簿"。实际退还押金金额按原押金余额扣除逾期租金计算；提前退租的，租金不予退还。待租用人将保管箱物品全部取出并交还两把保管箱钥匙后，将押金退承租人。同时，填制一联借方记账凭证，以押金收据第一、三联，申请书留存联等有关资料作借方记账凭证附件，另填制贷方记账凭证办理转账（如有扣收租用人逾期租金情况，则另填制业务收费凭证一式三联，第三联作借方记账凭证附件，第二联作保管箱业务收入科目贷方记账凭证，第三联退租用人）。会计分录为：

借：其他应付款——保管箱押金户

　　贷：手续费及佣金收入——保管箱业务收入

　　　　现金（或单位活期存款——××户）

同时，登记表外科目明细账如下：

付出：重要空白凭证——印鉴卡在用户

（四）更换印鉴和挂失的处理

租用人因印鉴更换、钥匙丢失申请挂失的，应填写"保管箱印鉴、钥匙挂失申请书"，并出具有关证明及有效身份证件。银行经办人员根据留存资料进行审查，同意受理后即在规定的时间内冻结开箱。挂失申请书加盖业务公章后，第一联专夹保管，第二联退租用人，第三联交业务部门，并按规定收取挂失手续费，同时，填制业务收费凭证一式三联，第一联作借方记账凭证或借方记账凭证的附件，第二联作贷方记账凭证，第三联交租用人。会计分录为：

借：现金（或单位活期存款——××户）

贷：手续费及佣金收入——保管箱业务收入

（五）凿箱和换锁的处理

1. 正常凿箱的处理

挂失期满，需要办理凿箱或换锁的租用人，凭挂失申请书办理凿箱或换锁手续，并交纳专用锁成本和换锁费用。银行应填制业务收费凭证一式三联，第一联作借方记账凭证附件，第二联作“保管箱业务收入”科目贷方记账凭证，第三联交租用人，另填制一联贷方记账凭证作“库存物资”科目记账凭证，有关凭证作借方记账凭证办理转账。会计分录为：

借：现金

贷：手续费及佣金收入——保管箱业务收入

库存物资——保管箱专用锁

2. 非正常凿箱的处理

非正常凿箱是租用人因故逾期而发生的凿箱、司法执行凿箱及公正凿箱等。发生非正常凿箱时，银行经办人凭非正常凿箱证明，填制业务收费凭证一式三联，第一联作借方记账凭证附件，第二联作“保管箱业务收入”科目贷方记账凭证，第三联交租用人，另填制一联贷方记账凭证作“库存物资”科目记账凭证；如银行支用保管箱押金时，应填制两联特种转账借方凭证，一联作借方记账凭证，一联交租用人作扣款通知。会计分录为：

借：其他应付款（或现金）——保管箱押金户

贷：手续费及佣金收入——保管箱业务收入

库存物资——保管箱专用锁

3. 收取赔偿金的处理

保管箱租用人因损坏箱体、丢失钥匙而交纳赔偿金时，银行应填制业务收费凭证一式三联，第一联作借方记账凭证或借方记账凭证的附件，第二联作贷方记账凭证，第三联交租用人；如银行支用保管箱押金时，应填制两联特种转账借方凭证，一联作借方记账凭证，一联交租用人作扣款通知。会计分录为：

借：其他应付款（或现金）——保管箱押金户

贷：营业外收入

（六）收取滞纳金的处理

当超过保管期限而未办理退租或续租手续时，租用人应缴纳滞纳金。银行收取滞纳金时，应填制业务收费凭证一式三联，第一联作为借方记账凭证或借方记账凭证的附件，第二联作贷方记账凭证，第三联交租用人。会计分录为：

借：现金

贷：营业外收入

本章小结

中间业务的发展有利于促进商业银行收入结构的多元化,有利于提高综合经营效益、降低银行风险、改善金融服务和实现可持续发展。目前,中国商业银行开展的中间业务包括支付结算类、银行卡和代理类等九大类。第一,代理类业务能够在不改变商业银行资产负债结构的情况下,充分发挥其网点、人力和技术优势,提升银行经济效益。第二,保函业务是商业银行以其自身信誉向交易一方做出书面付款保证承诺的业务,这将提高被保证人的信用,促进交易的进行。第三,基金托管业务是一项风险相对较小、利润相对较高的新兴中间业务。商业银行按照基金管理公司的指令,进行资金的存放、借贷和划拨清算。第四,理财业务可以改善商业银行的资产负债结构,在风险较低的情况下拓展盈利渠道、提高收入水平,推进商业银行向现代服务模式的转变。第五,贷款承诺业务按照商业银行是否具有可撤销权,分为可撤销和不可撤销两种。对客户审查合格后,银行须出具贷款承诺,并在承诺期内按照客户的申请发放贷款。第六,在衍生工具业务中,商业银行不仅可以担任最终用户的角色,还可以作为交易商向客户提供衍生工具交易服务。衍生工具的会计处理按其是否被指定为套期工具而有所不同。第七,保管箱业务是商业银行以出租保管箱形式代客保管各类物品,向客户收取手续费、保管费或租金的服务性项目。

重要概念

中间业务　代理债券　委托贷款　保函　基金托管　综合理财服务　贷款承诺　套期工具　保管箱

基础训练

一、简答题

1. 中间业务与传统存贷款业务相比有什么特点?

2. 什么是代理债券业务?有哪些种类?

3. 什么是保函?商业银行开办的保函业务有哪些种类?

4. 商业银行开办了哪些理财业务?这对商业银行有何作用?

5. 委托贷款在会计核算上与银行用自身信贷资金发放的贷款有何不同?

二、业务题

1. 请根据以下材料编制20×8年建设银行某支行各类业务的会计分录。

(1) 1月8日,客户甲以活期储蓄存款来行购买实物券8 000元。

(2) 1月19日,客户乙来行兑付实物券5 000元,资金存放银行。

(3) 2月14日,收到丙公司300万元,用于向丁公司发放贷款。

(4) 2月15日,向丁公司发放委托贷款300万元。

(5) 3月30日,银行代丙公司发放职工薪酬50万元,其中,A、B、C、D高管每人10万元,a、b、c、d、e职员每人2万元。

(6) 4 月 13 日,银行按照“出具保函协议书”的约定向丙公司收取保函手续费 2 万元。

(7) 6 月 2 日,戊基金公司买入证券成交,金额为 3 000 万元,向银行发出支付指令,办理资金清算。

(8) 9 月 12 日,银行对丁公司贷款承诺审查合格,出具贷款承诺,金额为 500 万元,同时,收取手续费 15 万元。

(9) 12 月 25 日,客户乙来行租用保管箱,为期一年,同时以现金支付 3 000 元租金和 5 000 元押金。

2. 2018 年 3 月 1 日,建设银行某支行接受客户甲公司委托,为其进行 500 万元的资产管理。3 月 2 日,该行用委托资金购入某理财组合 500 万元。4 月 3 日,该理财实际到账资金为 550 万元。次日,银行与甲公司结算,将委托资金及收益退还给甲公司。按照合同约定,该行收取理财收益的 20%。根据以上业务,做相关会计处理(不考虑相关税费)。

拓展阅读

1.《关于规范金融机构资产管理业务的指导意见》(2018 年 4 月,中国人民银行、中国银行保险监督管理委员会、中国证券监督管理委员会、国家外汇管理局,银发〔2018〕106 号)。

2.《商业银行委托贷款管理办法》(2018 年 1 月,中国银行业监督管理委员会,银监发〔2018〕2 号)。

3.《商业银行理财业务监督管理办法》(2018 年 9 月,中国银行保险监督管理委员会,银保监发〔2018〕6 号)。

4. 程婵娟. 银行会计学[M]. 北京:科学出版社,2018.

5. 刘银玲. 商业银行会计学[M]. 成都:西南交通大学出版社,2018.

即测即评

请扫描二维码进行在线测试。

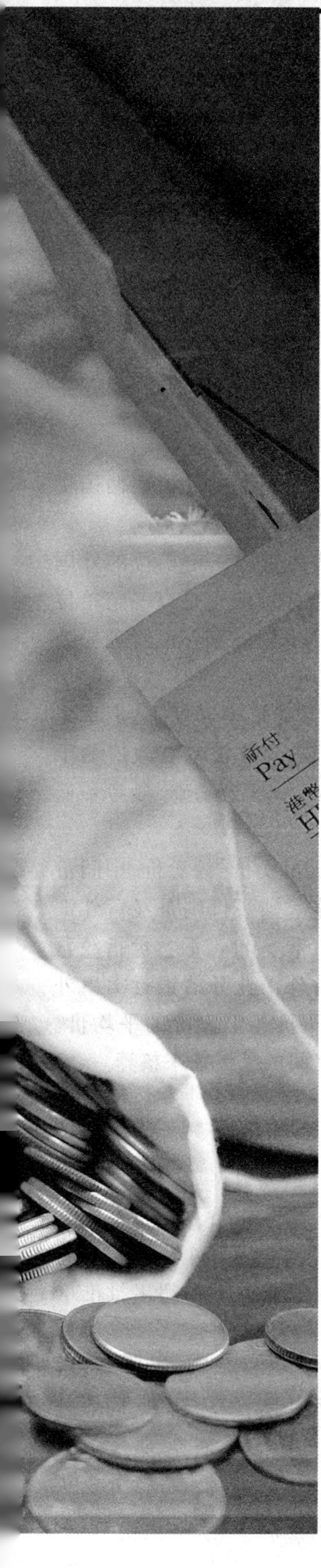

第十章　外汇业务的核算

本章导读

外汇业务是商业银行业务范围中的重要内容之一。外汇业务相对于人民币业务有其自身的特点，因而在会计核算上，外汇业务核算也具有一定的特殊性。本章旨在介绍外汇业务的内容和种类，如外汇买卖、外汇存款和外汇贷款等外汇业务的会计核算方法。

第一节　外汇业务核算概述

一、外汇与汇率

（一）外汇

外汇有动态含义和静态含义之分。动态意义上的外汇指“国际汇兑”，即将一个国家的货币兑换成另一个国家的货币，用以清偿国际间债务债权关系的行为。而静态外汇本身又有广义和狭义之别。广义的静态外汇是泛指以外国货币表示的各类资产。狭义的静态外汇则是指外国货币表示的可用于国际结算的支付手段，包括外国货币、外币有价证券、外币支付凭证、特殊债权和其他外汇资金等。国际货币基金组织对外汇的定义为“外汇是货币当局以银行存款、国库券、长短期政府债券等形式所持有的在国际收支逆差时可以使用的债权”。

外汇根据是否可自由兑换，可分为自由外汇与记账外汇。自由外汇指不需外汇管理当局批准，可以自由兑换成其他货币，或者可以向第三者办理支付的外国货币及其支付手段。记账外汇亦称协定外汇或双边外汇，只能作为双边转账之用，不经对方国家批准，不能自由兑换成其他货币，或对第三者进行支付。

根据交割期限，外汇可分为即期外汇和远期外汇。即期外汇是指即期收付的外汇，一般买卖双方要在成交后两个营业日内交割完毕。电汇、信汇和票汇就属于现汇。远期外汇，是指外汇市场上用于远期付款交割的外汇，买卖双方为了规避汇率变动的风险，按照预先商定的币种和数量、期限和汇价，订立外汇买卖合约或协议，在到期日进行实际交割。

根据来源和用途，外汇可分为贸易外汇和非贸易外汇。贸易外汇是指一国进出口贸易所收付的外汇及与进出口贸易有关的从属费用外汇，如在国际贸易中由于贸易货款、交易佣金、运输费和保险费等的收付而产生的外汇收支。非贸易外汇是指进出口贸易以外所收付的各项外汇，如侨汇、旅游、航运、金融、承包工程等收入和支出的外汇。

根据外汇的形态，外汇可分为现钞与现汇。现钞是指各种外币钞票、铸币等。现汇又称转账外汇，是指用于国际汇兑和国际间非现金结算的，用以清偿国际债权债务的外汇。现汇是一种外汇结算凭证，银行可以通过电子结算直接入账，它包括从国外银行汇到国内的外汇存款，以及外币汇票、本票、旅行支票等。

（二）汇率

汇率，也叫汇价，是指将一国的货币折算成另一国货币时的比率，它说明两国货币交换时货币数量之间的比例关系，也是一国货币的对外价值的反映。

汇率标价方法有直接标价法和间接标价法。直接标价法是以一定单位的外国货币为标准，折算为一定数量的本国货币的标价方法。间接标价法则是以一定单位本国货币为标准，折算为一定数量的外国货币的标价方法。中国国家外汇管理局公布的外汇牌价，采用的就是直接标价方法。

按国际货币制度，汇率可分为浮动汇率和固定汇率。浮动汇率制度下，汇率主要由市场供求关系所决定。固定汇率制度下，汇率相对稳定，汇率波动在政府的干预下被限定在一定的范围之内。目前，中国实行的是以市场供求为基础、参考一篮子货币进行调节、有管理的浮动汇率制度。

从银行买卖外汇的角度，汇率又可分为汇买价、钞买价、汇卖价、钞卖价、中间价五种。汇买价是经营外汇业务的银行买入外汇现汇的价格。钞买价则是经营外汇业务的银行买入外汇现钞的价格。一般而言，钞买价要低于汇买价。汇卖价指经营外汇业务的银行卖出外汇现汇的价格。钞卖价则是指经营外汇业务的银行卖出外汇现钞的价格。汇卖价与钞卖价往往相同。中间价是汇买价与汇卖价的平均价。中间价主要用于银行内部结算、套汇或者银行与中央银行之间的外汇往来核算。

二、外汇业务的核算种类

中国对外汇实行严格管制，国务院设立国家外汇管理局，并根据“集中管理、统一经营”的外汇管理方针授权其行使外汇管理职权，由外汇指定银行和经批准的其他商业银行经营外汇业务。未经国家外汇管理机关批准，任何单位和个人不得经营外汇业务。经批准经营外汇业务的金融机构，所经营的外汇业务不得超出批准的范围。

根据国家外汇管理局发布的《银行外汇业务管理规定》，中国外汇指定银行可以经营的外汇业务包括：外汇存款、外汇贷款、外汇汇款、外币兑换、国际结算、同业外汇拆借、外汇借款、外汇担保、发行或代理发行股票以外的外币有价证券、买卖或代理买卖股票以外的外币有价证券、外汇票据的承兑与贴现、结汇、售汇、自营外汇买卖或者代客外汇买卖、外汇信用卡的发行和代理国外信用卡的发行及付款、资信调查、咨询、见证业务以及国家外汇管理局批准的其他外汇业务。本章主要介绍外汇买卖、外汇存款和外汇贷款等外汇业务。

三、外汇业务的核算方法

银行外汇业务核算应遵循《企业会计准则第 19 号——外币折算》规定,外币折算准则着重解决了记账本位币的确定、外汇交易的内容及分类和外币折算的会计处理等。在中国,银行一般以人民币作为记账本位币,但也允许业务收支以人民币以外的货币为主的银行选择其中一种货币作为记账本位币,不过银行编报的财务会计报告应当折算为人民币。

经营外汇业务的银行往往需要同时处理人民币资金和多种外币资金的往来及收付,因而相较于人民币业务,外汇业务的记录、确认和核算工作更加复杂。为了有序、科学、合理地核算银行的外汇业务,必须使用专门的记账方法。根据外币折算准则应用指南,外汇业务的记账方法有"本币记账法"和"原币记账法"两种。

(一) 本币记账法

本币记账法,也称为外汇统账制,是以本币为记账单位,在业务发生时,对所发生的外币金额都按照一定的比价折算成本币进行记账的一种方法。

根据比价折合的标准不同,可分为以下两种方法。

1. 时价法

时价法又称市价法或浮动利率法。这种方法适合业务量少、外币业务简单、外币种类少的企业。

2. 定价法

定价法又称固定汇率法。这种方法适合业务量大、外币业务复杂、外币种类多的企业。

(二) 原币记账法

原币记账法,又称外汇分账制,即在业务发生时,对有人民币外汇汇率的外币,以原币为记账单位,从填制传票、登记账簿到编制报表都直接按原币核算。目前我国银行经营外汇业务基本都采用原币记账法。

外汇分账制的主要内容如下。

1. 人民币与外币分账核算

外汇分账制下,各种外币的收支都以原币为记账单位,各种货币自成一套独立的账务系统,账务互不混淆,可以如实、全面反映各种外币资金增减变化情况。银行通过这种方法,能清楚地掌握每一种外汇头寸的多少,便于更好地调拨和运用外汇资金。

2. 专设"货币兑换"科目

"货币兑换"科目是外汇分账制下所设置的一个特定会计科目,在外汇业务核算中起桥梁和平衡作用。根据复式记账原理的要求,为了平衡账务,遇有外汇交易而涉及两种货币时,须使用"货币兑换"账户,并在本位币账和外币账上同时等值反映,以联系和平衡不同货币之间的账务。这样一来,人民币账和外币账都符合复式记账原理,实现了各自的平衡,使外币资金活动和人民币资金占用情况有机地联系了起来。

3. 财务状况和经营成果以本币统一反映

期末结算时,银行对各种外币业务除分别编制原币的会计报表外,还要按照规定的汇率折合成本币,并与本币报表合并,编制各货币汇总折合本币的会计报表,以便于总括反映资产、负债和所有者权益,以及收入、支出和利润情况。

第二节　外汇买卖业务的核算

外汇买卖又叫外汇兑换,是指银行办理的按一定的汇率买入一种外汇或卖出一种外汇的业务。外汇买卖是外汇业务中的一项基础性业务,按交易目的可以分为结汇业务、售汇业务和套汇业务。

一、外汇买卖业务的账务组织

(一) 会计科目设置

1. "货币兑换"科目

银行办理各种外汇之间的买卖业务,以及同币种现汇与现钞之间的兑换业务,都必须通过"货币兑换"科目。"货币兑换"科目既是联系外币和人民币账务系统的桥梁,又起着平衡外币和人民币账务系统的作用。

该科目按币种进行明细核算。当银行买入外汇时,该科目下该外币账户的金额反映在贷方,相应的人民币金额反映在该科目人民币账户的借方;卖出外汇时,该科目下该外币账户的金额反映在借方,相应的人民币金额反映在人民币账户的贷方。

"货币兑换"是资产负债共同类科目,外币户和人民币户的余额均轧差反映。如果该科目下外币户贷方余额,人民币户为借方余额,表示该外币买入多于卖出,称为"多头";反之,该科目下外币户借方余额,人民币户为贷方余额,则表示外币卖出多于买入,称为"空头"。外汇"多头"或"空头",也称外汇敞口,即外汇风险暴露部分。

经营外汇业务的银行必须经常注意外汇买卖账上各种外币账户的余缺情况,以便在遇到外汇汇率急剧变动时,采取必要措施,避免遭受损失。因此,"货币兑换"科目作为人民币和外币的桥梁,使全部外汇交易汇总反映在货币兑换账上,有利于考察各种外汇资金增减变化和余缺情况。

2. "汇兑损益"科目

"汇兑损益"科目核算银行在经营外汇业务过程中因外币兑换、结售汇、外汇投资等原因实现的收益及损失。

该科目按外币币种进行明细核算,银行发生汇兑收益时借记"货币兑换"科目,贷记"汇兑损益"科目;发生汇兑损失时,借记"汇兑损益"科目,贷记"货币兑换"科目。

该科目为损益类科目,期末,应将科目余额转入"本年利润"科目,结转后该科目无余额。

(二) 货币兑换科目账簿

货币兑换科目分户账以每一种外币分别立账,根据特定格式将外币金额和人民币金额记在一张账页上。货币兑换科目分户账由买入、卖出、结余三栏组成。买入、卖出栏各设外币、牌价、人民币三项,结余栏内设外币、人民币两栏(见表 10-1)。

表 10-1　货币兑换科目账

××银行

货币兑换科目账

货币：　　　　　　　　　　　　　　　　　　　账户：

年		摘要	买入			卖出			结余			
月	日		外币（贷）（十亿位）	牌价	人民币（借）（十亿位）	外币（借）（十亿位）	牌价	人民币（贷）（十亿位）	借或贷	外币（十亿位）	借或贷	人民币（十亿位）

当买入外汇时，在买入栏逐笔登记外币金额、牌价、人民币金额。卖出外汇时，在卖出栏逐笔登记外币金额、牌价、人民币金额。套汇业务，将买入外币计入该外币户买入栏，将套出外币计入该外币户卖出栏。外币余额与人民币余额应分别结计。

货币兑换科目总账，采取一般三栏式总账格式，按各种外币和人民币分别设置。每日营业终了，根据外汇买卖科目传票，编制各种货币的科目日结单，再根据科目日结单登记总账。

（三）汇兑损益的计算

银行的外汇头寸管理实行外汇买卖平仓的方式，凡按规定平仓的货币兑换户，在平仓前，须计算提取外汇买卖损益，不平仓的账户不计提损益。

损益的计算方法如下：

每天外汇买卖交易结束后，分货币将货币兑换科目的余额按当天中间价折成人民币，其与该货币人民币余额的差额即为该货币当日外汇买卖的损益。

当货币兑换科目外币余额在贷方的，若“外币贷方余额×该种外币中间价>该种外币的人民币借方余额”，即为贷方差额，该差额为汇兑收益：反之，若是借方差额，则该差额为汇兑损失。

当货币兑换科目外币余额在借方的，若“外币借方余额×该种外币中间价<该种外币的人民币贷方余额”，即为贷方差额，该差额为汇兑收益：反之，若是借方差额，则该差额为汇兑损失。

二、外汇买卖业务的账务处理

（一）结售汇业务的核算

结售汇是结汇与售汇的统称。结汇是指外汇收入所有者将其外汇收入出售给外汇指定银行，银行收取外汇按一定汇率兑换等值本币的行为。售汇是指外汇指定银行将外汇卖给外汇使用者，并根据一定汇率收取等值本币的行为。结售汇业务在银行外汇买卖中占很大比重。银行买卖外汇时，应根据买卖外币金额，按汇价折算人民币金额，并填制“货币兑换”科目凭证。

银行买入外汇业务包括买入外币现钞和买入现汇，其账务处理原理是相同的，不过买入外币现钞和买入现汇的价格是不同的,有钞买价和汇买价的差别。一般而言,钞买价要低于汇买价。卖出外汇业务包括卖出外汇现钞和卖出现汇,银行卖出现钞和现汇的价格是相等的,其账务处理形式也是相同的。

银行在处理结汇业务即买入外汇时,应根据买入外币的金额,按照相应汇率(钞买价或者汇买价)折算成人民币金额。其会计分录如下:

借:××科目　　(外币)

　　贷:货币兑换(汇买价或钞买价)　　(外币)

借:货币兑换(汇买价或钞买价)　　(人民币)

　　贷:××科目　　(人民币)

【例10-1】 某客户将持有的20 000港元到银行兑换人民币现钞,当天银行公布的现钞买入汇率为HK $100=¥85.36。其会计分录为:

借:库存现金　　HK $20 000

　　贷:货币兑换(钞买价85.36%)　　HK $20 000

借:货币兑换(钞买价85.36%)　　¥17 072

　　贷:库存现金　　¥17 072

银行在处理售汇业务即卖出外汇时,应根据卖出外币的金额,按照相应汇率(卖出价)折算成人民币金额。其会计分录如下:

借:××科目　　(人民币)

　　贷:货币兑换(汇卖价)　　(人民币)

借:货币兑换(汇卖价)　　(外币)

　　贷:××科目　　(外币)

【例10-2】 甲银行兑换给在本银行开户的伏龙公司出国考察所需USA $8 000,收到人民币转账支票一张。银行审查,符合外汇管理规定,同意售汇。当天卖出价USA $100=¥669.96。其会计分录为:

借:吸收存款——伏龙公司　　¥53 596.80

　　贷:货币兑换(汇卖价669.96%)　　¥53 596.80

借:货币兑换(汇卖价669.96%)　　USA $8 000

　　贷:库存现金　　USA $8 000

(二)套汇业务的核算

套汇指银行根据客户的要求,用一种外汇兑换成另一种外汇的业务。一种外汇兑换成另一种外汇,两种不同外汇间没有直接比价,须通过人民币折算。即银行买入一种外汇,先按该外汇的买入汇率折算成人民币,然后,将折算后的人民币金额以另一种外汇的卖出汇率套算出另一种外汇的金额。一般来说,这种外汇买卖的人民币币值相等,如因折算产生尾差,则计入当期外汇买卖损益。套汇业务主要有两种类型。

1. 汇汇相套

汇汇相套是不同币种现汇之间的套汇,是银行将一种外汇兑换成另一种外汇的外汇买卖活动。其计算公式为:

卖出币种的套汇金额=买入币种金额×买入币种汇买价÷卖出币种卖出价

会计分录如下:

借:××科目　　　　　　　　　　　　　　　　　　（买入外币）
　　贷:货币兑换(汇买价)　　　　　　　　　　　　　　（买入外币）
借:货币兑换(汇买价)　　　　　　　　　　　　　　（人民币）
　　贷:货币兑换(汇卖价)　　　　　　　　　　　　　　（人民币）
借:货币兑换(汇卖价)　　　　　　　　　　　　　　（卖出外币）
　　贷:××科目　　　　　　　　　　　　　　　　　　（卖出外币）

【例 10-3】 佳佳公司持有现汇活期存款 US＄500 000,要求兑换成欧元现汇,存成欧元现汇活期存款以备支付货款。银行当天美元的现汇买入价 USA＄100 = ￥667.28,欧元卖出价€100 = ￥743.93。其会计分录为:

借:吸收存款——佳佳公司　　　　　　　　　　USA＄500 000
　　贷:货币兑换(汇买价 667.28%)　　　　　　　　USA＄500 000
借:货币兑换(汇买价 667.28%)　　　　　　　　￥3 336 400
　　贷:货币兑换(汇卖价 743.93%)　　　　　　　　￥3 336 400
借:货币兑换(汇卖价 743.93%)　　　　　　　　€448 483.06
　　贷:吸收存款——佳佳公司　　　　　　　　　　€448 483.06

2. 钞汇相套

钞汇相套是同一外币现钞与现汇之间的套汇,是银行对某外币买入现汇卖出现钞或买入现钞卖出现汇的外汇买卖活动。由于同一币种的现钞与现汇之间价值存在差异,因此彼此之间的转换也采用套汇的处理方式。

【例 10-4】 昌盛外商投资公司要求银行将其持有的 20 000 美元现钞兑换成美元现汇存入该公司美元现汇活期户。银行按美元现钞价买入美元现钞,按美元现汇价卖出美元现汇。当天的外汇牌价为:美元现汇卖出价 USA＄100 = ￥669.96,美元现钞买入价 USA＄100 = ￥661.93。其会计分录为:

借:库存现金　　　　　　　　　　　　　　　USA＄20 000
　　贷:货币兑换(钞买价 661.93%)　　　　　　　　USA＄20 000
借:货币兑换(钞买价 661.93%)　　　　　　　　￥132 386
　　贷:货币兑换(汇卖价 669.96)　　　　　　　　　￥132 386
借:货币兑换——美元户　　　　　　　　　　USA＄19 760.28
　　贷:吸收存款——昌盛外商投资公司　　　　　USA＄19 760.28

第三节　外汇存款业务的核算

一、外汇存款

外汇存款是单位或个人将其所持有的外汇资金(国外汇入汇款、外币以及其他外币票据等)存入银行,并在以后随时或约期支取的一种业务。外汇存款按照存款对象,可分为单位外汇存款和个人外汇存款;按存款期限,可分为定期存款和活期存款;按存取方式,可分为支票户存款和存折户存款;按存入资金形态,可分为现汇存款和现钞存款。现汇户是指由境外汇入的外汇或携入的外币票据转存存款的账户。现汇户的款项存取一般通过银行转账收付实现,也可以通过银行账户直接与国内外经办外汇业务的银行进行资金划拨清算。现钞户是指存款人从境外携入或持有可自由兑换的外币现钞存款的账户。现钞户的款项存取一般只能以外汇现钞进行,如果发生国际间的支付,需要按钞买汇卖的办法处理,套算成现汇方能对外支付。

(一) 单位外汇存款

单位外汇存款是存款人以单位或经济组织的名义存入银行的外汇存款,存款对象是各国驻华机构和我国境内机关、团体、学校及企事业单位与外商独资企业等。单位外汇存款分为甲种外币存款和外债专户存款两种。单位外汇存款只有现汇户,没有现钞户。

1. 甲种外币存款

此种存款的对象为:各国驻华外交代表机构、领事机构、商务机构、驻华的国际组织机构和民间机构;在中国境外或港澳地区的中、外企业、团体;在中国境内的机关、团体、学校、国有企事业单位和城乡集体经济组织;在中国境内的外商投资企业。

甲种外币存款的存款外汇有美元、英镑、欧元、日元和港币等。其中定期存款起存金额不低于人民币 10 000 元等值外汇,存期分为 1 个月、3 个月、6 个月、1 年、2 年;活期外汇存款有支票户和存折户两种,起存金额为人民币 1 000 元的等值外汇。支票户指凭借交款单和支票(或其他结算凭证)存取款项的外汇存款账户。存折户是凭存折、存款凭条、取款凭条办理款项存取的外汇存款账户。

2. 外债专户存款

此存款的主体为境内机构用于偿付境内外汇债务本金的外汇以及经常项目下境内机构用于偿付境内外外汇债务利息及费用的外汇。其以借入外债货币存入,起存金额不低于人民币 400 万元等值外汇。

(二) 个人外汇存款

个人外汇存款是存款人以个人名义存入银行的外汇存款,又可分为乙种外币存款和丙种外币存款。每种存款又分为定期存款和活期存款以及外汇账户和外钞账户。

1. 乙种外币存款

乙种外币存款的存款对象是居住在国外或中国港澳台地区的外国人、外籍华人、华侨、港澳台同胞和短期来华人员,以及居住在中国境内的驻华使馆外交官、驻华代表机构外籍人员、外国专家学者、海外留学生和实习生等,还有按国家规定有个人外汇的中国人等。活期存款起存金额不低于人民币 100 元等值外汇;定期存款起存金额不低于人民币 500 元等值外汇,存期为 1 个月、3 个月、6 个月、1 年、2 年。其外汇的使用可以汇往中国境内外,可兑换人民币,在存款人出境时,根据存款人的要求,可支取外钞或直接汇出。

2. 丙种外币存款

丙种外币存款主要是对持有外币的中国境内居民办理,此种外汇存款的存款对象是中国境内的居民,包括归侨、侨眷和港澳台胞的亲属。该种存款汇往境外金额较大时,须经国家外汇管理部门批准后方可汇出。

二、单位外汇存款的核算

(一) 单位活期外汇存款的核算

1. 存入款项的核算

因单位外汇存款只有现汇户,当单位以外币现钞存入现汇户时,应通过“货币兑换”科目进行钞买汇卖处理。银行应以当日的现钞买入牌价和现汇卖出牌价折算入账，其会计分录为：

借：库存现金　　　　　　　　　　　　　　　　　（外币）
　　贷：货币兑换（钞买价）　　　　　　　　　　　　　（外币）
借：货币兑换（钞买价）　　　　　　　　　　　　（人民币）
　　贷：货币兑换（汇卖价）　　　　　　　　　　　　（人民币）
借：货币兑换（汇卖价）　　　　　　　　　　　　（外币）
　　贷：吸收存款——活期外汇存款（××户）　　　　　（外币）

若单位直接以国外汇入外汇或国内汇款存入现汇户，应根据结算专用凭证办理存入核算。

① 以汇入原币种存入时，会计分录为：

借：汇入汇款或应解汇款　　　　　　　　　　　　（外币）
　　贷：吸收存款——活期外汇存款（××户）　　　　　（外币）

② 汇入币种与存入币种不同时，通过套汇处理，会计分录为：

借：汇入汇款或应解汇款　　　　　　　　　　　（甲外币）
　　贷：货币兑换（汇买价）　　　　　　　　　　　　（甲外币）
借：货币兑换（汇买价）　　　　　　　　　　　（人民币）
　　贷：货币兑换（汇卖价）　　　　　　　　　　　　（人民币）
借：货币兑换（汇卖价）　　　　　　　　　　　（乙外币）
　　贷：吸收存款——活期外汇存款（××户）　　　　　（乙外币）

2. 支取款项的核算

支取存款时，存折户填写取款凭条；支票户填写支票，加盖预留印鉴；如果通过汇出或国内外联行划出款项等方式办理现汇取款，则使用有关结算凭证、联行报单等办理取款手续。

① 从现汇账户支取外币现钞，银行做汇买钞卖套汇处理，支取外币现钞，会计分录为：

借：吸收存款——活期外汇存款（××户）　　　　　（外币）
　　贷：货币兑换（汇买价）　　　　　　　　　　　　（外币）
借：货币兑换（汇买价）　　　　　　　　　　　（人民币）
　　贷：货币兑换（钞卖价）　　　　　　　　　　　　（人民币）
借：货币兑换（钞卖价）　　　　　　　　　　　　（外币）
　　贷：库存现金　　　　　　　　　　　　　　　　　（外币）

② 以原币汇往境外或国内异地，收到单位提交的汇款申请书，经审核无误后办理转账。其会计分录为：

借：吸收存款——活期外汇存款（××户）　　　　　（外币）
　　贷：汇出汇款　　　　　　　　　　　　　　　　　（外币）

同时，银行按规定的收费标准另收汇费，原则上收取人民币，也可以是等值外币。

借：库存现金或有关科目
　　贷：手续费及佣金收入

③ 支取外汇与存入外汇不同时，通过套汇处理，会计分录如下(以存港币取美元为例)：

借：吸收存款——活期外汇存款(××户)　　(港币)
　　贷：货币兑换(汇买价)　　(港币)
借：货币兑换(汇买价)　　(人民币)
　　贷：货币兑换(汇卖价)　　(人民币)
借：货币兑换(汇卖价)　　(美元)
　　贷：汇出汇款　　(美元)

④ 支取存款兑取人民币现金，会计分录为：

借：吸收存款——活期外汇存款(××户)　　(外币)
　　贷：货币兑换(汇买价)　　(外币)
借：货币兑换(汇买价)　　(人民币)
　　贷：库存现金　　(人民币)

3. 利息的计算与核算

资产负债表日，商业银行对吸收的单位活期外汇存款应按规定计提利息。计提时，按计算确定的利息费用和应付未付利息，借记"利息支出"科目，贷记"应付利息"科目，会计分录为：

借：利息支出　　(外币)
　　贷：应付利息——××户　　(外币)

银行支付利息时，会计分录为：

借：应付利息——××户　　(外币)
　　贷：吸收存款——活期外汇存款(××户)　　(外币)

(二) 单位定期外汇存款的核算

1. 开户存入的核算

客户办理活期存款转定期时，凭存款单位开立的转账支票，开立外汇存款证实书，其会计分录为：

借：吸收存款——活期外汇存款(××户)　　(外币)
　　贷：吸收存款——定期外汇存款(××户)　　(外币)

经办行收到境外汇入汇款或国内转汇款项，应单位要求办理定期存款时，凭有关结算凭证办理，其会计分录为：

借：汇入汇款或应解汇款　　(外币)
　　贷：吸收存款——定期外汇存款(××户)　　(外币)

2. 转出或续存的核算

定期存款到期后，银行不能直接从定期户中支付现金，而应要求存款单位来行办理转出手续，转入活期户后方能支付现金。

到期转入活期的会计分录为：

借：吸收存款——定期外汇存款(××户)　　(外币)
　　应付利息——××户　　(外币)
　　贷：吸收存款——活期外汇存款(××户)　　(外币)

如果单位交来到期的定期存单申请办理续存，银行经审核无误后，填制利息计算清单，按本息合计重新填制定期存单，其会计分录为：

借：吸收存款——定期外汇存款（××户）　（外币）
　应付利息——××户　（外币）
　贷：吸收存款——定期外汇存款（××户）　（外币）

若客户只要求办理本金续存，而将利息转出，则会计分录为：

借：吸收存款——定期外汇存款（××户）　（外币）
　贷：吸收存款——定期外汇存款（××户）　（外币）
借：应付利息——××户　（外币）
　贷：吸收存款——活期外汇存款（××户）　（外币）

3. 利息的计算与核算

资产负债表日，商业银行对吸收的单位定期外汇存款应按规定计提利息。计提时，按计算确定的利息费用和应付未付利息，借记“利息支出”科目，贷记“应付利息”科目。单位定期外汇存款利息，按对年对月计息，不足一年或一月者应折算成日息计算。对年或对月的计算方法，从存款的存入日至第二年该日为一足年，自存入日至下月的该日为一足月。不论月份大小，均按此计算。存款到期，利随本清，一次计付利息。

4. 提前支取或逾期支取的核算

单位定期外汇存款未到期需要部分提前支取时，其提前支取部分按活期计息，未支取部分仍按原利率执行，其定期存单作支付凭证，未支取部分填制新存单。全部提前支取时按活期存款利率计息。

逾期支取时，对存期内部分按存入日利率计息，逾期部分改按支取日活期利率计息，会计分录与到期支取相同。

三、个人外汇存款的核算

（一）个人活期外汇存款的核算

1. 存入款项的核算

个人外汇存款的申请人开立活期外汇存款账户时，应填写“外币存款开户申请书”，连同外汇或现钞一同交存银行。银行认真审核申请书并审核外币票据或清点外币现钞，同时按规定审查开户人的有关证件，如护照、身份证等，经核对无误后，即为其办理开户手续。个人外汇活期存款为存折户，可随时存取。银行可根据存款人存入的资金形态及存款人的要求，开立现汇账户或现钞账户。

以外币现钞存入时，其会计分录为：

借：库存现金　（外币）
　贷：吸收存款——活期储蓄外汇存款（××户）　（外币）

存款人以汇入汇款、收妥的票据或国内联行划来的款项存入时，其会计分录为：

借：××科目　（外币）
　贷：吸收存款——活期储蓄外汇存款（××户）　（外币）

外国人、外籍华人、侨胞、中国港澳台同胞以现钞存入现汇户时，应按存入日外汇牌价作钞买汇卖进行套汇处理。

2. 支取款项的核算

存款人从外币现钞户支取同币种现钞的，直接根据取款凭条办理取款。其会计分录为：

借：吸收存款——活期储蓄外汇存款(××户)　　　　（外币）

　贷：库存现金　　　　（外币）

同时，银行登记分户账和存折，经复核无误后，付现并退回存折。

存款人从其现汇户支取款项汇往中国港澳台地区或国外的，须填制汇款凭证，银行依据汇款凭证和取款凭条，办理汇款手续。其会计分录为：

借：吸收存款——活期储蓄外汇存款(××户)　　　　（外币）

　贷：××科目　　　　（外币）

同时，银行按规定费率，计收汇费及邮费。其会计分录为：

借：库存现金（吸收存款）　　　　（人民币）

　贷：手续费及佣金收入——汇款手续费户　　　　（人民币）

　　其他应付款——代收邮电费户　　　　（人民币）

若外国人、外籍华人、侨胞、中国港澳台同胞从现钞户支取同币种资金汇往中国港澳台地区或国外，则按当日牌价套汇处理；国内居民办理此业务，按中间价计收人民币手续费，不需套汇。

存款人要求从现汇户或现钞户取款并兑换成人民币现金时，应按当日牌价折算。其会计分录为：

借：吸收存款——活期储蓄外汇存款(××户)　　　　（外币）

　贷：货币兑换　　　　（外币）

借：货币兑换　　　　（人民币）

　贷：库存现金　　　　（人民币）

3. 利息的计算与核算

资产负债表日，商业银行对吸收的外币活期储蓄存款应按规定计提利息。计提时，按计算确定的利息费用和应付未付利息，借记“利息支出”科目，贷记“应付利息”科目。结息日的会计分录为：

借：应付利息——××户　　　　（外币）

　贷：吸收存款——活期储蓄外汇存款(××户)　　　　（外币）

存款人要求销户时，应随时结清利息，会计分录为：

借：吸收存款——活期储蓄外汇存款(××户)　　　　（外币）

　　应付利息——××户　　　　（外币）

　贷：库存现金　　　　（外币）

（二）个人定期外汇存款的核算

1. 开户存入的核算

存款人申请开立定期外汇存款账户，其要求和手续与开立活期外汇存款账户相同，经银行审核后，开立定期存款存折或外汇定期存款存单，其会计分录为：

借：库存现金（或其他有关科目）　　　　（外币）

　贷：吸收存款——定期储蓄外汇存款(××户)　　　　（外币）

2. 支取存款的核算

存款人支取到期定期外汇存款时，其会计分录为：

借:吸收存款——定期储蓄外汇存款(××户)　　(外币)

　应付利息——××户　　(外币)

　　贷:库存现金(或其他有关科目)　　(外币)

定期外汇存款因特殊情况需要提前支取的,须提供身份证明,银行审核同意后,可办理全部或部分提前支取手续。对部分提前支取后的留存部分按原存款的存入日和利率,立新户处理。

3. 利息的核算

个人定期外汇存款采取到期还本付息的方法。遇利率调整,仍按存入日约定利率计息;存款到期续存,按续存日利率计息;存入时未办理约定自动转存手续的,过期部分按支取日的外币活期存款利率计息;如提前支取,按支取日外币活期存款利率计息。其具体核算方法与单位定期外汇存款相同。

第四节　外汇贷款业务的核算

一、外汇贷款

外汇贷款是外汇银行运用所筹措的外汇资金而发放的以外币为计量单位的贷款。外汇贷款按照不同的标准可以分为以下类型。

(一)按贷款期限划分

按贷款期限划分,可分为短期外汇贷款和中长期外汇贷款。短期外汇贷款是指期限在一年以内(含一年)的外汇贷款,主要包括打包贷款、进出口押汇和票据融资。中长期外汇贷款是指期限在一年以上(不含一年)的外汇贷款。

(二)按贷款性质和用途划分

按贷款性质和用途划分,可分为固定资产贷款和流动资金贷款。固定资产贷款是对企业引进国外技术、设备或科技开发的外汇贷款;流动资金贷款是对生产储备、营运、结算融资的贷款和临时贷款。

(三)按贷款发放条件划分

按贷款发放条件划分,可分为信用贷款、担保贷款和抵押贷款。

(四)按贷款资金来源划分

按贷款资金来源划分,可分为现汇贷款、“三贷”贷款和银团贷款。现汇贷款可按利率不同分为浮动利率贷款、固定利率贷款、优惠利率贷款、贴息贷款、特优利率贷款、特种外汇贷款、短期周转外汇贷款等。“三贷”贷款包括买方信贷、政府贷款和混合贷款。银团贷款是国际金融机构贷款的一种形式,亦称辛迪加贷款。

本节将重点介绍现汇贷款、买方信贷和进出口押汇的核算。

二、现汇贷款的核算

现汇贷款又称自由外汇贷款,是外汇银行以吸收的外汇存款或其他自营方式吸收的外汇资金对外发放的贷款。现汇贷款的原则是借什么货币还什么货币,以原币计息,具体贷款货币币种由借款人选择,汇率风险由借款人承担。

现汇贷款主要用于满足客户外汇资金融资需求,用途广泛,既可以满足企业流动资金方面的需求,也可满足企业固定资产投资的需求。

下面以短期外汇贷款为例讲述贷款发放、利息计算和贷款收回的账务处理。

(一)贷款的发放

借款单位向银行提出申请使用的外汇贷款额度,经批准后订立借款合同,据以开立外汇贷款专户。借款时,借款单位一般委托外贸公司代办进口并使用信用证或进口代收等方式进行结算。

当发生实际付汇时,借款单位填制短期外汇贷款借款凭证,提交银行。银行审核借款凭证有关内容与借款契约规定相符后进行账务处理,会计分录为:

借:贷款——短期外汇贷款——××户(本金)　　(外币)

　贷:存放同业(或其他科目)　　(外币)

如以非贷款货币对外付汇,则需要经过套汇处理,会计分录为:

借:贷款——短期外汇贷款——××户(本金)　　(外币)

　贷:货币兑换(汇买价)　　(外币)

借:货币兑换(汇买价)　　(人民币)

　贷:货币兑换(汇卖价)　　(人民币)

借:货币兑换(汇卖价)　　(外币)

　贷:存放同业(或其他科目)　　(外币)

贷款的合同本金与实际支付的金额如存在差额的,还应按其差额,借记或贷记“贷款利息调整”科目。

(二)贷款的计息

资产负债表日,商业银行对发放的短期外汇贷款应按规定计提利息。计提时,按贷款的合同本金和合同利率计算确定的应收未收利息,借记“应收利息”科目;按贷款的摊余成本和实际利率计算确定的利息收入,贷记“利息收入”科目;按其差额,借记或贷记“贷款——短期外汇贷款——××户(利息调整)”科目。

1. 借款人以外汇存款偿还利息

借款人可直接以外汇活期存款偿还贷款本息。偿还时,会计分录为:

借:吸收存款——活期外汇存款(××户)　　(外币)

　贷:应收利息——××户　　(外币)

2. 将应收利息转为贷款本金

借款人如按合同规定不直接偿还贷款利息,而是将应付的外汇贷款利息作为外汇贷款的增额处理,转入贷款本金时,会计分录为:

借:贷款——短期外汇贷款——××户(本金)　　(外币)

　贷:应收利息——××户　　(外币)

(三)贷款的收回

外汇贷款借什么货币还什么货币,以原币计息。借款人如以原贷款货币偿还外汇贷款,贷款行应计算出上次结息日至还款日的贷款利息,将贷款本息一并收回,其会计分录为:

借:吸收存款——活期外汇存款(××户)　　(外币)

　贷:贷款——外汇贷款——××户(本金)　　(外币)

　　应收利息——××户　　(外币)

利息收入　　　　　　　　　　　　　　　　　　　　　（外币）

存在利息调整余额的，还应同时予以结转。

借款人如以人民币购买外汇偿还，其会计分录为：

借：吸收存款——活期存款（××户）（或其他科目）　　　（人民币）

　　贷：货币兑换（汇卖价）　　　　　　　　　　　　　　（人民币）

借：货币兑换（汇卖价）　　　　　　　　　　　　　　　（外币）

　　贷：贷款——外汇贷款——××户（本金）　　　　　　（外币）

　　　　应收利息——××户　　　　　　　　　　　　　　（外币）

　　　　利息收入　　　　　　　　　　　　　　　　　　（外币）

存在利息调整余额的，还应同时予以结转。

借款人如以其他外币偿还贷款，则应先套算成贷款货币，再偿还贷款本息。

三、进口买方信贷的核算

买方信贷是出口信贷的一种形式，是由出口国银行直接向进口商或进口国银行提供的信贷，以便于买方利用这项贷款向提供贷款的国家购买技术、设备、货物以及支付有关费用。买方信贷的特点是期限较长，一般为 5 年到 7 年，最长可达 10 年。贷款利率一般低于现汇贷款利率。

买方信贷分为出口买方信贷和进口买方信贷。中国商业银行主要办理进口买方信贷，即中国商业银行作为进口国银行从出口国银行取得资金，并按需要转贷给进口单位使用。

为了控制中国对外借款的总规模和债务风险，买方信贷外汇贷款由经办该项业务的商业银行总行统一对外签订贷款协议，由经办行采用“下贷上转”方式对进口企业发放贷款。因此，该项业务在资金来源上商业银行总行是债务人，境外银行是债权人；资金运用上总行是债权人，国内借款人是债务人；在债务处理上采用总行集中记账核算形式。

买方信贷项下向国外银行的借入款，由总行集中开户，采用“借入买方信贷款”科目进行核算，并按借款单位分设账户。买方信贷项下向国外借入款的本息，由总行负责偿还。对各地企业发放买方信贷时，由分行开户，分行在“贷款”总分类科目下设置并采用“买方信贷外汇贷款”明细科目进行核算，各分行发放的买方信贷外汇贷款的本息，由分行负责按期收回。总行、分行之间款项的发放和归还，由系统内往来处理。

买方信贷外汇贷款的会计处理主要有对外签订信贷协议、支付定金、使用贷款、对外偿还贷款本息及对内收回贷款本息。

（一）对外签订信贷协议

总行统一对外谈判签订买方信贷总协议，并通知各地分行和有关部门。总协议下，有关每个具体项目的具体信贷协议或按贸易合同逐笔申请的贷款，由总行对外谈判签订，也可由总行授权分行谈判签订。总行在签订具体协议时，应通过“买方信贷用款限额”表外科目进行核算，并登记“买方信贷用款限额登记簿”。具体如下：

收入：买方信贷用款限额

使用贷款时，银行应按使用金额逐笔转销表外科目。

（二）支付定金

按照国际惯例，买方信贷的贷款金额一般约为合同金额的 85%，其余要支付现汇。在签订合同时，需要支付不少于 15% 的定金。

借款单位用现汇支付定金，会计分录为：

借：吸收存款——活期外汇存款（××户）（或其他科目）（外币）

贷：存放同业（或其他科目）（外币）

借款单位向银行申请现汇外汇贷款支付，会计分录为：

借：贷款——短期外汇贷款（××户）（外币）

贷：存放同业（或其他科目）（外币）

借款单位以人民币购入外汇支付定金，会计分录为：

借：吸收存款——活期存款（××户）（人民币）

贷：货币兑换（汇卖价）（人民币）

借：货币兑换（汇卖价）（外币）

贷：存放同业（或其他科目）（外币）

（三）使用贷款

买方信贷项下的进口支付方式，一般使用信用证。借款单位使用买方信贷向国外出口商开立信用证时，必须在信用证条款中注明“此款项系与国外贷款行签订的××贷款协议项下支付”，并按常规办理对外开证。进口商银行收到国外代理行寄来的有关单据，审核无误后，根据信贷协议规定，向国外出口商银行发出提款通知，办理支款手续，使用买方信贷款。

进口商银行总行收到出口商银行贷款起息日通知，会计分录为：

借：全国联行外汇往来——外币

贷：借入买方信贷款——外币

同时，总行按支款金额销记“买方信贷用款限额登记簿”。具体如下：

付出：买方信贷用款限额

进口商银行分行收到总行买方信贷起息通知时，会计分录为：

借：买方信贷外汇贷款——外币

贷：全国联行外汇往来——外币

如果由总行营业部直接贷出，则不必通过联行划转。

“借入买方信贷款”是负债类账户，用以核算获得买方信贷后借入款项的数额及到期偿还的情况。实际使用买方信贷时，记入贷方；贷款到期归还时，记入借方；期末余额在贷方，表示已借入使用但尚未归还的买方信贷数额。该账户为总行专用账户。

“买方信贷外汇贷款”是资产类账户，用以核算出口国银行向本国进口商或进口银行提供的买方信贷外汇贷款的转贷和收回情况。向本国进口商转贷并实际使用买方信贷时记入借方；贷款到期收回时，记入贷方；期末余额在借方，表示已转贷但尚未收回的买方信贷外汇贷款数额。该账户按使用贷款单位进行明细核算。

（四）偿还贷款本息的核算

买方信贷的贷款本息按协议规定由总行统一办理偿还。总行按协议规定计算利息，对国外贷款行寄来的利息清单认真核对并按规定及时偿付本息。

总行偿还国外贷款行本息时,会计分录为:

借:借入买方信贷款　　　　　　　　　　　　　　　　　　　(外币)

　　利息支出——借入买方信贷利息支出户　　　　　　　　　(外币)

　　贷:存放同业(或其他科目)　　　　　　　　　　　　　　　(外币)

(五) 对内收回贷款本息

银行对国内借款单位,按借款合同的规定计算借款利息,并按期收回贷款本息。

借款单位直接以外汇偿还时,会计分录为:

借:吸收存款——活期外汇存款——(××户)　　　　　　　　(外币)

　　贷:贷款——买方信贷外汇贷款——(××户)　　　　　　　(外币)

　　　　利息收入——买方信贷外汇贷款利息收入　　　　　　　(外币)

借款单位有外汇额度或交来外贸还款凭证,以人民币结汇偿还本息时,会计分录为:

借:吸收存款——活期存款——(××户)　　　　　　　　　(人民币)

　　贷:货币兑换(汇卖价)　　　　　　　　　　　　　　　　(人民币)

借:货币兑换(汇卖价)　　　　　　　　　　　　　　　　　(外币)

　　贷:贷款——买方信贷外汇贷款　　　　　　　　　　　　　(外币)

　　　　利息收入——买方信贷外汇贷款利息收入　　　　　　　(外币)

如果借款单位不能按期归还贷款,则按照贷款合同规定的到期日,将贷款本息转入"短期外汇贷款"明细科目核算,并按规定利率计算到期应收利息。转入"短期外汇贷款"明细科目后,借款单位逾期仍未能偿还贷款的,银行应采取有效措施,督促借款单位还款。

四、进出口押汇的核算

押汇是指进出口企业以进出口货物单据作为质押向银行申请的借款。押汇可分为出口押汇和进口押汇两种。

(一) 出口押汇

出口押汇是指出口商在发运商品后,以提货单据为抵押,签发由出口商或其委托承兑的银行为付款人的汇票,向银行融通资金的一种业务。

凡是从事国际贸易的出口单位(在中国,系指有进出口经营权的单位),在严格按照信用证条款办理出运货物和填制单据后,均可向银行办理出口押汇,以融通资金,促进对外贸易的发展。

商业银行在办理出口押汇业务时,需要先垫付结算资金给出口单位,然后凭抵押的单据向开证行收回垫款,而这有一定的风险。因此,银行在审核单证时,一定要注意国外银行的资信,有选择地承做出口押汇。

银行承做出口押汇业务时,应在应收出口单位票面金额内合理估计收到票据所需日数,在贷款金额内扣除出口押汇利息后,办理结汇,并收取结汇手续费。其中,押汇利息与实付金额的计算公式分别为:

$$押汇利息=押汇金额\times押汇天数\times利率$$

$$实付金额=押汇金额-押汇利息$$

押汇天数一般由发送单据及款项划回的邮程来决定,按实际天数计算。

商业银行应设置“贷款——出口押汇贷款”科目或直接设置“出口押汇”科目核算出口单位交来的国外银行开来的信用证项下出口单证议付的款项,该科目按借款单位进行明细核算,期末借方余额,反映银行出口押汇款项。

(1) 银行接受出口商提交的信用证和单据,办理出口押汇,会计分录为:

借:出口押汇　　(押汇金额)(外币)

　　贷:吸收存款——活期外汇存款(押汇申请人户)

　　　　(实付金额)(外币)

　　　　利息收入　　(押汇利息)(外币)

(2) 向国外银行寄送有关单据时,会计分录为:

借:应收信用证出口款项　　(外币)

　　贷:代收信用证出口款项　　(外币)

同时,登记表外科目明细账:

付出:国外开来保证凭信　　(外币)

(3) 收到开证行划来的信用证款项,银行收取的费用计入“手续费及佣金收入”后,会计分录为:

借:存放国外同业(或其他科目)　　(外币)

　　贷:出口押汇　　(外币)

　　　　手续费及佣金收入　　(外币)

借:代收信用证出口款项　　(外币)

　　贷:应收信用证出口款项　　(外币)

(二) 进口押汇

进口押汇是指进口商申请银行开具信用证,通知出口商所在地的联行或代理行按规定条件购进出口商签发的以进口商为付款人的跟单汇票,再由开证行转向进口商收回汇票本息的一种业务。

商业银行应设置“贷款——进口押汇贷款”或直接设置“进口押汇”科目核算开出信用证后,信用证项下规定的以进口商承兑的进口跟单汇票作抵押向国外议付行偿付的款项。该科目应按借款单位进行明细核算,期末余额在借方,反映银行进口押汇款项。

进口商开具信用证申请书,来行要求承做进口押汇时,经银行审核批准后,收取保证金。其会计分录为:

借:吸收存款——活期外汇存款(开证人户)　　(外币)

　　贷:吸收存款——存入保证金(开证人户)　　(外币)

在收妥保证金后,开证行开出信用证,通过“开往国外保证凭信”表外科目核算。具体如下:

收入:开往国外保证凭信　　(外币)

当收到国外联行或代理行寄来信用证项下汇票、单据及划付报单时,即表示进口押汇业务的发生。其会计分录为:

借:进口押汇　　(外币)

　　吸收存款——存入保证金(开证人户)　　(外币)

　　贷:存放国外同业(或其他科目)　　(外币)

进口商偿付押汇本息时,会计分录为:

借:吸收存款——活期外汇存款(进口商户)　　　　(外币)

　贷:进口押汇　　　　(外币)

　　利息收入　　　　(外币)

本章小结

本章主要介绍了外汇业务的内容、外汇业务核算方法、外汇买卖业务、外汇存款业务和外汇贷款业务的核算。外汇业务的记账方法有外汇统账制和外汇分账制两种,中国商业银行均采用外汇分账制。外汇分账制的主要内容包括:人民币与外币分账,各种货币自有账务系统;专设“货币兑换”科目,起到桥梁和平衡作用;期末统一以本币反映财务状况和经营成果。“货币兑换”科目是资产负债共同类科目,外币户和人民币户余额轧差反映。买入外汇记入该科目外币户贷方,记入人民币户借方;卖出外汇时记入该科目外币户借方,记入人民币户贷方。“汇兑损益”科目核算因结售汇等原因实现的收益及损失。外汇买卖业务包括结汇、售汇和套汇;核算时应注意现钞和现汇的区别,买入价和卖出价的区别。外汇存款可分为单位外汇存款和个人外汇存款、现汇存款和现钞存款、活期外汇存款和定期外汇存款等不同类型。外汇贷款业务的核算主要介绍了现汇贷款、买方信贷和进出口押汇的核算。

重要概念

外汇　汇率　原币记账法　本币记账法　外汇分账制　外汇统账制　结售汇　套汇　外汇存款　外汇贷款　货币兑换

基础训练

一、简答题

1. 什么是外汇？我国外汇指定银行可办理哪些外汇业务？

2. 什么是外汇分账制？有哪些主要内容？

3.“货币兑换”科目是什么性质的科目？买卖外汇时如何登记“货币兑换”科目账？

4.“汇兑损益”科目有什么用途？怎样计算汇兑损益？

5. 外汇贷款按照不同标准可以分为哪些种类？

二、业务题

根据以下业务编制相应的会计分录。

1. 客户陈某因出国留学,用人民币购买 30 000 美元,当天美元卖出价是 USA $100 = ¥669.96。

2. 按规定兑换给林氏机械厂出国考察所需 10 000 美元现钞,收到人民币转账支票 1 张,金额为 66 805 元。当日卖出价 USA $100 = ¥668.05。

3. 某入境游客持有 5 000 欧元,来行兑换人民币,现钞买入价 €100 = ¥738.75。

4. 客户李女士持 1 200 美元现钞，来行开立个人外汇定期存款美元现钞户，定期 1 年。

5. 银行收到香港汇丰银行汇入 50 000 港币汇款，收款人旺旺公司在本行开有美元现汇账户，套汇存入。当日汇买价 HKD100 = ¥83.80，卖出价 USA $100 = ¥662.15。

拓展阅读

1.《中华人民共和国外汇管理条例》(2008 年 8 月，中华人民共和国国务院，第 532 号令)。

2.《会计准则第 19 号——外币折算》(2017 年 9 月，中华人民共和国财政部)

即测即评

请扫描二维码进行在线测试。

第十一章　损益及所有者权益的核算

本章导读

损益亦称财务成果，即企业的利润或亏损。商业银行的损益简单来说就是指商业银行的收入和支出的差额。收入是指商业银行在日常活动中形成的、会导致所有者权益增加的、与所有者投入资本无关的经济利益的总流入，含利息收入和非利息收入。支出习惯上又称为商业银行的成本，含利息支出和非利息支出。商业银行实现的利润应按股东大会决议和国家有关规定进行分配。所有者权益，是指商业银行资产扣除负债后，由所有者享有的剩余权益。通过学习损益及所有者权益的核算，基本了解商业银行利润的形成、分配、所有者权益的构成及其核算等。

第一节　收入的核算

收入是指商业银行在日常活动中形成的、会导致所有者权益增加的、与所有者投入资本无关的经济利益的总流入。《企业会计准则第 14 号——收入》规定，收入只有在经济利益很可能流入从而导致商业银行资产增加或负债减少，并且经济利益的流入额能够可靠计量时才能予以确认。商业银行的收入来自其对外提供的各项金融服务，主要包括利息收入、手续费及佣金收入、投资收益、公允价值变动收益、汇兑损益、其他业务收入等。会计准则规定，与商业银行业务经营没有直接关系的各项利得作为营业外收入纳入商业银行广义收入的范畴。

一、利息收入的核算

利息收入是指商业银行发放各类贷款、与中央银行及其他商业银行等金融机构之间发生资金往来业务、买入返售金融资产等所取得的利息收入。

商业银行的利息收入占比很大，是其财务成果的重要内容，商业银行应设置“利息收入”科目进行核算。本科目按照业务类别进行明细核算。资产负债表日，商业银行应按照合同约定的名义利率计算确定的应收未收利息借记“应收利息”科目，按照贷款等资产的摊余成本和实际利率计算确定的利息收入贷记“利息收入”科目，按其差额借记或贷记“贷款——利息调整”等科目。实际利率与合同利率差异较小的，也可直接采用合同利率计算确认利息收入。本科目属损益类科目，平时在贷方归集利息收入，期末将“利息收入”科目余额转入“本年利润”科目，结转后本科目无余额。资产负债表日确认利息收入的会计分录为：

借：应收利息

　　贷：利息收入

　　　　应交税费——应交增值税

　　　　贷款——利息调整

如差额相反，则借记“贷款——利息调整”科目。

实行“营改增”后，商业银行实现的各项应税收入都应按相应税率计算缴纳增值税（下同）。

二、手续费及佣金收入的核算

商业银行的手续费及佣金收入来自其对外提供的各种服务，如办理结算业务、咨询业务、担保业务、代保管业务等。

商业银行应在向客户提供相关服务时确认手续费及佣金收入，设置“手续费及佣金收入”科目进行核算，并在该科目下按手续费及佣金收入类别进行明细核算。该科目属损益类科目，平时在贷方归集手续费及佣金收入，期末，将该科目余额结转到“本年利润”科目，结转后，该科目无余额。确认手续费及佣金收入时，会计分录为：

借：库存现金或吸收存款等科目

　　贷：手续费及佣金收入

三、投资收益的核算

投资收益是指企业在一定的会计期间对外投资所取得的回报。投资收益包括对外投资所分得的股利和收到的债券利息，以及投资到期收回的或到期前转让债权取得的款项高于账面价值的差额等。投资活动也可能遭受损失，如投资到期收回的或到期前转让的所得款低于账面价值的差额，即为投资损失。商业银行应设置“投资收益”科目并按会计准则要求来核算对外投资所获得的各项收益。该科目属损益类科目，平时在贷方归集各项投资收益或在借方归集各项投资损失，期末将余额结转到“本年利润”科目，结转后该科目无余额。确认投资收益时，会计分录为：

借：长期股权投资等科目

　　贷：投资收益

如为投资损失，则会计分录相反。

四、汇兑损益的核算

汇兑损益是指商业银行的外币货币性项目因汇率变动而形成的收益或损失。商业银行采用外汇分账制进行外汇业务核算时，资产负债表日，“货币兑换——外币”账户余额按当日汇率折算成记账本位币的金额大于“货币兑换——记账本位币”账户余额时,该差额即汇兑收益;相反,则为汇兑损失。商业银行应设置“汇兑损益”科目来反映其货币兑换的收益或损失,该科目属损益类科目,平时在贷方归集汇兑收益,在借方归集汇兑损失,期末将余额转入“本年利润”科目,结转后该科目无余额。

发生汇兑收益时,会计分录为:

借:货币兑换——记账本位币

　　贷:汇兑收益

发生汇兑损失的会计分录相反。

五、公允价值变动损益的核算

公允价值变动损益是指商业银行持有的金融资产或金融负债,由于其公允价值变动而形成的损益。商业银行应设置“公允价值变动损益”科目来反映这部分资产或负债由于其公允价值变动而应计入当期损益的利得或损失。该科目属损益类科目,平时在贷方归集公允价值变动收益(利得),在借方归集公允价值变动损失,期末将余额转入“本年利润”科目,结转后该科目无余额。

以交易性金融资产的核算为例,资产负债表日,商业银行应按公允价值对现有的交易性金融资产进行计量,现有交易性金融资产的公允价值超过其账面价值的部分,即作为利得计入当期损益;相反,则作为损失计入当期损益。资产负债表日,确认公允价值变动损益时,会计分录为:

借:交易性金融资产——公允价值变动

　　贷:公允价值变动损益

如为公允价值变动损失,则会计分录相反。

六、其他业务收入的核算

商业银行除上述业务收入以外的其他营业收入,如商业银行出租固定资产和转让无形资产所取得的收入等,可通过“其他业务收入”科目来进行核算。该科目属损益类科目,平时在贷方归集其他业务收入,期末将余额转入“本年利润”科目,结转后该科目无余额。取得其他业务收入时,会计分录为:

借:库存现金等科目

　　贷:其他业务收入

七、营业外收入的核算

营业外收入是指与商业银行的经营活动无直接关系的各项收入,包括处置非流动资产利得、非货币性资产交换利得、债务重组利得、罚没利得、政府补贴利得、确实无法支付而按规定程序经批准后转作营业外收入的应付款项、捐赠利得、盘盈利得等。

商业银行应设置“营业外收入”科目来核算取得的各项营业外收入,该科目属损益类科目,可以根据营业外收入项目进行明细核算。发生营业外收入时,会计分录为:

借:其他应付款等科目
　　贷:营业外收入

第二节　成本的核算

商业银行的成本只是一种通俗的说法,其实它是指商业银行的费用或支出,是指商业银行在日常活动中发生的,会导致所有者权益减少的、与向所有者分配利润无关的经济利益的总流出,它主要包括利息支出、手续费及佣金支出、税金及附加、营业费用、资产减值损失、所得税费用、其他业务支出等。《企业会计准则》第三十四条规定,费用只有在经济利益很可能流出从而导致企业资产减少或者负债增加、且经济利益的流出额能够可靠计量时才能予以确认。会计准则规定,与商业银行业务经营没有直接关系的各项损失作为营业外支出纳入商业银行广义成本或费用的范畴。

一、利息支出的核算

利息支出是商业银行吸收各种存款(单位存款、个人存款、信用卡存款、特种存款、转贷款资金等)、与其他金融机构之间发生资金往来业务、卖出回购金融资产等产生的利息支出。

商业银行可设置"利息支出"科目来核算利息费用的发生,该科目为损益类科目,平时在借方归集利息费用,期末将余额结转到"本年利润"科目,结转后该科目无余额。资产负债表日,商业银行应按负债的摊余成本和实际利率计算确定的利息费用金额,确认利息支出,按合同利率和合同负债本金计算确定的金额,确认本期应付利息,按其差额借记或贷记"吸收存款——利息调整"科目。实际利率与合同利率差异不大的,也可采用合同利率计算确认利息费用。商业银行确认利息支出的会计分录为:

借:利息支出
　　吸收存款——利息调整
　　贷:应付利息

差额相反时,则贷记"吸收存款——利息调整"科目。

二、手续费及佣金支出的核算

手续费及佣金支出是指商业银行发生的与其经营活动相关的各项手续费、佣金等支出,如结算手续费支出、代办收贷手续费支出等。商业银行可设置"手续费及佣金支出"科目来核算手续费及佣金费用,该科目属损益类科目,平时在借方归集各种手续费及佣金,期末将余额结转到"本年利润"科目,结转后,该账户无余额。发生手续费及佣金支出的会计分录为:

借:手续费及佣金支出
　　贷:存放中央银行款项等科目

三、税金及附加的核算

税金及附加是指商业银行根据税法的规定,按适用的税率和费率计算缴纳的各种税金和附加费。《财政部关于印发〈增值税会计处理规定〉的通知》(财会〔2016〕22号)规定:全面试行营业税改征增值税后,“营业税金及附加”科目名称调整为“税金及附加”科目,该科目核算企业经营活动发生的消费税、城市维护建设税、资源税、教育费附加及房产税、土地使用税、车船使用税、印花税等相关税费,利润表中的“营业税金及附加”项目调整为“税金及附加”项目。

商业银行可设置“税金及附加”科目来核算发生的上述相关税金,并按具体税、费的种类进行明细核算。该科目属损益类科目,平时在借方归集各种税金及附加,期末结转到“本年利润”科目,结转后,该科目无余额。发生税金及附加时,会计分录为:

借:税金及附加

　　贷:应交税费——应交房产税等

四、管理费用的核算

管理费用是指商业银行在业务经营及管理过程中所发生各项费用,主要包括折旧费、业务宣传费、业务招待费、电子设备运转费、钱币运送费、安全防范费、邮电费、劳动保护费、外事费、印刷费、低值易耗品摊销、职工工资、差旅费、水电费、职工教育经费、工会经费、税金、会议费、诉讼费、公证费、咨询费、无形资产摊销、长期费用摊销、取暖降温费、聘请中介机构费、技术转让费、绿化费、董事会费、财产保险费、劳动保险费、待业保险费、住房公积金、物业管理费、研究费用等。

商业银行可设置“管理费用”科目来核算发生的各项业务经营及管理费用,按费用项目进行明细核算。该科目属损益类科目,平时在借方归集各项业务经营及管理费用,期末将余额结转到“本年利润”科目,结转后,该科目无余额。发生业务经营及管理费时,会计分录为:

借:管理费用

　　贷:应付职工薪酬等科目

五、资产减值损失的核算

商业银行应按会计准则的规定对有关资产进行每年至少一次的减值测试,并按减值程度计提各项资产减值准备,主要包括:贷款损失准备、固定资产减值准备、在建工程减值准备、无形资产减值准备、抵债资产减值准备等。

商业银行应设置“资产减值损失”科目反映因计提各项减值准备而形成的费用。该科目属损益类科目,平时在借方归集各项资产减值损失,期末将余额结转到“本年利润”科目,结转后,该科目无余额。

商业银行按减值程度计提各项减值准备时,会计分录为:

借:资产减值损失

　　贷:贷款损失准备等科目

六、其他业务支出的核算

商业银行的其他业务支出是指其除上述支出以外的业务支出,如出租固定资产折旧费、出租无形资产摊销等。商业银行可设置“其他业务支出”核算其发生的各项其他业务支出,并按费用项目进行明细核算。该科目属损益类科目,平时在借方归集各种其他业务支出,期末将余额结转到“本年利润”科目,结转后,该科目无余额。

商业银行发生其他业务支出时,会计分录为:

借:其他业务支出

贷:累计折旧等科目

七、营业外支出的核算

营业外支出是指商业银行发生的与其经营活动无直接关系的各项支出,包括处置非流动资产损失、非货币性资产交换损失、债务重组损失、罚款支出、捐赠支出、非常损失等。

商业银行对发生的各项营业外支出,应设置“营业外支出”科目进行核算,并按具体项目进行明细核算。该科目属损益类科目,平时在借方进行归集,期末将余额结转到“本年利润”科目,结转后,该科目无余额。发生营业外支出时,会计分录为:

借:营业外支出

贷:存放中央银行款项等科目

八、所得税费用的核算

所得税费用是商业银行根据所得税准则确认的应当从当期利润总额中扣除的部分。商业银行可设置“所得税费用”科目来核算发生的所得税费用,该科目属损益类科目,期末将余额结转到“本年利润”科目,结转后,该科目无余额。

商业银行发生所得税费用时,会计分录为:

借:所得税费用

贷:应交税费——应交所得税

第三节 利润及利润分配的核算

一、利润的核算

商业银行的利润是商业银行广义收支轧差的结果,分为营业利润、利润总额和净利润。其计算公式为:

营业利润=营业收入-营业支出

其中:

营业收入=利息净收入(利息收入-利息支出)+手续费及佣金净收入(手续费及佣金收入-手续费及佣金支出)+投资收益+公允价值变动损益+汇兑收益+其他业务收入

营业支出=税金及附加+管理费用+资产减值损失+其他业务支出

利润总额=营业利润+营业外收入-营业外支出

净利润=利润总额-所得税费用

商业银行应设置“本年利润”科目核算利润的形成和构成,该科目属所有者权益类科目,借方反映期末由“利息支出”科目、“手续费及佣金支出”科目等结转过来的营业费用或支出,贷方反映期末由“利息收入”“手续费及佣金收入”等科目结转过来的收入,借方余额反映本期亏损额,贷方余额反映本期盈利额。年末,该科目余额应结转到“利润分配——未分配利润”科目,结转后,该科目无余额。商业银行期末结转各项损益的会计分录为:

借:本年利润

　贷:利息支出

　　手续费及佣金支出

　　税金及附加

　　管理费用

　　资产减值损失

　　其他业务支出

　　营业外支出

　　所得税费用

借:利息收入

　手续费及佣金收入

　汇兑损益

　投资收益

　公允价值变动损益

　其他业务收入

　营业外收入

　贷:本年利润

商业银行期末结转本年利润的会计分录为:

借:本年利润

　贷:利润分配——未分配利润

或相反分录。

二、利润分配的核算

商业银行缴纳所得税后的净利润,应按照规定和一定的程序进行分配。商业银行分配利润的一般程序为:

(1) 抵补已缴纳的在成本和营业外支出中无法列支的惩罚性或赞助性支出,包括被没收的财物损失、延期缴纳各项税款的滞纳金和罚款、少缴或迟缴中央银行法定准备金和财政性存款的罚款、罚息等。

(2) 弥补连续 5 年税前利润尚未弥补完的以前年度亏损。

(3) 提取法定盈余公积金。法定盈余公积金按照本年实现净利润的 10% 提取,法定盈余公积金累计达到注册资本的 50% 时,可不再提取。法定盈余公积金转为资本时,所留存的该项公积金不得少于转增前商业银行注册资本的 25% 。

(4) 提取一般(风险)准备金。商业银行应当于每年年终根据承担风险和损失的资产余额的一定比例提取一般准备金,用于弥补尚未识别的可能性损失。

(5) 向投资者分配利润。以前年度未分配的利润,并入本年实现的净利润向投资者分配。其中,股份有限公司按照下列顺序分配:首先,支付优先股股利;其次,提取任意盈余公积金;再次,支付普通股股利;最后,转作资本(股本)。

资本充足率、偿付能力充足率、净资本负债率未达到有关法律、行政法规规定标准的,不得向投资者分配利润。

任意盈余公积金按照公司章程或者股东(大)会决议提取和使用。

经股东(大)会决议,商业银行可以用法定盈余公积金和任意盈余公积金弥补亏损或者转增资本。

商业银行利润分配的账务处理简单概括如下。

提取盈余公积时,会计分录为:

借:利润分配——提取法定盈余公积
　　　　　　——提取任意盈余公积
　贷:盈余公积——法定盈余公积
　　　　　　　——任意盈余公积

提取一般风险准备时,会计分录为:

借:利润分配——提取一般风险准备
　贷:一般风险准备

分配股利时,会计分录为:

借:利润分配——应付股利
　贷:应付股利

如以转增股份的形式分配股利,则会计分录为:

借:利润分配——转增股份
　贷:股本
　　　资本公积(差额)

最后,将"利润分配"科目下属相关明细科目的余额结转到"利润分配——未分配利润"明细科目,结转后,"利润分配——未分配利润"明细科目的贷方余额即历年积累的未分配利润,可做留存收益;借方余额即历年累计亏损。

第四节　所有者权益的核算

所有者权益,又称股东权益,是指商业银行资产扣除负债后由所有者享有的剩余权益,它主要来自所有者投入的资产、直接计入所有者权益的利得和损失、留存收益等。中国商业银行的所有者权益一般由实收资本(或股本)、资本公积、盈余公积、一般风险准备、未分配利润等构成。所有者权益反映商业银行的产权关系。根据中国银监会关于实施《商业银行资本管理办法(试行)》,商业银行的实收资本(或股本)、资本公积、盈余公积、一般风险准备和未分配利润等是商业银行核心一级资本的主要构成部分。

一、实收资本(或股本)的核算

实收资本(或股本),是指投资者按照企业(或公司)章程,或合同、协议的约定,实际投入商业银行的资本。出于审慎管理的需要,中国商业银行目前实行的是注册资本制度,商业银行的实收资本(或股本)与注册资本必须保持一致。设立全国性商业银行的最低资本金要求为10亿元人民币;商业银行变更持有资本总额或股份总额5%以上的股东应经国务院银行业监督管理机构批准;任何单位和个人购买商业银行股份总额5%以上的,也应当事先经国务院银行业监督管理机构批准。

商业银行应设置“实收资本”或“股本”科目来核算投资者投入的资本,该科目属所有者权益类科目,贷方反映投资者最初投入的资本和以后按法定程序增加的资本,余额在贷方,反映商业银行实际拥有的注册资本金总额。除非发生资本变更,否则商业银行的实收资本(或股本)一般保持不变。

商业银行实收资本(或股本)的核算简单概括如下:

收到资本时,会计分录为:

借:存放中央银行款项等

　　贷:实收资本(非股份制银行)

　　　　股本(股份制银行)

　　　　资本公积——股本溢价

送红股时,会计分录为:

借:利润分配——转增股份

　　贷:实收资本(或股本)

　　　　资本公积

以资本公积和盈余公积转增股份时,会计分录为:

借:资本公积

　　盈余公积

　　贷:实收资本(或股本)

　　　　资本公积

可转债转为资本时,会计分录为:

借:应付债券(余额)

　　资本公积——其他资本公积(属于该可转债权益成分的金额)

　　贷:股本(按股票面值和转换股数计算的股票面值总额)

　　　　存放中央银行款项(实际用现金支付的不可转换为股票的部分)

　　　　资本公积——股本溢价(差额)

二、资本公积的核算

资本公积是指商业银行收到投资者超出其在注册资本中所占份额的投资以及直接计入所有者权益的利得和损失,具体包括资本溢价和直接计入所有者权益的利得和损失。

商业银行应设置“资本公积”科目来核算资本公积的增减变化情况,该科目属所有者权益类科目,应按具体项目进行明细核算。

发生资本溢价时,会计分录为:

借:存放中央银行款项

　　贷:实收资本(或股本)

　　　　资本公积——资本溢价

三、盈余公积的核算

盈余公积是指商业银行按照有关规定从税后利润中提取的公积金,分为法定盈余公积和任意盈余公积。盈余公积金可以用于弥补亏损、转增资本。

为了加强对盈余公积的核算和管理,商业银行应设置"盈余公积"科目,并按具体项目进行明细核算。商业银行只有取得利润时,才能按规定从税后利润中提取盈余公积金。

商业银行提取盈余公积时,会计分录为:

借:利润分配——提取法定盈余公积

　　　　　　——提取任意盈余公积

　贷:盈余公积——法定盈余公积

　　　　　　　——任意盈余公积

商业银行以盈余公积金弥补亏损时,会计分录为:

借:盈余公积

　贷:利润分配——盈余公积补亏

商业银行以盈余公积金转增资本时,会计分录为:

借:盈余公积

　贷:实收资本或股本

　　资本公积

四、一般风险准备的核算

一般风险准备是指商业银行按贷款的一定比例从净利润中提取的弥补其非预期损失的准备金。一般风险准备的计提比例由商业银行董事会综合考虑银行所面临的风险状况等因素确定。商业银行应设置"一般风险准备"科目核算按规定从净利润中提取的风险准备。

商业银行提取一般风险准备时,会计分录为:

借:利润分配——提取一般风险准备

　贷:一般风险准备

五、未分配利润的核算

商业银行的年度净利润加上以前年度的未分配利润,经过本年度的利润分配后剩下的部分,即累计未分配利润,在本年度资产负债表中未分配利润项目列示。其账务处理见本章第三节利润及利润分配的核算。

六、其他综合收益的核算

其他综合收益,是指商业银行根据企业会计准则规定未在当期损益中确认的各项利得和损失扣除所得税影响后的净额,包括以后会计期间不能重分类进损益的其他综合收益和以后会计期间满足规定条件时将重分类进损益的其他综合收益两类:一是以后会计期间不能重分类进损益的其他综合收益项目,主要包括重新计量设定受益计划净负债或净资产导致的变动、按照权益法核算因被投资单位重新计量设定受益计划净负债或净资产变动导致的权益变动、投资企业按持股比例计算确认的该部分其他综合收益项目、以公允价值计量且其变动计入其他综合收益的金融资产(权益工具)公允价值变动及外汇利得和损失;二是以后会计期间满足规定条件时将重分类进损益的其他综合收益项目,主要包括以公允价值计量且其变动计入其他综合收益的金融资产(债务工具)产生的其他综合收益、对金融资产重分类按规定可以将原计入其他综合收益的利得或损失转入当期损益的部分、采用权益法核算的长期股权投资、存货或自用房地产转换为投资性房地产、现金流量套期工具产生的利得或损失中属于有效套期部分、外币财务报表折算差额。

商业银行应单独设置"其他综合收益"会计科目核算商业银行根据企业会计准则规定未在当期损益中确认的各项利得和损失扣除所得税影响后的净额。该科目属所有者权益类科目,其核算内容主要有:其他债权投资公允价值变动形成的利得和损失;纳入其他债权投资核算的外币非货币性项目的汇兑差额形成的利得和损失;存货或自用房地产转换为采用公允价值模式计量的投资性房地产形成的利得;权益法核算的长期股权投资,投资方应享有被投资单位实现的其他综合收益的份额;现金流量套期工具产生的利得或损失中属于有效套期的部分;外币报表折算差额;重新计量设定受益计划净负债或净资产形成的变动。此外,与上述事项相关的所得税影响也应纳入其他综合收益科目的核算。

商业银行发生其他综合收益,如其他债权投资公允价值变动形成的利得,会计分录为:

借:其他债权投资——公允价值变动

　　贷:其他综合收益

如形成损失,则作相反的会计分录。

本章小结

损益及所有者权益的核算主要包括收入的核算、成本的核算、利润及利润分配的核算及所有者权益的核算等内容。

第一,商业银行的收入由利息收入和非利息收入组成,主要构成项目有:利息收入;手续费及佣金收入;汇兑损益(收益);投资收益;公允价值变动损益;其他营业收入和营业外收入等,商业银行应按会计准则及国家相关规定组织收入的核算。第二,商业银行的成本由利息成本和非利息成本组成,主要构成项目有:利息支出;手续费及佣金支出;汇兑损益(损失);税金及附加;管理费用;其他营业支出;营业外支出和所得税费用等,商业银行应按会计准则及国家相关规定组织成本的核算。第三,商业银行应按股东大会决议和国家有关规定进行利润分配。第四,商业银行所有者权益主要有实收资本或股本、资本公积、盈余公积、未分配利润、一般风险准备和其他综合收益等,其中,其他综合收益,是指商业银行根据企业会计准则规定未在当期损益中确认的各项利得和损失扣除所得税影响后的净额,包括以后会计期间不能重分类进损益的其他综合收益和以后会计期间满足规定条件时将重分类进损益的其他综合收益两类。第五,与普通工商企业不同,商业银行还应按贷款余额的一定比例从税后利润中计提一般风险准备,用以应对其非预期损失。

重要概念

利息收入　利息支出　手续费及佣金收入　手续费及佣金支出　汇兑损益　投资收益　实收资本或股本　资本公积　盈余公积　未分配利润　一般风险准备　其他综合收益

基础训练

一、简答题

1. 商业银行利润分配的程序怎样？
2. 商业银行的收入项目有哪些？
3. 商业银行的利润是怎样计算的？
4. 商业银行怎样组织税金的核算？
5. 商业银行所有者权益包括哪些项目？

二、业务题(会计分录)

1. 向某客户收取支付结算手续费300元,增值税税率为6%。
2. 资产负债表日确认某储户定期存款利息200元。
3. 资产负债表日确认未减值贷款利息收入8 000元,增值税税率为6%。
4. 计提一般风险准备50万元。
5. 计提法定盈余公积金40万元。

拓展阅读

1.《关于印发修订〈企业会计准则第30号——财务报表列报〉的通知》(2014年1月,中华人民共和国财政部,财会〔2014〕7号)。

2.《企业会计准则第30号——财务报表列报》(2014年7月,中华人民共和国财政部)。

即测即评

请扫描二维码进行在线测试。

第十二章　银行年度决算与财务会计报告

本章导读

商业银行年度决算与财务会计报告是一项非常重要的工作，需要遵循《中华人民共和国会计法》《企业财务会计报告条例》《企业会计准则》，并依据《金融企业财务规则》《金融企业绩效评价办法》以及人民银行的有关规定执行。本章主要介绍年度决算的概念和意义以及年度决算的步骤，阐述财务报告的编制原理和方法，阐释合并的概念以及合并财务报表的编制理论与方法。需要特别说明的是，对于财务报表的编制方法，最为权威的解释是财政部会计司编写组的《企业会计准则讲解》，因此，本章第二节、第三节和第四节编写的主要依据就摘自财政部会计司编写组的《企业会计准则讲解》。

第一节　银行年度决算

一、年度决算的概念及意义

年度决算是指根据会计资料对会计年度内的业务活动和财务收支情况进行综合总结。它是全面总结银行业务、财务活动和考核银行经营成果的一项综合性工作。根据会计法的规定，中国以每年1月1日—12月31日为一个会计年度。每年的12月31日为年度决算日，办理当年的年度决算。年度决算分为决算前的准备工作和决算日的工作两个步骤。

年度决算的意义在于：

第一，综合反映财务状况、经营成果和现金流量情况。其中资产负债表反映银行财务状况，利润表反映银行经营成果，现金流量表反映银行现金流量情况，会计报表附注则解释说明报表中不能反映的内容和不能详细披露的内容。

第二，有利于总结经验，改善银行经营管理。年度决算可以汇总反映银行全年的经营成果，考核经营效益，有利于银行对出现的经营亏损、呆账等问题，检查分析原因，总结经验，吸取教训，及时采取措施，从而改善经营管理水平。

第三，为国家宏观经济调控提供信息。银行是国民经济的综合部门，它面向全社会的企事业单位和职工、居民，是社会货币资金收支和信用活动的枢纽。银行通过年度决算，可以帮助国家有关部门掌握货币、信贷及资金活动的增减变化情况，了解国民经济各部门的资金投入、运用和周转情况，以及信贷规模总额，外汇及黄金增减、结余等情况，并分析变化的原因和考核执行的结果，为宏观调控制定货币政策提供重要的金融经济信息。

二、年度决算前的准备工作

一般在每年的第四季度开始后就进行决算前的准备工作。

总行及时下发办理当年决算工作的通知，明确提出当年决算中应注意的事项和相应的处理原则与要求，以便各分支机构有统一的执行标准。

各管辖分行则根据总行的要求，结合辖内具体情况，提出年度决算的具体要求和补充办法，组织和监督辖内各行处正确、及时办理年度决算。

各基层行处除了按照总行和分行的要求布置办理外，一般应做好如下各项准备工作。

（一）清理资金

（1）清理存款资金。

（2）清理到期贷款和逾期贷款。

（3）清理结算资金。

（4）清理待处理资金。

（二）盘点财产

有些器具、物品不列入资产科目，如受托代保管物品、经营租赁方式租入的资产等，这些资产在账外备查登记簿中反映。

（三）核对账务

（1）检查会计科目的使用情况。

（2）全面核对内外账务。

（四）核实损益

1. 核实各项收入

利息收入是业务收入的主要部分，决算时对于利息收入应进行复查，检查利率使用、积数计算、利息计算是否正确。

认真清收金融机构往来利息收入，对存放同业和拆出资金，要按有关规定及时收回利息，对拆借资金拖欠的利息，年终必须全面清理收回。

2. 检查各项费用

（五）试算平衡

为了检查日常账务的正确性，保证年度决算工作的正常进行，各行应在每年的11月编制试算平衡表，进行试算平衡。这样，如有差错可以及时发现，采取措施，从而减轻决算日工作的压力。

三、年度决算日的工作

每年的12月31日为银行的决算日,无论该日是否属于节假日,年终决算均不得提前或推迟。年终决算日的主要工作包括以下五个方面:处理并轧平当日账务;检查库存现金与其他资产;计算外汇买卖损益;结转本年利润;新旧账簿的结转。

第二节　银行财务报告概述

一、财务报告的含义

“财务报告”又称“财务会计报告”,是银行对外提供的反映银行某一特定日期的财务状况和某一会计期间的经营成果、现金流量等会计信息的文件。

财务报告至少包括以下几层含义:

一是财务报告应当是对外报告,其服务对象主要是投资者、债权人等外部使用者,专门为了内部管理需要的报告不属于财务报告的范畴。

二是财务报告应当综合反映银行的经营状况,包括某一时点的财务状况和某一时期的经营成果与现金流量等信息,以勾画出银行的财务整体和全貌。

三是财务报告必须形成一个系统的文件,不应是零星的或者不完整的信息。

财务报告是银行财务会计确认与计量的最终结果体现,投资者等使用者主要是通过财务报告来了解银行当前的财务状况、经营成果和现金流量等情况,从而预测未来的发展趋势。因此,财务报告是向投资者等财务报告使用者提供决策有用信息的媒介和渠道,是沟通投资者、债权人等使用者与企业管理层之间信息的桥梁和纽带。

二、财务报告的构成

财务报告包括财务报表和其他应当在财务报告中披露的相关信息和资料。其中,财务报表由报表本身及其附注两部分构成,附注是财务报表的有机组成部分,而报表至少应当包括资产负债表、利润表和现金流量表等。

财务报告按报告的时间划分,可以分为中期财务报告和年度财务报告。

中期财务报告,是指以中期为基础编制的财务报告。“中期”,是指短于一个完整的会计年度(自公历1月1日起至12月31日止)的报告期间,它可以是一个月、一个季度或者半年,也可以是其他短于一个会计年度的期间,如1月1日至9月30日的期间等。由此可以得出,中期财务报告包括月度财务报告、季度财务报告、半年度财务报告,也包括年初至本中期末的财务报告。中期财务报告准则规定,中期财务报告至少应当包括以下部分:资产负债表、利润表、现金流量表、附注。中期财务报告中的附注相对于年度财务报告中的附注而言,是适当简化的。

商业银行应当按年编制财务报告。

三、财务报告的列报要求

以持续经营为基础。根据实际发生的交易和事项,按照《企业会计准则——基本准则》和其他各项会计准则的规定进行确认和计量,在此基础上编制财务报表。银行不应以附注披露代替确认和计量,不恰当的确认和计量也不能通过充分披露相关会计政策而纠正。

(一)权责发生制原则

除现金流量表按照收付实现制原则编制外,银行应当按照权责发生制原则编制财务报表。

(二)一致性原则

财务报表项目的列报应当在各个会计期间保持一致,不得随意变更。但下列情况除外:会计准则要求改变财务报表项目的列报;银行经营业务的性质发生重大变化或对银行经营影响较大的交易或事项发生后,变更财务报表项目的列报能够提供更可靠、更相关的会计信息。

(三)重要性原则

重要性应当根据银行所处的具体环境,从项目的性质和金额两方面予以判断,且对各项目重要性的判断标准一经确定,不得随意变更。判断项目性质的重要性,应当考虑该项目在性质上是否属于银行日常活动、是否显著影响银行的财务状况、经营成果和现金流量等因素;判断项目金额大小的重要性,应当考虑该项目金额占资产总额、负债总额、所有者权益总额、营业收入总额、营业成本总额、净利润、综合收益总额等直接相关项目金额的比重或所属报表单列项目金额的比重。

(四)比较性原则

当期财务报表的列报,至少应当提供所有列报项目上一个可比会计期间的比较数据,以及与理解当期财务报表相关的说明。因此,财务报表都属于比较报表。

(五)不得相互抵销原则

财务报表中的资产项目和负债项目的金额、收入项目和费用项目的金额、直接计入当期利润的利得项目和损失项目的金额不得相互抵销。一组类似交易形成的利得和损失应当以净额列示,但具有重要性的除外。资产或负债项目按扣除备抵项目后的净额列示的,不属于抵销。非日常活动产生的利得和损失,以同一交易形成的收益扣减相关费用后的净额列示更能反映交易实质的,不属于抵销。

(六)表首要素齐全

在财务报表的显著位置至少应披露下列各项:编报银行的名称;资产负债表日或财务报表涵盖的会计期间;人民币金额单位;财务报表是合并财务报表的,应当予以标明。

(七)必须按年编制财务报表

年度财务报表涵盖的期间短于一年的,应当披露年度财务报表的涵盖期间短于一年的原因以及报表数据不具可比性的事实。

第三节　银行主要财务报表的编制

一、资产负债表

（一）资产负债表的定义及作用

资产负债表是反映企业在某一特定日期的财务状况的会计报表。例如，公历每年12月31日的财务状况，它反映的就是该日的情况。资产负债表主要提供有关企业财务状况方面的信息，即某一特定日期关于企业资产、负债、所有者权益及其相互关系。

资产负债表的作用体现在：

第一，可以提供某一日期资产的总额及其结构，表明企业拥有或控制的资源及其分布情况，使用者可以一目了然地从资产负债表上了解企业在某一特定日期所拥有的资产总量及其结构。

第二，可以提供某一日期的负债总额及其结构，表明企业未来需要用多少资产或劳务清偿债务以及清偿时间。

第三，可以反映所有者所拥有的权益，据以判断资本保值、增值的情况以及对负债的保障程度。

（二）资产负债表列报总体要求

1. 分类别列报

资产负债表列报，最根本的目标就是应如实反映企业在资产负债表日所拥有的资源、所承担的负债以及所有者所拥有的权益。因此，资产负债表应当按照资产、负债和所有者权益三大类别分类列报。

2. 资产和负债按流动性列报

资产和负债应当按照流动性分别分为流动资产和非流动资产、流动负债和非流动负债列示。流动性，通常按资产的变现或耗用时间长短或者负债的偿还时间长短来确定。按照财务报表列报准则的规定，应先列报流动性强的资产或负债，再列报流动性弱的资产或负债。

商业银行由于在经营内容上不同于一般的工商企业，导致其资产和负债的构成项目也与一般工商企业有所不同，具有特殊性，有些资产或负债无法严格区分为流动资产和非流动资产。因此商业银行可以大体按照流动性顺序列示资产和负债。

3. 列报相关的合计与总计项目

资产负债表中的资产类至少应当列示流动资产和非流动资产的合计项目；负债类至少应当列示流动负债、非流动负债以及负债的合计项目；所有者权益类应当列示所有者权益的合计项目。

资产负债表遵循了“资产=负债+所有者权益”这一会计恒等式，把企业在特定时日所拥有的经济资源和与之相对应的企业所承担的债务及偿债以后属于所有者的权益充分反映了出来。因此，资产负债表应当分别列示资产总计项目和负债与所有者权益之和的总计项目，这二者的金额应当相等。格式如表12-1所示。

表 12-1　××银行资产负债表

编制单位：　　　　　　　　　　　　201×年 12 月 31 日　　　　　　　　　　　　单位：元

资产	期末余额	上年年末余额	负债和所有者权益（或股东权益）	期末余额	上年年末余额
资产：			负债：		
现金及存放中央银行款项			短期借款		
货币资金			向中央银行借款		
结算备付金			同业及其他金融机构存放款项		
存放同业款项			拆入资金		
贵金属			交易性金融负债		
拆出资金			衍生金融负债		
衍生金融资产			卖出回购金融资产款		
应收款项			吸收存款		
合同资产			应付职工薪酬		
买入返售金融资产			应交税费		
持有待售资产			应付款项		
发放贷款和垫款			合同负债		
金融投资：			持有待售负债		
交易性金融资产			预计负债		
债权投资			长期借款		
其他债券投资			应付债券		
其他权益工具投资			其中：优先股		
长期股权投资			永续债		
投资性房地产			递延所得税负债		
固定资产			其他负债		
在建工程			负债合计		
无形资产			所有者权益（或股东权益）：		
递延所得税资产			实收资本（或股本）		
其他资产			其他权益工具		
			其中：优先股		
			永续债		
			资本公积		
			减：库存股		
			其他综合收益		
			盈余公积		
			一般风险准备		
			未分配利润		
			所有者权益（或股东权益）合计		
资产总计			负债和所有者权益（或股东权益）总计		

（三）资产的列报

资产负债表中的资产反映由过去的交易、事项形成并由企业在某一特定日期所拥有或控制的、预期会给企业带来经济利益的资源。资产应当按照流动资产和非流动资产两大类别在资产负债表中列示，在流动资产和非流动资产类别下进一步按性质分项列示。

1. 流动资产和非流动资产的划分

资产负债表中的资产应当分别按流动资产和非流动资产列报，因此区分流动资产和非流动资产十分重要。资产满足下列条件之一的，应当归类为流动资产：

第一，预计在一个正常营业周期中变现、出售或耗用。这主要包括存货、应收账款等资产。需要指出的是，变现一般针对应收账款等而言，指将资产变为现金；出售一般针对产品等存货而言；耗用一般指将存货（如原材料）转变成另一种形态（如产成品）。

第二，主要为交易目的而持有。这主要是指根据《企业会计准则第 22 号——金融工具确认和计量》划分的交易性金融资产。

第三，预计在资产负债表日起一年内（含一年）变现。

第四，自资产负债表日起一年内，交换其他资产或清偿负债的能力不受限制的现金或现金等价物。

2. 正常营业周期

正常营业周期，是指企业从购买用于加工的资产起至实现现金或现金等价物的期间。正常营业周期通常短于一年，在一年内有几个营业周期。但是，也存在正常营业周期长于一年的情况，如房地产开发企业开发用于出售的房地产开发产品，造船企业制造的用于出售的大型船只等，从购买原材料进入生产，到制造出产品出售并收回现金或现金等价物的过程，往往超过一年，在这种情况下，与生产循环相关的产成品、应收账款、原材料尽管是超过一年才变现、出售或耗用，仍应作为流动资产列示。

当正常营业周期不能确定时，应当以一年（12 个月）作为正常营业周期。商业银行就是以一年为一个营业周期。

（四）负债的列报

资产负债表中的负债反映在某一特定日期企业所承担的、预期会导致经济利益流出企业的现时义务。负债应当按照流动负债和非流动负债在资产负债表中进行列示，在流动负债和非流动负债类别下再进一步按性质分项列示。

1. 流动负债与非流动负债的划分

流动负债的判断标准与流动资产的判断标准相类似。负债满足下列条件之一的，应当归类为流动负债：一是预计在一个正常营业周期中清偿；二是主要为交易目的而持有；三是自资产负债表日起一年内到期应予以清偿；四是企业无权自主地将清偿推迟至资产负债表日后一年以上。值得注意的是，有些流动负债，如应付账款、应付职工薪酬等，属于企业正常营业周期中使用的营运资金的一部分。尽管这些经营性项目有时在资产负债表日后超过一年才到期清偿，但是它们仍应划分为流动负债。

2. 资产负债表日后事项对流动负债与非流动负债划分的影响

流动负债与非流动负债的划分是否正确,直接影响到对企业短期和长期偿债能力的判断。如果混淆了负债的类别,将歪曲企业的实际偿债能力,误导报表使用者的决策。对于资产负债表日后事项对流动负债与非流动负债划分的影响,需要特别加以考虑。

第一,资产负债表日起一年内到期的负债。对于在资产负债表日起一年内到期的负债,企业预计能够自主地将清偿义务展期至资产负债表日后一年以上的,应当归类为非流动负债;不能自主地将清偿义务展期的,即使在资产负债表日后、财务报告批准报出日前签订了重新安排清偿计划协议,从资产负债表日来看,此项负债仍应当归类为流动负债。

第二,违约长期债务。企业在资产负债表日或之前违反了长期借款协议,导致贷款人可随时要求清偿的负债,应当归类为流动负债。这是因为,在这种情况下,债务清偿的主动权并不在企业,企业只能被动地无条件归还贷款,而且该事实在资产负债表日即已存在,所以该负债应当作为流动负债列报。但是,如果贷款人在资产负债表日或之前同意提供在资产负债表日后一年以上的宽限期,企业能够在此期限内改正违约行为,且贷款人不能要求随时清偿时,在资产负债表日的此项负债并不符合流动负债的判断标准,应当归类为非流动负债。

(五)所有者权益的列报

资产负债表中的所有者权益是企业资产扣除负债后的剩余权益,资产负债表中的所有者权益类一般按照净资产的不同来源和特定用途进行分类,应当按照实收资本(或股本)、资本公积、盈余公积、未分配利润等项目分项列示。

(六)资产负债表"期末余额"栏的填列方法

1. 根据总账科目的余额填列

如"交易性金融资产""应付职工薪酬""应交税费""实收资本(或股本)"等项目,应根据有关总账科目的余额填列。有些项目则须根据几个总账科目的余额计算填列,如"现金及存放中央银行款项"项目,反映企业期末持有的现金、存放中央银行款项等总额,应根据"库存现金""存放中央银行款项"等科目的期末余额合计填列。

2. 根据明细账科目的余额计算填列

如"一年内到期的非流动资产""一年内到期的非流动负债"项目,应根据有关非流动资产或负债项目的明细科目余额分析填列;"应付债券"项目,应分别根据"应付债券"科目的明细科目余额分析填列;"未分配利润"项目中所属的"未分配利润"明细科目期末余额填列。

3. 根据有关科目余额减去其备抵科目余额后的净额填列

如"发放贷款和垫款"项目,应根据"贷款""贴现资产"等科目的期末借方余额合计,减去"贷款损失准备"科目所属明细科目期末余额后的金额分析计算填列。"应收款项""长期股权投资"等项目,应根据相关科目的期末余额填列,已计提减值准备的,还应扣减相应的减值准备;"固定资产""无形资产"等项目,应根据相关科目的期末余额扣减相关的累计折旧(或摊销、折耗)填列,已计提减值准备的,还应扣减相应的减值准备,采用公允价值计量的上述资产,应根据相关科目的期末余额填列。

表 12-1 中的“年初余额”栏通常根据上年末有关项目的期末余额填列，且与上年年末资产负债表“期末余额”栏相一致。

二、利润表

（一）利润表的定义及作用

利润表是反映企业在一定会计期间的经营成果的会计报表。例如，反映某年 1 月 1 日至 12 月 31 日经营成果的利润表，它反映的就是该期间的情况。

利润表的列报必须充分反映企业经营业绩的主要来源和构成，因为这样有助于使用者判断净利润的质量及其风险，有助于使用者预测净利润的持续性，从而做出正确的决策。通过利润表，可以反映企业一定会计期间收入的实现情况，如实现的营业收入有多少、实现的投资收益有多少、实现的营业外收入有多少等；可以反映一定会计期间的费用耗费情况，如耗费的营业成本有多少、税金及附加有多少及销售费用、管理费用、财务费用各有多少、营业外支出有多少等；可以反映企业生产经营活动的成果，即净利润的实现情况，可以用来判断资本保值、增值等情况。将利润表中的信息与资产负债表中的信息相结合，还可以获得财务分析的基本资料，从而便于报表使用者判断企业未来的发展趋势，做出经济决策。

（二）利润表的列报格式

1. 多步式的利润表列报

利润表正表的格式一般有两种：单步式利润表和多步式利润表。单步式利润表是将当期所有的收入列在一起，然后将所有的费用列在一起，两者相减得出当期净损益。多步式利润表是通过对当期的收入、费用、支出项目按性质加以归类，按利润形成的主要环节列示一些中间性利润指标，分步计算当期净损益。格式如表 12-2 所示。

表 12-2　××银行利润表

编制单位：　　　　201×年×月　　　　单位：元

项目	本期金额	上期金额
一、营业总收入		
利息收入		
手续费及佣金收入		
投资收益（损失以“-”号填列）		
其中：对联营企业和合营企业的投资收益		
以摊余成本计量的金融资产终止确认产生的收益（损失以“-”号填列）		
净敞口套期收益（损失以“-”号填列）		
其他收益		
公允价值变动收益（损失以“-”号填列）		
汇兑收益（损失以“-”号填列）		
其他业务收入		
资产处置收益（损失以“-”号填列）		

续表

项目	本期金额	上期金额
二、营业总支出		
利息支出		
手续费及佣金支出		
税金及附加		
业务及管理费		
信用减值损失		
其他资产减值损失		
其他业务成本		
三、营业利润(亏损以"-"号填列)		
加:营业外收入		
减:营业外支出		
四、利润总额(亏损总额以"-"号填列)		
减:所得税费用		
五、净利润(净亏损以"-"号填列)		
(一)持续经营净利润(净亏损以"-"号填列)		
(二)终止经营净利润(净亏损以"-"号填列)		
六、其他综合收益的税后净额		
(一)不能重分类进损益的其他综合收益		
1. 重新计量设定受益计划变动额		
2. 权益法下不能转损益的其他综合收益		
3. 其他权益工具投资公允价值变动		
4. 企业自身信用风险公允价值变动		
……		
(二)将重分类进损益的其他综合收益		
1. 权益法下可转损益的其他综合收益		
2. 其他债权投资公允价值变动		
3. 金融资产重分类计入其他综合收益的金额		
4. 其他债权投资信用损失准备		
5. 现金流量套期储备		
6. 外币财务报表折算差额		
……		
七、综合收益总额		
八、每股收益		
(一)基本每股收益		
(二)稀释每股收益		

财务报表列报准则规定,企业应当采用多步式列报利润表,将不同性质的收入和费用类进行对比,从而可以得出一些中间性的利润数据,便于使用者理解企业经

营成果的不同来源。企业可以分如下三个步骤编制利润表：

第一步，以营业收入为基础，减去营业成本、税金及附加、业务及管理费、资产减值损失，加上公允价值变动收益（减去公允价值变动损失）和投资收益（减去投资损失），计算出营业利润。

第二步，以营业利润为基础，加上营业外收入，减去营业外支出，计算出利润总额。

第三步，以利润总额为基础，减去所得税费用，计算出净利润（或净亏损）。

普通股或潜在普通股已公开交易的企业，以及正处于公开发行普通股或潜在普通股过程中的企业，还应当在利润表中列示每股收益信息。

2. 费用采用"功能法"列报

根据财务报表列报准则的规定，对于费用的列报，企业应当采用"功能法"列报，即按照费用在企业所发挥的功能进行分类列报，通常分为从事经营业务发生的成本、管理费用、销售费用和财务费用等，并且将营业成本与其他费用分开披露。从企业而言，其活动通常可以划分为生产、销售、管理、融资等，每一种活动上发生的费用所发挥的功能并不相同，因此，按照费用功能法将其分开列报，有助于使用者了解费用发生的活动领域。这种方法通常能向报表使用者提供具有结构性的信息，能更清楚地揭示企业经营业绩的主要来源和构成，提供的信息更为相关。

3. 列示利润表的比较信息

根据财务报表列报准则的规定，企业需要提供比较利润表，以使报表使用者通过比较不同期间利润的实现情况，判断企业经营成果的未来发展趋势。所以，利润表还就各项目再分为"本期金额"和"上期金额"两栏分别填列。

（三）商业银行利润表的列报方法

除下列项目以外的其他项目，比照一般企业利润表的列报方法处理。

1. "营业总收入"项目

应根据"利息收入""手续费及佣金收入""投资收益""净敞口套期收益""其他收益""公允价值变动收益""汇兑收益""其他业务收入"等项目的金额合计填列；而"营业总支出"项目，则应根据"利息支出""手续费及佣金支出""税金及附加""业务及管理费""信用减值损失""其他资产减值损失""其他业务成本"等科目的发生额合计填列。

2. "利息净收入"项目

商业银行可在营业总收入下列示"利息净收入"项目，并在"利息净收入"项目下分列"利息收入"项目与"利息支出"项目。应根据"利息收入"项目金额，减去"利息支出"项目金额后的余额分析填列。

3. "手续费及佣金净收入"项目

商业银行可在营业总收入下列示"手续费及佣金净收入"项目，并在"手续费及佣金净收入"项目下分列"手续费及佣金收入"项目和"手续费及佣金支出"项目。应根据"手续费及佣金收入""手续费及佣金支出"等科目的发生额分析填列。

4. "汇兑收益"项目

"汇兑收益"项目主要包括外币交易因汇率变动而产生的损益及外汇衍生金融工具产生的损益，如为损失，应以"-"号填列。

5."业务及管理费"项目

应根据相关科目的发生额分析填列。

三、现金流量表

（一）现金流量表的定义及作用

现金流量表，是反映企业一定会计期间现金和现金等价物流入和流出的报表。编制现金流量表的主要目的，是为财务报表使用者提供企业一定会计期间内现金和现金等价物流入和流出的信息，以便于财务报表使用者了解和评价企业获取现金和现金等价物的能力，并据以预测企业未来现金流量。格式如表12-3所示。

现金流量表的作用主要体现在以下几个方面：一是有助于评价企业支付能力、偿债能力和周转能力；二是有助于预测企业未来现金流量；三是有助于分析企业收益质量及影响现金净流量的因素，掌握企业经营活动、投资活动和筹资活动的现金流量，可以从现金流量的角度了解净利润的质量，为分析和判断企业的财务前景提供信息。

表12-3 ××银行现金流量表

编制单位： 201×年×月 单位：元

项目	本期金额	上期金额
一、经营活动产生的现金流量：		
销售商品、提供劳务收到的现金		
客户存款和同业存放款项净增加额		
向中央银行借款净增加额		
向其他金融机构拆入资金净增加额		
收取利息、手续费及佣金的现金		
拆入资金净增加额		
回购业务资金净增加额		
收到其他与经营活动有关的现金		
经营活动现金流入小计		
客户贷款及垫款净增加额		
存放中央银行和同业款项净增加额		
为交易目的而持有的金融资产净增加额		
拆出资金净增加额		
返售业务资金净增加额		
支付利息、手续费及佣金的现金		
支付给职工及为职工支付的现金		
支付的各项税费		
支付其他与经营活动有关的现金		
经营活动现金流出小计		
经营活动产生的现金流量净额		

续表

项目	本期金额	上期金额
二、投资活动产生的现金流量：		
收回投资收到的现金		
取得投资收益收到的现金		
处置固定资产、无形资产和其他长期资产收回的现金净额		
收到其他与投资活动有关的现金		
投资活动现金流入小计		
投资支付的现金		
购建固定资产、无形资产和其他长期资产支付的现金		
支付其他与投资活动有关的现金		
投资活动现金流出小计		
投资活动产生的现金流量净额		
三、筹资活动产生的现金流量：		
吸收投资收到的现金		
取得借款收到的现金		
发行债券收到的现金		
收到其他与筹资活动有关的现金		
筹资活动现金流入小计		
偿还债务支付的现金		
分配股利、利润或偿付利息支付的现金		
支付其他与筹资活动有关的现金		
筹资活动现金流出小计		
筹资活动产生的现金流量净额		
四、汇率变动对现金及现金等价物的影响		
五、现金及现金等价物净增加额		
加：期初现金及现金等价物余额		
六、期末现金及现金等价物余额		

（二）现金流量表的编制基础

现金流量表以现金及现金等价物为基础编制，划分为经营活动、投资活动和筹资活动，按照收付实现制原则编制，将权责发生制下的盈利信息调整为收付实现制下的现金流量信息。

1．现金

现金，是指企业库存现金以及可以随时用于支付的存款。不能随时用于支付的存款不属于现金。一般企业现金主要包括库存现金、银行存款、其他货币资金三个方面。商业银行的现金包括库存现金、存放中央银行的超额存款准备金、存放同业及其他金融机构活期款项。

2. 现金等价物

现金等价物,是指企业持有的期限短、流动性强、易于转换为已知金额现金、价值变动风险很小的投资。其中,“期限短”一般是指从购买日起3个月内到期。例如,可在证券市场上流通的3个月内到期的短期债券等。

现金等价物虽然不是现金,但其支付能力与现金的差别不大,可视为现金。例如,企业为保证支付能力,手持必要的现金,为了不使现金闲置,可以购买短期债券,在需要现金时,随时可以变现。

现金等价物的定义本身,包含了判断一项投资是否属于现金等价物的四个条件,即:期限短、流动性强、易于转换为已知金额的现金以及价值变动风险很小。其中,期限短、流动性强,强调了变现能力,而易于转换为已知金额的现金、价值变动风险很小,则强调了支付能力的大小。现金等价物通常包括3个月内到期的短期债券投资。权益性投资变现的金额通常不确定,因而不属于现金等价物。

3. 现金及现金等价物范围的确定和变更

不同企业现金及现金等价物的范围可能不同。企业应当根据经营特点等具体情况,确定现金及现金等价物的范围。商业银行与一般工商企业的现金及现金等价物的范围可能不同。例如,某商业银行的现金及现金等价物包括库存现金、存放中央银行可随时支取的备付金、存放同业款项、拆放同业款项、同业间买入返售证券、短期国债投资等。根据现金流量表准则及其指南的规定,企业应当根据具体情况,确定现金及现金等价物的范围,一经确定不得随意变更。如果发生变更,应当按照会计政策变更处理。

(三)现金流量的分类及列示

1. 现金流量的分类

现金流量指企业现金和现金等价物的流入和流出。在现金流量表中,现金及现金等价物被视为一个整体,企业现金(含现金等价物,下同)形式的转换不会产生现金的流入和流出。例如,企业从银行提取现金,是企业现金存放形式的转换,并未流出企业,不构成现金流量。同样,现金与现金等价物之间的转换也不属于现金流量,例如,企业用现金购买3个月内到期的国库券。

根据业务活动的性质和现金流量的来源,现金流量表准则将企业一定期间产生的现金流量分为三类:经营活动现金流量、投资活动现金流量和筹资活动现金流量。

经营活动是指企业投资活动和筹资活动以外的所有交易和事项。各类企业由于行业特点不同,对经营活动的认定存在一定差异。对于工商企业而言,经营活动主要包括销售商品、提供劳务、购买商品、接受劳务、支付税费等。对于商业银行而言,经营活动主要包括吸收存款、发放贷款、同业存放、同业拆借等。对于保险公司而言,经营活动主要包括原保险业务和再保险业务等。对于证券公司而言,经营活动主要包括自营证券、代理承销证券、代理兑付证券、代理买卖证券等。

投资活动是指企业长期资产的购建和不包括在现金等价物范围内的投资及其处置活动。长期资产是指固定资产、无形资产、在建工程、其他资产等持有期限在一年或一个营业周期以上的资产。这里所讲的投资活动,既包括实物资产投资,也包括非实物资产投资。这里之所以将“包括在现金等价物范围内的投资”排除在外,是因为已经将包括在现金等价物范围内的投资视同现金。不同企业由于行业特点不同,对投资活动的认定也存在差异。

筹资活动是指导致企业资本及债务规模和构成发生变化的活动。这里所说的资本,既包括实收资本(股本),也包括资本溢价(股本溢价);这里所说的债务,指对外举债,包括向银行借款、发行债券以及偿还债务等。通常情况下,应付账款、应付票据等属于经营活动,不属于筹资活动。

对于企业日常活动之外特殊的、不经常发生的特殊项目,如自然灾害损失、保险赔款、捐赠等,应当归并到相关类别中,并单独反映。比如,对于自然灾害损失和保险赔款,如果能够确指属于流动资产损失,应当列入经营活动产生的现金流量;属于固定资产损失,应当列入投资活动产生的现金流量。如果不能确指,则可以列入经营活动产生的现金流量。捐赠收入和支出,可以列入经营活动。如果特殊项目的现金流量金额不大,则可以列入现金流量类别下的"其他"项目,不单列项目。

2. 现金流量的列示

通常情况下,现金流量应当分别按照现金流入和现金流出总额列报,从而全面揭示企业现金流量的方向、规模和结构。但是,下列各项可以按照净额列报:

一是代客户收取或支付的现金以及周转快、金额大、期限短项目的现金流入和现金流出。例如,证券公司代收的客户证券买卖交割费、印花税等,旅游公司代游客支付的房费、餐费、交通费、文娱费、行李托运费、门票费、票务费、签证费等费用。

二是金融企业的有关项目,主要指期限较短、流动性强的项目。对于商业银行而言,主要包括短期贷款发放与收回的贷款本金、活期存款的吸收与支付、同业存款和存放同业款项的存取、向其他金融企业拆借资金等;对于保险公司而言,主要包括再保险业务收到或支付的现金净额;对于证券公司而言,主要包括自营证券和代理业务收到或支付的现金净额等。

这些项目由于周转快,在企业停留的时间短,企业加以利用的余地比较小,净额更能说明其对企业支付能力、偿债能力的影响;反之,如果以总额反映,反而会对评价企业的支付能力和偿债能力、分析企业的未来现金流量产生误导。

(四)现金流量表的编制方法及程序

1. 直接法和间接法

编制现金流量表时,列报经营活动现金流量的方法有两种:一是直接法;二是间接法。这两种方法通常也称为编制现金流量表的方法。

直接法是指按现金收入和现金支出的主要类别直接反映企业经营活动产生的现金流量,如销售商品、提供劳务收到的现金以及购买商品、接受劳务支付的现金等就是按现金收入和支出的类别直接反映的。在直接法下,一般是以利润表中的营业收入为起算点,调节与经营活动有关的项目的增减变动,然后计算出经营活动产生的现金流量。

间接法是指以净利润为起算点,调整不涉及现金的收入、费用、营业外收支等有关项目,剔除投资活动、筹资活动对现金流量的影响,据此计算出经营活动产生的现金流量。由于净利润是按照权责发生制原则确定的,且包括了与投资活动和筹资活动相关的收益和费用,将净利润调节为经营活动现金流量,实际上就是将按权责发生制原则确定的净利润调整为现金净流入,并剔除投资活动和筹资活动对现金流量的影响。

采用直接法编报的现金流量表，便于分析企业经营活动产生的现金流量的来源和用途，预测企业现金流量的未来前景；采用间接法编报现金流量表，便于将净利润与经营活动产生的现金流量净额进行比较，了解净利润与经营活动产生的现金流量差异的原因，从现金流量的角度分析净利润的质量。所以，现金流量表准则规定企业应当采用直接法编报现金流量表，同时要求在附注中提供以净利润为基础调节到经营活动现金流量的信息。

2. 工作底稿法

在具体编制现金流量表时，可以采用工作底稿法或T型账户法，也可以根据有关科目记录分析填列。

采用工作底稿法编制现金流量表，是以工作底稿为手段，以资产负债表和利润表数据为基础，对每一项目进行分析并编制调整分录，从而编制现金流量表。工作底稿法的程序是：

第一步，将资产负债表的期初数和期末数过入工作底稿的期初数栏和期末数栏。

第二步，对当期业务进行分析并编制调整分录。编制调整分录时，要以利润表项目为基础从“营业收入”开始，结合资产负债表项目逐一进行分析。在调整分录中，有关现金和现金等价物的事项，并不直接借记或贷记现金，而是分别计入“经营活动产生的现金流量”“投资活动产生的现金流量”“筹资活动产生的现金流量”有关项目。借记表示现金流入，贷记表示现金流出。

第三步，将调整分录过入工作底稿中的相应部分。

第四步，核对调整分录，借方、贷方合计数均已经相等，资产负债表项目期初数加减调整分录中的借贷金额以后，也等于期末数。

第五步，根据工作底稿中的现金流量表项目部分编制正式的现金流量表。

3. T型账户法

采用T型账户法编制现金流量表，是以T型账户为手段，以资产负债表和利润表数据为基础，对每一项目进行分析并编制调整分录，从而编制现金流量表。T型账户法的程序是：

第一步，为所有的非现金项目（包括资产负债表项目和利润表项目）分别开设T型账户，并将各自的期末期初变动数过入各相关账户。如果项目的期末数大于期初数，则将差额过入和项目余额相同的方向；反之，过入相反的方向。

第二步，开设一个大的“现金及现金等价物”T型账户，每边分为经营活动、投资活动和筹资活动三个部分，左边记现金流入，右边记现金流出。与其他账户一样，过入期末期初变动数。

第三步，以利润表项目为基础，结合资产负债表分析每一个非现金项目的增减变动，并据此编制调整分录。

第四步，将调整分录过入各T型账户，并进行核对，该账户借贷相抵后的余额与原先过入的期末期初变动数应当一致。

第五步，根据大的“现金及现金等价物”T型账户编制正式的现金流量表。

（五）一般企业现金流量表的编制

为了便于对现金流量表的编制方法有一个整体的了解，我们先说明一般企业现金流量表的编制，再说明商业银行现金流量表与一般企业现金流量表编制的异同。

现金流量表的项目主要有:经营活动产生的现金流量、投资活动产生的现金流量、筹资活动产生的现金流量、汇率变动对现金及现金等价物的影响、现金及现金等价物净增加额、期末现金及现金等价物余额等项目。

1. 经营活动产生的现金流量有关项目的编制

(1) 销售商品、提供劳务收到的现金。本项目反映企业销售商品、提供劳务实际收到的现金,包括销售收入和应向购买者收取的增值税销项税额,具体包括:本期销售商品、提供劳务收到的现金,以及前期销售商品、提供劳务本期收到的现金和本期预收的款项,减去本期销售本期退回的商品和前期销售本期退回的商品支付的现金。企业销售材料和代购代销业务收到的现金,也在本项目反映。本项目可以根据"库存现金""银行存款""应收票据""应收账款""预收账款""主营业务收入""其他业务收入"科目的记录分析填列。

(2) 收到的税费返还。本项目反映企业收到返还的各种税费,如收到的增值税、所得税、消费税、关税和教育费附加返还款等。本项目可以根据有关科目的记录分析填列。

(3) 收到的其他与经营活动有关的现金。本项目反映企业除上述各项目外,收到的其他与经营活动有关的现金,如罚款收入、经营租赁固定资产收到的现金、投资性房地产收到的租金收入、流动资产损失中由个人赔偿的现金收入、除税费返还外的其他政府补助收入等。其他与经营活动有关的现金,如果价值较大的,根据"库存现金""银行存款""管理费用""营业费用"等科目的记录分析填列。

(4) 购买商品、接受劳务支付的现金。本项目反映企业购买材料、商品、接受劳务实际支付的现金,包括支付的货款以及与货款一并支付的增值税进项税额,具体包括:本期购买商品、接受劳务支付的现金,以及本期支付前期购买商品、接受劳务的未付款项和本期预付款项,减去本期发生的购货退回收到的现金。为购置存货而发生的借款利息资本化部分,应在"分配股利、利润或偿付利息支付的现金"项目中反映。本项目可以根据"库存现金""银行存款""应付票据""应付账款""预付账款""主营业务成本""其他业务支出"等科目的记录分析填列。

(5) 支付给职工以及为职工支付的现金。本项目反映企业实际支付给职工的现金以及为职工支付的现金,包括企业为获得职工提供的服务,本期实际给予各种形式的报酬以及其他相关支出,如支付给职工的工资、奖金、各种津贴和补贴等,以及为职工支付的其他费用,不包括支付给在建工程人员的工资。支付的在建工程人员的工资,在"购建固定资产、无形资产和其他长期资产所支付的现金"项目中反映。

企业为职工支付的医疗、养老、失业、工伤、生育等社会保险基金、补充养老保险、住房公积金,企业为职工交纳的商业保险金,因解除与职工劳动关系给予的补偿,现金结算的股份支付,以及企业支付给职工或为职工支付的其他福利费用等,应根据职工的工作性质和服务对象,分别在"购建固定资产、无形资产和其他长期资产所支付的现金"和"支付给职工以及为职工支付的现金"项目中反映。

(6) 支付的各项税费。本项目反映企业按规定支付的各项税费,包括本期发生并支付的税费,以及本期支付以前各期发生的税费和预交的税金,如支付的增值税、消费税、教育费附加、印花税、房产税、土地增值税、车船使用税等。不包括本期退回的增值税、所得税。本期退回的增值税、所得税等,在"收到的税费返还"项目中反映。本项目可以根据“应交税费”“库存现金”“银行存款”等科目分析填列。

(7) 支付其他与经营活动有关的现金。本项目反映企业除上述各项目外，支付的其他与经营活动有关的现金，如罚款支出、支付的差旅费、业务招待费、保险费、经营租赁支付的现金等。其他与经营活动有关的现金，如果金额较大的，应单列项目反映。本项目可以根据有关科目的记录分析填列。

2. 投资活动产生的现金流量有关项目的编制

(1) 收回投资收到的现金。本项目反映企业出售、转让或到期收回除现金等价物以外的交易性金融资产、长期股权投资等收到的现金，不包括债权性投资收回的利息、收回的非现金资产，以及处置子公司及其他营业单位收到的现金净额。债权性投资收回的本金，在本项目反映，债权性投资收回的利息，不在本项目中反映，而在“取得投资收益所收到的现金”项目中反映。处置子公司及其他营业单位收到的现金净额单设项目反映。本项目可以根据“交易性金融资产”“长期股权投资”“库存现金”“银行存款”等科目的记录分析填列。

(2) 取得投资收益收到的现金。本项目反映企业因股权性投资而分得的现金股利，因债权性投资而取得的现金利息收入。股票股利由于不产生现金流量，不在本项目中反映。包括在现金等价物范围内的债券性投资，其利息收入在本项目中反映。本项目可以根据“应收股利”“应收利息”“投资收益”“库存现金”“银行存款”等科目的记录分析填列。

(3) 处置固定资产、无形资产和其他长期资产收回的现金净额。本项目反映企业出售固定资产、无形资产和其他长期资产(如投资性房地产)所取得的现金，减去为处置这些资产而支付的有关费用后的净额。处置固定资产、无形资产和其他长期资产所收到的现金，与处置活动支付的现金，两者在时间上比较接近，以净额反映更能准确反映处置活动对现金流量的影响。由于自然灾害等原因所造成的固定资产等长期资产报废、毁损而收到的保险赔偿收入，也在本项目中反映。如处置固定资产、无形资产和其他长期资产所收回的现金净额为负数，则应作为投资活动产生的现金流量，在“支付的其他与投资活动有关的现金”项目中反映。本项目可以根据“固定资产清理”“库存现金”“银行存款”等科目的记录分析填列。

(4) 处置子公司及其他营业单位收到的现金净额。本项目反映企业处置子公司及其他营业单位所取得的现金减去子公司或其他营业单位持有的现金和现金等价物以及相关处置费用后的净额。本项目可以根据有关科目的记录分析填列。

企业处置子公司及其他营业单位是整体交易，子公司和其他营业单位可能持有现金和现金等价物。这样，整体处置子公司或其他营业单位的现金流量，就应以处置价款中收到现金的部分，减去子公司或其他营业单位持有的现金和现金等价物以及相关处置费用后的净额反映。

处置子公司及其他营业单位收到的现金净额如为负数，则将该金额填列至“支付其他与投资活动有关的现金”项目中。

(5) 收到的其他与投资活动有关的现金。本项目反映企业除上述各项目外，收到的其他与投资活动有关的现金。其他与投资活动有关的现金，如果价值较大的，应单列项目反映。本项目可以根据有关科目的记录分析填列。

(6) 购建固定资产、无形资产和其他长期资产支付的现金。本项目反映企业购买、建造固定资产,取得无形资产和其他长期资产(如投资性房地产)支付的现金,包括购买机器设备所支付的现金、建造工程支付的现金、支付在建工程人员的工资等现金支出,不包括为购建固定资产、无形资产和其他长期资产而发生的借款利息资本化部分,以及融资租入固定资产所支付的租赁费。为购建固定资产、无形资产和其他长期资产而发生的借款利息资本化部分,在“分配股利、利润或偿付利息支付的现金”项目中反映;融资租入固定资产所支付的租赁费,在“支付的其他与筹资活动有关的现金”项目中反映,不在本项目中反映。本项目可以根据“固定资产”“在建工程”“工程物资”“无形资产”“库存现金”“银行存款”等科目的记录分析填列。

(7) 投资支付的现金。本项目反映企业进行权益性投资和债权性投资所支付的现金,包括企业取得的除现金等价物以外的交易性金融资产等支付的现金,以及支付的佣金、手续费等交易费用。

企业购买股票和债券时,实际支付的价款中包含的已宣告但尚未领取的现金股利或已到付息期但尚未领取的债券利息,应在“支付的其他与投资活动有关的现金”项目中反映;收回购买股票和债券时支付的已宣告但尚未领取的现金股利或已到付息期但尚未领取的债券利息,应在“收到的其他与投资活动有关的现金”项目中反映。

本项目可以根据“交易性金融资产”“投资性房地产”“长期股权投资”“库存现金”“银行存款”等科目的记录分析填列。

(8) 取得子公司及其他营业单位支付的现金净额。本项目反映企业取得子公司及其他营业单位购买出价中以现金支付的部分,减去子公司或其他营业单位持有的现金和现金等价物后的净额。本项目可以根据有关科目的记录分析填列。

整体购买一个单位,其结算方式是多种多样的,如购买方全部以现金支付或一部分以现金支付而另一部分以实物清偿。同时,由于企业购买子公司及其他营业单位是整体交易,子公司和其他营业单位除有固定资产和存货外,还可能持有现金和现金等价物。因此,整体购买子公司或其他营业单位的现金流量,就应以购买出价中以现金支付的部分减去子公司或其他营业单位持有的现金和现金等价物后的净额反映,如为负数,应在“收到其他与投资活动有关的现金”项目中反映。

(9) 支付其他与投资活动有关的现金。本项目反映企业除上述各项目外,支付的其他与投资活动有关的现金。其他与投资活动有关的现金,如果价值较大的,应单列项目反映。本项目可以根据有关科目的记录分析填列。

3. 筹资活动产生的现金流量有关项目的编制

(1) 吸收投资收到的现金。本项目反映企业以发行股票、债券等方式筹集资金实际收到的款项净额(发行收入减去支付的佣金等发行费用后的净额)。以发行股票等方式筹集资金而由企业直接支付的审计、咨询等费用,在“支付的其他与筹资活动有关的现金”项目中反映;本项目可以根据“实收资本(或股本)”“资本公积”“库存现金”“银行存款”等科目的记录分析填列。

(2) 取得借款收到的现金。本项目反映企业举借各种短期、长期借款而收到的现金,以及发行债券实际收到的款项净额(发行收入减去直接支付的佣金等发行费用后的净额)。本项目可以根据“短期借款”“长期借款”“交易性金融负债”“应付债券”“库存现金”“银行存款”等科目的记录分析填列。

(3) 收到的其他与筹资活动有关的现金。本项目反映企业除上述各项目外,收到的其他与筹资活动有关的现金。其他与筹资活动有关的现金,如果价值较大的,应单列项目反映。本项目可根据有关科目的记录分析填列。

(4) 偿还债务支付的现金。本项目反映企业以现金偿还债务的本金,包括:归还金融企业的借款本金、偿付企业到期的债券本金等。企业偿还的借款利息、债券利息,在"分配股利、利润或偿付利息所支付的现金"项目中反映。本项目可以根据"短期借款""长期借款""交易性金融负债""应付债券""库存现金"等科目的记录分析填列。

(5) 分配股利、利润或偿付利息支付的现金。本项目反映企业实际支付的现金股利、支付给其他投资单位的利润或用现金支付的借款利息、债券利息。不同用途的借款,其利息的开支渠道不一样,如在建工程、财务费用等,均在本项目中反映。本项目可以根据"应付股利""应付利息""利润分配""财务费用""在建工程""制造费用""研发支出""库存现金"等科目的记录分析填列。

(6) 支付其他与筹资活动有关的现金。本项目反映企业除上述各项目外,支付的其他与筹资活动有关的现金,如以发行股票、债券等方式筹集资金而由企业直接支付的审计、咨询等费用,融资租赁各期支付的现金、以分期付款方式构建固定资产、无形资产等各期支付的现金。其他与筹资活动有关的现金,如果价值较大的,应单列项目反映。本项目可以根据有关科目的记录分析填列。

4. 汇率变动对现金及现金等价物的影响

现金流量表准则规定,外币现金流量以及境外子公司的现金流量,应当采用现金流量发生日的即期汇率或即期汇率的近似汇率折算。汇率变动对现金的影响额应当作为调节项目,在现金流量表中单独列报。

由于企业外币现金流量及境外子公司的现金流量折算成记账本币时,所采用的是现金流量发生日的汇率或即期汇率的近似汇率,而现金流量表"现金及现金等价物净增加额"项目中外币现金净增加额是按资产负债表日的即期汇率折算。所以,这两者的差额即为汇率变动对现金的影响。

(六) 商业银行现金流量表的编制

商业银行现金流量表的编制,除下列项目外,应比照一般企业现金流量表编制处理。

1. 客户存款和同业存放款项净增加额

本项目反映商业银行本期吸收的境内外金融机构以及非同业存放款项以外的各种存款的净增加额。本项目可以根据"吸收存款""同业存放"等科目的记录分析填列。

商业银行可以根据需要增加项目,例如,本项目可以分解成"吸收活期存款净增加额""吸收活期存款以外的其他存款""支付活期存款以外的其他存款""同业存放净增加额"等项目。

2. 向中央银行借款净增加额

本项目反映商业银行本期向中央银行借入款项的净增加额。本项目可以根据"向中央银行借款"科目的记录分析填列。

3. 向其他金融机构拆入资金净增加额

本项目反映商业银行本期从境内外金融机构拆入款项所取得的现金,减去拆借给境内外金融机构款项而支付的现金后的净额。本项目可以根据“拆入资金”和“拆出资金”等科目的记录分析填列。本项目如为负数,应在经营活动现金流出类中单独列示。

4. 收取利息、手续费及佣金的现金

本项目反映商业银行本期收到的利息、手续费及佣金,减去支付的利息、手续费及佣金的净额。本项目可以根据“利息收入”“手续费及佣金收入”“应收利息”等科目的记录分析填列。

5. 客户贷款及垫款净增加额

本项目反映商业银行本期发放的各种客户贷款,以及办理商业票据贴现、转贴现融出及融入资金等业务的款项的净增加额。本项目可以根据“贷款”“贴现资产”“贴现负债”等科目的记录分析填列。

商业银行可以根据需要增加项目,例如,本项目可以分解成“收回中长期贷款”“发放中长期贷款”“发放短期贷款净增加额”“垫款净增加额”等项目。

6. 存放中央银行和同业款项净增加额

本项目反映商业银行本期存放于中央银行以及境内外金融机构的款项的净增加额。本项目可以根据“存放中央银行款项”“存放同业”等科目的记录分析填列。

7. 支付利息、手续费及佣金的现金

本项目反映商业银行本期支付的利息、手续费及佣金。本项目可以根据“手续费及佣金支出”等科目的记录分析填列。

8. 发行债券收到的现金

本项目反映商业银行发行债券收到的现金,本项目可以根据“应付债券”等科目的记录分析填列。

四、所有者权益变动表

(一) 所有者权益变动表的定义及作用

所有者权益变动表是反映构成所有者权益的各组成部分当期的增减变动情况的报表。所有者权益变动表应当全面反映一定时期所有者权益变动的情况,不仅包括所有者权益总量的增减变动,还包括所有者权益增减变动的重要结构性信息,特别是要反映直接计入所有者权益的利得和损失,让报表使用者准确理解所有者权益增减变动的根源。

所有者权益变动表在一定程度上体现了企业综合收益。综合收益是指企业在某一期间与所有者之外的其他方面进行交易或发生其他事项所引起归净资产变动。综合收益的构成包括两部分:净利润和直接计入所有者权益的利得和损失。其中,前者是企业已实现并已确认的收益,后者是企业未实现但根据会计准则的规定已确认的收益。用公式表示如下:

综合收益=收入+直接计入所有者权益的利得和损失

净利润=收入-费用+直接计入当期损益的利得和损失

在所有者权益变动表中,净利润和直接计入所有者权益的利得和损失均单列项目反映,体现了企业综合收益的构成。格式如表 12-4 所示。

表 12-4　××银行所有者权益变动表

编制单位：　　　　　　201×年度　　　　　　单位：元

项目	本年金额						上年金额					
	实收资本	资本公积	盈余公积	一般风险准备	未分配利润	所有者权益合计	实收资本	资本公积	盈余公积	一般风险准备	未分配利润	所有者权益合计
一、上年年末余额												
加：会计政策变更												
前期差错更正												
其他												
二、本年年初余额												
三、本年增减变动额（减少以"-"号填列）												
（一）综合收益总额												
（二）所有者投入和减少的资本												
1. 所有者投入的普通股												
2. 其他权益工具持有者投入资本												
3. 股份支付计入所有者权益的金额												
4. 其他												
（三）利润分配												
1. 提取盈余公积												
2. 提取一般风险准备												
3. 对所有者（或股东）的分配												
4. 其他												
（四）所有者权益内部结转												
1. 资本公积转增资本（或股本）												
2. 盈余公积转增资本（或股本）												
3. 盈余公积弥补亏损												
4. 设定受益计划变动额结算留存收益												
5. 其他综合收益结转留存收益												
6. 其他												
四、本年年末余额												

（二）所有者权益变动表的列报格式

为了清楚地表明构成所有者权益的各组成部分当期的增减变动情况，所有者权益变动表应以矩阵的形式列示。一方面，列示导致所有者权益变动的交易或事项，改变了以往仅仅按照所有者权益的各组成部分反映所有者权益变动情况的做法，而是按所有者权益变动的来源对一定时期所有者权益变动情况进行全面反映；另一方面，按照所有者权益各组成部分（包括实收资本、资本公积、盈余公积、一般风险准备与未分配利润等）及其总额列示交易或事项对所有者权益的影响。

根据财务报表列报准则的规定,企业需要提供比较所有者权益变动表,因此,所有者权益变动表还就各项目再分为“本年金额”和“上年金额”两栏分别填列。

五、报表附注

(一)附注的含义及作用

附注是财务报表不可或缺的组成部分,是对在资产负债表、利润表、现金流量表和所有者权益变动表等报表中列示项目的文字描述或明细资料,以及对未能在这些报表中列示项目的说明等。

财务报表中的数字是经过分类与汇总后的结果,是对企业发生的经济业务的高度简化和浓缩的数字,如果没有形成这些数字所使用的会计政策、理解这些数字所必需的披露,财务报表就不可能充分发挥效用。因此,附注与资产负债表、利润表、现金流量表、所有者权益变动表等报表具有同等的重要性,是财务报表的重要组成部分。报表使用者了解企业的财务状况、经营成果和现金流量,应当全面阅读附注。

(二)附注披露的基本要求

(1)附注披露的信息应是定量、定性信息的结合,从而能从量和质两个角度对企业经济事项完整地进行反映,也才能满足信息使用者的决策需求。

(2)附注应当按照一定的结构进行系统合理地排列和分类,有顺序地披露信息。由于附注的内容繁多,因此更应按逻辑顺序排列,分类披露,条理清晰,具有一定的组织结构,以便于使用者理解和掌握,也能更好地实现财务报表的可比性。

(3)附注相关信息应当与资产负债表、利润表、现金流量表和所有者权益变动表等报表中列示的项目相互参照,以有助于使用者联系相关联的信息,并由此从整体上更好地理解财务报表。

(三)附注披露的内容

附注应当按照如下顺序披露有关内容。

1. 企业的基本情况

企业注册地、组织形式和总部地址;企业的业务性质和主要经营活动,如企业所处的行业、所提供的主要产品或服务、客户的性质、销售策略、监管环境的性质等;母公司以及集团最终母公司的名称;财务报告的批准报出者和财务报告的批准报出日。

2. 财务报表的编制基础

财务报表以持续经营为基础列报。

3. 遵循企业会计准则的声明

企业应当声明编制的财务报表符合企业会计准则的要求,真实、完整地反映了企业的财务状况、经营成果和现金流量等有关信息,以此明确企业编制财务报表所依据的制度基础。如果企业编制的财务报表只是部分地遵循了企业会计准则,附注中不得做出这种表述。

4. 重要会计政策及其变更的说明

会计政策,是指企业在会计确认、计量和报告中所采用的原则、基础和会计处理方法。原则,是指按照企业会计准则规定采用的适合于企业会计核算的具体会计原则。基础,是指为了将会计原则应用于交易或者事项而采用的基础,主要是计量基础(即计量属性),包括历史成本、重置成本、可变现净值、现值和公允价值等。会计处理方法，是指企业在会计核算中按照法律、行政法规或者国家统一的会计制度等规定采用或者选择的、适合于本企业的具体会计处理方法。

根据财务报表列报准则的规定，企业应当披露采用的重要会计政策，不重要的会计政策可以不披露。

商业银行应当在附注中披露与会计政策变更有关的下列信息：

第一，会计政策变更的性质、内容和原因。包括：对会计政策变更的简要阐述、变更的日期、变更前采用的会计政策和变更后所采用的新会计政策及会计政策变更的原因。例如，依据法律或会计准则等行政法规、规章的要求变更会计政策时，在财务报表附注中应当披露所依据的文件，如对于由于执行企业会计准则而发生的变更，应在财务报表附注中说明“依据《企业会计准则第×号——××》的要求变更会计政策”。

第二，当期和各个列报前期财务报表中受影响的项目名称和调整金额。包括：采用追溯调整法时，计算出的会计政策变更的累积影响数；当期和各个列报前期财务报表中需要调整的净损益及其影响金额，以及其他需要调整的项目名称和调整金额。

第三，无法进行追溯调整的，说明该事实和原因以及开始应用变更后的会计政策的时点、具体应用情况。包括：无法进行追溯调整的事实；会计政策变更对列报前期影响数不切实可行的原因；在当期期初确定会计政策变更对以前各期累积影响数不切实可行的原因；开始应用新会计政策的时点和具体应用情况。

5. 重要会计估计及其变更的说明

会计估计，是指企业对结果不确定的交易或者事项以最近可利用的信息为基础所作的判断。由于商业活动中内在的不确定因素影响，许多财务报表中的项目不能精确地计量，而只能加以估计。估计涉及以最近可利用的、可靠的信息为基础所作的判断。

商业银行对于会计估计的判断，应当考虑与会计估计相关项目的性质和金额。下列15项属于会计估计：固定资产的预计使用寿命与净残值，固定资产的折旧方法、弃置费用的确定；非货币性资产公允价值的确定；固定资产、无形资产、长期股权投资等非流动资产可回收金额的确定；职工薪酬金额的确定；与股份支付相关的公允价值的确定；与债务重组相关的公允价值的确定；预计负债金额的确定；收入金额的确定；应纳税暂时性差异和可抵扣暂时性差异的确定；与非同一控制下的企业合并相关的公允价值的确定；租赁资产公允价值的确定、最低租赁付款额现值的确定、承租人融资租赁折现率的确定、融资费用和融资收入的确定、未担保余值的确定；与金融工具相关的公允价值的确定、摊余成本的确定、金融资产减值损失的确定；继续涉入所转移金融资产程度的确定、金融资产所有权风险和报酬转移程度的确定；套期工具和被套期项目公允价值的确定。

财务报表列报准则强调了对会计估计不确定因素的披露要求，企业应当披露会计估计中所采用的关键假设和不确定因素的确定依据，这些关键假设和不确定因素在下一会计期间内很可能导致对资产、负债账面价值进行重大调整。重要会计估计的说明，如为正在进行中的诉讼提取准备时最佳估计数的确定依据等。

商业银行应当在附注中披露与会计估计变更有关的下列信息：

一是会计估计变更的内容和原因。包括变更的内容、变更日期以及会计估计变更的原因。

二是会计估计变更对当期和未来期间的影响数。包括会计估计变更对当期和未来期间损益的影响金额,以及对其他各项目的影响金额。

三是会计估计变更的影响数不能确定的,披露这一事实和原因。

6. 前期差错更正的说明

前期差错,是指由于没有运用或错误运用下列两种信息,而对前期财务报表造成省略或错报:编报前期财务报表时预期能够取得并加以考虑的可靠信息;前期财务报告批准报出时能够取得的可靠信息。前期差错通常包括计算错误、应用会计政策错误、疏忽或曲解事实以及舞弊产生的影响等。

企业应当在附注中披露与前期差错更正有关的下列信息:一是前期差错的性质;二是各个列报前期财务报表中受影响的项目名称和更正金额;三是无法进行追溯重述的,说明该事实和原因以及对前期差错开始进行更正的时点、具体更正情况。

7. 报表重要项目的说明

企业应当以文字和数字描述相结合、尽可能以列表形式披露报表重要项目的构成或当期增减变动情况,并且报表重要项目的明细金额合计,应当与报表项目金额相衔接。在披露顺序上,一般应当按照资产负债表、利润表、现金流量表、所有者权益变动表的顺序及其项目列示的顺序。

企业应当采用间接法在现金流量表附注中披露将净利润调节为经营活动现金流量的信息。现金流量表补充资料包括将净利润调节为经营活动现金流量(格式如表 12-5 所示)、不涉及现金收支的重大投资和筹资活动、现金及现金等价物净变动情况等项目。

表 12-5　××银行现金流量表

201×年度　　单位:元

项　目	附注	本银行集团		本银行	
		本年	上年	本年	上年
补充资料:					
(1)将净利润调节为经营活动现金流量:					
净利润					
加:资产减值损失					
预计负债变动					
固定资产及经营性物业折旧					
无形资产摊销					
长期待摊费用摊销					
处置固定资产、无形资产和其他长期资产的损失					
公允价值变动损失(收益)					
非经营活动产生的利息净收入					
投资收益					
递延所得税资产增加					

续表

项　目	附注	本银行集团		本银行	
		本年	上年	本年	上年
经营性应收项目的增加					
经营性应付项目的(减少)增加					
经营活动产生的现金流量净额					
(2)现金及现金等价物净变动情况					
现金年末余额					
减:现金年初余额					
加:现金等价物年末余额					
减:现金等价物年初余额					
现金及现金等价物净变动额					

不涉及现金收支的重大投资和筹资活动,反映企业一定期间内影响资产或负债但不形成该期现金收支的所有投资和筹资活动的信息。这些投资和筹资活动虽然不涉当期现金收支,但对以后各期的现金流量有重大影响。例如,企业融资租入设备,将形成的负债计入"长期应付款"账户,当期并不支付设备款及租金,但以后各期必须为此支付现金,从而在一定期间内形成了一项固定的现金支出。因此,现金流量表准则规定,企业应当在附注中披露不涉及当期现金收支,但影响企业财务状况或在未来可能影响企业现金流量的重大投资和筹资活动,主要包括:债务转为资本,反映企业本期转为资本的债务金额;一年内到期的可转换公司债券,反映企业一年内到期的可转换公司债券的本息;融资租入固定资产;反映企业本期融资租入的固定资产。

影响企业现金流量其他重要信息包括如下两个方面:

一是企业当期取得或处置子公司及其他营业单位。现金流量表准则应用指南中列示了企业当期取得或处置其他营业单位有关信息的披露格式。主要项目包括:取得和处置子公司及其他营业单位的有关信息。其中取得子公司及其他营业单位的有关信息包括:取得的价格、支付现金和现金等价物金额、支付的现金和现金等价物金额、支付的现金和现金等价物净额、取得的子公司净资产等信息。处置子公司及其他营业单位的有关信息包括:处置的价格、收到的现金和现金等价物金额、收到的现金净额、处置的子公司净资产等信息。

二是现金和现金等价物有关信息。现金和现金等价物的构成及其在资产负债表中的相应金额;企业持有但不能由母公司或集团内其他子公司使用的大额现金和现金等价物金额。

8. 其他需要说明的重要事项

这主要包括或有和承诺事项、资产负债表日后非调整事项、关联方关系及其交易等,具体的披露要求须遵循相关准则的规定,分别参见相关章节的内容。

第四节　银行合并财务报表的编制

合并财务报表,是指反映母公司和其全部子公司形成的企业集团(以下简称"企业集团”)整体财务状况、经营成果和现金流量的财务报表。与个别财务报表相比，合并财务报表反映的是由母公司和其全部子公司组成的会计主体。合并财务报表的编制者或编制主体是母公司。合并财务报表以纳入合并范围的企业个别财务报表为基础，根据其他有关资料，为抵销母公司与子公司、子公司相互之间发生的内部交易(以下简称“内部交易”)对合并财务报表的影响而编制。《企业会计准则第33号——合并财务报表》规范了合并财务报表的编制和列报。

一、合并范围的确定

合并财务报表的合并范围应当以控制为基础加以确定。企业合并是将两个或两个以上单独的企业合并形成一个报告主体的交易或事项。企业合并的结果通常是一个企业取得了对一个或多个业务的控制权。构成企业合并至少包括两层含义：一是取得对另一个或多个企业(或业务)的控制权；二是所合并的企业必须构成业务。业务是指企业内部某些生产经营活动或资产负债的组合，该组合具有投入、加工处理和产出能力，能够独立计算其成本费用或所产生的收入。

(一) 控制的定义

控制，是指一个企业能够决定另一个企业的财务和经营政策，并能据以从另一个企业的经营活动中获取利益的权力。控制通常具有如下特征：

第一，控制的主体是唯一的，不是两方或多方。即对被投资单位的财务和经营政策的提议不必要征得其他方同意，就可以形成决议并付诸实施。

第二，控制的内容是被控制方的财务和经营政策，这些财务和经营政策一般是通过表决权来决定的。在某些情况下，也可以通过法定程序严格限制董事会、受托人或管理层对特殊目的主体经营活动的决策权，如规定除设立者或发起人外，其他人无权决定特殊目的主体经营活动的政策。控制的目的是为了获取经济利益，包括为了增加经济利益、维持经济利益、保护经济利益，或者降低所分担的损失等。

第三，控制的性质是一种权力，是一种法定权力，也可以是通过公司章程或协议、投资者之间的协议授予的权力。

(二) 母公司与子公司的确定

企业集团由母公司和其全部子公司构成。如图12-1所示，假定A公司能够控制Y公司，A公司和Y公司构成了企业集团。如图12-2所示，假定A公司能够同时控制Y_1公司、Y_2公司、Y_3公司和Y_4公司，A公司和Y_1公司、Y_2公司、Y_3公司、Y_4公司构成了企业集团。母公司和子公司是相互依存的，有母公司必然存在子公司，同样，有子公司必然存在母公司。

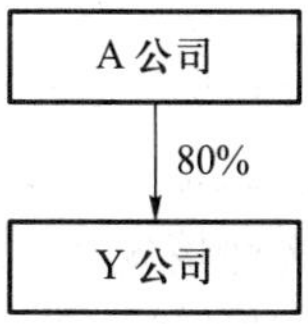

图12-1　企业集团

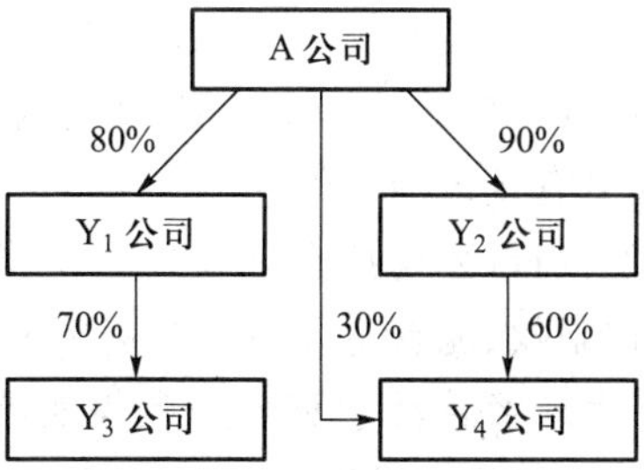

图12-2　企业集团

1. 母公司

母公司是指有一个或一个以上子公司的企业(或主体,下同)。从母公司的定义可以看出,母公司要求同时具备两个条件:

一是必须有一个或一个以上的子公司,即必须满足控制的要求,能够决定另一个企业的财务和经营政策,并有据以从另一个企业的经营活动中获取利益的权力。母公司可以只控制一个子公司,也可以同时控制多个子公司。

如图 12-1 所示,假定 A 公司能够控制 Y 公司,A 公司是 Y 公司的母公司。

如图 12-2 所示,假定 A 公司能够同时控制 Y_1公司、Y_2公司、Y_3公司和 Y_4公司,A 公司为 Y_1公司、Y_2公司、Y_3公司和 Y_4公司的母公司。

二是母公司可以是企业,如《公司法》所规范的股份有限公司、有限责任公司;也可以是主体,如非企业形式的,但形成会计主体的其他组织,如基金等。

2. 子公司

子公司是指被母公司控制的企业。从子公司的定义可以看出,子公司也要求同时具备两个条件:

一是作为子公司必须被母公司控制,并且只能由一个母公司控制,不可能也不允许被两个或多个母公司同时控制。被两个或多个公司共同控制的被投资单位是合营企业,而不是子公司。

如图 12-1 所示,假定 A 公司能够控制 Y 公司,Y 公司是 A 公司的子公司。如图 12-2 所示,假定 A 公司能够同时控制 Y_1公司、Y_2公司、Y_3公司和 Y_4公司,Y_1公司、Y_2公司、Y_3公司和 Y_4公司均为 A 公司的子公司。

二是子公司可以是企业,如《公司法》所规范的股份有限公司、有限责任公司;也可以是主体,如非企业形式的,但形成会计主体的其他组织,如基金以及信托项目等特殊目的主体等。

(三) 控制标准的具体应用

1. 母公司拥有被投资单位半数以上的表决权的

母公司拥有其半数以上的表决权的被投资单位应当纳入合并财务报表的合并范围。母公司直接或通过子公司间接拥有被投资单位半数以上的表决权,表明母公司能够控制被投资单位,应当将该被投资单位认定为子公司,纳入合并财务报表的合并范围。但是,有证据表明母公司不能控制被投资单位的除外。

表决权是指对被投资单位经营计划、投资方案、年度财务预算方案和决算方案、利润分配方案和弥补亏损方案、内部管理机构的设置、聘任或解聘公司经理及其报酬、公司的基本管理制度等事项具有的表决权;不包括应由股东大会或股东会行使的修改公司章程,增加或减少注册资本,发行公司债券,公司合并、分立、解散或变更公司形式等事项具有的表决权。表决权比例通常与其出资比例或持股比例是一致的,但公司章程另有规定的除外。

通常情况下,当母公司拥有被投资单位半数以上表决权时,母公司就拥有对该被投资单位的控制权,能够主导该被投资单位的股东大会(或股东会,下同),特别是董事会,并对其生产经营活动和财务政策实施控制。在这种情况下,子公司处在母公司的直接控制和管理下进行日常生产经营活动,子公司的生产经营活动成为事实上的母公司生产经营活动的一个组成部分,母公司与子公司生产经营活动已一体化。拥有被投资单位半数以上表决权，是母公司对其拥有控制权的最明显的标志，应将其纳入合并财务报表的合并范围。

母公司拥有被投资单位半数以上表决权，通常包括如下三种情况。

一是母公司直接拥有被投资单位半数以上表决权。比如，图 12-1 所示，A 公司直接拥有 Y 公司表决权的 80%，这种情况下，Y 公司就成为 A 公司的子公司，A 公司编制合并财务报表时，必须将 Y 公司纳入其合并范围。

二是母公司间接拥有被投资单位半数以上表决权。间接拥有半数以上表决权，是指母公司通过子公司而对子公司的子公司拥有半数以上表决权。如图 12-2 所示，A 公司拥有 Y_1公司 80% 的表决权，而 Y_1公司又拥有 Y_3公司 70% 的表决权。在这种情况下，A 公司作为母公司通过其子公司 Y_1公司，间接拥有 Y_3公司 70% 的表决权，从而 Y_3公司也是 A 公司的子公司，A 公司编制合并财务报表时，也应当将 Y_3公司纳入其合并范围。这里必须注意的是，A 公司间接拥有 Y_3公司的表决权是以 Y_1公司为 A 公司的子公司为前提的。

三是母公司直接和间接方式合计拥有被投资单位半数以上表决权。直接和间接方式合计拥有半数以上表决权，是指母公司以直接方式拥有某一被投资单位半数以下的表决权，同时又通过其他方式如通过子公司拥有该被投资单位一部分的表决权，两者合计拥有该被投资单位半数以上的表决权。例如，如图 12-2 所示，A 公司拥有 Y_2公司 90% 的表决权，拥有 Y_4公司 30% 的表决权；Y_2公司拥有 Y_4公司 60% 的表决权。在这种情况下，Y_2公司为 A 公司的子公司，A 公司通过子公司 Y_2公司间接拥有 Y_4公司 60% 的表决权，与直接拥有 30% 的表决权合计，A 公司共拥有 Y_4公司 90% 的表决权，从而 Y_4公司属于 A 公司的子公司，A 公司编制合并财务报表时，也应当将 Y_4公司纳入其合并范围。

拥有被投资单位半数以上表决权是母公司对其拥有控制权的最明显的标志，但是如果有证据表明母公司不能控制被投资单位的除外。比如，如图 12-1 所示，尽管 A 公司拥有 Y 公司 80% 的表决权，但是如果 Y 公司被政府或有关部门接管，在这种情况下，对 Y 公司的控制权已经转移至政府或有关部门，A 公司已经对 Y 公司没有了控制权，Y 公司不是 A 公司的子公司，A 公司也不是 Y 公司的母公司，A 公司不应当将 Y 公司纳入其合并财务报表的合并范围。

2. 母公司拥有被投资单位半数以下的表决权的

在母公司通过直接和间接方式没有拥有被投资单位半数以上表决权的情况下，如果母公司通过其他方式对被投资单位的财务和经营政策能够实施控制时，这些被投资单位也应作为子公司纳入其合并范围。具体有以下四种情况。

一是通过与被投资单位其他投资者之间的协议，拥有被投资单位半数以上表决权。这种情况是指母公司与其他投资者共同投资某企业，母公司与其中的某些投资者签订书面协议，受托管理和控制该被投资单位，从而在被投资单位的股东大会和董事会上拥有该被投资单位半数以上表决权。在这种情况下，母公司对这一被投资单位的财务和经营政策拥有控制权，使该被投资单位成为事实上的子公司，为此必须将其纳入合并财务报表的合并范围。

二是根据公司章程或协议，有权决定被投资单位的财务和经营政策。这种情况是指在被投资单位的公司章程等文件中明确母公司对其财务和经营政策能够实施控制。企业的财务和经营政策直接决定着企业的日常生产经营活动,决定着企业的未来发展。母公司能够控制企业财务和经营政策也就是等于能控制整个企业日常生产经营活动。这样,也就使得该被投资单位成为事实上的子公司,从而应当纳入母公司的合并财务报表的合并范围。

三是有权任免被投资单位的董事会或类似机构的多数成员。这种情况是指母公司能够通过任免被投资单位董事会的多数成员控制该被投资单位的日常生产经营活动,被投资单位成为其事实上的子公司,从而应当纳入母公司的合并财务报表的合并范围。这里的"多数"是指超过半数以上(不包括半数)。同时,需要注意的是,在这种情况下,董事会或类似机构必须能够控制被投资单位,否则,该条件不适用。

四是在被投资单位董事会或类似机构占多数表决权。这种情况是指母公司能够控制董事会或类似机构的会议,从而主导公司董事会的经营决策,使该公司的生产经营活动在母公司的控制下进行,使被投资单位成为事实上的子公司。因此,也应当将其纳入母公司的合并财务报表的合并范围。这里的"多数"是指超过半数以上(不包括半数)。同样,需要注意的是,在这种情况下,董事会或类似机构必须能够控制被投资单位,否则,该条件不适用。

实际工作中,在判断母公司对子公司是否形成控制且将其纳入合并财务报表的合并范围时,不能仅仅根据投资比例而定,而应当贯彻实质重于形式的要求,即使母公司拥有被投资单位半数或以下的表决权,但满足以上四个条件之一,视为母公司能够控制被投资单位,应当将该被投资单位认定为子公司,纳入合并财务报表的合并范围。但是,如果有证据表明母公司不能控制被投资单位的除外。

3. 在确定能否控制被投资单位时对潜在表决权的考虑

在确定能否控制被投资单位时,应当考虑企业和其他企业持有的被投资单位的当期可转换的可转换公司债券、当期可执行的认股权证等潜在表决权因素。所称潜在表决权,是指当期可转换的可转换公司债券、当期可执行的认股权证等,不包括在将来某一日期或将来发生某一事项才能转换的可转换公司债券或才能执行的认股权证等,也不包括诸如行权价格的设定使得在任何情况下都不可能转换为实际表决权的其他债务工具或权益工具。

企业应当考虑影响潜在表决权的所有事项和情况,包括潜在表决权的执行条款、需要单独考虑或综合考虑的其他合约安排等。不仅要考虑本企业在被投资单位的潜在表决权,还要同时考虑其他企业或个人在被投资单位的潜在表决权。不仅考虑可能会提高企业在被投资单位持股比例的潜在表决权,还要考虑可能会降低本企业在被投资单位持股比例的潜在表决权。但是,本企业和其他企业或个人执行潜在表决权的意图和财务能力对潜在表决权的影响除外。潜在表决权仅作为判断是否存在控制的考虑因素,不影响当期母公司股东和少数股东之间的分配比例。

4. 判断母公司能否控制特殊目的主体应当考虑的主要因素

(1) 母公司为了融资、销售商品或提供劳务等特定经营业务的需要直接或间接设立特殊目的主体。这是指从经营活动方面判断母公司能否控制特殊目的主体。

(2) 设立特殊目的主体主要是为了向母公司提供长期资本,或者向母公司融资以支持母公司的主要经营活动或核心经营活动相一致的商品或劳务。如果存在上述情况,表明母公司存在控制特殊目的主体的可能性。但是,仅仅由于特殊目的的主体与母公司发生大量交易而存在经济依存关系的,比如供应商与客户之间的关系,并不一定形成控制。

(3) 母公司具有控制或获得控制特殊目的主体或其资产的决策权。这是从决策方面判断母公司能否控制特殊目的主体:一是母公司拥有单方面终止特殊目的主体的权力;二是母公司拥有变更特殊目的主体章程的权力;三是母公司对变更特殊目的的主体章程拥有否决权。

(4) 母公司通过章程、合同、协议等具有获取特殊目的主体大部分利益的权力。这是从经济利益方面判断母公司能否控制特殊目的的主体:一是以未来净现金流量、收益、净资产或其他经济利益的方式,获取由特殊目的主体分配的大部分经济利益的权力;二是从特殊目的主体的预期剩余权益分配中或在清算中获取大部分剩余权益的权力。

(5) 母公司通过章程、合同、协议等承担了特殊目的主体的大部分风险。这是从风险方面判断母公司能否控制特殊目的主体:一是资本提供者对特殊目的主体的净资产不享有重大利益;二是资本提供者不具有获取特殊目的主体未来经济利益的权力;三是资本提供者在实质上没有承受特殊目的主体净资产或经营活动的固有风险;四是资本提供者获取的对价基本上类似于贷款人通过贷款或权益获取的回报。比如,母公司通过特殊目的主体直接或间接对向特殊目的主体提供大部分资本的其他投资者保证一定的回报率或信用保护。这种保证使母公司保留了特殊目的主体剩余权益风险或所有权风险,而其他投资者实质上只是贷款人,因为其他投资者获得的收益或遭受的损失是有限制的。

(四) 所有子公司都应纳入母公司的合并财务报表的合并范围

母公司应当将其全部子公司纳入合并财务报表的合并范围。即,只要是由母公司控制的子公司,不论子公司的规模大小、子公司向母公司转移资金能力是否受到严格限制,也不论子公司的业务性质与母公司或企业集团内其他子公司是否有显著差别,都应当纳入合并财务报表的合并范围。

受所在国外汇管制及其他管制,资金调度受到限制的境外子公司,在这种情况下,如果该被投资单位的财务和经营政策仍然由本公司决定,资金调度受到限制并不妨碍本公司对其实施控制,应将其纳入合并财务报表的合并范围。

下列被投资单位不是母公司的子公司,不应当纳入母公司的合并财务报表的合并范围:已宣告被清理整顿的原子公司;已宣告破产的原子公司;母公司不能控制的其他被投资单位。

二、合并财务报表的编制程序

合并财务报表编制有其特殊的程序,主要包括如下几个方面。

(一) 统一会计政策和会计期间

在编制合并财务报表前,母公司应当统一子公司所采用的会计政策,使子公司所采用的会计政策与母公司一致,子公司所采用的会计政策与母公司不一致的,应当按照母公司的会计政策对子公司财务报表进行必要的调整,或者要求子公司按照母公司的会计政策另行编制财务报表。同时,母公司应当统一子公司的会计期间,使子公司的会计期间与母公司保持一致。子公司的会计期间与母公司不一致的,应当按照母公司的会计期间对子公司财务报表进行调整;或者要求子公司按照母公司的会计期间另行编报财务报表。

(二) 编制合并工作底稿

合并工作底稿的作用是为合并财务报表的编制提供基础。在合并工作底稿中,对母公司和子公司的个别财务报表各项目的金额进行汇总和抵销处理,最终计算得出合并财务报表各项目的合并金额。

(三) 编制调整分录和抵销分录

在合并工作底稿中编制调整分录和抵销分录,将内部交易对合并财务报表有关项目的影响进行抵销处理。编制抵销分录,进行抵销处理是合并财务报表编制的关键和主要内容,其目的在于将个别财务报表各项目的加总金额中重复的因素予以抵销。

在合并工作底稿中编制的调整分录和抵销分录,借记或贷记的均为财务报表项目(即资产负债表项目、利润表项目、现金流量表项目和所有者权益变动表项目),而不是具体的会计科目。比如,在涉及调整或抵销固定资产折旧、固定资产减值准备等均通过资产负债表中的“固定资产”项目,而不是“累计折旧”“固定资产减值准备”等科目来进行调整和抵销。

(四) 计算合并财务报表各项目的合并金额

在母公司和子公司个别财务报表各项目加总金额的基础上,分别计算出合并财务报表中各资产项目、负债项目、所有者权益项目、收入项目和费用项目等的合并金额。其计算方法如下。

1. 资产类各项目

其合并金额根据该项目加总金额,加上该项目抵销分录有关的借方发生额,减去该项目抵销分录有关的贷方发生额计算确定。

2. 负债类各项目和所有者权益类项目

其合并金额根据该项目加总金额,减去该项目抵销分录有关的借方发生额,加上该项目抵销分录有关的贷方发生额计算确定。

3. 有关收入类各项目和有关所有者权益变动各项目

其合并金额根据该项目加总金额,减去该项目抵销分录的借方发生额,加上该项目抵销分录的贷方发生额计算确定。

4. 有关费用类项目

其合并金额根据该项目加总金额,加上该项目抵销分录的借方发生额,减去该项目抵销分录的贷方发生额计算确定。

(五) 填列合并财务报表

根据合并工作底稿中计算出的资产、负债、所有者权益、收入、费用类以及现金流量表中各项目的合并金额,填列生成正式的合并财务报表。

本章小结

年度决算是指根据会计资料对会计年度内的业务活动和财务收支情况进行综合总结。任何企业年度终了都要进行年度决算并编制年度财务报表,商业银行当然也不能例外。年度决算的工作分为准备工作和决算日的各项工作两个阶段。

财务报告是银行对外提供的反映银行某一特定日期的财务状况和某一会计期间的经营成果、现金流量等会计信息的文件。财务报告包括财务报表和其他应当在财务报告中披露的相关信息和资料。其中,财务报表由资产负债表、利润表和现金流量表等报表本身及其附注两部分构成,附注是财务报表的有机组成部分。财务报告的列报需要遵循权责发生制、一致性、重要性、比较性、不得相互抵销等原则,表首要素应齐全,必须按年编制。

合并财务报表,是指反映母公司和其全部子公司形成的企业集团整体财务状况、经营成果和现金流量的财务报表。与个别财务报表相比,合并财务报表反映的是由母公司和其全部子公司组成的会计主体。合并财务报表以纳入合并范围的企业个别财务报表为基础,根据其他有关资料,为抵销母公司与子公司、子公司相互之间发生的内部交易对合并财务报表的影响而编制的。

重要概念

年度决算　财务报告　资产负债表　利润表　现金流量表　企业合并　合并财务报表

基础训练

1. 简述年度决算的意义。
2. 决算前应做哪些准备工作?
3. 决算日应做哪些工作?
4. 财务报告由哪些内容组成?
5. 财务报告的列报有哪些要求?
6. 商业银行的资产负债表、利润表与一般企业的这两张报表列式有何不同?
7. 为什么要编制合并财务报表? 如何确定合并财务报表的合并范围?

拓展阅读

1.《企业会计准则第30号——财务报表列报》(2014年7月,中华人民共和国财政部)。
2.《企业会计准则第33号——合并财务报表》(2014年7月,中华人民共和国财政部)。
3. 郭晓,张晓川. 银行会计[M]. 北京:清华大学出版社,2014.

即测即评

请扫描二维码进行在线测试。

参考文献

[1]中华人民共和国财政部.《关于修订印发2018年度金融企业财务报表格式的通知》[Z].2018-12-16.

[2]企业会计准则编审委员会.企业会计准则[M].上海:立信会计出版社,2017.

[3]全国人民代表大会常务委员会.《中华人民共和国会计法》[Z].2017-12-13.

[4]中华人民共和国财政部.《增值税会计处理规定》[Z].2016-12-3.

[5]中华人民共和国财政部.《企业会计准则第39号——公允价值计量》[Z].2014-1-28.

[6]中国银行业监督管理委员会.《关于调整商业银行贷款损失准备监管要求的通知》[Z].2018-3-7.

[7]中华人民共和国财政部.《企业会计准则第30号——财务报表列报》[Z].2014-1-28.

[8]中华人民共和国财政部.《企业会计准则第31号——现金流量表》[Z].2006-10-17.

[9]中华人民共和国财政部.《企业会计准则第33号——合并财务报表》[Z].2014-2-20.

[10]中国人民银行.《全国支票影像交换系统业务处理手续(试行)》[Z].2009-5-4.

[11]中国人民银行.《小额支持系统业务处理手续(试行)》[Z].2009-5-4.

[12]中国人民银行.《大额支付系统业务处理手续(试行)》[Z].2009-5-4.

[13]中华人民共和国财政部.《企业会计准则第14号——收入》[Z].2017-7-19.

[14]中华人民共和国财政部,国家税务总局.《财政部、国家税务总局关于全面推开营业税改征增值税试点的通知》[Z].2016-3-23.

[15]中华人民共和国财政部.《财政部关于印发企业会计准则解释第3号的通知》[Z].2009-6-11.

[16]中国人民银行,中国银行保险监督管理委员会,中国证券监督管理委员会,国家外汇管理局.《关于规范金融机构资产管理业务的指导意见》[Z].2018-4-27.

[17]中国人民银行,国家外汇管理局.《个人外汇管理办法》[Z].2006-12-25.

[18]岳龙.银行会计[M].上海:立信会计出版社,2016.

[19]程婵娟.银行会计学[M].北京:科学出版社,2017.

[20]王善平,刘天雄,唐建华,等.中级财务会计学[M].5版.长沙:湖南人民出版社,2014.

[21]施晓春,周江银.商业银行会计[M].北京:中国财政经济出版社,2014.

[22]丁元霖.银行会计(第四版)习题与解答[M].上海:立信会计出版社,2014.

[23]贺瑛,钱红华.银行会计[M].4版.上海:复旦大学出版社,2015.

[24]贾建军.《银行会计》[M].北京:中国人民大学出版社,2014.

[25]杨家新,刘朔岑.商业银行以物抵债会计探讨[J].金融会计,2015(8).

[26]塔娜.新会计准则下银行抵债资产核算方式的探讨[J].财会学习,2017(12).

[27]郭晓,张晓川.《银行会计》[M].北京:清华大学出版社,2014.

[28]康国彬.商业银行会计学[M].3版.北京:高等教育出版社,2019.

[29]薛小荣,赵珍珠.金融企业会计学—商业银行会计[M].3版.上海:立信会计出版社,2018.

[30]赵贵峰.《商业银行会计学》[M].北京:清华大学出版社,2017.

[31]志学红.《银行会计》[M].北京:中国人民大学出版社,2015.